Eller/Spindler · Zins- und Währungsrisiken optimal managen

Roland Eller
Christian Spindler

Zins- und Währungsrisiken optimal managen

Analyse · Risiko · Strategie

GABLER

Die Deutsche Bibliothek – CIP-Einheitsaufnahme

Eller, Roland:
Zins- und Währungsrisiken optimal managen : Analyse, Risiko, Strategie / Roland Eller ; Christian Spindler. – Wiesbaden : Gabler, 1994
ISBN 3-409-14697-0
NE: Spindler, Christian:

Der Gabler Verlag ist ein Unternehmen der Verlagsgruppe Bertelsmann International.

Lektorat: Silke Strauß

Umschlaggestaltung: Schrimpf und Partner, Wiesbaden
Satz: Satzstudio RESchulz, Dreieich-Buchschlag
Druck und Bindung: Wilhelm & Adam, Heusenstamm
Printed in Germany

ISBN 3-409-14697-0

Vorwort

Die Veränderung der finanzwirtschaftlichen Rahmenbedingungen durch die zunehmende Effizienz der Kapitalmärkte und der zur Messung des Investmenterfolges herangezogenen Benchmarks stellen immer höhere Anforderungen an die Leistung des Finanzmanagements. Detaillierte Kenntnisse der Interdependenzen zwischen den Finanzmärkten sind zum Erkennen und zur Ausnutzung von Arbitragemöglichkeiten und komparativen Vorteilen erforderlich.

In diesem kompetitiven Umfeld ist das Zins- und Devisenmanagement von Industrie, Banken und Versicherungswirtschaft ohne eine Feinsteuerung mit derivativen Instrumenten nicht mehr denkbar. Dadurch hat sich die Art und Komplexität der Managementaufgaben grundlegend gewandelt.

Die höhere Komplexität des Risikomanagements läßt sich aufgrund der enormen Leistungsfähigkeit von „real-time"-Computersystemen erklären, die Entscheidungsprozesse in immer kürzeren Zeitintervallen ermöglichen. Zum anderen sind die neuartigen derivativen Produkte, die auf die spezifischen Belange der Investoren zugeschnitten sind und eine Steuerung von in der Vergangenheit vernachlässigten Risiken erlauben, von einer Vielzahl von Einflußparametern abhängig.

Im Zuge der raschen Entwicklung von Finanzinnovationen in Deutschland besteht insbesondere in der deutschsprachigen Literatur ein Defizit an Fachbüchern für den Wertpapierspezialisten.

Das vorliegende Buch trägt dazu bei, diese Lücke zu verringern. Es gibt einen umfassenden Überblick über die auf dem deutschen Markt vorhandenen Instrumente des Risikomanagements und beschreibt zudem theoretisch fundiert die Bewertung und an einer Vielzahl von Beispielen praktische Möglichkeiten der Anwendung. Es richtet sich gleichermaßen an den erfahrenen Wertpapierspezialisten und den Leser, der sich einen Einblick in die Welt finanzwirtschaftlicher Innovationen verschaffen will.

Frankfurt, im Januar 1994

Stefan Hartmann
Vice President, Salomon Brothers AG

Inhaltsverzeichnis

Teil 1

Einführung in das Management von Zinsrisiken

1 Überblick

1.1 Veränderte Rahmenbedingungen: Investments werden zunehmend risikoreicher

Seit Anfang der siebziger und insbesondere in den achtziger Jahren haben sich die wirtschaftlichen Rahmenbedingungen für Anlagen in Zinsinstrumenten (z. B. festverzinsliche Papiere, Floater) grundlegend geändert. Dies bedeutet, daß auch neue Anforderungen an das Management von Zinsinstrumenten zu stellen sind. Zinsinstrumente spielen am deutschen Kapitalmarkt eine bedeutende Rolle. Gemessen an den Umsätzen ist der Rentenmarkt in der Bundesrepublik Deutschland ungefähr viermal so groß wie der Aktienmarkt. Im heutigen Anlageumfeld verändern sich die Renditen nahezu täglich in einem Ausmaß, das vor Jahren noch als undenkbar erschien. Dieses zyklische Auf und Ab der Renditen zeigt folgende Abbildung.

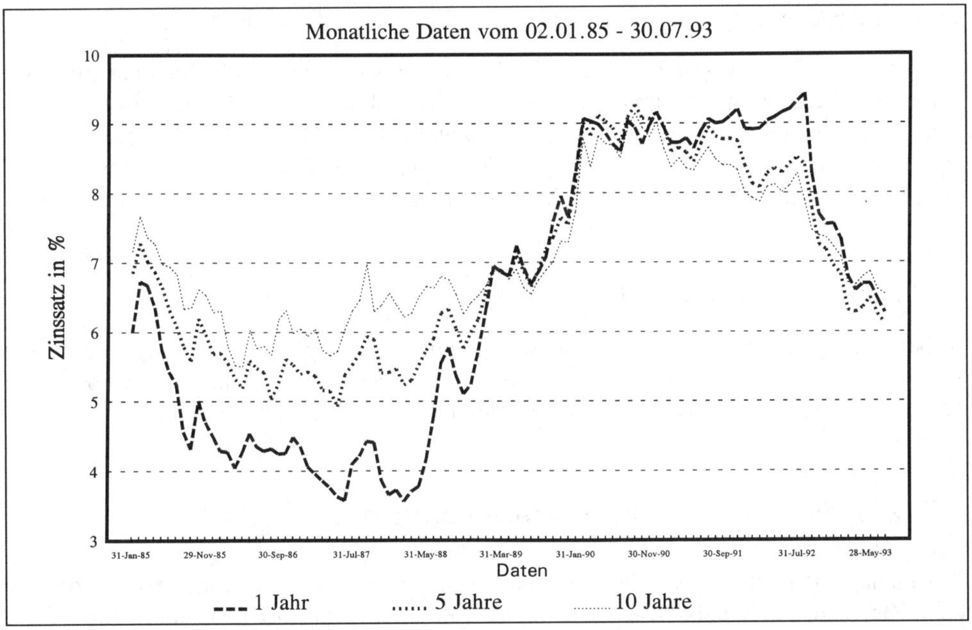

Quelle: Deutsche Börse AG

Abbildung 1: Der Deutsche Rentenindex (REX)

Die stark schwankenden Renditen sind die Antwort der Finanzmärkte auf folgende Ereignisse:

- gestiegende Inflationserwartung,
- Internationalisierung der Finanzmärkte,

- zunehmende Haushaltsdefizite der führenden Industrienationen,
- Zusammenbruch des Systems fester Wechselkurse (Bretton-Woods),
- Abbau von staatlichen Reglementierungen.

Mit den veränderten Rahmenbedingungen sind auch neue Anforderungen an das Management von Zinsinstrumenten verbunden.

1. Aktive Anlagestrategien

Aktive Strategien verfolgen das Ziel, Zinsinstrumente vor Fälligkeit zu verkaufen. In Phasen eines allgemein steigenden Zinsniveaus kann beispielsweise durch einen Tausch zwischen lang- und kurzfristigen Papieren der Ertrag erhöht werden. Damit treten aber anstelle der Rendite andere Ertragskennzahlen (z. B. Total Return). Die mit den Renditeveränderungen verbundenen Kurschancen und -risiken von Zinsinstrumenten sind der Ausgangspunkt für die Entwicklung von Sensitivitätskennzahlen (z. B. Modified Duration).

2. Wiederanlage von Kuponzahlungen

Ein weiterer Faktor, der zunehmend an Bedeutung gewinnt, ist die Wiederanlageprämisse der Renditeberechnung, die unterstellt, daß alle Zinszahlungen zur Rendite bis zur Fälligkeit wiederangelegt werden. In der Praxis können Zinszahlungen vor dem Hintergrund stark schwankender Renditen allerdings in den seltensten Fällen wieder zu der beim Kauf ermittelten Rendite angelegt werden. Man bezeichnet dieses Risiko als Wiederanlagerisiko.

3. Neuartige Zinsinstrumente (Finanzinnovationen)

Neben stark schwankenden Renditen führen auch neuartige, teilweise sehr komplexe Finanzkonstruktionen (z. B. Reverse Floater) zu neuen Risikostrukturen, die bei einer ungünstigen Zinsentwicklung zu einem negativen Ergebnis führen können.

1.2 Zinsmanagement als dynamischer Prozeß

Zinsmanagement ist die logische Folge der veränderten Rahmenbedingungen. Allgemein kann Zinsmanagement als Prozeß verstanden werden, der aus vier Phasen besteht:

- *Phase 1:*
  Identifizieren von Risiken (*Welche* Risiken gibt es?)
- *Phase 2:*
  Quantifizierung der Risiken (*Wie* hoch sind die Risiken?)
- *Phase 3:*
  Management d. h. Steuerung der Risiken (*Wie* können die Risiken gesteuert werden?)
- *Phase 4:*
  Kontrolle der Risikosteuerung

Die erste Phase des Zinsmanagement-Prozesses ist die Identifikation, d. h. das Erkennen von Risiken, die eintreten könnten. Im Rahmen der Risikoidentifikation ist festzustellen, welche Marktrisikofaktoren im einzelnen bestehen. Dies scheint nur auf den ersten Blick einfach zu sein. Oftmals ist diese Phase relativ schwierig, da es besonders wichtig ist, alle Marktrisikofaktoren zu erkennen und zu klassifizieren. Jeder kritische Marktrisikofaktor, der falsch identifiziert oder übersehen wird, kann zu geringeren Erträgen oder im schlimmsten Fall zu Verlusten führen. In dieser Phase ist auch festzulegen, welche Marktrisikofaktoren unter Berücksichtigung von Informationskosten bzw. welche aufgrund fehlender Informationen außer Acht gelassen werden können. Im Grunde genommen muß in dieser Phase festgelegt werden, welche Marktrisikofaktoren analysiert und welche vernachlässigt werden können. Des weiteren ist festzulegen, welche Auswirkungen Marktrisikofaktoren mit sich ziehen, wenn sie schlagend werden. Nur wenn Marktrisikofaktoren in der ersten Phase richtig erkannt werden, kann auch eine Quantifizierung in der nächsten Phase erfolgen.

Im nächsten Schritt – der Risikoquantifizierung – müssen die Marktrisikofaktoren, nachdem sie identifiziert wurden, quantifiziert werden. Das Top Management muß bestimmen, welche Risikomeßverfahren angewandt werden. Das wichtigste Ziel dieses Schrittes ist sicherzustellen, daß man auf der einen Seite eine Risikozahl erhält, die konservativ genug ist, um das Risikopotential zu kennen. Auf der anderen Seite sollte das Risikopotential nicht zu konservativ sein, um geplante lukrative Geschäfte auch noch durchführen zu können. Die Messung sollte objektiv erfolgen, also ohne eine extreme Über- bzw. Unterbewertung des Risikos. Hierfür greift man oftmals auf Sensitivitätskennzahlen zurück.

Der nächste Schritt umfaßt die eigentliche Steuerung des Risikos. Aufbauend auf den ersten beiden Schritten werden Steuerungsmaßnahmen initiiert, die den Ertrag und das Risiko von Zinsinstrumenten beeinflussen.

Die letzte Phase im Prozeß des Risikomanagements ist die Kontrollphase. Hierbei wird überwacht, ob die Risikosteuerung effizient arbeitet. Die Kontrolle sollte in regelmäßigen Abständen erfolgen, damit Abweichungen erkannt werden und eine Ursachenanalyse erfolgen kann. Eingeleitete Gegensteuerungsmaßnahmen sollen verhindern, daß Risiken den wirtschaftlichen Erfolg beeinträchtigen.

2 Zinsinstrumente und ihre Märkte: Ein Überblick

Zinsmanagement befaßt sich mit dem Identifizieren, Quantifizieren, Steuern und schließlich Kontrollieren von Zinsänderungsrisiken, die sich aus Zinsinstrumenten ergeben. Unter Zinsinstrumenten versteht man, allgemein gesprochen, Finanzprodukte, deren aktueller Wert, d. h. Kurs, maßgeblich durch eine Veränderung des Zinsniveaus bestimmt wird. Zinsinstrumente können durch die Art und Anzahl der Cash Flows (Zahlungsströme) charakterisiert werden. Im folgenden werden die Zinsinstrumente näher vorgestellt.

2.1 Zinspapiere am Kassamarkt

Fällt der Zeitpunkt des Vertragsabschlusses mit dem Erfüllungszeitpunkt zusammen, so handelt es sich um Zinsinstrumente am Kassamarkt. Historisch gesehen kann der Kassamarkt für Zinspapiere in den kurzfristigen Geldmarkt und langfristigen Kapitalmarkt unterschieden werden. Allerdings werden sich die Grenzen zwischen diesen beiden Märkten in Zukunft noch stärker verwischen, als es bereits in den letzten Jahren geschah.

2.1.1 Geldmarkt als Markt für kurzfristige Anlagen bzw. Kredite

Der Geldmarkt umfaßt alle kurzfristigen Anlagen bzw. Kredite, die Laufzeiten bis zu einem Jahr haben. Der Geldmarkt kann in zwei Bereiche unterteilt werden, in Abhängigkeit davon, ob das Geldmarktinstrument laufende Zinszahlungen ausschüttet oder nicht. Die folgende Abbildung zeigt die am häufigsten verwendeten Geldmarktpapiere:

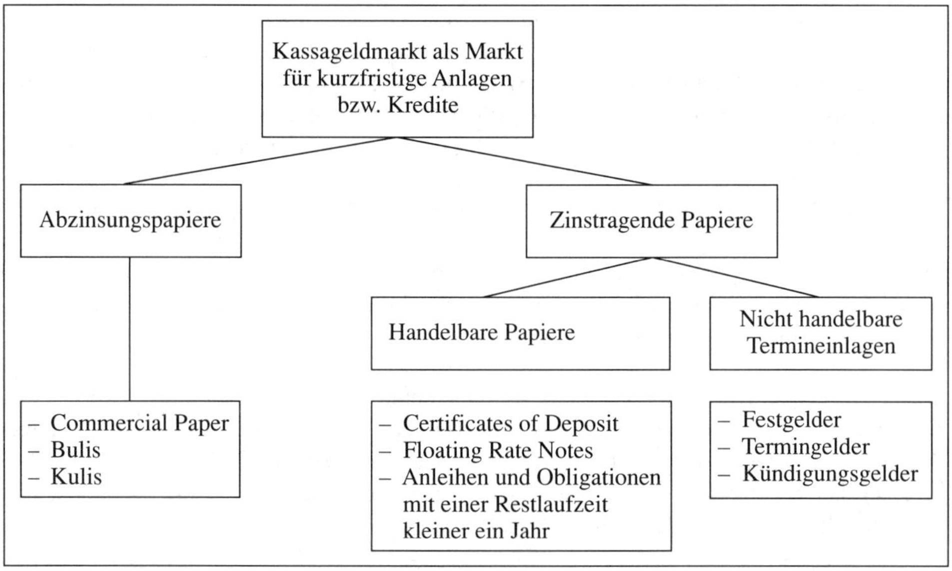

Abbildung 2: Einteilung der Geldmarktpapiere

Abzinsungspapiere

Papiere, die mit einem Abschlag vom Nennwert gehandelt werden und keine laufenden Zinszahlungen haben, werden als Abzinsungspapiere oder Discount Papers bezeichnet. Der Zinsertrag bei Emission entspricht der Differenz zwischen Emissionskurs und dem Nennwert. Der Käufer zahlt als Kaufpreis den um den Abschlag (Zinsertrag) verringerten Nennwert und erhält am Ende der Laufzeit den vollen Nennwert zurück.

Commercial Paper (CP's) sind kurzfristige unbesicherte fungible Schuldtitel von Banken und Industrieunternehmen. In der Bundesrepublik Deutschland können Commercial Paper im Laufzeitbereich von 7 Tagen bis zu zwei Jahren begeben werden.

Bundesbank-Liquiditäts-U-Schätze (Bulis) sind ein geldpolitisches Instrument der Deutschen Bundesbank im Rahmen ihrer Offenmarkt-Politik. Bundesbank-Liquiditäts-U-Schätze sind Geldmarktpapiere mit einer Laufzeit von sechs Monaten. Bulis sind unverzinsliche Schatzanweisungen der Bundesrepublik Deutschland. Es handelt sich wirtschaftlich aber um eine Emission der Bundesbank, da die Bundesbank alle Zins- und Tilgungsverpflichtungen erfüllt.

Kulis steht für *kurzlaufende liquide DM-Inhaber-Teilschuldverschreibungen* der Bayerischen Vereinsbank. Im Gegensatz zu Bulis werden Kulis von einer Geschäftsbank emittiert.

Zinstragende Papiere

Papiere, die eine oder mehrere laufende Zinszahlungen haben, werden als *zinstragende Papiere* bezeichnet. Die Emission erfolgt zum Nennwert. In dieser Gruppe sind Certificates of Deposit (CD's), Floating Rate Notes (FRN's) und kurzlaufende Kapitalmarktpapiere einzuordnen.

Certificates of Deposit (CD's), sind handelbare Geldmarktpapiere von Banken mit Laufzeiten zwischen 30 Tagen und 4 Jahren. Im Prinzip sind Einlagenzertifikate verbriefte Termineinlagen bei Banken.

Floating Rate Notes (FRN), auch als variabel verzinsliche Anleihen bezeichnet, sind Geldmarktpapiere mit einem variablen Zinssatz. Bei Floatern werden die Zinsen in regelmäßigem Rhythmus an Referenzzinssätze (z. B. LIBOR, FIBOR) angepaßt. In der Regel handelt es sich bei den Referenzzinssätzen um kurzfristige Geldmarktsätze.

Langlaufende Kapitalmarktpapiere, wie beispielsweise Bundesanleihen, Bundesobligationen, Pfandbriefe und Kommunalobligationen, werden zwar mit längeren Laufzeiten als Geldmarktpapiere emittiert, jedoch mit abnehmender Restlaufzeit wird der Zeitraum bis zur Fälligkeit immer geringer. Diese Papiere, ursprünglich als Kapitalmarktpapiere bezeichnet, sind im Jahr vor Fälligkeit mit der Cash-Flow-Struktur von Geldmarktpapieren vergleichbar.

Termineinlagen sind Guthaben bei Banken, die für eine bestimmte Zeit (Festgelder) bzw. mit einer vereinbarten Kündigungsfrist (Kündigungsgelder) angelegt werden.

2.1.2 Kapitalmarkt als Markt für mittel- und langfristige Anlagen bzw. Kredite

Der Kapitalmarkt ist der Markt für die mittel- und langfristige Anlage bzw. Kreditaufnahme. Die Laufzeit kann bis zu 30 Jahren betragen. In der Bundesrepublik werden diese Papiere auch als Anleihe, Schuldverschreibung oder Obligationen bezeichnet.

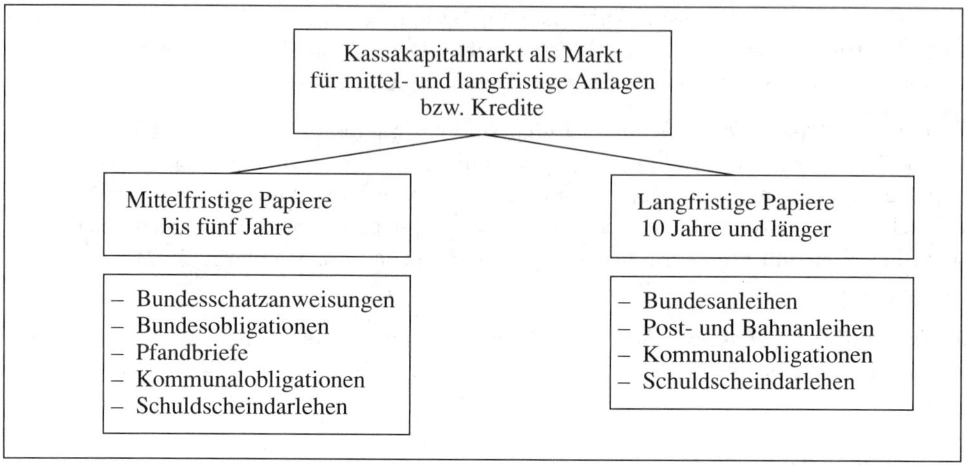

Abbildung 3: Der Kapitalmarkt als Markt für mittel- und langfristige Anlagen

2.1.2.1 Mittelfristige Papiere

Mittelfristige Papiere haben eine Laufzeit bei Emission bis zu 5 Jahren.

Bundesschatzanweisungen sind Papiere des Bundes mit einer Laufzeit von vier Jahren. Bundesschatzanweisungen sind festverzinsliche Papiere mit einer Rückzahlung zu 100 Prozent bei Fälligkeit.

Bundesobligationen haben eine Laufzeit von fünf Jahren und werden ebenfalls vom Bund emittiert. Die Zinsen werden jährlich gezahlt und die Tilgung erfolgt ebenfalls zu 100 %.

Treuhandobligationen werden seit dem 23. März 1993 erstmals von der Treuhandanstalt in Berlin mit einer Laufzeit von 5 Jahren emittiert. Die Zinszahlungen erfolgen jährlich und die Tilgung zu 100 %.

Pfandbriefe und *Kommunalobligationen* sind Papiere von Realkreditinstituten. Die Papiere sind gesamtfällig und zahlen jährlich die Zinsen.

Schuldscheindarlehen sind Papiere von Banken, Ländern, Bund, Bahn und Post, die nicht an der Börse gehandelt werden. Ein Schuldscheindarlehen ist ein abtretbarer Vertrag zwischen dem Darlehensgeber und Darlehensnehmer. Schuldscheindarlehen fallen rechtlich nicht unter Wertpapiere. Die Laufzeiten können bis zu 15 Jahren betragen.

2.1.2.2 Langfristige Papiere

Unter langfristigen Zinsinstrumenten sind Papiere mit Laufzeiten bis zu 30 Jahren einzuordnen. *Bundesanleihen* sind Papiere des Bundes, der Post und Bahn mit Laufzeiten bis zu 30 Jahren. Die Zinszahlungen erfolgen jährlich und die Rückzahlung zu 100 %.

Treuhandanleihen sind Papiere der Treuhand mit einer Laufzeit bei Emission von bis zu 30 Jahren.

2.1.2.3 *Geldmarktpapiere versus Kapitalmarktpapiere*

Die Unterscheidung der Zinsinstrumente in Geld- und Kapitalmarktpapiere wurde insbesondere nach Laufzeitaspekten vorgenommen. In der Praxis wird in beiden Märkten nach unterschiedlichen Renditeberechnungsmethoden und Zinskalkulationsmethoden gerechnet. Während am Geldmarkt mit einfachen Zinsen und nach der Methode echt/360 gerechnet wird, rechnet man am Kapitalmarkt mit Zinseszinsen und nach der Methode 30/360.

Die nachfolgenden Tabellen zeigen die unterschiedlichen Usancen an den wichtigsten internationalen Geld- und Kapitalmärkten:

Tabelle 1: Usancen an internationalen Geldmärkten

Instrument	Renditeberechnung	Tageberechnung	Typische Laufzeitenstruktur bei Emission
Treasury Bill	Discount Rate	Echt/360	13, 26, 52 Wochen
DM-LIBOR	MMY	Echt/360	1, 2, 3, 4, 5, 6, 7, 8, 9, 10, 11, 12 Monate
Bulis	MMY	Echt/360	3, 6, 9 Monate
Commercial Paper (CP) in USD	Discount Rate	Echt/360	7 Tage bis 2 Jahre
Commercial Paper (CP) in GBP	Discount Rate	Echt/365	7 Tage bis 2 Jahre
Certificate of Deposit (CD)	MMY	Echt/360	7 Tage bis 1 Jahr
Kulis	MMY	Echt/360	bis zu 9 Monaten
Pensionsgeschäft/ Sell-buy-back-Transaktion	MMY (Repo Rate)	Echt/360	1 bis 365 Tage
Hinweis: MMY = Money Market Yield (Geldmarktrendite)			

Quelle: Edelmann, E., Eller, R., Wertpapierleihe und Wertpapierpensionsgeschäfte

Tabelle 2: Methoden der Renditeberechnung an den nationalen Domestic-Märkten

Bond Markt	Zinszahlung	Renditeberechnung
Australien	Halbjährlich	Semi-Annual Yield
Belgien	Jährlich	Annual Yield
Deutschland	Jährlich	Annual Yield
Frankreich	Jährlich	Annual Yield
Großbriannien	Halbjährlich	Semi-Annual Yield
Japan	Halbjährlich	Simple Yield-to-Maturity
Italien	Halbjährlich	Semi-Annual Yield
Kanada	Halbjährlich	Semi-Annual Yield
Niederlande	Jährlich	Annual Yield
Österreich	Jährlich	Annual Yield
Schweden	Jährlich	Annual Yield
Schweiz	Jährlich	Annual Yield
Spanien	Jährlich	Annual Yield
USA	Halbjährlich	Semi-Annual Yield

Quelle: Edelmann, E., Eller, R., Wertpapierleihe und Wertpapierpensionsgeschäfte

Im Rahmen des modernen Portfolio-Managements werden die zur Verfügung stehenden Mittel auf verschiedene Asset-Klassen aufgeteilt. Diese Tätigkeit wird als strategische Asset Allocation bezeichnet. Auch bei der Asset Allocation unterscheidet man neben Aktien noch kurzfristige Geldmarktpapiere und mittel- bzw. langfristige Kapitalmarktpapiere. Die Unterscheidung erfolgt hier aber unter Ertrags- und Risikoaspekten.

Folgende Ertragskomponenten findet man bei Zinsinstrumenten vor:

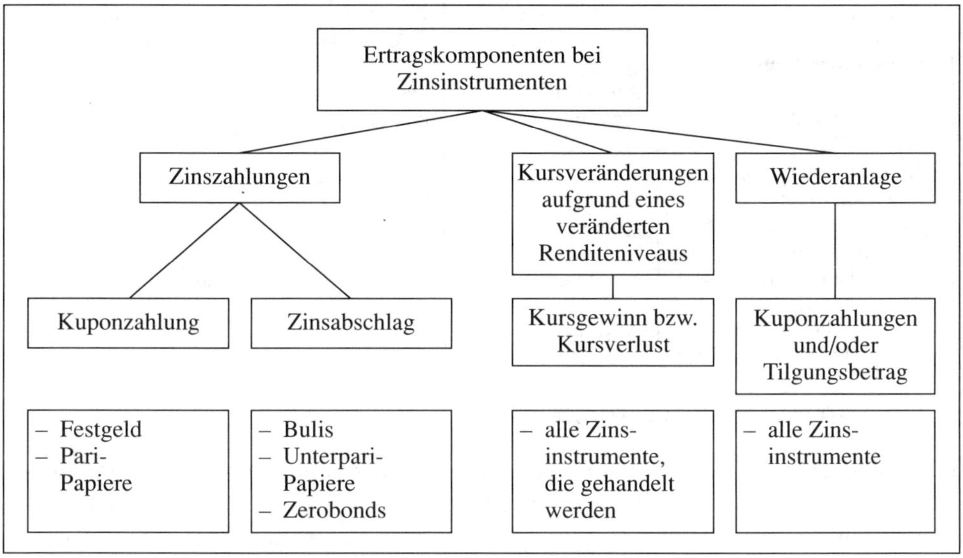

Abbildung 4: Ertragskomponenten bei Zinsinstrumenten

Zinsinstrumente sind Gläubigerpapiere. Für die Überlassung des Kapitals an den Schuldner erhält der Investor die vertraglich vereinbarte Verzinsung, die entweder als laufende Zinszahlung (z. B. Straight Bonds) oder als Abschlag vom Nennwert (z. B. Bulis, Zerobond) erfolgen kann. Auch eine Mischform zwischen beiden Formen der Zinszahlung ist möglich (z. B. Unterpari-Papiere). Hier erhält der Anleger einen Kupon, der unter dem Marktniveau liegt. Als Ausgleich für die geringere Verzinsung notieren diese Papiere unter pari. Ein Teil des Zinsertrages ergibt sich somit aus der Differenz zwischen dem Kaufkurs und dem höheren Rückzahlungskurs (Rückzahlungsgewinn). Bei Zinsinstrumenten, die über pari notieren, handelt es sich um einen Rückzahlungsverlust. Darüber hinaus können Kursgewinne bzw. Kursverluste aufgrund veränderter Renditen den Ertrag erhöhen bzw. verringern, wenn die Papiere periodisch bewertet (z. B. Bilanzstichtag) oder vor Fälligkeit verkauft werden. Auch die Wiederanlage der Kuponzahlungen und/oder Tilgungszahlungen beeinflussen den Ertrag von Zinsinstrumenten.

Unter Risikoaspekten sind wesentliche Unterschiede zwischen Geld- und Kapitalmarktpapieren festzustellen. Während Geldmarktpapiere fast keine Kursschwankungen aufweisen, haben Kapitalmarktpapiere sehr hohe Kursschwankungen bei Renditeveränderungen. Im Gegensatz hierzu stehen die Wiederanlagerisiken. Da bei Geldmarktpapieren Kapitalbetrag und Zinsen in der Regel nach Fälligkeit wieder angelegt werden, sind die Wiederanlagerisiken sehr hoch. Bei Straight Bonds sind dagegen nur laufende Zinszahlungen anzulegen und bei Fälligkeit der Tilgungswert. Wiederanlagerisiken sind bei Zerobonds bis zur Fälligkeit gänzlich ausgeschlossen. Detailliert wird auf den Risikoaspekt in Punkt 3 eingegangen.

Tabelle 3: Kurs- und Wiederanlagerisiken verschiedener Zinsinstrumente

Zinsinstrument	Zinszahlungen	Kursrisiken	Wiederanlagerisiken
1) Geldmarktpapiere			
– Bulis	Abschlag	gering	sehr hoch
– Festgeld	Kupon	keine	sehr hoch
2) Kapitalmarktpapiere			
– 5-jähriger Straight Bond	Kupon	mittel	mittel
– 10-jähriger Straight Bond	Kupon	hoch	hoch
– 10-jähriger Zerobond	Abschlag	sehr hoch	keine

2.2 Zinspapiere am Terminmarkt

Im Gegensatz zu Zinspapieren am Kassamarkt fällt bei Termingeschäften der Zeitpunkt zwischen Vertragsabschluß und Vertragserfüllung auseinander. Die folgende Abbildung zeigt die wesentlichen Unterschiede zwischen Instrumenten am Kassa- bzw. Terminmarkt:

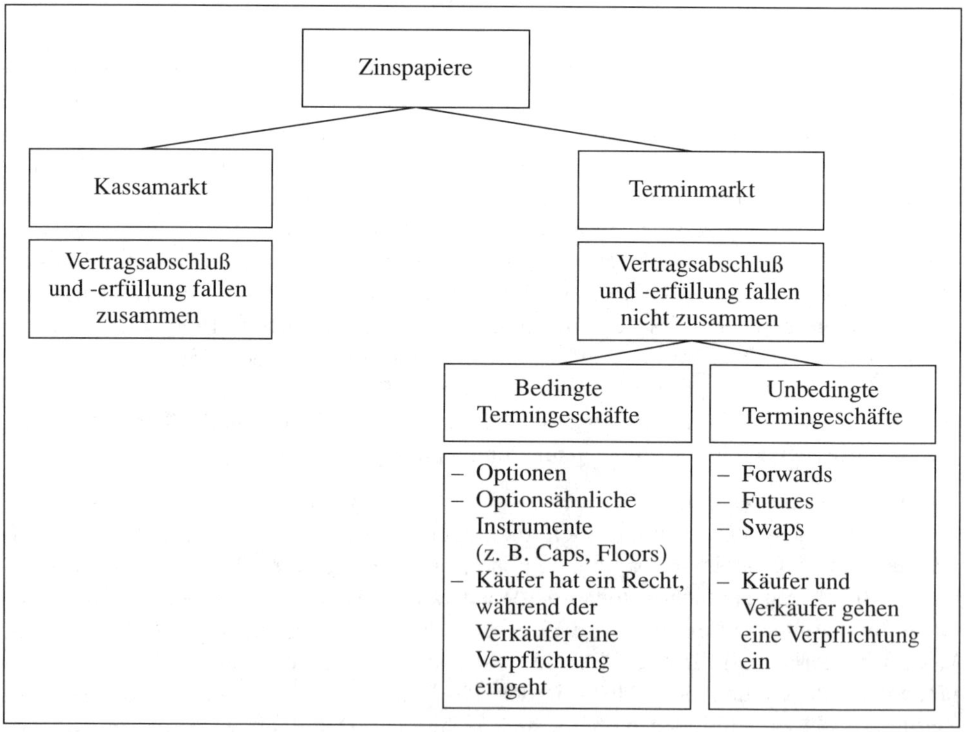

Abbildung 5: Zinspapiere am Kassa- und Terminmarkt

Zinsinstrumente am Terminmarkt werden auch als derivative Instrumente bezeichnet. Derivative Instrumente sind Zinspapiere, die von Kassapapieren abgeleitet wurden. Deshalb werden Kassapapiere auch als elementare, originäre Zinsinstrumente bezeichnet. Diese Vorgehensweise wird im Zusammenhang mit dem Duplizierungsprinzip noch näher erläutert werden (3.1.1.4).

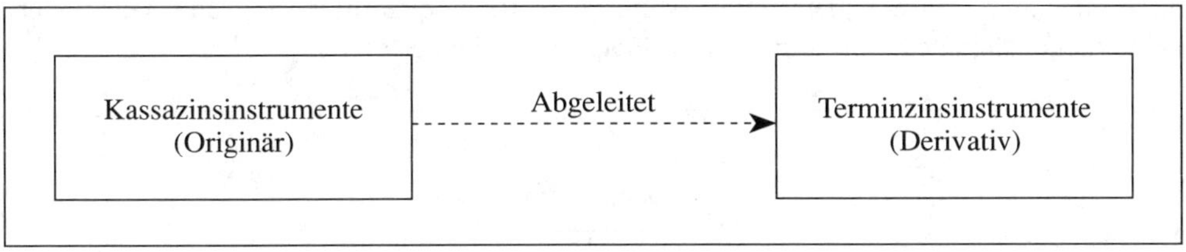

Abbildung 6: Originäre und derivative Zinsinstrumente

Der aktuelle Kurs von Zinsinstrumenten am Kassamarkt kann über die diskontierten Cash Flows (Zahlungsströme) des Papiers ermittelt werden. Bei derivativen Instrumenten wird dagegen der aktuelle Kurs unter anderem auch von den Cash Flows des zugrundeliegenden Papiers (Underlying) beeinflußt. So wird der Kurs eines Forwards, Futures oder einer Option insbesondere durch die zukünftigen Schwankungen des Underlyings bestimmt.

Termingeschäfte unterscheidet man grundsätzlich in bedingte und unbedingte Termingeschäfte. Optionen (z. B. auf Anleihen, Futures) und optionsähnliche Instrumente wie beispielsweise Caps (Höchstzinssatz) und Floors (Mindestzinssatz) werden zu den bedingten Termingeschäften gezählt. Forwards, Futures und Swaps werden dagegen den unbedingten Termingeschäften zugeordnet.

Von bedingten Termingeschäften spricht man, wenn nur ein Vertragspartner eine Verpflichtung eingeht, während die andere Partei ein Recht hat. Bei einer Option hat der Käufer (Long Position) die Möglichkeit, sein Recht auszuüben oder es aber auch verfallen zu lassen. Der Verkäufer einer Option (Short Position) hat dagegen immer eine Verpflichtung. Im Gegensatz hierzu stehen die unbedingten Termingeschäfte. Bei diesen gehen beide Vertragspartner eine Verpflichtung ein. Oftmals werden bedingte Termingeschäfte auch als asymmetrische Instrumente bzw. unbedingte Termingeschäfte als symmetrische Instrumente bezeichnet.

Die einzelnen Termininstrumente für das Management von Zins- und Währungsrisiken werden in den Teilen 2 und 3 näher vorgestellt.

3 Identifikation und Quantifizierung von Zinsänderungsrisiken

Ein effizientes Risikomanagement-System setzt – wie bereits erläutert – eine möglichst exakte Identifikation und Klassifizierung der Marktrisiken voraus. Werden die Risiken nicht oder nicht korrekt identifiziert, kann keine Risikoquantifizierung und damit auch keine risikoadäquate Steuerung der Zinsänderungsrisiken erfolgen.

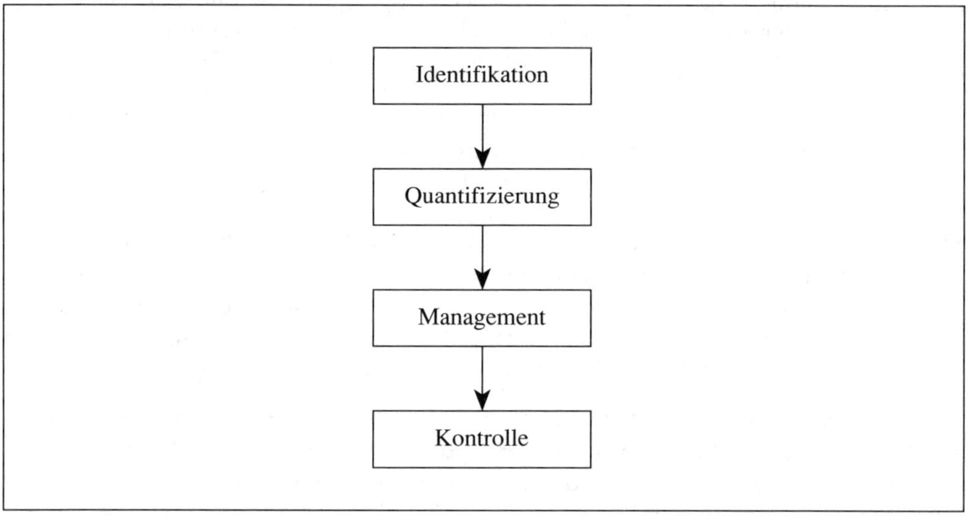

Abbildung 7: Risikomanagement-System bei Zinsänderungsrisiken

3.1 Identifikation von Zinsänderungsrisiken

3.1.1 Marktrisikofaktoren-Analyse (MFA)

Die Phase der Risikoidentifikation beinhaltet in einem ersten Schritt das Erkennen von Marktrisikofaktoren, die den Wert eines Zinsinstrumentes beeinflussen können. Diese Tätigkeit wird als Marktrisikofaktoren-Analyse (MFA) bezeichnet. Die Marktrisikofaktoren-Analyse geht der Frage nach, welche Marktfaktoren den Wert eines Zinsinstrumentes beeinflussen. Entscheidend für die weitere Effizienz des Zinsmanagement-Prozesses ist es, daß alle wichtigen Marktrisikofaktoren erkannt werden. Obwohl Zinsinstrumente einer Vielzahl unterschiedlicher Marktrisiken (z. B. Kursrisiko, Wiederanlagerisiko) ausgesetzt sind, können als Marktrisikofaktoren im wesentlichen drei Ursachen genannt werden:

- Renditestrukturkurve bzw. Zinsstrukturkurve des Zinsinstrumentes,
- Volatilität,
- Zeitablauf.

3.1.1.1 Renditestrukturkurve

Der aktuelle Wert eines Zinsinstrumentes wird zum einen von den zukünftig erwarteten Cash Flows, zum anderen von der aktuellen Rendite beeinflußt. Die nachfolgende Abbildung zeigt die Cash-Flow-Struktur einer fünfjährigen Bundesobligation. Die Bundesobligation wird mit einer aktuellen Rendite von 10 % und einem Kurs von 100 % am Markt gehandelt.

Laufzeit:	5 Jahre
Kupon:	10 Prozent
Aktuelle ISMA-Rendite:	10 Prozent
Aktueller Kurs:	100
Duration:	4,17 Jahre
Modified Duration:	3,79 %

Abbildung 8: Ertrags- und Sensitivitätskennzahlen einer fünfjährigen Bundesobligation

Die Cash Flows eines Zinsinstrumentes bilden die Grundlage für die Ermittlung des aktuellen Kurses (Fair Value). Der Fair Value ist nichts anderes als die Summe der Barwerte der Cash Flows eines Zinsinstruments. Der Barwert eines Cash Flows nach der ISMA-Rendite kann mit folgender Formel ermittelt werden:

$$\text{Barwert} = \frac{\text{Cash Flow}}{(1 + r/100)^{LZ}}$$

wobei

Cash Flow = Zins- und/oder Tilgungszahlung
r = Rendite nach ISMA

Für die Bundesobligationen soll der aktuelle Kurs ermittelt werden: Deshalb werden alle Cash Flows mit der Rendite von 10 % abgezinst. Die Arbeitstabelle zeigt die Barwerte der fünf Cash Flows. Die Summe der Barwerte der Cash Flows entspricht dem aktuellen Kurs in Höhe von 100 DM.

Jahr (LZ)	Cash Flow	Barwert bei 10 % Rendite
1	10	9,0909091
2	10	8,2644628
3	10	7,5131480
4	10	6,8301346
5	110	68,3013460
		100,0000000

Da bei den meisten Zinsinstrumenten die zukünftigen Cash Flows bekannt sind, ist die Rendite bzw. die Renditeveränderung der eigentliche Marktrisikofaktor. Dies kann wiederum an der Bundesobligation veranschaulicht werden. Es wird unterstellt, daß die Rendite der Bundesobligation von 10 % auf 11 % steigt. Der aktuelle Kurs (Barwert) der Anleihe fällt deshalb auf 96,30 %. Das entspricht einem prozentualen Kursverlust von 3,7 %. Das nachfolgende Beispiel zeigt, wie sich die Barwerte ändern.

Jahr (LZ)	Cash Flow	Barwert bei 10 % Rendite	Barwert bei 11 % Rendite	Veränderung in Prozent
1	10	9,0909091	9,0090090	– 0,90
2	10	8,2644628	8,1162243	– 1,79
3	10	7,5131480	7,3119138	– 2,68
4	10	6,8301346	6,5873097	– 3,56
5	110	68,3013460	65,2796460	– 4,42
		100,0000000	96,3041030	– 3,70

Die Renditestrukturkurve wird durch die jeweilige Anlagewährung (z. B. USD, DEM) determiniert. Jede Anlagewährung hat eine oder mehrere Renditestrukturkuven, die sich unabhängig voneinander ändern können. Die verschiedenen Renditestrukturkurven werden benötigt, um die Cash Flows der unterschiedlichen Zinsinstrumente exakt bewerten zu können. Sinnvoll können für jede Währung folgende Renditestrukturkurven bzw. Zinsstrukturkurven sein:

- Renditestrukturkurve für öffentliche Anleihen,
- Renditestrukturkurve(n) für nicht-öffentliche Anleihen (z. B. Pfandbriefe, Schuldscheindarlehen),
- Zinsstrukturkurve aus LIBOR- bzw. FIBOR-Sätzen (bis 1 Jahr),
- Forward Rate Kurve,
- Swaprenditestrukturkurve.

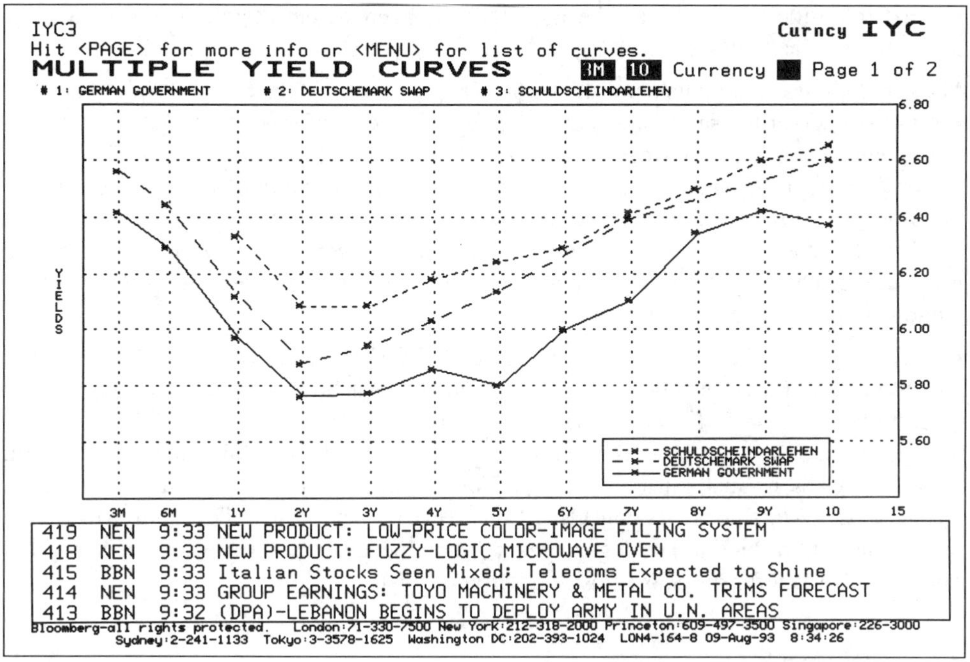

Quelle: Bloomberg

Abbildung 9: Renditestrukturkurven

Das nachfolgende Beispiel zeigt, welche Rendite- bzw. Zinsstrukturkurven zur Bewertung von Zinsinstrumenten verwendet werden können:

Rendite- bzw. Zinsstrukturkurve für	Zinsinstrument
öffentliche Anleihen	Bundesobligationen, Bundesanleihen, Optionen auf Bobl-Future, Optionen auf Bund-Future, OTC-Optionen auf öffentliche Anleihen
Pfandbriefe	Pfandbriefe
LIBOR-Sätze	kurzlaufende FRA's, variable Teil von Zins-Swaps,
Swaps	Zins-Swaps, Langlaufende FRA's, Forward Swaps, Swaptions, Caps, Floors, Collars

3.1.1.2 Volatilität

Die Kurse von bedingten Termininstrumenten, also Optionen und optionsähnliche Instrumente, werden erheblich von Volatilitätsveränderungen beeinflußt. Unter der (historischen) Volatilität versteht man die aufs Jahr hochgerechnete Standardabweichung der prozentualen Kassakursveränderungen.

Mit der Optionssensitivitätskennzahl Vega (Kappa, Omega, Zeta, Sigma Prime) kann der Einfluß von Volatilitätsänderungen auf den Optionspreis aufgezeigt werden. Die Volatilität beeinflußt neben der Restlaufzeit, dem risikolosen Zinssatz und dem Optionstyp (europäisch oder amerikanisch) den Zeitwert einer Option. Optionen, die am Geld (At-the-money-Option) notieren, haben das größte Vega. Des weiteren muß berücksichtigt werden, daß das Vega mit abnehmender Laufzeit immer geringer wird. Deshalb sind langlaufende Optionen kursreagibler auf eine Veränderung der Volatilität im Vergleich zu Optionen mit einer geringeren Laufzeit.

Ein Vega von 0,2 bedeutet, daß sich der Kurs der Option bei einer Veränderung der Volatilität um 100 Basispunkte um 0,2 DM ändert. Hat beispielsweise eine Option bei einer Volatilität von 8 % einen Kurs von 4 DM, steigt der Kurs auf 4,2 DM, wenn die Volatilität auf 9 % steigt bzw. fällt die Option auf 3,8, wenn die Volatilität auf 7 % fällt. Da sowohl Call- als auch Put-Optionen im Wert steigen, wenn die Volatilität steigt, ist das Vega für Long-Positionen (Long Call, Long Put) immer positiv. Für Short-Positionen (Short Call, Short Put) ist das Vega dagegen immer negativ, da ein Anstieg der Volatilität mit einem Verlust für die Short-Position verbunden ist.

3.1.1.3 Zeitablauf

Neben Rendite- und Volatilitätsveränderungen kann auch der Zeitablauf den aktuellen oder zukünftigen Wert eines Zinsinstrumentes beeinflussen. Zum einen notieren alle festverzinslichen Papiere mit abnehmender Restlaufzeit gegen pari und zum anderen können die aufgelaufenen Stückzinsen, Zinszahlungen oder Zinseszinsen den Wert eines Zinsinstrumentes verändern.

Auch bei Optionen hat der Zeitablauf einen Einfluß auf den Wert. Sowohl Calls als auch Puts verlieren an Wert, wenn die Laufzeit geringer wird. Das Theta zeigt den Einfluß von Restlaufzeitveränderungen auf den Optionspreis. Ähnlich wie für das Vega gilt auch für das Theta, daß sich die maximalen Thetawerte für Optionen ergeben, die am Geld notieren. Im Gegensatz zum Vega nimmt das Theta allerdings mit abnehmender Laufzeit zu. Je geringer die Laufzeit wird, desto höher wird das Theta. Deshalb ist eine Analyse des Thetas insbesondere bei Long-Positionen mit einer kurzen Laufzeit notwendig.

Ein Theta von 0,02 bedeutet, daß sich der Optionspreis täglich um 0,02 DM verändert. Long-Positionen haben immer ein negatives Theta, da die Laufzeitverkürzung mit einem Verlust verbunden ist. Im Gegensatz hierzu haben Short-Positionen immer ein positives Theta, da eine Laufzeitverkürzung mit einem Gewinn verbunden ist.

Ein weiteres Beispiel für den Einfluß der Laufzeit auf den aktuellen Wert von Zinsinstrumenten sind Zinsfutures. Bei Zinsfutures besteht die Tendenz, daß die Gross-Basis mit Heranrücken der Fälligkeit des Futures gegen Null strebt. Man bezeichnet diesen Sachverhalt als Konvergenz oder Basiskonvergenz. Als Gross Basis versteht man die Differenz zwischen dem aktuellen Kurs einer Anleihe und dem adjustierten Futureskurs. Abbildung 10 zeigt den Vorgang der Basiskonvergenz.

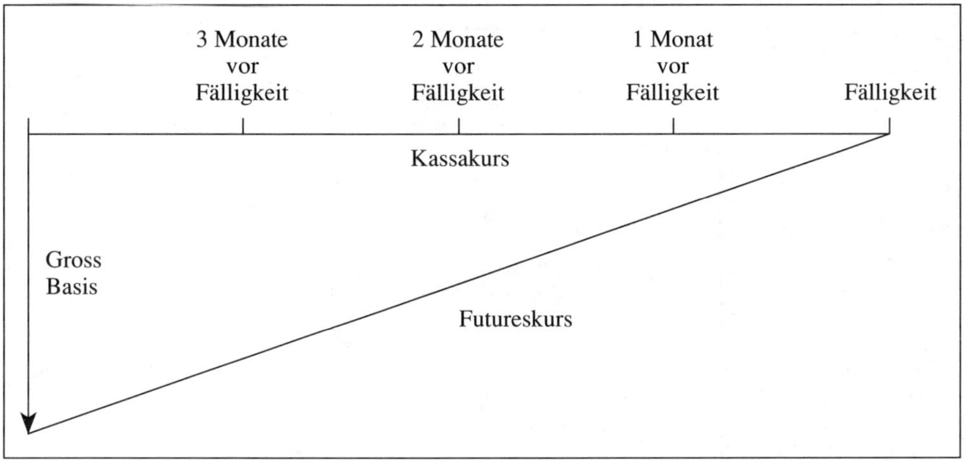

Abbildung 10: Basiskonvergenz

3.1.1.4 Das Duplizierungsprinzip als Basis der Marktrisikofaktoren-Analyse

In den letzten Jahren drängten immer komplexere Zinsinstrumente mit immer komplizierteren Risikostrukturen auf den Markt. Beispiele hierfür sind Reverse Floater, SURF-Anleihen, Floater mit Mindestverzinsung, Floors, usw. Die Analyse der Marktrisikofaktoren wird deshalb in zunehmendem Maße komplexer. Auf viele Zinsinstrumente wirken mehrere Marktrisikofaktoren, die man „auf den ersten Blick" überhaupt nicht vermutet. Deshalb sollte bei der Marktrisikofaktoren-Analyse nach dem Duplizierungsprinzip vorgegangen werden. Das Duplizierungsprinzip besagt, daß zwei Zinsinstrumente, unabhängig wie sie zusammengesetzt sind, den gleichen Wert und damit die gleichen Marktrisikofaktoren haben, wenn aus ihnen nur genau die gleichen Cash Flows resultieren. Deshalb sollte die Analyse der Marktrisikofaktoren in mehreren Phasen erfolgen:

- *Phase 1:*
  Reduzierung auf elementare Zinsinstrumente (Kassazinsinstrumente), d. h. Bausteine;
- *Phase 2:*
  Analyse der elementaren Zinsinstrumente;
- *Phase 3:*
  Additive Bewertung, d. h. Analyse des gesamten Zinsinstrumentes.

Dieser dreistufige Prozeß wird als Bond Stripping bezeichnet, die Umkehrung als Synthetisierung. Abbildung 11 verdeutlicht diesen Zusammenhang.

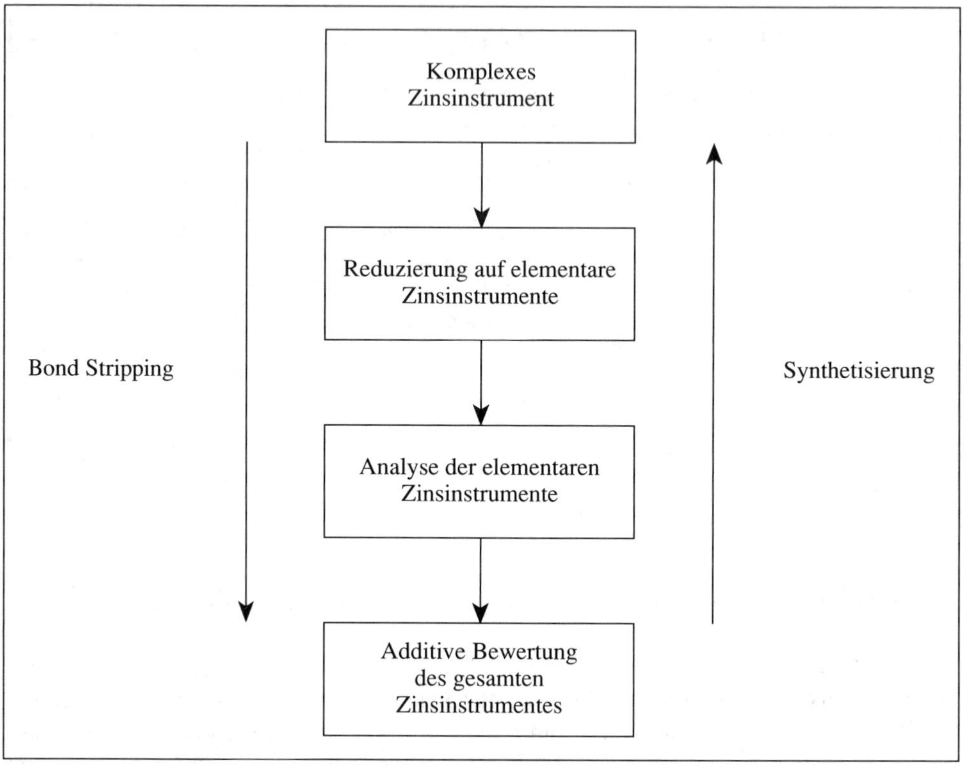

Abbildung 11: Marktrisikofaktoren-Analyse nach dem Duplizierungsprinzip

Am Beispiel von Reverse Floatern soll Bond Stripping gezeigt werden. Doch zunächst wird das Zinsinstrument Reverse Floater kurz vorgestellt.

Reverse Floater, auch als Umgekehrte Floater bezeichnet, sind Zinspapiere mit einer variablen Verzinsung. Ähnlich den normalen Floatern werden die Zinsen im regelmäßigen Rhythmus (meistens alle sechs Monate) an die aktuellen Geldmarktzinsen angepaßt. Als Maßstab dienen in der Regel LIBOR (London Interbank Offered Rate) oder FIBOR (Frankfurt Interbank Offered Rate). Während normale Floater für den Anleger umso interessanter werden, je höher die Geldmarktsätze sind, profitieren Reverse Floater von fallenden Zinsen. Denn: Bei Reverse Floatern wird der Geldmarktsatz von einem festen Basiszinssatz abgezogen. Je geringer nun die Geldmarktzinsen sind, desto höhere Zinsen kann der Anleger kassieren. Ein fallender LIBOR führt demnach zu höheren Zinserträgen, während ein steigender LIBOR zu geringeren Zinseinnahmen führt. Im Extremfall, wenn nämlich der Referenzzinssatz die Höhe des Basiszinssatzes erreicht, ist die Verzinsung sogar Null. Deshalb auch der Name Reverse Floater oder Umgekehrter Floater.

Beispiel:

Der umgekehrte Floater der Bayerischen Landesanstalt für Aufbaufinanzierung (LfA) zahlt dem Anleger die Differenz zwischen 15,875 % und dem 6-Monats-LIBOR. Ende Juni 1993 lag der 6-Monats-LIBOR bei ungefähr 7,2 %. Der Anleger erhält demnach einen Zinssatz in Höhe von 15,875 % - 7,2 % = 8,675 %. Würde dagegen LIBOR auf 15,875 % oder höher steigen, würde der Anleger überhaupt keine Zinsen erhalten. Darüber hinaus zahlen Reverse Floater in den ersten Jahren einen Festsatz, der beispielsweise bei der LfA 9,5 % beträgt. Das bedeutet für den Anleger: Erst nach Beendigung der Festzinsperiode für die ersten ein oder zwei Jahre erfolgt die Anpassung an das aktuelle Geldmarktniveau. Da der Reverse Floater der LfA bereits seit einiger Zeit am Markt ist, endete die Festzinssatzperiode am 28. 08. 1992. Im allgemeinen werden die Festzinsen einmal jährlich bezahlt, während die variablen Zinsen halbjährlich auf dem Konto gutgeschrieben werden.

Interessant sind Reverse Floater für Anleger, die erwarten, daß die kurzfristigen Zinsen fallen werden aus folgendem Grund. Der Anleger hat dann höhere laufende Zinseinnahmen. Sollte der LIBOR beispielsweise auf 6 % fallen, würde der Anleger beim Reverse Floater der LfA einen Zins von 9,875 % (15,875 % - 6 %) erhalten. Je weiter die kurzfristigen Zinsen fallen, desto höher wird die Verzinsung für den Anleger. Fallen die Zinsen tief genug, können sogar zweistellige variable Zinsen kassiert werden.

Während bei normalen Floatern nur geringe Kursschwankungen zu erwarten sind, haben umgekehrte Floater große Kursbewegungen. Neben den höheren Zinseinnahmen profitiert der Anleger auch von überdurchschnittlichen Kursgewinnen bei Zinssenkungen. Die Kursgewinne sind bei Reverse Floatern im Vergleich zu normalen Anleihen (z. B. Bundesanleihen) höher. Die nachstehende Tabelle zeigt die Kursveränderungen von einigen Reverse Floatern:

WKN	Titel	Kurs 30. 07. 92	Kurs 28. 01. 93	%-Veränderung
401125	9,75 General Electric	94,25	108,25	14,9
401320	Nord LB 90/97	97,00	108,00	11,3
401365	Kaufhof 90/97	98,50	113,10	14,8
211451	Bay. Landesanst. f. Aufb.	96,00	108,00	12,5
282203	LKB	101,75	107,22	5,4
401115	Europarat 90/00	97,50	110,15	13,0
282204	LKB	96,50	109,25	13,2
401145	Daimler Benz	97,65	107,50	10,1
401160	Deutsche Bank	97,75	107,00	9,5
211452	Bay. Landesanst. f. Aufb.	98,00	107,50	9,7
403135	Eurofina	98,50	107,00	8,6
263160	Hamburgische Landesb.	95,75	106,75[1)]	11,5
211453	Bay. Landesanst. f. Aufb.	101,00	107,00	5,9
294030	Landwirtsch. Rentenbank	99,50	106,25[1)]	6,8

1) Kurse vom 27. 01. 1993

Absoluter Spitzenreiter in der Kursentwicklung war der Reverse Floater von General Electric: knapp 15 % stieg der Kurs. 13,2 % Kursgewinn verbuchte auch der Reverse Floater des LKB (WKN: 282204), fällig am 21. 08. 2000. Verglichen mit den Kursgewinnen normaler Bundesanleihen ist das relativ viel. So stieg beispielsweise die 8,5 %ige Anleihe des Bundes mit der gleichen Restlaufzeit von 101,26 auf 107,86. Das entspricht einem prozentualen Kursgewinn im gleichen Zeitraum von 6,52 %. Die Rendite der Bundesanleihe fiel von 8,07 % auf 7,11 %, also um knapp 100 Basispunkte. Setzt man die prozentualen Kursgewinne der beiden Papiere zueinander ins Verhältnis so ergibt sich ein zweifacher Hebel für den Reverse Floater (13,2 %/6,52 %). Das bedeutet, daß der Reverse Floater verglichen mit einer Bundesanleihe annähernd die doppelte Kursbeweglichkeit hat. Steigt die Bundesanleihe um 10 %, würde der Reverse Floater um 20 % steigen. Allerdings gilt dieser Effekt auch, wenn die Bundesanleihe aufgrund steigender Renditen Kursverluste realisiert. Während bei normalen Floatern nur geringe Kursschwankungen zu erwarten sind, haben Reverse Floater, wie die Beispiele zeigten, relativ hohe Kursschwankungen.

Nachdem das Zinsinstrument Reverse Floater vorgestellt wurde, soll nun das Bond Stripping gezeigt werden. Aus Vereinfachungsgründen wird unterstellt, daß dem Reverse Floater keine Festzinssatzperiode vorgeschaltet wurde.

- *Phase 1:* Reduzierung auf elementare Zinsinstrumente,
- *Phase 2:* Analyse der elementaren Zinsinstrumente,
- *Phase 3:* Additive Bewertung – Analyse des gesamten Zinsinstrumentes.

Phase 1: Reduzierung auf elementare Zinsinstrumente. Der Kauf eines Reverse Floaters zu Nominal 100 Mark kann gesehen werden als der gleichzeitige Kauf zweier Festsatzanleihen zu je Nominal 100 Mark und einer sofortigen Finanzierung zu beispielsweise LIBOR. Der gesamte laufende Ertrag dieser drei Positionen ist deshalb auch zweimal der Festsatz der Anleihen minus LIBOR. Nehmen wir an, eine Festsatzanleihe mit einer Laufzeit von 10 Jahren bringt dem Anleger 8 %. Kauft nun ein Anleger für 200 DM Nominal dieser Anleihe und finanziert 100 DM Nominal mit einem Kredit, der zu LIBOR verzinst werden muß, dann beträgt der tatsächliche Kapitaleinsatz des Anlegers 100 DM. Der Ertrag je Nominal 100 DM des Investments beträgt nun zweimal 8 % minus LIBOR, oder 16 % minus LIBOR.

Der Reverse Floater besteht demnach aus zwei elementaren Zinsinstrumenten:

- Straight Bond (Long Position)
- Floating Rate Note (Short Position).

Diese elementaren Zinsinstrumente können relativ einfach analysiert und bewertet werden.

Phase 2: Analyse der elementaren Zinsinstrumente. Nachdem die elementaren Zinsinstrumente bekannt sind, können der Straight Bond und die Floating Rate Note näher analysiert werden. In dieser Phase wird auf die Konzepte der Bond Analyse zurückgegriffen.

Die Aufsplittung des Reverse Floaters in die elementaren Zinsinstrumente zeigt sehr deutlich, daß die Kursbewegungen eines Reverse Floaters vor allem von den Kursschwankungen der beiden 10jährigen Festzinsanleihen und damit vom langen Ende der Renditestrukturkurve abhängen. Damit muß ein Reverse Floater auch an den Zinsanpassungsterminen nicht nahe bei 100 notieren, wie ein normaler Floater, da bei einem Reverse Floater sowohl die kurzfristigen (Floating Rate Note) als auch die langfristigen Zinsen (Straight Bonds) einen Einfluß auf die Kursbildung haben.

Um die Kursbeweglichkeit eines Reverse Floaters abschätzen zu können, greift man auf die Modified Duration zurück. Bekanntlich gibt die Modified Duration an, um wieviel Prozent sich der Dirty Price einer Anleihe ändert, wenn sich das Renditeniveau um 100 Basispunkte (1 Prozentpunkt) ändert. Damit ist die Modified Duration der Kurshebel von Anleihen, wenn sich das Renditeniveau ändert. Eine normale 10jährige Anleihe hat eine Modified Duration von ungefähr 7 %. Ein Kredit, der auf 6-Monats-LIBOR basiert, hat eine Modified Duration von knapp -0,5 %.

Phase 3: Additive Bewertung, d. h. Analyse des gesamten Zinsinstrumentes. Wenn eine zehnjährige Anleihe eine Modified Duration von 7 % hat, dann hat ein Reverse Floater mit einer halbjährlichen Zinsanpassung eine Modified Duration von 2 × 7 % – 0,5 % oder 13,5 %. Dieses Beispiel zeigt, daß ein Reverse Floater mit einer Restlaufzeit von 10 Jahren annähernd die doppelte Kursbeweglichkeit einer normalen Festsatzanleihe mit gleicher Restlaufzeit hat. Den dreifachen Hebel haben Reverse Floater, bei denen vom Festsatz der doppelte LIBOR-Satz abgezogen wird. Beispiele hierfür sind die Reverse Floater von Kaufhof und der DG-Hyp.

Aus diesen Bausteinen besteht ein Reverse Floater:

Papier	Verzinsung in %	Kapital	Laufzeit in Jahren	Mod. Duration (Kurshebel) in %
+ Kauf Bundesanleihe 8	8	100	10	7
+ Kauf Bundesanleihe 8	8	100	10	7
– Aufnahme Kredit	LIBOR	100	10	0,5
+ Reverse Floater	16-LIBOR	100	10	13,5

Anmerkung:

+ = Kauf einer Position, d. h. Long Position
– = Finanzierung einer Position (Kreditaufnahme), d. h. Short Position

Wichtig ist in diesem Zusammenhang noch zu wissen, daß mit Reverse Floatern nur dann Kursgewinne zu erzielen sind, wenn die langfristigen Zinsen und nicht die kurzfristigen Geldmarktzinsen fallen. Dies bedeutet für den Anleger, daß er beim Kauf eines Reverse Floaters auf zwei Bereiche der Renditestrukturkurve setzt: Nämlich auf den kurzen Bereich des Geldmarktes (z. B. LIBOR, FIBOR) und den langfristigen Kapitalmarktbereich. Je weiter die Zinsen am Geldmarkt fallen, desto höhere Nominalzinsen können Anleger mit Reverse Floatern erzielen. Die Kursgewinne bei Reverse Floatern werden durch fallende Renditen am lange Ende der Renditestrukturkurve verursacht. Deshalb werden Reverse Floater im englischsprachigen Raum auch als Yield Curve Note bezeichnet.

Als Ergebnis der Marktrisikofaktoren Analyse ist festzuhalten, daß die Kursbildung von Reverse Floatern im wesentlichen von zwei Faktoren beeinflußt werden:

- LIBOR-Satz,
- Renditen am langen Ende der Renditestrukturkurve.

Damit können Reverse Floater auch nicht eindeutig den Geldmarktpapieren oder den Kapitalmarktpapieren zugeordnet werden und nehmen somit eine Zwischenstellung ein. Im Grunde genommen sind Reverse Floater ein Portfolio aus Geldmarkt- und Kapitalmarktpapieren.

Das Duplizierungsprinzip kann grundsätzlich auf alle derivativen Zinsinstrumente übertragen werden. In Teil 3 wird dieses Prinzip detailliert bei jedem Zinsinstrument erläutert.

3.1.1.5 Checkliste zur Erfassung der Marktrisikofaktoren

Ziel der Marktrisikofaktoren Analyse ist es, alle Faktoren zu identifizieren und zu systematisieren, die den aktuellen oder zukünftigen Wert eines (Positionsebene) oder mehrerer Zinsinstrumente (Portfolioebene) beeinflussen. Die Idealvorstellung eines effizienten Zinsmanagementes wäre, daß keine Verluste aus Marktrisikofaktoren entstehen, die man ignoriert, vergißt oder nicht versteht. Deshalb sollte für jedes Zinsinstrument folgende Marktrisikofaktorentabelle ausgefüllt werden:

	Marktrisikofaktoren					
Zinsinstrumente	Renditestrukturkurve/ Zinsstrukturkurve				Volatilität	Zeitablauf
	öffentl. Anleihen	Pfandbriefe	LIBOR/ FIBOR	Swaps		
FRA			X	X		
Caps				X	X	X

Abbildung 12: Marktrisikofaktoren

Die Analyse der Marktrisikofaktoren ist bei vielen, insbesondere bei neu auf den Markt gekommenen Zinsinstrumenten relativ komplex und damit zeitaufwendig. Ein sehr wichtiges Hilfsmittel ist hierbei das bereits erwähnte Duplizierungsprinzip. Auch Cash-Flow-

Analysen, Sensitivitätskennzahlen (z. B. PVBP, Modified Duration), Performance-Profile (Zusammenhang zwischen Rendite- und Kursveränderung) und Szenariotechniken sollten unterstützend verwendet werden. Voraussetzung ist allerdings ein geschultes Personal. Denn nur bekannte und verstandene Marktrisikofaktoren lassen sich auch identifizieren und damit managen. Je mehr Aufwand in die Analyse investiert wird, desto geringer wird die Gefahr, Marktrisikofaktoren zu ignorieren oder zu vergessen.

Ziel dieser Matrix sollte sein, daß man alle wichtigen Marktrisikofaktoren systematisch analysiert und dokumentiert. Sie dient nicht nur dem Händler oder Portfolio Manager zur Entscheidungsfindung, sondern letztlich der gesamten Organisation. Denn auch das leitende Top Management, Rechnungswesen, Treasury, Revision und das Back-Office müssen die Risiken ebenso verstehen und beurteilen können, wie das Front-Office.

3.1.2 Marktrisiko-Analyse (MRA)

Nachdem die Marktrisikofaktoren-Analyse (MFA) abgeschlossen wurde, erfolgt im nächsten Schritt die Marktrisiko-Analyse (MRA).

Unter Marktrisiko versteht man eine Veränderung eines oder mehrerer Marktrisikofaktoren (Rendite, Volatilität, Zeitablauf), die entweder sofort den aktuellen Wert (Barwert) und/oder den zukünftigen Wert (Endvermögen) eines Zinsinstrumentes beeinflussen. Der aktuelle Wert eines Zinsinstrumentes wird verändert, wenn das Instrument täglich bewertet wird (Mark-to-Market). In diesem zweiten Schritt wird nun die Frage geklärt, in welcher Art und Weise ein Marktrisikofaktor den Wert eines Zinsinstrumentes beeinflußt. Man kann bei Zinsinstrumenten folgende Marktrisikofaktoren (MF) und Marktrisiken (MR) unterscheiden (s. S. 38).

Diese Abbildung erhebt nicht den Anspruch auf Vollständigkeit, sondern beschränkt sich auf die wesentlichen Einzelrisiken der wichtigsten Zinsinstrumente.

3.1.2.1 Zinsänderungsrisiken aus Zinsinstrumenten an den Kassamärkten

(Zinsinduziertes) Kursrisiko

Dem Kursrisiko oder, genauer gesagt, dem zinsinduzierten Kursrisiko sind alle Zinsinstrumente ausgesetzt, die gehandelt werden. Das Kursrisiko bedeutet für den Investor steigende bzw. fallende Kurse bei einer Veränderung der Rendite des Papiers. Steigt beispielsweise die Rendite nach dem Erwerb eines Papiers und wird dieses vor Fälligkeit wieder verkauft, so realisiert der Anleger mit dem Zinsinstrument einen Kursverlust. Bei fallenden Renditen sind dagegen Kursgewinne möglich.

Ein Performanceprofil zeigt den Zusammenhang zwischen Rendite und Kurs (Barwert) eines Zinsinstrumentes auf. Diese zweidimensionale Darstellung wird auch oftmals als Kurs-Rendite-Diagramm bezeichnet. Das Performanceprofil zeigt dem Anleger die Kursrisiken bzw. -chancen bei einer Veränderung der Rendite. Es wird unterstellt, daß sich die Rendite des Zinsinstrumentes sofort ändert und der Planungshorizont nur bei wenigen

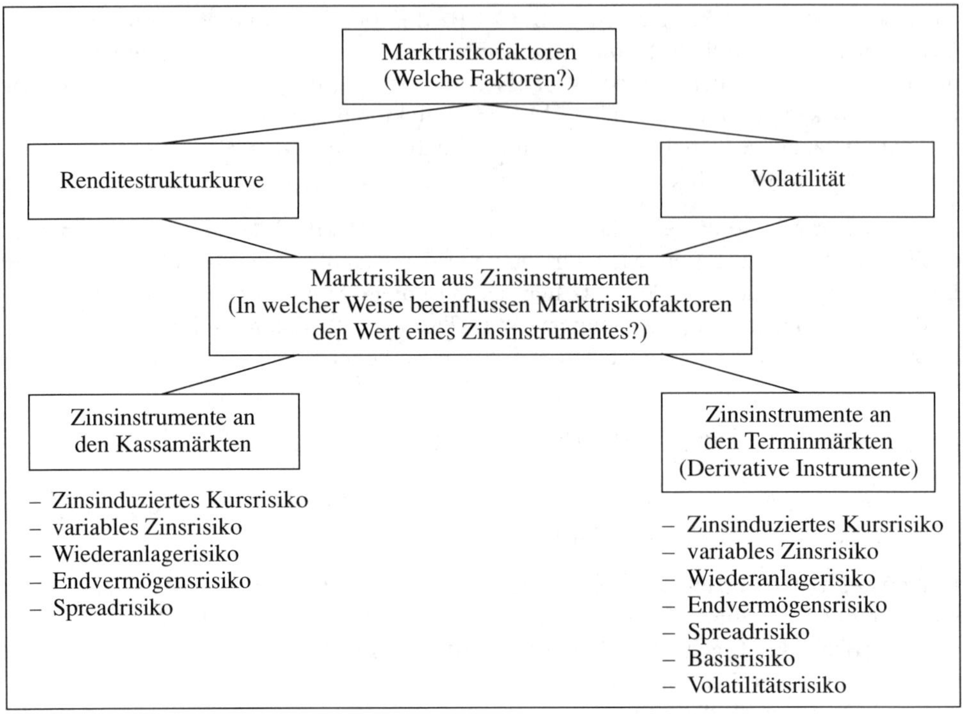

Abbildung 13: Marktrisikofaktoren und Marktrisiken bei Zinsinstrumenten

Tagen bzw. Wochen liegt. Während ein Zerobond große Kursveränderungen zeigt, hat ein Floater nur sehr geringe Kursschwankungen. Das Beispiel zeigt, daß zinsinduzierte Kursrisiken insbesondere mit Zinsinstrumenten verbunden sind, die einen fest vereinbarten Zinssatz über die gesamte Laufzeit haben („Festzinssatzposition"). Eine mögliche Kennzahl, die diese zinsinduzierten Kursveränderungen quantifiziert, ist u. a. die Modified Duration.

Variables Zinsrisiko

Das variable Zinsrisiko trifft alle variabel verzinslichen Zinsinstrumente wie beispielsweise Floating Rate Notes, Reverse Floater, Festgelder usw. Mit Ausnahme von Reverse Floatern sind variable Zinsrisiken in der Regel nur bei Geldmarktpapieren vorzufinden. Bei Fälligkeit sind alle Zinsinstrumente dem variablen Zinsrisiko ausgesetzt. In diesem Fall spricht man dann häufig von einem Wiederanlagerisiko.

Wiederanlagerisiko

In engem Zusammenhang mit dem variablen Zinsrisiko steht das Wiederanlagerisiko. Von einem Wiederanlagerisiko spricht man, wenn zukünftige Zins- und Tilgungszahlungen (Cash Flows) aus Zinsinstrumenten mit einem Festzinssatz nicht zur ursprünglich errechneten Rendite angelegt werden können, sondern nur noch zu einem geringeren Satz. Dem

Wiederanlagerisiko sind alle Papiere ausgesetzt, dic laufende Zinszahlungen haben. Besonders vom Wiederanlagerisiko betroffen sind Papiere mit einer kurzen Restlaufzeit und kündbare Papiere (z. B. callable Bonds). Zerobonds mit einer langen Laufzeit sind zumindestens während der Laufzeit nicht vom Wiederanlagerisiko betroffen. Bei Fälligkeit unterliegen sie aber auch dem Wiederanlagerisiko.

Das Wiederanlagerisiko verdeutlicht, wie Zinsänderungsrisiko und Zeitablauf als weiterer dritter Marktrisikofaktor zusammenwirken. Zinserträge und Zinseszinsen fallen ausschließlich über die Zeit an. Vereinfacht kann gesagt werden, daß das Wiederanlagerisiko umso größer wird, je länger der Planungshorizont des Investors ist. Es wird unterstellt, daß die Laufzeit dem Planungshorizont des Anlegers entspricht. Der Anteil des Zinseszins-Ertrages am Gesamtertrag kann je nach Zinsniveau und Laufzeit zwischen 25 Prozent und 85 Prozent betragen. Während das Kursrisiko ein zeitpunktbezogenes Zinsänderungsrisiko ist, ist das Wiederanlagerisiko ein zeitraumbezogenes Zinsänderungsrisiko.

Beispiel:

Ein Investor kauft eine siebenjährige Bundesanleihe mit einem Kupon von 10 % zu einem Kurs von 100 DM (Pari-Papier). Die aktuelle Rendite nach ISMA liegt bei 10 %.

Die folgende Szenarioanalyse unterstellt durchschnittliche Wiederanlagesätze zwischen 5 % und 12 %.

Szenario Rendite von: 5,00 bis: 12,00
Prognosezeitpunkt : 7 Jahre
Aktuelle Rendite : 10,00 — Aktueller Kurs: 100,0000

Wiederanlage-satz in %	Kursänderung in %	Kurs der Anleihe in WHG	Total Return in %	Endkapital in WHG
5,00	0,00	100,00	8,88	181,42
6,00	0,00	100,00	9,10	183,94
7,00	0,00	100,00	9,32	186,54
8,00	0,00	100,00	9,54	189,23
9,00	0,00	100,00	9,77	192,00
10,00	0,00	100,00	10,00	194,87
11,00	0,00	100,00	10,24	197,83
12,00	0,00	100,00	10,48	200,89

Quelle: InvestWare GmbH

Abbildung 14: Total-Return-Analyse

Ergebnis:

- Der Investor realisiert nur dann einen Total Return von 10 Prozent, wenn er die zwischenzeitlichen Kupons auch wieder zu 10 Prozent anlegen kann.
- Ist der Wiederanlagezins geringer als 10 Prozent, ist auch der Total Return geringer als die Rendite von 10 Prozent (Wiederanlagerisiko).

- Ist der Wiederanlagezins höher als 10 Prozent, ist auch der Total Return höher als die Rendite von 10 Prozent (Wiederanlagechance).

Der Total Return kann bei einer reinen Haltestrategie (Passive Strategie) in

- (1) Kuponzahlungen,
- (2) Zinseszinserträge und schließlich
- (3) Rückzahlungsgewinne (Unterpari-Papiere) bzw. -verluste (Überpari-Papiere) aufgeteilt werden.

Unterstellt man für dieses Beispiel, daß die laufenden Kuponzahlungen auch zu 10 % wiederangelegt werden können, so setzt sich der Gesamtertrag (Total Return) pro Nominal 100 DM wie folgt zusammen:

(1)	Kuponzahlungen: 7 · 10 DM =	70,00 DM (74 %)
(2)	Zinseszinserträge:	24,87 DM (26 %)
(3)	Rückzahlungsgewinn:	00,00 DM (0 %)
	Gesamtertrag:	94,87 DM (100 %)

26 % des Gesamtertrages hängen in diesem Beispiel von der Wiederanlage der laufenden Kuponzahlungen ab.

Endvermögensrisiko

Das Kapital am Ende des Planungshorizontes ist eine weitere Größe, die dem Zinsänderungsrisiko unterliegt. Bei einem Wiederanlagesatz von 10 % beträgt das Endvermögen 194,87 DM. Diese absolute DM-Größe wird auch als Dollar Total Return bezeichnet. In der Szenarioanalyse schwankt das erzielte Endkapital nach sieben Jahren zwischen 181,42 DM und 200,89 DM. Das Endvermögensrisiko kann hinsichtlich der Unterscheidung in Zeitpunkt- bzw. Zeitraumbezogenheit eine gewisse Zwischenstellung einnehmen, da sowohl die zeitraumbezogenen Zins- und Zinseszinsen als auch zeitpunktbezogene Kursveränderungen bei Papieren, die länger als der Planungshorizont laufen, berücksichtigt werden.

Spreadrisiko

Bei Zinsinstrumenten, die nicht vom Bund emittiert worden sind (z. B. Bankschuldverschreibungen, Postanleihen) kommt als weiterer Risikofaktor neben der Veränderung des allgemeinen Zinsniveaus das sogenannte spreadinduzierte Kursrisiko hinzu. Diese Papiere haben in der Regel höhere Renditen als Anleihen des Bundes. Diese Differenz wird als Rendite-Spread bezeichnet und ändert sich während der Laufzeit. Fallen beispielsweise die Renditen von Bundesanleihen mit gleicher Laufzeit, und die Renditen von Bankschuldverschreibungen steigen oder bleiben gleich, hat der Investor ein Spreadrisiko.

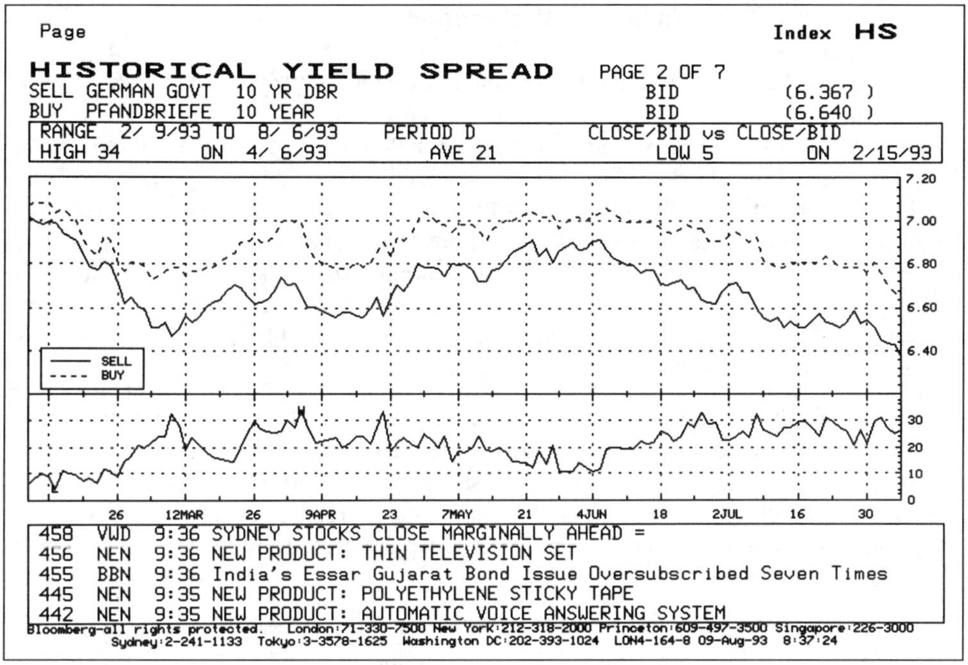

Quelle: Bloomberg

Abbildung 15: Spreadrisiko

3.1.2.2 Zinsänderungsrisiken aus derivativen Zinsinstrumenten

Mit derivativen Zinsinstrumenten entstehen grundsätzlich, wenn man vom Basisrisiko und Volatilitätsrisiko absieht, keine neuen Marktrisiken. Dies ist auch verständlich, wenn man berücksichtigt, daß derivative Zinsinstrumente von Kassazinsinstrumenten abgeleitet werden. Am Beispiel des Reverse Floaters wurde gezeigt, wie Marktrisiken aus komplexen Zinsinstrumenten in einfache Instrumente übertragen und bewertet werden können. Deshalb kann auf die Ausführungen zu den Zinsänderungsrisiken aus Kassainstrumenten verwiesen werden. Auf Basis- und Volatilitätsrisiken wird bei den entsprechenden derivativen Zinsinstrumenten detailliert eingegangen.

3.2 Quantifizierung von Zinsänderungsrisiken

Die Quantifizierung von Zinsänderungsrisiken ist die zweite Phase des Zinsmanagement-Prozesses. Zur Quantifizierung von Kursrisiken stehen dem Investor mehrere Marktrisikofaktoren-Sensitivitätskennzahlen zur Verfügung.

3.2.1 Marktrisikofaktoren-Sensitivitätskennzahlen

Im Rahmen der Risikoquantifizierung werden Sensitivitätskennzahlen verwendet, die eine Veränderung im aktuellen Wert des Zinsinstrumentes anzeigen, wenn der Marktrisikofaktor um eine Einheit (z. B. 1 Basispunkt) verändert wird. Obwohl insbesondere bei komplexen Zinsinstrumenten eine Vielzahl unterschiedlicher Marktrisikofaktoren einen Einfluß auf den aktuellen Wert haben, wird bei diesen Modellen immer nur ein Marktrisikofaktor verändert. Man bezeichnet diese Sensitivitätsanalysen deshalb auch als Single-Indikator-Modelle. Im Prinzip werden Schwerpunktrisikofaktoren definiert und alle anderen, zumindestens bei dieser Analysetechnik, außer Acht gelassen. Es erfolgt nur eine statische Momentaufnahme ohne Berücksichtigung des Zeitablaufes. Sensitivitätskennzahlen sind somit immer eine Zeitpunktbetrachtung.

Diese vereinfachte Vorgehensweise hat für Händler, Portfolio-Manager oder Risikomanager den Vorteil, daß die Ergebnisse relativ leicht nachvollziehbar sind. Bei der Interpretation sollte aber berücksichtigt werden, daß sich auch die Sensitivitätskennzahlen ändern können, wenn sich ein Marktrisikofaktor ändert. So steigt beispielsweise die Modified Duration einer Anleihe, wenn die Rendite des Papiers fällt. Diese Eigenschaft wird als Convexity bezeichnet.

Bei Zinsinstrumenten, die von mehreren Marktrisikofaktoren beeinflußt werden, sollte für jeden Marktrisikofaktor eine eigene Sensitivitätskennzahl ermittelt werden. Welche Sensitivitätskennzahlen zur Risikoquantifizierung verwendet werden, muß vom Top-Management bestimmt werden.

Für den Großteil der Zinsinstrumente kann vereinfacht ein linearer Zusammenhang zwischen der Veränderung des Marktrisikofaktors und der Veränderung im aktuellen Wert des Zinsinstrumentes unterstellt werden. Beispiele hierfür sind alle Kassainstrumente, Futures und Financial Swaps. Eine Ausnahme stellen jedoch die asymmetrischen Zinsinstrumente (z. B. OTC-Optionen, Floors) dar.

Wie bereits angedeutet, unterstellen die Marktrisikofaktoren Sensitivitätskennzahlen immer nur eine Veränderung des Marktrisikofaktors um eine Einheit. Wird dagegen beispielsweise erwartet, daß der Marktrisikofaktor um mehrere Einheiten steigt, so kann die Kursveränderung des Zinsinstrumentes wie folgt ermittelt werden.

Veränderung des aktuellen Wertes des Zinsinstrumentes bei einer Veränderung des Marktrisikofaktors um	=	Sensitivitätskennzahl des Marktrisikofaktors	×	X Einheiten des Marktrisikofaktors

Für Zinsinstrumente des Kassa- und Terminmarktes können folgende Sensitivitätskennzahlen zur Risikoquantifizierung verwendet werden:

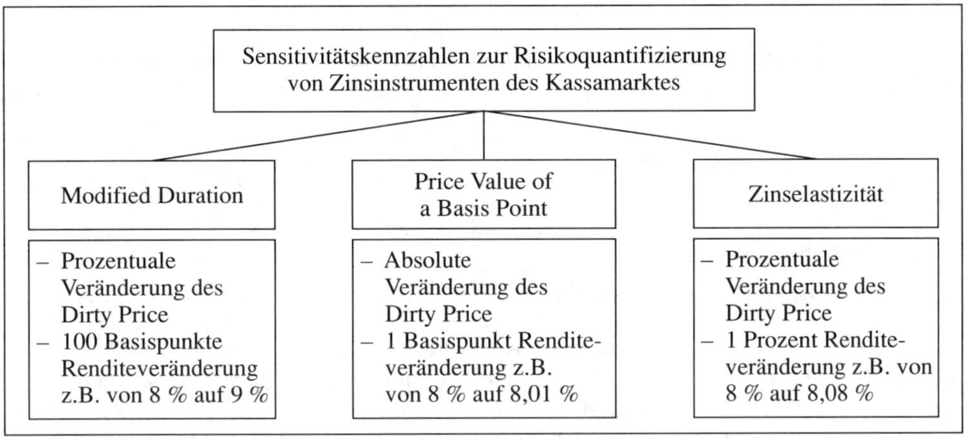

Abbildung 16: Sensitivitätskennzahlen zur Risikoquantifizierung

3.2.2 Modified Duration

Die Modified Duration ist eine geringfügige Veränderung der Duration nach Macaulay. Deshalb soll diese kurz vorgestellt werden. Die Duration nach Macaulay ist definiert als gewichteter Durchschnitt der Zeitpunkte der Zahlungen eines festverzinslichen Wertpapiers. Als Gewichtungsfaktoren werden die Barwerte der Zins- und Tilgungszahlungen (Cash Flows) verwendet. Die Duration ist somit nichts anderes als ein gewichtetes arithmetisches Mittel der Cash-Flow-Zeitpunkte (Zins- und Tilgungszahlungen) eines Zinsinstrumentes. Hat beispielsweise ein zehnjähriges Papier mit einem Kupon von 9 Prozent und einer Rendite von 8,5 Prozent (Kurs 103,27) eine Duration von 7 Jahren, so bedeutet dies, daß das Papier nach durchschnittlich 7 Jahren fällig wird.

Die Modified Duration wird wie folgt berechnet:

$$\text{Modified Duration } (D_{Mod}) = \frac{\text{Macaulay Duration}}{(1 + r/100)}$$

wobei

r = Rendite nach ISMA

Für das zehnjährige Papier wird die Modified Duration wie folgt ermittelt: 7/1,085 = 6,45 %. Wichtig ist in diesem Zusammenhang, daß die Modified Duration nicht in der Einheit „Jahre“ gemessen wird, sondern in „Prozent“. Die Modified Duration ist nun wie folgt zu interpretieren: Bei einer Renditeänderung des Papiers um einen Prozentpunkt, würde sich das Papier um 6,45 % ändern. Mit anderen Worten: Fällt (steigt) die Rendite von aktuell 8,5 % auf 7,5 % (9,5 %), so würde die Anleihe einen aproximierten Kurs von 109,93 (96,61) haben. Die prozentuale Kursveränderung bezieht sich auf den Dirty Price, das ist der Kurs erhöht um die aufgelaufenen Stückzinsen.

Die folgende Formel zeigt wiederum den unterstellten linearen Zusammenhang zwischen Modified Duration (Marktrisikofaktor-Sensitivitätskennzahl) und Renditeänderung (Marktrisikofaktor):

> Prozentuale Kursveränderung = $-\,D_{Mod} \cdot R$
>
> wobei
>
> D_{Mod} = Modified Duration
>
> R = Renditeänderung in Basispunkten (z. B. 1 Prozentpunkt entspricht 100 Basispunkte)

Diese Formel zeigt, daß die prozentualen Kursveränderungen umso größer sind, je größer die Modified Duration ist. Diese Aussage gilt aber nur bei einer Parallelverschiebung der Renditestruktur. Es soll deshalb an dieser Stelle ausdrücklich hingewiesen werden, daß als zweiter wesentlicher Bestimmungsfaktor das Ausmaß der Zinsänderung hinzukommt. Dieser zweite Bestimmungsfaktor gewinnt insbesondere vor dem Hintergrund der historischen Renditestrukturveränderung an den internationalen Zinsmärkten an Bedeutung. So zeigten in der Vergangenheit die Kapitalmarktrenditen am kurzen Ende deutlich stärkere Schwankungen als die Renditen am langen Ende.

In der Praxis wird oftmals die Restlaufzeit als Risikomaßstab festverzinslicher Papiere angesehen. Dabei wird in der Regel nicht beachtet, daß zwei weitere Faktoren die Kursbeweglichkeit eines Papiers determinieren. Dies ist zum einen der Nominalzins (Kupon) und zum anderen die Höhe der Rendite des Papiers. Es gilt nämlich: Je niedriger der Nominalzins bzw. die Rendite eines Papiers ist, desto größer sind die prozentualen Kurswertveränderungen.

Folgende Punkte sind bei der Analyse der Modified Duration zu beachten:

- Schätzungen mit Hilfe der Modified Duration sind im Bereich +/- 50 Basispunkte relativ genau.
- Der Schätzfehler wird umso größer, je größer die Zinsänderung und je größer die Laufzeit des Papiers wird.
- Die Schätzungen sind bei Renditesteigerungen zu hoch und bei Renditesenkungen zu niedrig (Ursache: Positive Convexity).

3.2.3 Price Value of a Basis Point (PVBP)

Die Modified Duration mißt das prozentuale Kursrisiko. Im Gegensatz dazu mißt die Kennzahl Price Value of a Basis Point (PVBP) das absolute Kursrisiko. Häufig wird der Price Value auch als Dollar Value of a 0.01 (DV01) bezeichnet. Der PVPB ist im Grunde genommen nichts anderes als die absolute Änderung des Dirty Price, wenn sich die Rendite um einen Basispunkt (0,01 Prozentpunkt) ändert. Je höher der PVBP ist, desto höher ist das absolute zinsinduzierte Kursänderungsrisiko des Papiers.

Den Price Value of a Basis Point kann man nach zwei alternativen Methoden rechnen, die beide zum gleichen Ergebnis führen. Die erste Methode bildet die Differenz zwischen dem aktuellen Kurs und dem Kurs, wenn sich die Rendite um einen Basispunkt verändert. Die zweite Methode ermittelt den PVBP mit Hilfe der Modified Duration.

An einem Zerobond mit einer Laufzeit von 20,214 Jahren soll die Ermittlung des PVBP gezeigt werden. Die Rendite beträgt 8,6 %:

Rendite	Kurs	Differenz
8,60	18,86859207	
8,59	18,90374682	0,03515475

Der PVBP beträgt 0,035 DM.

Alternativ wird der PVBP ermittelt mit Hilfe der Modified Duration.

Die Formel lautet:

$$\text{PVBP} = \frac{\text{Modified Duration} \times \text{Dirty Price}}{10\,000}$$

Setzt man die Werte in diese Formel ein, ergibt sich folgender Wert:

$$\frac{18{,}61 \times 18{,}69}{10\,000} = 0{,}035$$

Der Price Value of a Basis Point kann wie folgt interpretiert werden: Ändert sich die Rendite um einen Basispunkt (0,01 %), ändert sich der Kurs des Zerobonds um 0,035 DM.

Der PVBP wird von zwei Faktoren beeinflußt: zum einen von der Modified Duration, zum anderen von dem Dirty Price. Beide verhalten sich innerhalb einer Kuponperiode, wenn die Rendite konstant bleibt, gegensätzlich. Während die Modified Duration während der Kuponperiode abnimmt, steigt der Dirty Price an, da die Stückzinsen kontinuierlich anwachsen. Dies bedeutet, daß der PVBP im Gegensatz zur Modified Duration keine Sprünge vor der Kuponzahlung aufweist, da der PVBP das Produkt aus beiden Komponenten wiederspiegelt.

PVBP wird im Rahmen des Zinsmanagement insbesondere in Hedging-Strategien eingesetzt. Auf diese wird in Teil 2 noch näher eingegangen.

Abbildung 17 zeigt die Risikokennzahlen für ein Portfolio aus Straight Bonds und variabel verzinslichen Anleihen.

	Nominal in Tsd.	Investiert in Tsd.	Rendite ISMA	Rest-laufzeit	Duration	Mod. Duration	PVBP in Tsd.
Bundesanleihe	100800	108848	6.604	6.84	5,40	5.07	55.130
Schuldverschr.	255500	273847	7.213	5.90	4,57	4.26	116.660
Floater	36000	37132	7.447	1.18	0.18	0.16	1.270
Post/Bahn	113500	118969	7.164	6.55	5,16	4,81	57.270
Summe	**505800**	**538797**	**7.056**	**5.89**	**4.56**	**4.26**	**230.320**

Abbildung 17: Errags- und Sensitivitätskennzahlen für ein Portfolio aus Straight Bonds und variabel verzinslichen Anleihen

	Nominal in Tsd.	Investiert in Tsd.	Rendite ISMA	Rest-laufzeit	Duration	Mod. Duration	PVBP in Tsd.
1 Jahr	62500	64486	7.528	0.98	0.40	0.37	3.020
2 Jahre	35500	36388	7.239	1.89	1.79	1.67	6.070
3 Jahre	36000	36453	7.118	2.78	2.56	2.39	8.710
4 Jahre	29500	30528	6.826	4.06	3.52	3.29	10.050
5 Jahre	29500	30438	6.808	4.84	4.16	3.90	11.860
6 Jahre	70000	72759	6.805	5.98	4.93	4.61	33.580
7 Jahre	35300	38052	6.752	6.71	5.40	5.06	19.250
8 Jahre	56000	62531	7.117	8.04	6.03	5.63	35.210
9 Jahre	141500	156955	7.191	9.10	6.54	6.10	95.780
10 Jahre	10000	10207	7.284	9.68	7.12	6.64	6.770
Summe	**505800**	**538797**	**7.056**	**5.89**	**4.56**	**4.26**	**230.320**

Abbildung 18: Portfolio Sensitivitätsanalyse

Diese Abbildung zeigt, daß die Sensitivitätskennzahl PVBP 230.320 DM beträgt. Würde sich die Rendite des gesamten Portfolios um einen Basispunkt erhöhen (Parallelverschiebung), würde der aktuelle Wert des Portfolios um 230.320 DM fallen. Der aktuelle Wert des gesamten Portfolios liegt bei 538.797.000 DM (inclusive aufgelaufener Stückzinsen).

3.2.4 Zinselastizität

Die Zinselastizität ist eine weitere Sensitivitätskennzahl, die, ähnlich wie Modified Duration oder PVBP, zur Quantifizierung des zinsinduzierten Kursrisikos von Zinsinstrumenten errechnet wird. Die Zinselastizität mißt wie Modified Duration prozentuale Kursveränderungen bei einer gegebenen Renditeveränderung. Die Zinselastizität gibt an, um wieviel Prozent sich der Dirty Price eines Zinsinstrumentes ändert, wenn sich die Rendite um 1 % verändert. Im Gegensatz zur Modified Duration wird also nicht auf eine Renditeveränderung von 100 Basispunkten (ein Prozentpunkt) normiert, sondern auf 1 Prozent. Konkret bedeutet dies, daß die Rendite von 8 auf 8,08 Prozent steigt bzw. von 8 auf 7,92 Prozent fällt.

Die Zinselastizität kann ebenfalls wie der PVBP mit Hilfe der Modified Duration relativ leicht ermittelt werden. Hierzu ist folgende Formel notwendig:

$$\text{Zinselastizität} = \frac{\text{Modified Duration} \times \text{Aktuelle Rendite}}{100}$$

wobei

Aktuelle Rendite = Rendite nach ISMA

Ein Beispiel soll diese Formel verdeutlichen: Für den DM-Euro-Securities Zerobond soll die Zinselastizität ermittelt werden.

Nominalzins	0,000 %
Kurs	18,868
Restlaufzeit	20,214 Jahre
Duration	20,214 Jahre
Modified Duration	18,614 %
ISMA-Rendite	8,640 %
Renditeveränderung	1 Prozent von 8,64 %

$$\text{Zinselastizität} = \frac{18{,}614 \times 8{,}64}{100} = 1{,}608\ \%$$

Würde sich die Rendite des Zerobonds um 1 % ändern, also um 0,0864 Prozentpunkte oder 8,64 Basispunkte, würde sich der Dirty Price entsprechend um 1,608 % ändern.

Da die Zinselastizität aus der Modified Duration abgeleitet wird, können die getroffenen Aussagen der Modified Duration auf die Zinselastizität übertragen werden. In der Praxis wird insbesondere im Rentenhandel, Fondsmanagement und Bond-Portfoliomanagement die Modified Duration zur Quantifizierung von Zinsänderungsrisiken eingesetzt.

3.2.5 Convexity

Die Modified Duration, bei der ein linearer Zusammenhang zwischen Rendite- und Kursänderung unterstellt wird, eignet sich strenggenommen zur Kursabschätzung für Renditeschwankungen nur bis zu ungefähr 50 Basispunkten. Bei größeren Renditeveränderungen ist der lineare Zusammenhang nicht mehr gegeben, so daß die geschätzte Kursentwicklung mit Ungenauigkeiten behaftet ist. Diesen Zusammenhang zeigt auch das folgende Performance-Profil.

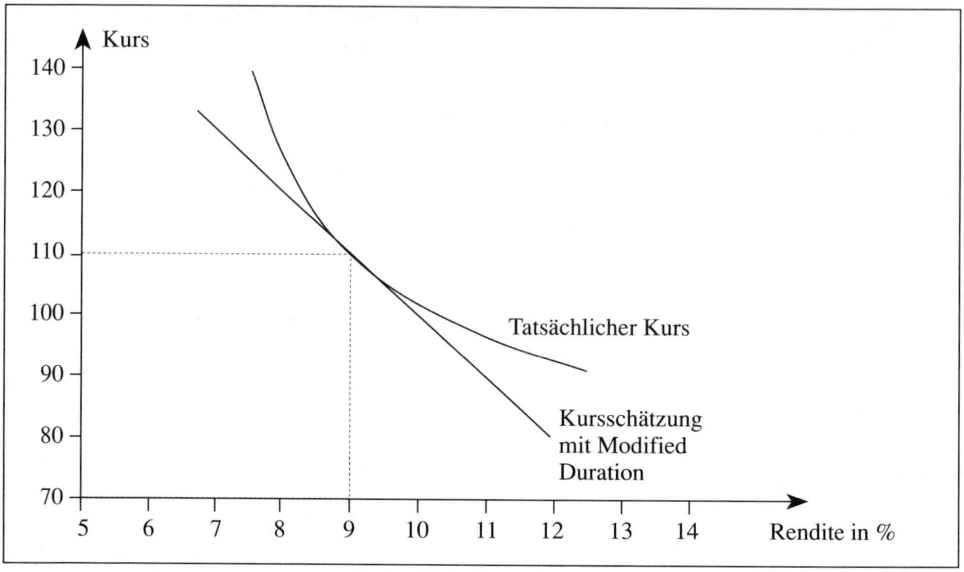

Abbildung 19: Performance-Profil

Ein Maß für die Ungenauigkeit bei der Analyse größerer Renditeabweichung ist die Convexity. Dabei gilt generell: Je höher die Convexity ist, desto größer ist der mögliche Fehler in der Abschätzung der Kursveränderung mit Hilfe der Modified Duration. Mit anderen Worten: Die Convexity ist quasi ein Maßstab für die Nicht-Linearität (oder Krümmung) der Kurs-Rendite-Kurve. Die Convexity beschreibt die Änderung der Modified Duration in Abhängigkeit von Renditeänderungen. Allgemein gilt: Je höher die Convexity eines Papiers ist, desto schneller ändert sich die Modified Duration, wenn sich die Rendite ändert.

Für einen Anleger sind Papiere wertvoll mit einer geringen Kurssensitivität bei steigenden Renditen (Modified Duration wird geringer) und einer hohen Kurssensitivität (Modified Duration wird höher) bei fallenden Renditen. Dieses Kursverhalten wird durch eine positive Convexity beschrieben. Je höher die Convexity eines Papiers ist, desto wertvoller wird dieses Papier für den Anleger. Konkret bedeutet dies: Haben zwei Papiere die gleiche Modified Duration, sollte das Papier mit der höheren Convexity gekauft werden, da die Kursgewinne größer und die Kursverluste geringer sind im Vergleich zum Papier mit der geringeren Convexity.

Positiv hat in diesem Zusammenhang eine zweifache Bedeutung: Zum einen deutet es darauf hin, daß es für einen Anleger vorteilhafter ist, ein Papier mit einer höheren positiven Convexity zu kaufen, zum anderen, daß die Modified Duration erhöht wird, wenn die Renditen fallen.

Die Convexity kann über folgende Näherungsformel ermittelt werden:

$$\text{Convexity } (C_x) = \frac{100.000.000}{\text{Dirty Price}} \times (K_1 - K_2)$$

wobei

K_1 = Absolute Kursveränderung, wenn die Rendite um einen Basispunkt fällt
K_2 = Absolute Kursveränderung, wenn die Rendite um einen Basispunkt steigt

Für Zerobond soll die Convexity ermittelt werden. Hierfür benötigt man folgende Hilfstabelle:

Tabelle 6: Ermittlung der Convexity

Rendite	Kurs	Kursänderung
8,61	18,83350592	0,03508615
8,60	18,86859207	
8,59	18,90374682	0,03515475
$K_1 - K_2$		0,0000686

$$\text{Convexity} = \frac{100.000.000 \times 0{,}000686}{18{,}86859} = 363{,}56$$

Die Convexity des Papiers beträgt 363,56.

3.3 Total Return Management

In den letzten Jahren erlebte das Management festverzinslicher Papiere einen revolutionären Umbruch. Während vor einigen Jahren noch primär die Rendite bei der Entscheidungsfindung verwendet wurde, setzen immer mehr professionelle Anleger auf den Total Return eines Zinsinstrumentes. Im folgenden wird dargestellt, was der Total Return ist und welche Stärken und Schwächen diese Ertragskennzahl im Vergleich zur traditionellen Renditekennzahl hat.

3.3.1 Total Return Management versus Rendite-Management

Das Umfeld für festverzinsliche Papiere hat sich in den letzten 20 Jahren grundlegend geändert. Die zunehmende Volatilität an den internationalen Rentenmärkten führt unter anderem dazu, daß immer mehr Marktteilnehmer die traditionelle passive „Buy-and-Hold-

Strategie“ aufgeben und aktive Anlagestrategien verfolgen. Aktive Anlagestrategien mit festverzinslichen Papieren, die auch als prognoseorientierte oder als Risk-altering-Bond-Management-Strategien bezeichnet werden, können unterschieden werden in Strategien, die auf einfachen Zinserwartungen oder detaillierten Zinserwartungen basieren. Bei den erstgenannten Strategien genügen Prognosen über die Richtung der Renditeentwicklung, d. h., ob die Renditen fallen, steigen oder konstant bleiben. Vor dem Hintergrund der zunehmenden Renditestrukturkurvenveränderungen ist diese Strategie in der Praxis wenig erfolgversprechend, da keine Aussagen über die Veränderung der Renditestrukturkurve getroffen werden. Deshalb sind detaillierte Zinserwartungen erforderlich, die sowohl Höhe, Richtung und Zeitpunkt von restlaufzeitabhängigen Renditeveränderungen berücksichtigen. Der Zinsprognose kommt damit eine entscheidende Bedeutung beim aktiven Management von Rentenbeständen (z. B. Handelsbestand, Fondsbestand) zu. Aber auch bei der passiven Haltestrategie sind Prognosen über zukünftige Zinsentwicklungen notwendig, um Aussagen über Wiederanlagerisiken festverzinslicher Papiere treffen zu können. Aufbauend auf den Renditeprognosen wird in einem nächsten Schritt der Total Return eines Papiers bzw. eines Portfolios bestimmt.

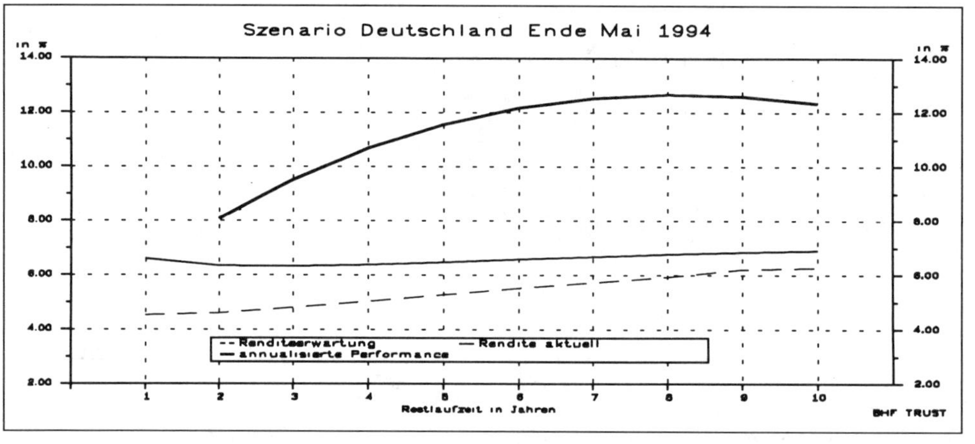

Quelle: BHF-Bank

Abbildung 20: Renditestrukturkurven

3.3.2 Total Return als zukünftiger geplanter Ertrag

Unter dem Total Return versteht man den prozentualen Gesamtertrag eines festverzinslichen Wertpapiers oder Portfolios bezogen auf einen bestimmten Planungshorizont. Das erzielte Endkapital (z. B. in DM) wird in das Verhältnis gesetzt zum investierten Kapital und umgerechnet in eine jährliche prozentuale Verzinsung (Annualisierung). Der Total Return eines Papiers oder Portfolios setzt sich im allgemeinen aus dem Nominalzins, den Zinseszinserträgen und Kursverlusten bzw. Kursgewinnen zusammen. Der Total Return wird oftmals auch als Horizon Return bezeichnet. Der Total Return ist somit nichts anderes als der individuell geplante, quantifizierte Ertrag einer Anlagestrategie auf Basis der Zinserwartung des Anlegers (z. B. Händler, Portfolio-Manager) während eines bestimmten Anlagehorizontes. Das erzielte Endkapital wird im Gegensatz zum Total Return, der immer eine prozentuale Verzinsung angibt, als Dollar Total-Return bezeichnet. Hierbei spielt es keine Rolle, in welcher Währung das Endkapital steht. Dollar soll nur zum Ausdruck bringen, daß es sich um einen absoluten Betrag in einer beliebigen Währung handelt.

Die Frage, wie lange der Planungshorizont gewählt werden soll, kann nicht allgemein verbindlich beantwortet werden. Bei der Definition des Anlagehorizontes sind vor allem die spezifischen Anforderungen der unterschiedlichen Marktteilnehmer zu berücksichtigen. Während beispielsweise ein Rentenhändler einen Planungshorizont von wenigen Stunden oder Tagen hat, wird der Planungshorizont eines Fondsmanagers in der Regel bei mehreren Wochen, Monaten oder sogar Jahren liegen. So ist beispielsweise der Planungshorizont eines Laufzeitenfonds das Datum der Auflösung des Fonds. Da traditionelle Rentenfonds theoretisch unendlich laufen, könnte man als Planungshorizont beispielsweise das Geschäftsjahresende des Fonds ansehen.

Der Total Return ist nicht zu verwechseln mit der traditionell verwendeten Renditekennzahl nach ISMA (International Securities Market Association) oder Moosmüller. Im allgemeinen versteht man unter der Rendite jenen Zinssatz, mit dem die zukünftigen Cash Flows (Zins- und Tilgungszahlungen) eines Zinspapiers diskontiert werden, um den Dirty Price ermitteln zu können. Der Dirty Price entspricht dem Kurs plus den aufgelaufenen Stückzinsen seit dem letzten Kupontermin.

	Bundesanleihe	Bundesschatz-anweisung
	Papier 1	Papier 2
Kenn-Nummer:	113438	113659
Nominalzins:	7,25	8,625
Fälligkeit:	22.05.95	22.05.95
Aktueller Kurs	100,20	102,97
Aktuelle Rendite	7,1287	7,2082
Duration	2,22	2,19
Modified Duration	2,07	2,04
Restlaufzeit	2,42	2,42

Kurse und Renditen nach ISMA.
Stand: 22. Dezember 1992

Abbildung 21: Wert- und risikobezogene Bondkennzahlen für Papiere des Bundes

Um den Dirty Price eines festverzinslichen Papiers ermitteln zu können, sind drei Schritte notwendig. Diese sollen am Beispiel der Bundesanleihe (Kenn-Nummer 113438) gezeigt werden.

- Schritt 1: Ermitteln der Zeitpunkte
  Im ersten Schritt werden zunächst die Zeitpunkte ermittelt, zu denen der Anleger die laufenden Zinszahlungen und den Tilgungsbetrag erhält. Für das konkrete Beispiel bedeutet dies: Der Anleger erhält nach 150 Tagen (0,42 Jahre), 510 Tagen (1,42 Jahre), 870 Tagen (2,42 Jahre) und 1.230 Tagen (2,42 Jahre) Zinsen bzw. die Tilgung.

- Schritt 2: Ermitteln der Barwerte
  Im zweiten Schritt ermittelt man die Barwerte der Zins- und Tilgungszahlungen. Dies hat folgenden einfachen Hintergrund. Eine zukünftige (Zins-)Zahlung ist aus heutiger Sicht umso weniger wert, je weiter sie in der Zukunft liegt. 7,25 Mark Zinsen, die man in 0,42 Jahren erhält sind heute mehr wert als Zinsen, die man in 2,42 Jahren erhält. Wieviel eine zukünftige Zahlung heute wert ist, kann mit dem Barwert ermittelt werden. Für 7,25 Mark Zinsen, die der Anleger in 0,42 Jahren erhält, errechnet sich ein Barwert von 7,04 Mark ($7{,}25/1{,}071287^{0{,}42}$). Nun werden auch die weiteren Zahlungen abgezinst. In diesem Beispiel wurde nach der ISMA-Methode gerechnet. Diese unterstellt, daß auch die Teilperioden exponentiell diskontiert werden.

- Schritt 3: Addition der Barwerte zum Dirty Price
  Addiert man schließlich die Barwerte der Zins- und Tilgungszahlungen, erhält man den Kurs inclusive der aufgelaufenen Stückzinsen (Dirty Price). Zieht man von diesem Kurs die Stückzinsen ab, erhält man den Kurs der Anleihe in Höhe von 100,20 Mark. Zu diesem Kurs wurde die Anleihe auch an der Börse in Frankfurt gehandelt.

Nach dem gleichen Schema kann auch der Kurs der Bundesschatzanweisung ermittelt werden. Das Beispiel zeigt, daß die Rendite eines Papiers nichts anderes ist, als ein Zinsfuß mit dem Zahlungen, die zu unterschiedlichen Zeitpunkten in der Zukunft fließen, miteinander vergleichbar gemacht werden. Mit anderen Worten: Ein Anleger ist heute bereit, für die Bundesanleihe 100,20 Mark plus die aufgelaufenen Stückzinsen in Höhe von 4,2292 Mark als Gegenwert für die zukünftigen Zins- und Tilgungszahlungen zu zahlen. Man kann sich die Rendite als „Stellenvertreter“ für den Kurs eines festverzinslichen Papiers vorstellen und damit als Preisfindungsinstrument. Da festverzinsliche Papiere unterschiedliche Laufzeiten und laufende Zinszahlungen bzw. Zinszahlungstermine haben, ist es sicherlich sinnvoll und nützlich, anstelle des Kurses die Rendite bis zur Fälligkeit (Yield-to-Maturity) oder die Rendite bis zum Kündigungstermin (Yield-to-Call) des Papiers anzugeben, um zu erkennen, welchen aktuellen Wert das Papier hat. Insofern stellt die Rendite ein nützliches Instrument dar, um Papiere mit unterschiedlichen Kursen und Kuponzahlungen in einer einzigen Zahl darzustellen und damit vergleichbar zu machen (Barwertansatz). Mit anderen Worten: Die Rendite ist die Verdichtung von Cash Flows festverzinslicher Papiere in einer einzigen wertbezogenen Kennzahl.

Rendite als Diskontierungssatz zukünftiger Cash Flows (Barwertansatz)

ISMA-Rendite der Bundesanleihe: 7,1287 %

Zeitraum bis zur Zahlung in Jahren	Zinsen/Tilgung	Barwert Zinsen/Tilgung
(1)	(2)	(3)
0,4167	7,25 DM	7,0449 DM
1,4167	7,25 DM	6,5761 DM
2,4167	107,25 DM	90,8079 DM
Kurs inklusive Stückzinsen		104,4289 DM
Stückzinsen		– 4,2292 DM
Kurs ohne Stückzinsen		100,1997 DM

Abbildung 22: Rendite als Diskontierungssatz zukünftiger Cash Flows (Barwertansatz)

Neben der erwähnten Funktion der Rendite als Preisfindungsinstrument (Barwertansatz) hat die Rendite in der Praxis noch eine weitere Funktion. Die Rendite wird als Kennzahl verwendet, um Aussagen über den zukünftigen Ertrag eines festverzinslichen Papiers (Endwertansatz) machen zu können. Dies ist nur dann möglich, wenn zwei grundlegende Voraussetzungen beachtet werden:

- Zum einen muß das Papier bis zur Endfälligkeit im Portfolio gehalten werden (passive Haltestrategie) und
- zum anderen sind die zukünftigen Zinszahlungen mit der ermittelten Rendite bis zur Endfälligkeit des Papiers wiederanzulegen (Wiederanlageprämisse).

Bezogen auf die Bundesanleihe bedeutet dies, daß der Investor die 7,25 Mark Zinsen, die er nach 150 Tagen erhält, für zwei Jahre zur Rendite von 7,13 % anlegen müßte. Auch die Zinszahlung im zweiten Jahr wären wiederum zur Rendite von 7,13 % bis zur Endfälligkeit anzulegen. Man nennt diese Voraussetzung auch Wiederanlageprämisse. Genau hier liegt auch die Ursache, warum die Rendite nur bedingt zur Entscheidungsfindung bei der Auswahl Festverzinslicher Papiere verwendet werden sollte. Man kann zwar nur vage Vermutungen anstellen, wie man die zukünftigen Zinszahlungen anlegen kann, eine Wiederanlage der Zinszahlungen zur Rendite wird sicherlich nicht erfolgen, da sich das Renditeniveau in den nächsten Jahren nicht ändern dürfte. Diese Unsicherheit über den tatsächlichen Wiederanlageertrag, den man aus der Anlage der fälligen Zinszahlungen bis zur Endfälligkeit des Papiers erhält, bezeichnet man als Wiederanlagerisiko. Dies bedeutet aber, daß die Rendite keine geeignete Kennzahl für den zukünftigen Ertrag eines festverzinslichen Papiers darstellt.

	Yield-to-Maturity (Rendite)	Total Return (Gesamtertrag)
Planungshorizont	Endfälligkeit des Papiers	Individuell vom Marktteilnehmer bestimmt
Gewinne bzw. Verluste	Rückzahlungsgewinn bzw. -verlust	a) Bei Verkauf vor Fälligkeit: Gewinne bzw. Verluste aufgrund von Zinsänderungen b) Bei Halten bis zur Endfälligkeit: Rückzahlungsgewinn bzw. -verlust
Wiederanlage der Kupons	Rendite des Papiers	Individuell vom Marktteilnehmer bestimmt
Betrachtungs-zeitpunkt	Zukunftsorientiert (ex ante)	Zukunftsorientiert (ex ante)

Abbildung 23: Vergleich der wertbezogenen Kennzahlen-Rendite und Total Return

Welche Bedeutung die Wiederanlagerisiken bei fallenden Zinsen bzw. die Wiederanlagechancen bei steigenden Zinsen vor allem für das Fondsmanagement haben, zeigt die Abbildung 24 (Endwertansatz).

	Papier 1		Papier 2	
Nominalzins: Laufzeit in Jahren:	8,00 10,00		4,00 10,00	
Aktueller Kurs Aktuelle Rendite	100,00 8,00		73,16 8,00	
Wiederanlagesatz	Total Return in %	Endkapital in DM (Dollar Total Return)	Total Return in %	Endkapital in DM (Dollar Total Return)
5,00	7,21	200,62	7,47	205,53
6,00	7,47	205,45	7,64	208,80
7,00	7,73	210,53	7,82	212,32
8,00	8,00	215,89	8,00	215,89
9,00	8,28	221,54	8,19	219,72
10,00	8,57	227,50	8,39	223,82
11,00	8,86	233,78	8,60	228,19
12,00	9,17	240,39	8,81	232,64

Abbildung 24: Total Return-Analyse von Straight Bonds

In dieser Abbildung wurde der Total Return für zwei 10jährige Anleihen mit einem Nominalzins von 8 % bzw. 4 % unter verschiedenen Wiederanlageszenarien ermittelt. Aus Vereinfachungsgründen wurde unterstellt, daß beide Papiere die gleichen Renditen von 8 % haben (Kuponeffekte wurden nicht berücksichtigt). Es wurde unterstellt, daß der Portfolio-Manager beide Papiere bis zur Endfälligkeit hält. Der Total Return des ersten Papiers besteht aus zwei Komponenten: (1) den jährlichen Zinszahlungen in Höhe von 8 DM und (2) den Wiederanlageerträgen aus der Wiederanlage der laufenden Kuponzahlungen. Da das Papier zu pari gekauft wurde, wird der Total Return durch Rückzahlungsgewinne bzw. -verluste nicht beeinflußt. Würde das Papier vor Fälligkeit verkauft werden, würden Kursgewinne bzw. -verluste aufgrund von veränderten Renditen entstehen. Diese würden ebenfalls bei der Rendite nicht explizit berücksichtigt werden, da die Renditekennzahl davon ausgeht, daß Papiere immer bis zur Fälligkeit gehalten werden. Im Gegensatz zum Total Return: Hier würden Kursgewinne bzw. -verluste aufgrund von Zinsänderungen berücksichtigt werden, da der Planungshorizont nun vor Fälligkeit des Papiers liegen würde. Auf diesen Aspekt wird später noch detailliert eingegangen. Bei Papier 2 besteht der Total Return aus drei Komponenten: (1) den jährlichen Zinszahlungen in Höhe von 4 DM, (2) den Wiederanlageerträgen aus der Wiederanlage der laufenden Kuponzahlungen und schließlich (3) dem Tilgungsgewinn in Höhe von 26,84 DM je Nominal 100 DM.

Die Tabelle zeigt dem Portfolio Manager, daß er nur dann einen Total Return von 8 % erzielt, wenn er die fälligen Zinszahlungen auch tatsächlich zu 8 % wiederanlegen kann. Unter diesem Szenario wäre die beim Kauf ermittelte Rendite von 8 % identisch mit dem Total Return in Höhe von ebenfalls 8 %. Liegt der Wiederanlagezins über/unter der Rendite, wäre auch der tatsächliche Ertrag über/unter der Rendite. Würde der Fondsmanager 100 Mio DM in Papier 1 investieren, würde der Rückfluß aus diesem Papier in Abhängigkeit von der zwischenzeitlich erfolgten Wiederanlage zwischen 200 und 240 Mio DM liegen. Bei Papier 2 liegt der Dollar Total Return zwischen 205 und 232 Mio DM. Berücksichtigt man bei der Analyse des Dollar Total Returns bei Papier 1, daß der Fondsmanager 80 Millionen Mark (10 Jahre × 8 Mio DM) aus den fälligen Zinszahlungen und 100 Mio aus der Tilgung erhält, so bedeutet dies, daß sich der Wiederanlageertrag bei einem konstanten Zinsnvieau von 8 % auf knapp 36 Mio (215,89 Mio – 180 Mio) beläuft. Berücksichtigt man darüber hinaus, daß eine Kapitalmehrung in Höhe von insgesamt 115,89 Mio (215,89 Mio – 100 Mio) stattgefunden hat, so bedeutet dies für den Fondsmanager, daß ungefähr ein Drittel (35,89/115,89) seines Ertrages davon abhängt, wie die Wiederanlage in der Zukunft erfolgt. Bei Papier 2 sind die Wiederanlagerisiken aufgrund des geringeren Nominalzinssatzes geringer einzustufen.

Dieses relativ einfache Beispiel, bei dem unterstellt wurde, daß die zwischenzeitlichen Zinszahlungen immer zum gleichen Wiederanlagesatz angelegt werden, läßt tendenzielle folgende Aussagen über den Total Return bei einer Haltestrategie zu:

- Je länger der Planungshorizont eines Anlegers, desto größer das Wiederanlagerisiko bzw. -chance.
- Je höher der Kupon eines festverzinslichen Papiers, desto höher das Wiederanlagerisiko bzw. -chance.

3.3.3 Parameteranalyse von Zinsinstrumenten

Während das letzte Beispiel zeigte, wie der Total Return und die anschließende Analyse des Total Return bei einer eher langfristig orientierten Anlagestrategie im Rahmen des Fondsmanagement eingesetzt werden kann, soll nun an einem weiteren Beispiel gezeigt werden, wie der Total Return bei einer kurzfristig orientierten aktiven Trading Strategie, wie sie typischerweise im Rentenhandel vorzufinden ist, verwendet werden könnte. Bei aktiven Trading Strategien spielen Wiederanlagerisiken bzw. -chancen eine untergeordnete Rolle. Die entscheidende Komponente, die für den Erfolg bzw. Mißerfolg einer Handelsstrategie von Bedeutung ist, sind Kursgewinne bzw. -verluste, wenn sich das Zinsniveau verändert. Hierfür ist der Total Return im Gegensatz zum ersten Beispiel in folgende drei Komponenten aufzuteilen:

- Ertrag aus der Verzinsung des eingesetzten Kapitals (positiver Effekt),
- Kursveränderung durch Modified Duration (negativer oder positiver Effekt),
- Kursveränderung durch positive Convexity (immer positiver Effekt).

Neben den bereits genannten Renditedefinitionen (Barwertansatz, Endwertansatz) wird die Rendite eines festverzinslichen Papiers als die Verzinsung des eingesetzten Kapitals (Dirty Price) beschrieben. Diese Komponente hat für den Anleger immer einen positiven Return. Dieser wird zum einen von der Rendite des Papiers (Yield-to-Maturity) zum anderen von der Zeitdauer bis zum Planungshorizont bestimmt. Es erfolgt somit nichts anderes als die Berechnung der zeitanteiligen Rendite. Man nennt diesen Effekt deshalb auch Zeiteffekt. Unter der Voraussetzung, daß sich die Rendite des Papiers bis zum Planungshorizont des Marktteilnehmers nicht ändert, kann der Ertrag aus dem Papier wie folgt berechnet werden:

Ertrag aus dem Zeiteffekt = Rendite in % $\times$ Zeitdauer

Ändert sich die Rendite des Papiers wird man mit dem festverzinslichen Papier auch einen anderen Ertrag erzielen als den berechneten Ertrag aus dem Zeiteffekt. Der Ertrag wird beeinflußt von

- der Modified Duration,
- Convexity und schließlich
- von der erfolgten Renditeänderung.

Ein eventueller Kursgewinn bzw. -verlust infolge einer Renditeänderung kann mit Hilfe der Modified Duration relativ leicht abgeschätzt werden. Die prozentuale Kursveränderung ist dabei umso größer, je höher die Modified Duration des Papiers ist. Der Ertrag aus dem Zeiteffekt und der Veränderung der Rendite (Modified Duration Effekt) kann mit folgender Formel bestimmt werden. Diese Formel eignet sich gut, um den Total Return eines Papiers annähernd zu bestimmen, wenn der Planungszeitraum nur wenige Wochen beträgt und die Renditeschwankungen bei maximal 50 bis 60 Basispunkte liegen.

Total Return = Rendite in % × Zeitdauer – D_{Mod} × Ren. Änd.

wobei:

D_{Mod} = Modified Duration
Ren. Änd. = Renditeänderung

Diese Formel soll an einem Beispiel gezeigt werden. Ein Rentenhändler hat die Bundesanleihe 113438 im Bestand und geht davon aus, daß die Rendite des Papiers in den nächsten vier Wochen um 40 Basispunkte fallen wird. Welchen Total Return erwirtschaftet er mit diesem Papier bis zum Ende des Planungshorizontes?

Berechnung des Total Returns ohne Berücksichtigung der Convexity

Bundesanleihe	113438
Nominalzins	7,25 %
Kurs	100,20
Dirty Price	104,43
Modified Duration	2,07 %
ISMA-Rendite	7,13 %
Total Return	= 7,13 × 4/52 - 2,07 × (–0,40)
	= 0,548 % + 0,828 % = +1,376 %

Der Gesamtertrag aus der Anleihe beträgt +1,376 %. Bei der Ermittlung des Total Returns wurde jedoch noch nicht berücksichtigt, daß festverzinsliche Papiere eine Convexity (Krümmung) haben. Wird die Modified Duration zur Ermittlung von prozentualen Kursveränderungen verwendet, unterstellt man einen linearen Zusammenhang zwischen Rendite- und Kursänderungen, der tatsächlich aber nicht existiert. Je höher die Convexity eines Papiers ist, desto geringer wird der tatsächliche Kursverlust bzw. desto höher wird der Kursgewinn im Vergleich zur Schätzung mit Hilfe der Modified Duration sein. Der Beitrag der Convexity zum Gesamtertrag ist proportional zur quadrierten Renditeänderung. Die Formel zur Ermittlung des Total Returns unter Berücksichtigung der Convexity lautet:

Total Return = Rendite in % × Zeitdauer – D_{Mod} × Ren. Änd. + 0,5 ×
C × (Ren. Änd./100)^2 × 100

wobei

D_{Mod} = Modified Duration
Ren. Änd. = Renditeänderung
C = (Modified) Convexity

Die Convexity der Bundesanleihe liegt bei 6,32.

Berechnung des Total Returns mit Berücksichtigung der Convexity

Total Return $= 7{,}13 \times 4/52 - 2{,}07 \times (-0{,}40) + 0{,}5 - 6{,}32 \times 0{,}004^2 \times 100$
$= 0{,}548\ \% + 0{,}828\ \% + 0{,}005\ \%$
$= 1{,}381\ \%$

Der Gesamtertrag des Papiers unter Berücksichtigung der Convexity beträgt 1,381 %. Die Convexity hat den Total Return nur geringfügig verändert, da die Modified Duration Kursveränderungen bis zu 50 Basispunkten Renditeänderungen relativ genau abschätzt. Wichtig ist in diesem Zusammenhang noch zu wissen, daß der Beitrag der Convexity zum Gesamtertrag eines festverzinslichen Papiers immer positiv ist. Das bedeutet, daß die Kursverluste, die durch die Modified Duration geschätzt werden, verringert werden und die Kursgewinne erhöht werden. Das folgende Beispiel zeigt den Total Return für die Bundesanleihe, wenn die Rendite um 30 Basispunkte steigen sollte.

Berechnung des Total Returns mit Berücksichtigung der Convexity bei einem Renditeanstieg um 30 Basispunkte

Total Return $= 7{,}13 \times 4/52 - 2{,}07 \times 0{,}30 + 0{,}5 \times 6{,}32 \times 0{,}003^2 \times 100$
$0{,}548\ \% - 0{,}621\ \% + 0{,}002844\ \%$
$= -0{,}070\ \%$

Die genannten Formeln sind als Faustformeln zu interpretieren, die allerdings eine relativ exakte Schätzung des tatsächlichen Ertrags aus einem Investment zulassen, wenn die prognostizierte Renditeveränderung innerhalb weniger Wochen oder Monate eintrifft. In der Praxis wird der Total Return mit Hilfe von komplexen Formeln errechnet und kann somit nur mit Computerunterstützung ermittelt werden. Der Vorteil dieser Faustformeln ist sofort zu erkennen: Sie verdeutlichen dem Anwender, wie der Total Return ermittelt wird und aus welchen Komponenten er sich zusammensetzt. Des weiteren erkennt man, ob ein positiver oder negativer Ertrag aus den einzelnen Komponenten zu erwarten ist und wie hoch er sein wird. Diese Aussagen können mit der traditionellen Renditekennzahl nicht getroffen werden. Insofern ist Total Return Management und die anschließende Analyse dem traditionellen Renditedenken überlegen. Es soll an dieser Stelle nicht verschwiegen werden, daß der Total Return insbesondere von der Schätzung des zukünftigen Zinsniveaus abhängig ist. Diese Schätzung entfällt bei der Ermittlung der traditionellen Rendite. Der Total Return kann deshalb nur ein Hilfsmittel sein, um den Ertrag eines Papiers bzw. eines Portfolios entsprechend der erwarteten Zinsentwicklung zu optimieren. Um die Planungssicherheit zu erhöhen, empfiehlt es sich, mehrere verschiedene Zinsentwicklungen (z. B. Worst Case, Best Case) mit Wahrscheinlichkeiten zu gewichten und dann den Composite Total Return zu ermitteln. Total Return Analysen können nicht nur zur Auswahl eines Papiers, sondern auch bei Break-even-Analysen und Tauschstrategien (z. B. Duration-equivalent Butterfly Swaps) eingesetzt werden.

Nicht zu verwechseln mit dem Total Return ist die Performance. Während der Total Return ein geplanter Ertrag unter Berücksichtigung der subjektiven Zinsmeinung ist, wird unter der Performance der tatsächlich realisierte Ertrag verstanden. Daraus folgt, daß Total Return-Management eine Ex-Ante-Analyse-Methode ist, während die Performance-Analyse eine Ex-Post-Betrachtung darstellt. Total Return-Management kann die Probleme lösen, die mit einer reinen Renditebetrachtung verbunden sind. Während bei der Rendite als Entscheidungskriterium nur eine Komponente, nämlich die Verzinsung des Kapitals berücksichtigt wird, fließen beim Total Return alle Komponenten ein, die den Ertrag eines festverzinslichen Papiers bestimmen. Damit ist unter anderem gewährleistet, daß zwei Papiere trotz unterschiedlicher Laufzeiten direkt miteinander verglichen werden können und der Ertrag auf Basis einer bestimmten Zinsmeinung optimiert werden kann. Bei einer reinen Renditebetrachtung wäre dies nicht möglich. Anlageentscheidungen auf Basis des Total Returns sind somit objektiv vergleichbar. Total Return ist im Gegensatz zur Renditebetrachtung ein dynamisches Analyse-Tool, da auch die Veränderung des zukünftigen Zinsniveaus bei der Ermittlung dieser Kennzahl berücksichtigt wird. Ein weiterer Vorteil des Total Returns liegt darin, daß Planungshorizont und Laufzeit des Papiers im Gegensatz zur Renditebetrachtung nicht identisch sein müssen. Damit eignet sich diese moderne Ertragskennzahl vor allem im Management und der Ertragsoptimierung von Handelsbeständen und den Sondervermögen von Investmentfonds. Zur Analyse und Interpretation des Total Returns sollten die traditionelle, wertbezogene Kennzahl Rendite und die Sensitivitätskennzahlen Modified Duration und Convexity herangezogen werden. Diese Analyse mit Hilfe der erwähnten Kennzahlen wird als Parameteranalyse bezeichnet.

Teil 2

Management von Zinsänderungsrisiken

Die stärkeren Rendite- und Kursschwankungen seit Beginn der siebziger Jahre haben zur Folge, daß sich das Zinsmanagement diesen veränderten Bedingungen anpassen muß und wird. Zinsmanagement ist deshalb keine Erfindung der letzten Jahre. Bereits früher konnte man beispielsweise auf der Aktivseite durch den Kauf von festverzinslichen Papieren oder Floatern an fallenden oder steigenden Zinsen profitieren. Auch auf der Passivseite konnte durch die Emission von Straight Bonds oder Floatern eine bestimmte Zinsmeinung umgesetzt werden. Zinsmanagement wurde mit On-Balance-Sheet-Zinsinstrumenten umgesetzt. Allerdings sind diese traditionellen Zinsinstrumente für Perioden mit hoher Volatilität ungeeignet. Die Nachteile dieses traditionellen Zinsmanagements: Die Zinsinstrumente sind mit Liquiditätsströmen verbunden und wirken sich darum in der Bilanz aus (On-Balance-Sheet-Transaktionen). Das bedeutet, daß diese Zinsinstrumente relativ inflexibel sind und erlauben es deshalb nicht, eine einmal festgelegte Strukturierung der Aktiv- oder Passivseite ohne hohen Aufwand veränderten Marktverhältnissen anzupassen. Marktrisikosteuerung und Liquiditätsveränderungen sind zwingend miteinander verknüpft.

Im Gegensatz hierzu die neuen Instrumente des Zinsmanagements. Liquiditätsaspekte spielen – abgesehen von eventuellen Transaktionskosten und Prämien – keine Rolle. Forwards, Forward Rate Agreements, Futures, Swaps und Optionen können zur Risikosteuerung eingesetzt werden, ohne daß hiervon die Liquidität tangiert wird. Derivative Zinsinstrumente sind nicht bilanzierungspflichtig und ihr Einsatz wird damit auch nach außen nicht sichtbar. Deshalb spricht man auch vom bilanzneutralen Zinsmanagement und die Zinsinstrumente werden als Off-Balance-Sheet-Zinsinstrumente bezeichnet. Ein weiterer Vorteil dieser Instrumente: Sie sind sehr flexibel in der Anwendung. Einmal getroffene Entscheidungen können beliebig oft geändert werden.

1 Die Instrumente des Zinsmanagements im Überblick

Forwards, Forward Rate Agreements, Futures, Swaps, Optionen, Caps, Floors, Collars usw. Diese Aufzählung kann beliebig erweitert werden. Hört man die Namen dieser neuen derivativen Zinsinstrumente zum ersten Mal, glaubt man, man wird diese kompliziert wirkende Materie nie verstehen. Steigt man dann tiefer ein, wird dieser Eindruck durch die Vielzahl neuer Begriffe und Definitionen, die in jedem Markt eine andere Bedeutung haben, noch verstärkt. Auf den ersten Blick scheint es keine Verbindungen und Zusammenhänge unter den verschiedenen Instrumenten zu geben. Deshalb soll in einem ersten Überblick gezeigt werden, daß Forward Rate Agreements, Futures, Swaps und Optionen keine vier grundlegend verschiedenen Zinsinstrumente sind, sondern vier unterschiedliche Ansätze, wie ein Risiko – nämlich das Zinsänderungsrisiko – möglichst effizient gemanagt werden kann. Tatsächlich besteht zwischen diesen vier Zinsinstrumenten eine Verbindung. Denn: Die derivativen Zinsinstrumente können mit Bausteinen verglichen werden. Ein Zinsinstrument kann aus einem anderen gebildet werden oder mit anderen kombiniert werden, um ein neues kreieren zu können.

1.1 Forward Rate Agreements und Forwards

Von den vier Grundbausteinen ist das Forward Rate Agreement (FRA) das älteste und deshalb wohl auch das einfachste Zinsinstrument. Ein Forward Rate Agreement ist eine Vereinbarung zweier Vertragsparteien über die Festlegung eines Zinssatzes zu einem bestimmten Termin in der Zukunft, der bei Abschluß des FRAs festgelegt wird. Dieser Satz ist der sogenannte FRA-Satz. Ist der aktuelle Zinssatz (z. B. LIBOR) bei Fälligkeit des FRAs höher, erzielt der Käufer einen Gewinn und erhält vom Verkäufer eine Ausgleichszahlung, ist der zukünftige LIBOR dagegen niedriger, wird ein Verlust realisiert, da der Käufer an den Verkäufer eine Ausgleichszahlung (Cash Settlement) leisten muß. Dieses Beispiel zeigt, daß der Käufer eines FRAs den FRA-Satz zahlt und hierfür vom Verkäufer den aktuellen Zinssatz erhält. Diesen Zusammenhang verdeutlicht nochmals die folgende Abbildung:

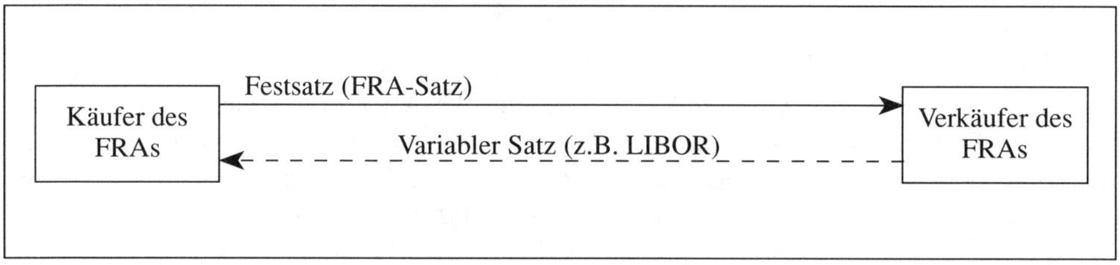

Abbildung 1: Funktion des Forward Rate Agreements

Wird als Vertragsgegenstand nicht ein Zinssatz (z. B. LIBOR, FIBOR), sondern ein festverzinsliches Papier (z. B. Bundesobligation, Bundesanleihe, Pfandbrief, Schuldscheindarlehen) vereinbart, spricht man von einem Forward.

Die Abbildung 2 zeigt das Gewinn-Verlust-Diagramm für den Käufer eines FRAs: Der Käufer eines FRAs profitiert von höheren Zinsen, wenn der variable Satz über den FRA-Satz steigt, bzw. realisiert einen Verlust, wenn der variable Satz unter den FRA-Satz fällt. Sind der variable Satz und FRA-Satz identisch, entsteht für den Käufer weder Gewinn noch Verlust.

Zwei weitere Faktoren sollten bei FRAs berücksichtigt werden. Zum einen haben beide Vertragsparteien ein Bonitätsrisiko in Form eines Kontrahentenrisikos. Denn: Einer der beiden Vertragspartner erhält in Abhängigkeit von der Höhe des Zinssatzes bei Fälligkeit des FRAs entweder eine Ausgleichszahlung oder muß selbst eine Ausgleichszahlung leisten. Zum anderen fließt weder beim Abschluß noch während der gesamten Laufzeit des FRAs Liquidität. Nur bei Fälligkeit des FRAs erfolgt eine Ausgleichszahlung, wenn der aktuelle Zinssatz nicht mit dem vereinbarten FRA-Satz identisch ist.

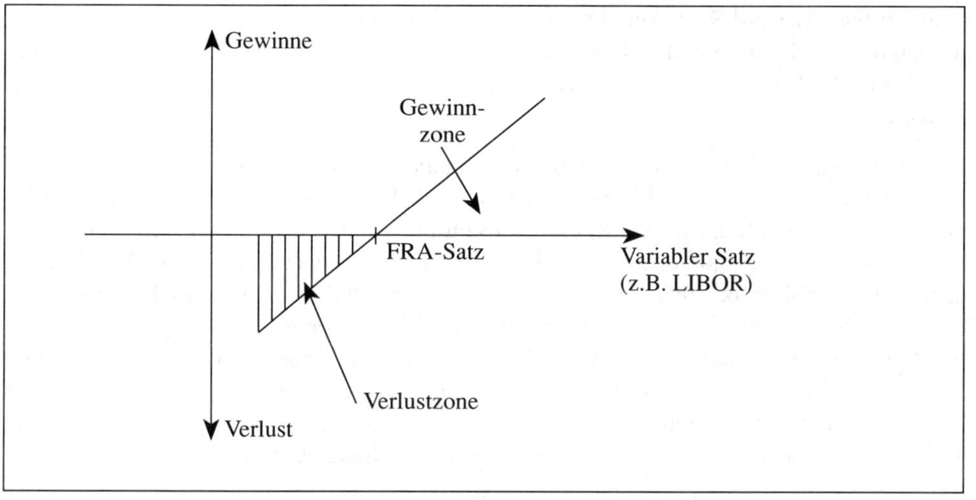

Abbildung 2: Gewinn-Verlust-Diagramm für den Käufer eines FRA

1.2 Futures

Obwohl Futures auf Waren (Commodity Futures) bereits seit 1860 an organisierten Börsen gehandelt werden, sind Futures auf Zinsinstrumente (Financial Futures) relativ spät auf den Markt gekommen. Insbesondere in den USA hat sich Anfang des 19. Jahrhunderts ein reger Markt im Handel mit Warenterminkontrakten gebildet. So kam es nicht von ungefähr, daß bereits 1848 die Chicago Board of Trade (CBOT) gegründet wurde. Hier begann der Handel mit Weizenkontrakten. Im Laufe der folgenden Jahre wurden weitere Warenterminbörsen gegründet, so beispielsweise in New York und London. Relativ spät, im Jahre 1972 wurde der Handel mit Finanztermingeschäften in Chicago am International Monetary Market (IMM) eröffnet. Die ersten Abschlüsse bezogen sich auf Devisen. in der Bundesrepublik Deutschland werden Futures erst 1990 seit Gründung der Deutschen Terminbörse GmbH (DTB) gehandelt.

Die Grundidee von Futures ist identisch mit der von Forward Rate Agreements und Forwards. Denn: Futuresmärkte sind eine Weiterentwicklung der Forward-Geschäfte, die bis in das 17. Jahrhundert zurückzuführen sind. Deshalb haben Futures auch das gleiche Gewinn-Verlust-Diagramm wie Forwards. Ein wesentlicher Unterschied zu Forward-Geschäften liegt darin, daß bei einem Future die Vertragselemente nicht mehr individuell aushandelbar sind. Ein Future ist ein standardisiertes Forward-Geschäft. Das zugrundeliegende Papier, die Menge, der Erfüllungszeitpunkt und die sonstigen Zahlungs- und Lieferungsbedingungen sind standardisiert und werden durch die Börse (z. B. DTB, LIFFE) vorgegeben. Futures werden in der Regel nicht tatsächlich erfüllt, sondern durch ein entgegengesetztes Geschäft vor Fälligkeit glattgestellt.

Ähnlich wie Forward Rate Agreements haben auch Futures ein beidseitiges Kontrahentenrisiko. Allerdings kann das Kontrahentenrisiko im Gegensatz zu Forward Rate Agreements vernachlässigt werden. Futures Märkte haben hierfür zwei Mechanismen entwickelt.

Zum einen wird bei Futures eine eventuell anfallende Ausgleichszahlung nicht einmalig bei Fälligkeit des Kontraktes beglichen, sondern täglich. Steigt beispielsweise der Futureskurs gegenüber dem Kaufkurs, hat der Käufer eines Future-Kontraktes einen Gewinn erzielt. Bei einem Forward Rate Agreement würde der Gewinn in Form der Ausgleichszahlung erst am Ende der Vorlaufperiode realisiert. Im Gegensatz hierzu stehen die Futures-Kontrakte. Bei einem Future-Kontrakt wird der Gewinn am gleichen Tag dem Konto gutgeschrieben. In der Sprache der Futures-Märkte wird diese tägliche Verrechnung von Gewinnen oder Verlusten als Daily Settlement oder als Mark-to-Market-Bewertung bezeichnet. Da die „Laufzeit" bis zur Ausgleichszahlung durch die Mark-to-Market-Bewertung auf einen Tag verkürzt wird, ist auch das Kontrahentenrisiko entsprechend geringer.

Der zweite Faktor, der das Kontrahentenrisiko verringert, sind die von allen Marktteilnehmern zu leistenden Margins. Margins sind Sicherheiten, die von den Marktteilnehmern zur Abdeckung eventueller Erfüllungsrisiken hinterlegt werden müssen. Die Höhe der erforderlichen Margins wird von der jeweiligen Börse nach klaren Regeln festgelegt und richtet sich nach den möglichen Schwankungen, die mit den Futures verbunden sind. Beispielsweise verlangt die DTB zur Absicherung eines Bund-Futures-Kontraktes, der einen Wert von ca. 250.000 repräsentiert, eine Margin (Initial Margin) in Höhe von 2.500 DM je Kontrakt. Steigt der Kontraktwert während des Handelstages, wird der Gewinn dem Margin-Konto gutgeschrieben. Fällt dagegen der Kontraktwert, wird der Verlust dem Konto belastet. Fällt das Margin-Konto aufgrund von Kursverlusten unter den Wert von 2.500 DM, muß der Marktteilnehmer zusätzliche Liquidität auf das Margin Konto überweisen, sodaß der Mindestbetrag von 2.500 DM je Kontrakt gewährleistet ist. Diese Nachschußpflicht wird als Margin Call bezeichnet. Kommt der Marktteilnehmer seiner Verpflichtung nicht nach, wird seine Position zwangsexekutiert. Durch diese zweite Vorsichtsmaßnahme werden die Kontrahentenrisiken nochmals reduziert.

Ein weiterer Unterschied existiert zwischen Forward Rate Agreements und Futures. Während bei FRAs die beiden Vertragspartner direkt miteinander einen Vertrag abschließen, steht bei Futures die Börse (Clearingstelle) zwischen den Vertragsparteien und garantiert die Erfüllung des Vertrages. Letztlich bedeutet dies für die Marktteilnehmer, daß sie nicht die Kontrahentenrisiken irgendeines Handelspartners abschätzen müssen, sondern nur die der Börse. Damit wird das Kontrahentenrisiko auf die Börse transferiert.

Ein weiterer Vorteil der Futures liegt in der hohen Liquidität der Märkte. Denn: Durch die Standardisierung konzentriert sich der Handel nur auf wenige Zinsinstrumente. Diese hohe Liquidität führt zu geringeren auftragsbedingten Kursschwankungen und auch zu geringeren Transaktionskosten.

Die Mark-to-Market-Bewertung führt dazu, daß Futures einem Portfolio mehrerer Forward Rate Agreements (Zinssatz) bzw. Forwards (Festverzinsliche Papiere) ähneln. Dieses Duplizierungsprinzip wurde bereits im Zusammenhang mit Reverse Floatern näher erläu-

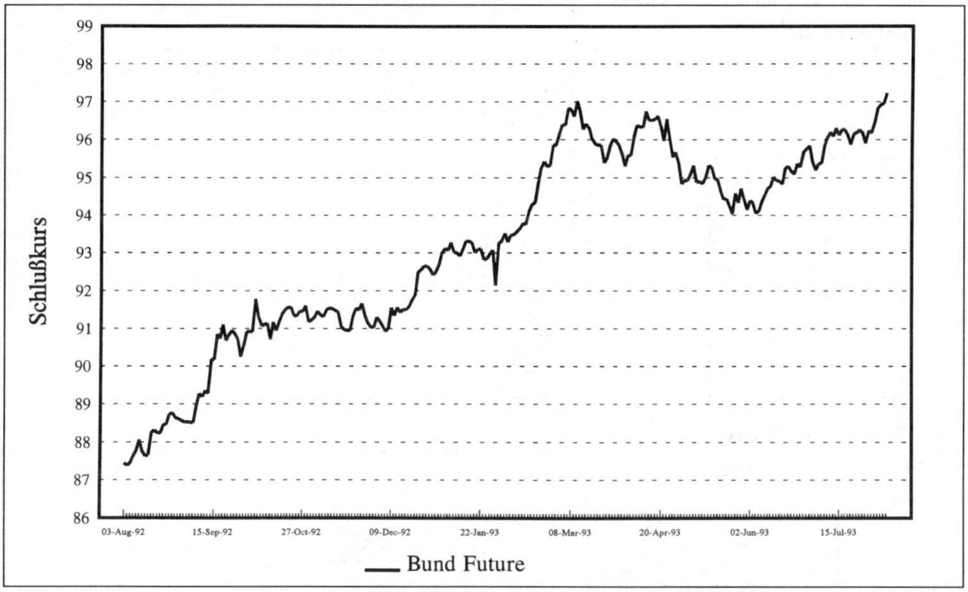

Abbildung 3: Kursentwicklung des Bund-Futures

tert. An jedem Börsentag erfolgt die Ausgleichszahlung des Forward Rate Agreements, das am vorangegangenen Börsentag abgeschlossen wurde. Zugleich wird ein neues Forward Rate Agreement abgeschlossen, das am nächsten Börsentag fällig wird. Konkret bedeutet das, daß ein FRA am Tag 0 abgeschlossen wird, am 1. Tag fällig wird und damit auch am 1. Tag die Ausgleichzahlung erfolgt. Am Tag 1 wird darüber hinaus das fällig gewordene FRA durch ein neues ersetzt, das am zweiten Tag fällig wird usw. Die Aneinanderreihung verschiedener FRAs mit unterschiedlichen Fälligkeiten erfolgt bis zur Fälligkeit des Futures.

1.3 Swaps

Swaps sind derivative Zinsinstrumente, die erst relativ spät Einzug in das Zinsmanagement gefunden haben. 1981 wurde der erste Währungsswap zwischen IBM und der Welt-Bank abgeschlossen. Wie der Name Swap bereits andeutet, verpflichten sich bei einem Swap zwei Vertragspartner, bestimmte Cash Flows zu bestimmten Zeitpunkten auszutauschen, also zu swappen. Die einfachste und am weitesten verbreitete Form eines Swaps ist ein Zinsswap oder Interest-Rate-Swap. Ein Zinsswap ist im Grunde genommen nichts anderes als ein Austausch von Zinszahlungen in einer Währung zwischen zwei Partnern. Beispiele hierfür sind der Austausch von Festsatz-Zinsen gegen variable Zinsen (Fixed-to-Floating-Interest-Rate-Swap) oder – aus Sicht der Gegenpartei – der Austausch von variablen Zinsen gegen Festsatz-Zinsen (Floating-to-Fixed-Interest-Rate-Swap). Man nennt diesen Swap auch Coupon Swap.

Gesamtüberblick

Monat	Börsentage	Gehandelte Kontrakte	Durchschnittl. gehandelte Kontrakte pro Tag	Durchschnittl. Open Interest	Durchschnittl. Kontraktanzahl pro Trade	Anzahl der gelieferten Kontrakte
April	20	95.274	4.764	24.820	18,0	-
Mai	19	88.622	4.664	22.637	18,3	-
Juni	20	84.493	4.225	17.985	18,3	1.521
Juli	23	109.913	4.779	26.893	19,4	-
August	21	105.267	5.013	30.757	19,5	-
Gesamt	103	483.569	4.695	24.764	18,7	1.521

Handelsvolumen

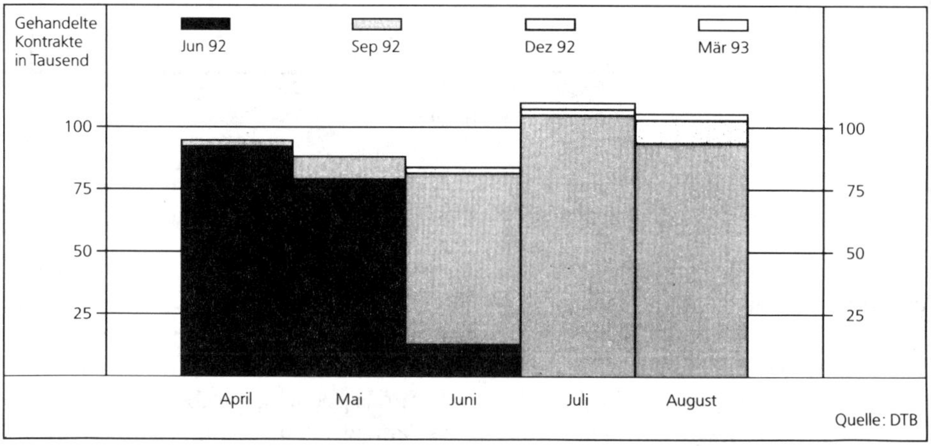

Quelle: DTB

Abbildung 4: Mittelfristiger Bund Future (Bobl)

Abbildung 5 zeigt einen Zinsswap, bei dem Bank A den Festsatz zahlt und den variablen Satz (z. B. 6-Monats-LIBOR) von Bank B erhält.

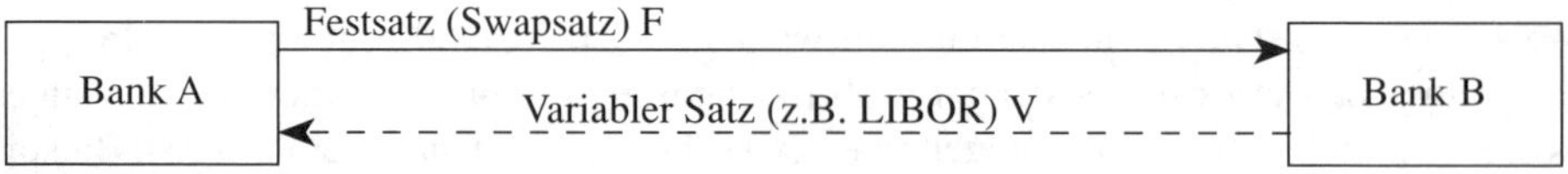

Abbildung 5: Zinsswap

Abbildung 6 zeigt, daß man einen Zinsswap wiederum als Portfolio mehrerer FRAs mit unterschiedlichen Fälligkeiten interpretieren kann.

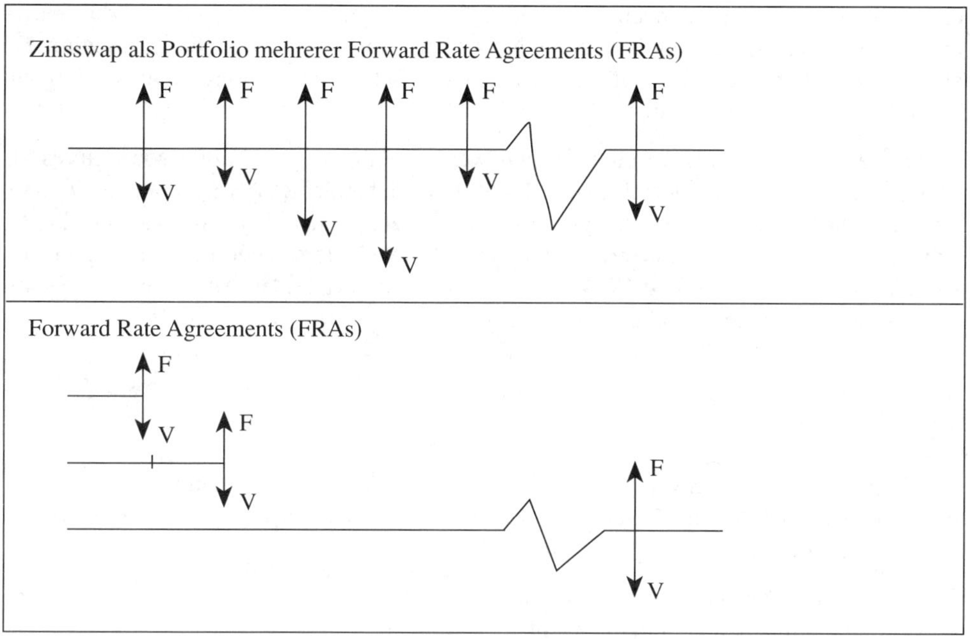

Abbildung 6: Interpretation eines Zinsswaps

An den Zinszahlungsterminen des Zinsswaps werden die Forward Rate Agreements fällig, d. h., die Gesamtlaufzeit ist abgelaufen. Der FRA-Satz, der für alle FRA-Fälligkeiten identisch ist, entspricht dem Festsatz (F) aus dem Zinsswap. Die Bank A zahlt an den Vertragspartner den Festsatz (F) und erhält hierfür den variablen Satz (V). Deshalb hat ein Swap auch an den Zinszahlungsterminen das gleiche Gewinn-Verlust-Diagramm wie ein FRA.

FRAs, Futures und Swaps haben die gleichen Gewinn-Verlust-Diagramme. Allerdings sind Unterschiede hinsichtlich des Kontrahentenrisikos zu beachten. Bei einem FRA entspricht die Zeitdauer des Kontrahentenrisikos der Vorlaufperiode des FRAs. Futures verkürzen die Zeitdauer des Kontrahentenrisikos auf einen Tag und erfordern Marginzahlungen (Initial Margin und Variation Margin). Futures vermindern deshalb erheblich das Kontrahentenrisiko. Swaps benutzen in der Regel nur eine der beiden geschilderten Möglichkeiten von Futures, um das Kontrahentenrisiko zu verringern. Die Verringerung erfolgt über die Verkürzung der Zeitdauer. Diesen Effekt zeigt die letzte Abbildung 6b). Obwohl die Laufzeit eines Swaps mehrere Jahre betragen kann, ist der maßgebliche Zeitraum für das Kontrahentenrisiko auf die Vorlaufperiode des jeweiligen FRAs beschränkt. Haben nun beispielsweise ein Swap und ein FRA die gleiche Laufzeit (z. B. 2 Jahre), hat der Swap ein geringeres Kontrahentenrisiko im Vergleich zum FRA.

An den verschiedenen Zinszahlungsterminen während der Laufzeit des Swaps wird in der Regel nur die Differenz zwischen dem Festsatz und dem variablen Satz gezahlt (Zins-Netting). Steigt nun der variable Satz über den Festsatz, erhält Bank A von Bank B die Differenz zwischen dem Festsatz und dem variablen Satz überwiesen (Cash Settlement). Dieser Ausgleich findet aber nicht bei Fälligkeit des Swaps oder zu Beginn der abgesicherten Periode bzw. am nächsten Tag wie bei FRAs bzw. Futures statt, sondern am Ende der abgesicherten Periode.

Zusammenfassend kann zum einen gesagt werden, daß Swaps, ähnlich wie Futures als Portfolio von FRAs mit unterschiedlichen Fälligkeiten betrachtet werden können. Deshalb sind auch die Gewinn-Verlust-Diagramme dieser drei symmetrischen derivativen Zinsinstrumente identisch. Zum anderen bestehen erhebliche Unterschiede im Hinblick auf das Kontrahentenrisiko. Während FRAs und Futures Extremfälle darstellen, nehmen Swaps eine Zwischenstellung zwischen beiden ein.

1.4 Optionen

Mit FRAs, Futures und Swaps wird eine vertragliche Verpflichtung eingegangen. Optionen verbriefen dem Käufer dagegen ein Recht. Grundsätzlich lassen sich zwei Optionstypen unterscheiden:

- Kaufoptionen, auch Calls genannt und
- Verkaufsoptionen, auch Puts genannt.

Allgemein gesprochen ist eine Option eine Vereinbarung zwischen zwei Vertragspartnern, wonach der Verkäufer der Option dem Käufer das Recht gewährt, innerhalb einer bestimmten Frist (Amerikanische Option) oder zu einem bestimmten Zeitpunkt (Europäische Option) ein Zinsinstrument zu einem vorab bestimmten Preis zu kaufen (Call) oder zu verkaufen (Put). Der Verkäufer, der auch Stillhalter einer Option genannt wird, gewährt dem Käufer dieses Recht gegen Zahlung eines gewissen Betrages, die sogenannte Optionsprämie. Den Preis, zu dem das Zinsinstrument gekauft oder verkauft werden soll, nennt man Basispreis. Der Termin bis (Amerikanisch), oder auch zu (Europäisch) dem die Option vom Käufer ausgeübt werden kann, ist der Fälligkeitstermin. Die Tabelle 1 zeigt die verschiedenen Positionen, die man bei Optionen einnehmen kann.

Tabelle 1: Die verschiedenen Positionen bei Optionen

Tätigkeit des Anlegers	Positionsbeschreibung	
	Kaufoption (Call)	Verkaufsoption (Put)
Kauf einer Option	Inhaber des Call (long im Call)	Inhaber des Put (long im Put)
Verkauf einer Option „Schreiben"	Stillhalter des Call (short im Call) (Stillhalter in Papieren, Stücken)	Stillhalter des Put (short im Put) (Stillhalter im Geld)

Je nach der Erwartung über die künftige Kursentwicklung bieten sich folgende vier Grundstrategien an:

Strategie eins: Long Call

Der Käufer einer Kaufoption geht davon aus, daß das zugrunde liegende Papier innerhalb der Laufzeit der Option einen höheren Kurs erreicht bzw. die Renditen fallen. Dabei muß der Kurs mindestens so hoch steigen, daß die vom Käufer aufgewendete Prämie bei Ausübung der Option sich im Kurs niederschlägt. Dann erst beginnt sich das Geschäft für den Käufer der Option positiv zu rechnen.

Der Käufer der Kaufoption wird in jedem Falle auch dann sein Recht ausüben, wenn der aktuelle Börsenkurs über dem ursprünglich vereinbarten Basispreis liegt. Bei dieser Kurskonstellation reduzieren alle über dem Basispreis liegenden Kurse die ursprünglich aufgewendeten Kosten der Prämie. Den Bereich zwischen Basispreis und Break-Even-Punkt nennt man Zone der verminderten Kosten für den Käufer der Kaufoption. Abbildung 7 zeigt das Gewinn-Verlust-Diagramm.

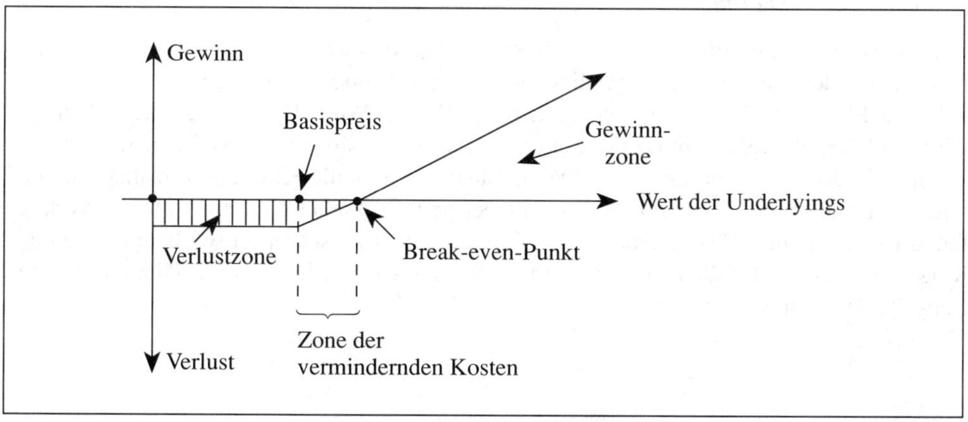

Abbildung 7: Gewinn-Verlust-Diagramm eines Long Call

Strategie zwei: Short Call

Erwartet der Anleger in den nächsten Monaten gleichbleibende Kurse, so kann es sinnvoll sein, die Position eines Verkäufers eines Calls einzunehmen (Short Call). Die Papiere hält der Verkäufer in seinem Portfolio. Der Vorteil: Der Verkäufer der Option erhält vom Käufer die Optionsprämie und erhöht damit seinen laufenden Ertrag. Die gezahlte Optionsprämie stellt ein zusätzliches Einkommen für den Verkäufer der Option dar. Steigt das Underlying über den Basispreis muß der Verkäufer das Zinsinstrument zum Basispreis abgeben. Ist der Kurs unter dem Basispreis wird der Käufer das Zinsinstrument nicht über den Stillhalter beziehen, da er das Zinsinstrument billiger über die Börse kaufen kann. Abbildung 8 zeigt das Gewinn-Verlust-Diagramm eines Short Calls.

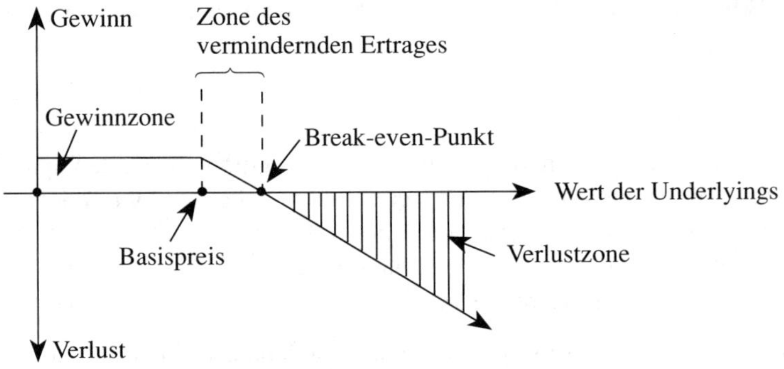

Abbildung 8: Gewinn-Verlust-Diagramm eines Short Call

Strategie drei: Long Put

Das Motiv eines Käufers einer Verkaufsoption liegt in einem zu erwartenden Preisverfall bzw. steigenden Renditen des unterliegenden Zinsinstrumentes (Long Put). Denn es gilt: Fällt der Kurs des Zinsinstrumentes, steigt der Put im Wert. Der Anleger kann Kursgewinne auf dem Put realisieren. Je weiter die Kurse des Zinsinstrumentes fallen, desto höher werden die Kursgewinne des Puts. Denn: Liegt der aktuelle Kurs des Zinsinstrumentes unter dem Basispreis, kann der Optionsinhaber dem Stillhalter die Papiere teurer verkaufen, als er sie an der Börse einkauft. Das Gewinnpotential ist theoretisch begrenzt, da der Kurs nicht unter Null fallen kann. Abbildung 9 zeigt das Gewinn-Verlust-Diagramm einer Long Put Position.

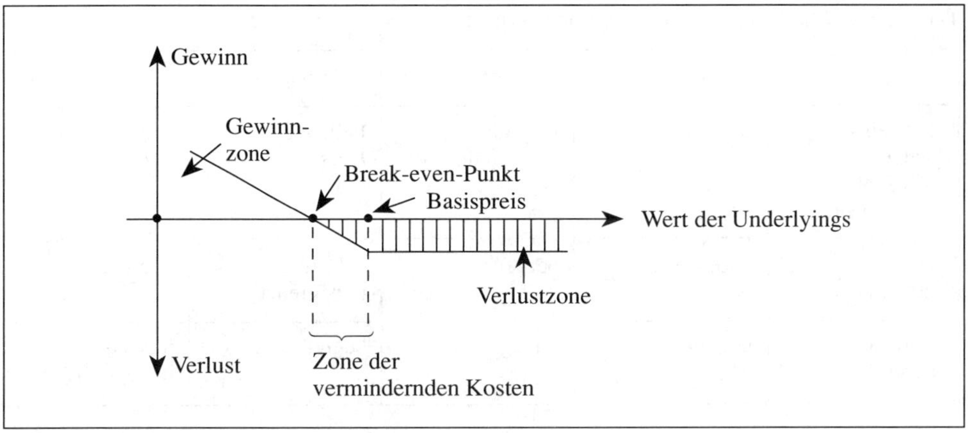

Abbildung 9: Gewinn-Verlust-Diagramm eines Long Put

Strategie vier: Short Put

Ähnlich wie beim Verkauf eines Calls, möchte auch der Verkäufer eines Puts, seine Rendite durch die vereinnahmte Stillhalterprämie verbessern. Er erhält wiederum von seinem Kontrahenten die Optionsprämie bezahlt. Der Verkäufer des Puts (Short Put) rechnet mit gleichbleibenden bzw. leicht steigenden Kursen bis zur Fälligkeit der Option. Die nachfolgende Abbildung zeigt das Kurs-Gewinn-Diagramm einer Short-Put-Position.

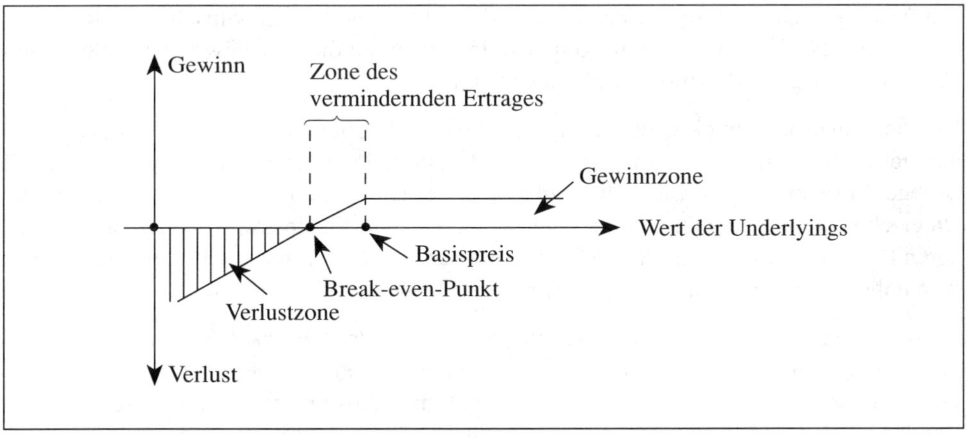

Abbildung 10: Gewinn-Verlust-Diagramm eines Short Put

Tabelle 2: Die Grundpositionen von Optionen

	Long Call	Short Call	Long Put	Short Put
Kursein-schätzung des Zins-instrumentes	Steigende Kurse	Neutral bzw. leicht fallend	Fallende Kurse	Neutral bzw. leicht steigend
Gewinn-potential	unbegrenzt	begrenzt	nahezu unbegrenzt	begrenzt
Verlust-potential	begrenzt	unbegrenzt	begrenzt	nahezu unbegrenzt

In vielen Fällen herrscht unter den Marktteilnehmern bei Zinsinstrumenten Verwirrung, wenn es um die Verwendung der Begriffe Call und Put geht. Bei Aktien werden mit einer Long Position in Calls steigende Kurse bzw. mit Puts fallende Kurse erwartet. Im Gegensatz dazu stehen die Zinsinstrumente. Ein Beispiel: Eine Bank hat einen Floater emittiert und möchte sich nun gegen steigende Zinsen (6-Monats-LIBOR) absichern. Eine Möglichkeit wäre eine Long Position in einen Call auf den 6-Monats-LIBOR. Je höher der 6-Monats-LIBOR steigt, desto wertvoller wird der Call. Das Unterlying ist ein Zinssatz. Das gleiche Absicherungsergebnis erhält man, wenn man eine Long Position in einen Put auf ein Zinsinstrument eingeht (z. B. 3-Monats-Euro-Future). Der Future verliert an Wert, wenn die kurzfristigen Zinsen steigen. Je weiter der Future im Kurs fällt, desto mehr wert wird der Put auf den Future. Das Underlying ist bei der Put Position der Future. Das Ergebnis ist mit beiden Strategien erreicht: Die Bank erzielt die gewünschte Absicherung, da sie die höheren Zinsaufwendungen des Floaters durch die Kursgewinne aus der Long-Call- bzw. Long-Put-Position ausgleichen kann.

Um sich einen Überblick über die Preisbildung von Optionen machen zu können, ist es nützlich, den Optionspreis in seine zwei Bestandteile innerer Wert und Zeitwert zu zerlegen. Der innere Wert ist sehr leicht zu verstehen. Bei einem Call ist er einfach der Unterschied zwischen dem Kurs des zugrundeliegenden Zinsinstruments und dem niedrigeren Basispreis. Bei einem Put errechnet sich der innere Wert aus der Differenz zwischen dem höheren Basispreis und dem niedrigeren Kurs des Zinsinstruments.

Optionen werden mit der Black- & Scholes-Formel bewertet. Black & Scholes zeigten, daß man eine Option duplizieren kann. Am Beispiel einer Long-Call-Position soll die vereinfachte Wirkungsweise gezeigt werden. Steigt das Zinsinstrument im Kurs bzw. die Renditen fallen, entspricht das Gewinn-Verlust-Diagramm einer Long Position im Call, der eines Forwards. Fällt dagegen das Underlying unter den Basispreis, verändert sich die Option nicht im Wert ähnlich wie ein Geldmarktpapier. Black & Scholes demonstrierten nun, daß eine Long Call Position synthetisch über ein Portfolio, das aus zwei Papieren besteht, hergestellt werden kann: Aus einem Forward auf das Underlying und einem Geldmarktpapier. Diese Duplizierung erhält man über eine permanente Anpassung des

Underlyings. Steigt der Kurs des Underlyings, enthält das Portfolio entsprechend mehr Anteile an einem Forward und umgekehrt.

Wichtig im Zusammenhang mit Optionen ist, daß sich Optionen nur auf den ersten Blick grundlegend von anderen Zinsinstrumenten unterscheiden. Optionen haben zwar grundsätzlich ein anderes Gewinn-Verlust-Diagramm wie FRAs, Forwards, Futures und Swaps, allerdings können Optionen über eine Kombination aus Forwards und Geldmarktpapieren synthetisch nachgebildet werden. Damit haben Optionen ein gemeinsames Merkmal mit Futures und Swaps. Denn: Futures und Swaps sind auch nichts anderes als ein Portfolio aus mehreren Forwards. Das verbindende Element zwischen Futures, Swaps und Optionen sind demnach Forwards. Folgendes Beispiel soll diesen Zusammenhang nochmals verdeutlichen:

Betrachtet man ein Portfolio, das aus einer Long-Call-Position und einer Short-Put-Position – beide mit dem gleichen Basispreis und gleicher Fälligkeit – besteht, so hat dieses Portfolio das gleiche Gewinn-Verlust-Diagramm wie ein Forward auf das Underlying.

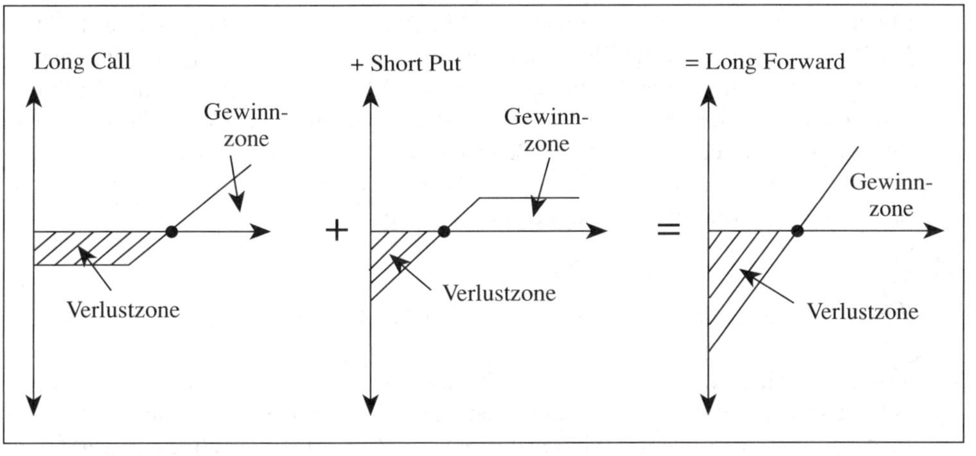

Abbildung 11: Synthetische Herstellung einer Long Position in einem Forward

Wird eine Long-Put-Position und eine Short-Call-Position mit den gleichen Basispreisen eingegangen, wird über dieses Portfolio eine Short Position in einem Forward synthetisch hergestellt.

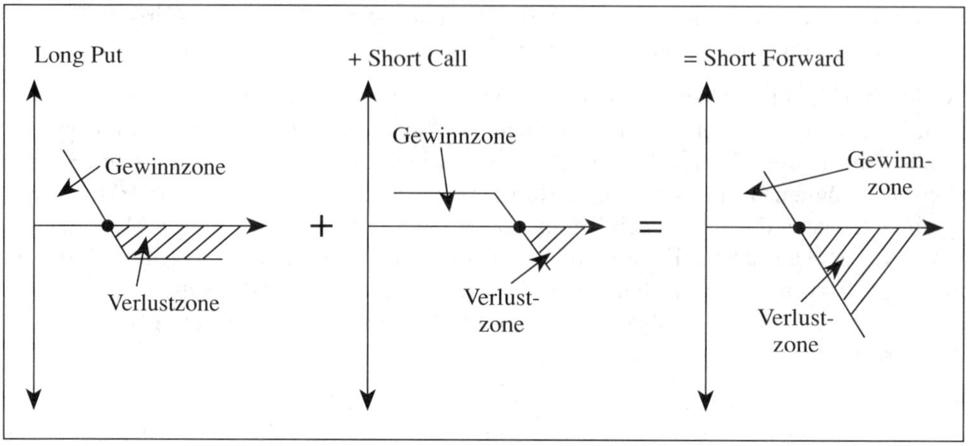

Abbildung 12: Synthetische Herstellung einer Short-Position in einem Forward

Diese beiden grundlegenden Zusammenhänge bezeichnet man als Put-Call-Parität. Die Put-Call-Parität zeigt, daß trotz aller Unterschiede zwischen symmetrischen und asymmetrischen Instrumenten eine Verbindung besteht. Werden zwei bestimmte Optionen miteinander kombiniert, so zeigt das Gewinn-Verlust-Diagramm das gleiche Profil wie das eines Forwards, Futures oder Swaps. Beispielsweise kann auch ein Swap über eine Long-Cap- bzw. Short-Floor-Position synthetisch nachgebildet werden. Auf diese Zusammanhänge wird später noch näher einzugehen sein.

1.5 Derivative Zinsinstrumente als Bausteine des Zinsmanagements

In den letzten Kapiteln wurde gezeigt, daß FRAs, Forwards, Futures, Swaps und Optionen trotz aller Unterschiede wichtige Gemeinsamkeiten aufweisen. Man kann sich diese verschiedenen Zinsinstrumente als Bausteine vorstellen. Um die Wirkungsweise und Philosophie der Instrumente zu verstehen, muß man nicht die letzten Usancen und Feinheiten bis ins Detail kennen. Wichtig ist, daß man erkennt, wie die Zinsinstrumente miteinander verbunden sind. Diese Verbindungen wurden bereits mehrfach gezeigt. Die folgende Abbildung 13 zeigt nochmals die verschiedenen Gewinn-Verlust-Diagramme der vier Zinsinstrumente.

Die Abbildung zeigt auch das Prinzip der Put-Call-Parität zwischen Optionen und Forwards, Futures und Swaps. Deshalb ist diese Abbildung der „Baukasten" des Zinsmanagements. Im Grunde genommen enthält der Baukasten sechs verschiedene Gewinn-Verlust-Diagramme, mit denen man sich im Rahmen des Zinsmanagements beschäftigen muß. In den nächsten Kapiteln werden die einzelnen Zinsinstrumente, die die Bausteine des Zinsmanagements sind, näher vorgestellt. Es ist wichtig, daß man sich immer dieser Zusammenhänge bewußt wird. Denn: Komplexe Zinsinstrumente wie beispielsweise Participating Caps oder Reverse Floater, die man auch als hybride Zins-

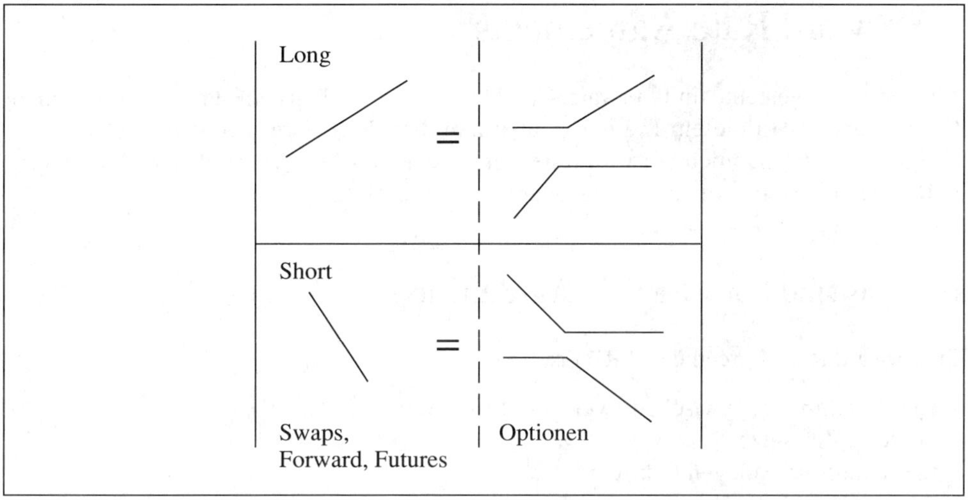

Abbildung 13: Die verschiedenen Gewinn-Verlust-Diagramme der vier Zinsinstrumente

instrumente bezeichnet, sind aus diesen vier Bausteinen gebildet und nur in einer anderen Kombination zusammengesetzt worden. Abbildung 14 zeigt nochmals die Beziehungen zwischen den einzelnen derivativen Zinsinstrumenten des Zinsmanagements.

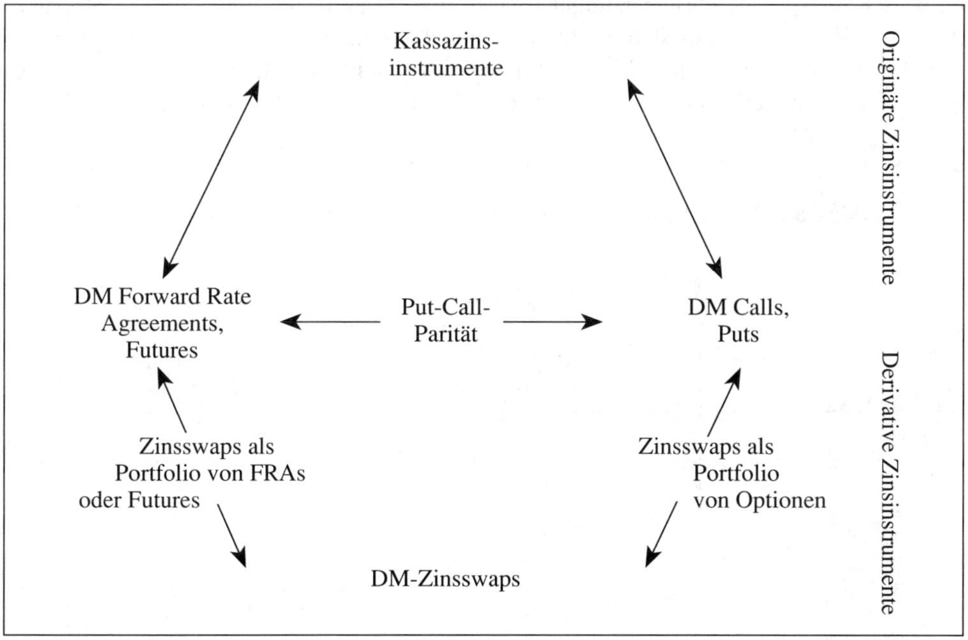

Abbildung 14: Die Beziehungen zwischen originären und derivativen Zinsinstrumenten

2 Forward Rate Agreements

Wie bereits dargestellt, sind Forward-Geschäfte der Grundbaustein für derivative andere Zinsinstrumente. In diesem Kapitel werden nun detailliert Forward-Geschäfte auf kurzfristige Zinssätze, nämlich Forward Rate Agreements (FRAs), beschrieben und Strategien im Rahmen eines modernen Zinsmanagements aufgezeigt.

2.1 Was sind Forward Rate Agreements?

Ein Forward Rate Agreement (FRA) ist

- eine Vereinbarung zwischen zwei Vertragspartnern,
- um feste Zinssätze
- für zukünftige Anlagen (Aktivseite)
- oder Verbindlichkeiten (Passivseite)
- die erst in einigen Monaten, also in der Zukunft, vorgenommen werden.

Ziel eines FRAs ist demnach, bereits heute einen Zinssatz für variabel verzinsliche Anlagen oder Verbindlichkeiten festzuschreiben, der erst in der Zukunft Gültigkeit hat. Damit wird eine feste Kalkulationsbasis geschaffen und variable Zinsrisiken werden ausgeschaltet. Dieser feste Zinssatz wird als FRA-Zinssatz, FRA-Satz oder als Exercise Price bezeichnet.

Forward Rate Agreements haben üblicherweise eine Gesamtlaufzeit von 4 bis 24 Monaten. Bei einem FRA handelt es sich um einen reinen Terminkauf bzw. -verkauf von Termingeldern, jedoch ohne Kapitalbewegung und damit Liquiditätseffekt beim Abschluß. FRAs werden häufig auch als Over-the-Counter-Interest-Rate-Futures bezeichnet, da sie nicht an einer organisierten Börse (z. B. DTB, LIFFE) sondern im Interbankenhandel (Over-the-Counter) gehandelt werden.

Die folgende Tabelle zeigt FRA-Sätze im Juni 1993 für verschiedene Laufzeiten.

Tabelle 3: FRA-Sätze für verschiedene Laufzeiten

Laufzeit	Briefkurs (Verkauf FRA)	Geldkurs (Kauf FRA)
(1)	(2)	(3)
3 × 6	6,62	6,67
6 × 9	6,06	6,11
9 × 12	5,65	5,70
3 × 9	6,40	6,45
6 × 12	5,91	5,96
12 × 24	5,80	5,85

Quelle: Société Générale, Frankfurt.

In Spalte 1 sind zwei Zahlen zur Bestimmung der Zeiträume von FRAs angegeben. Ein 3 × 6 FRA (sprich: 3 gegen 6 Monate FRA) ist wie folgt zu interpretieren: Die erste Zahl bezieht sich auf den Zeitraum von Vertragsabschluß bis zur Zinsfestsetzung. Dieser Zeitraum wird als Vorlaufperiode bezeichnet. In diesem Beispiel endet die Vorlaufperiode in drei Monaten. Die zweite Zahl gibt die Gesamtlaufzeit des FRAs an, also 6 Monate. Die abgesicherte Zinsperiode beträgt 3 Monate (6 Monate – 3 Monate). Ein 12 × 24 FRA ist demnach ein FRA, bei dem die Zinsfestsetzung in 12 Monaten erfolgt und die Gesamtlaufzeit 24 Monate beträgt. FRAs werden in der Regel beidseitig quotiert. Der Käufer zahlt den höheren FRA-Satz. Der Verkäufer erhält dagegen den niedrigeren FRA-Satz. Der Spread liegt in der Regel bei 4–5 Basispunkten. Die Prozentsätze in Spalte zwei und drei sind die sogenannten FRA-Zinssätze. Zusammengefaßt zeigt die folgende Zeile nochmals die wichtigsten Informationen, die zur Beurteilung von FRAs notwendig sind.

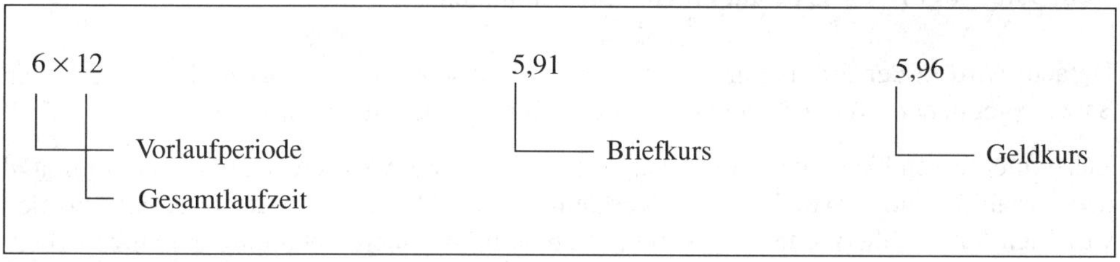

Abbildung 15: Beurteilungsgrundlagen für FRAs

Im Grunde genommen vereinbaren zwei Vertragsparteien bei Abschluß eines FRAs den Austausch eines Festsatzes (FRA-Zinssatz) F gegen einen variablen Satz (z. B. 3-Monats-LIBOR, 6-Monats-LIBOR) V.

Beispiel:

Die Bank A ist Käufer eines 3 · 6 FRAs und schließt am 1. 7. 1993 mit Bank Z (Verkäufer eines FRAs) einen FRA-Vertrag ab. Durch den FRA-Vertrag werden festgelegt:

- Nominalbetrag: 20 Mio DM
- FRA-Satz (Festsatz F): 6,67 %
- Referenzzinssatz (Variable Satz V): 3 Monats-LIBOR
- Zeitpunkt des Zinsvergleiches: 1. 10. 1993
- Fälligkeit des FRAs: 1. 1. 1994
- Abgesicherte Periode: 1. 10. 1993–1. 1. 1994

Für Bank A bedeutet der Abschluß eines 3 × 6 FRAs, daß sie den FRA-Satz in Höhe von 6,67 % bezahlen muß und hierfür den variablen Satz (3-Monats-LIBOR) erhält. Bank A tauscht damit den Festsatz gegen den variablen Satz. Der FRA-Zinssatz ist während der gesamten Laufzeit des FRAs fest, deshalb wird er auch als Festsatz (F) bezeichnet. Der einzige offene, noch nicht bekannte Zinssatz bei einem FRA ist der LIBOR-Satz am Ende der Vorlaufperiode. Deshalb wird dieser Satz auch variabler Satz (V) bezeichnet.

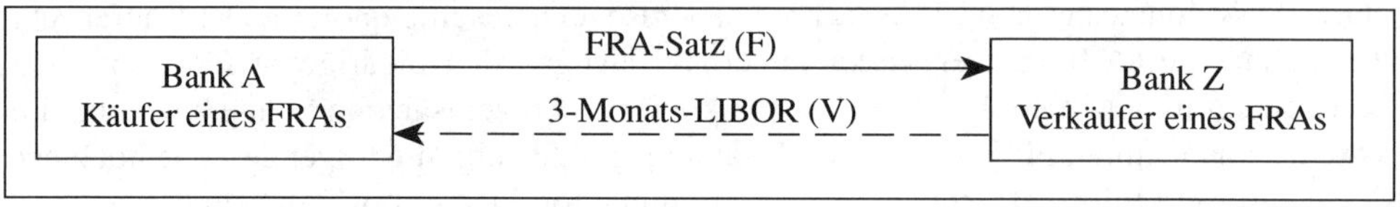

Abbildung 16: FRA als Austausch von Zinszahlungen

Defacto wird in der Praxis nur die Differenz zwischen dem Festsatz und dem variablen Satz ausgeglichen. Man bezeichnet die Verrechnung auch als Interest Netting.

Zusammenfassend kann gesagt werden, daß der Käufer eines FRAs den Festsatz zahlt und den variablen Satz erhält bzw. der Verkäufer eines FRAs den Festsatz erhält und den variablen Satz zahlt. Weder bei Abschluß eines FRAs noch während der Laufzeit fließt Liquidität. Nur am Ende der Vorlaufperiode werden Cash Flows zwischen den beiden Vertragsparteien ausgetauscht. Der Käufer eines FRAs erwartet steigende Zinsen, während der Verkäufer fallende Zinsen erwartet. Je höher die Zinsen steigen, desto höher wird der Gewinn für den Käufer bzw. der Verlust für den Verkäufer des FRAs.

	Käufer FRA	Verkäufer FRA
Festsatz Variabler Satz	Zahlt Festsatz Erhält variablen Satz	Erhält Festsatz Zahlt variablen Satz
Zinseinschätzung	Steigende Zinsen	Fallende Zinsen
Gewinnpotential	unbegrenzt	unbegrenzt
Verlustpotential	unbegrenzt	unbegrenzt
Bilanzposition (Beispiele)	Passiva: Variabel verzinsliche Kredite oder Floating Rate Notes	Aktiva: Variabel verzinsliche Zinsinstrumente in Festgeldern, Floating Rate Notes
Zielsetzung (Beispiele)	Sicherung der Passiva gegen steigende Zinsen	Sicherung der Aktiva gegen fallende Zinsen
Convexity	Negative Convexity	Positive Convexity

Abbildung 17: Zinsmanagement mit Forward Rate Agreements

Welchen Wert hat ein FRA bei Abschluß am 1. 7. 1993? Bei Vertragsabschluß ist der aktuelle Wert und damit der (Netto-)Barwert des FRAs Null. Deshalb werden auch bei Abschluß eines FRAs keine Zahlungen zwischen den Vertragspartnern ausgetauscht. Denn: Das FRA wurde zu den aktuellen Konditionen abgeschlossen. Man bezeichnet dieses FRA auch als At-the-Market-FRA, da die Konditionen des FRAs mit denen des Marktes identisch sind. Der FRA-Satz entspricht dem aus der aktuellen LIBOR-Zinsstrukturkurve ermittelten Satz und spiegelt damit auch die Erwartung des Marktes wieder (auf die Berechnung wird später noch eingegangen). Würde man den FRA-Vertrag gedanklich nach Abschluß rückgängig machen, hätte man – vom Geld-Brief-Spread abgesehen – weder einen Gewinn noch Verlust realisiert.

2.2 Die Berechnung des FRA-Satzes

Um die Wirkungsweise von FRAs besser verstehen zu können, ist es wichtig zu wissen, wie der FRA-Satz ermittelt wird. Der FRA-Satz wird auch als Implied Forward Rate bezeichnet. Denn: Er wird aus der aktuellen Zinsstrukturkurve des Geldmarktes abgeleitet, da diese Informationen über die Erwartung des Marktes zu zukünftigen Zinssätzen (Forward Rates) enthält. Unter einer Implied Forward Rate versteht man beispielsweise den LIBOR, der in der Zukunft z. B. in einem Jahr erwartet wird. Bevor auf die Berechnung des FRA-Satzes eingegangen wird, soll zunächst ein einfaches Beispiel die Problematik erläutern.

2.2.1 Einführungsbeispiel zu Forward Rates

Ein Anleger hat die Möglichkeit 100 Mark für ein Jahr anzulegen. Grundsätzlich stehen ihm zwei Alternativen zur Verfügung.

Er investiert entweder

- in eine Anlage mit einer halbjährlichen Laufzeit und legt die Überschüsse in einem halben Jahr wiederum für ein halbes Jahr an (Alternative 1) oder er
- investiert den gesamten Betrag sofort in ein einjähriges Papier (Alternative 2).

In der Schreibweise von FRAs könnte der Anleger hierfür folgende Gleichungen aufstellen:

Alternative 1: $0 \cdot 6 + 6 \cdot 12$
Alternative 2: $0 \cdot 12$

Am Markt werden folgende Geldmarktsätze geboten:

Laufzeit 0,5 Jahre	10 %
Laufzeit 1 Jahr	12 %

Genügt dem Anleger bereits die Information, daß eine einjährige Anlage eine höhere Rendite erwirtschaftet, um die Entscheidung treffen zu können? Nein. Denn, wie bereits in Kapitel 3.3 über den Total Return gezeigt wurde, eignet sich die Rendite eines Investments nicht, um eine Aussage über den Ertrag treffen zu können. Der Anleger muß sich insbesondere über die Wiederanlage in einem halben Jahr Gedanken machen. Da er den Wiederanlagesatz in einem halben Jahr nicht kennt, stellt er folgende Hilfsrechnung auf:

Nimmt der Anleger für seine Entscheidung an, daß er für sechs Monate einen Satz von 10 % erhält und der Satz für einjährige Gelder 12 % beträgt, so liegt der zukünftige Satz für eine Anlage in sechs Monaten bei 14 %. Den Zinssatz von 14 % bezeichnet man als zukünftigen Zinssatz oder als Implied Forward Rate, da dieser für eine Geldanlage gilt, die in der Zukunft getätigt wird. Unabhängig davon, ob der Anleger heute für sechs Monate anlegt und nach sechs Monaten dann wiederum für sechs Monate, erhält er den gleichen Ertrag, wie wenn er heute für 12 Monate anlegen würde. Folgende Formel kann hierfür aufgestellt werden:

$$0 \cdot 6 + 6 \cdot 12 = 0 \cdot 12$$

Dieser Zusammenhang soll an einem Rechenbeispiel gezeigt werden:

Für die ersten sechs Monate erhält er bei einem eingesetzten Kapital von 100 Mark und einem Zinssatz von 10 % für ein halbes Jahr fünf Mark Zinsen. Nach sechs Monaten sind die Zinsen auf 14 % gestiegen und man erhält für die nächsten sechs Monate 7 Mark Zinsen für das eingesetzte Kapital von 100 DM. Aus Vereinfachungsgründen wird unterstellt, daß die 5 DM Zinsen nicht angelegt werden. Insgesamt erhält der Anleger somit 12 DM an Zinsen für den Zeitraum eines Jahres (5 + 7). Exakt den gleichen Betrag würde der Anleger erhalten, wenn er sein Kapital gleich für ein Jahr zu 12 % anlegen würde. Unabhängig von der gewählten Anlage erhält der Anleger immer den gleichen Total Return.

Die Entscheidung, welche Laufzeit der Anleger wählt, kann jetzt relativ leicht getroffen werden. Erwartet der Anleger, daß in einem halben Jahr die Zinsen über 14 % steigen, investiert er das Kapital in die halbjährliche Anlage um anschließend das Kapital zu einem höheren Satz anlegen zu können. Sollte der Anleger allerdings erwarten, daß die Zinsen unter 14 % bleiben, bevorzugt er die einjährige Anlage.

2.2.2 Die exakte Formel zur Ermittlung von Forward Rates

Die exakte Formel zur Ermittlung des FRA-Satzes für Laufzeiten bis zu einem Jahr lautet wie folgt:

$$\left[\left(\frac{1+\frac{\text{Zinssatz Gesamtlaufzeit}}{100}\cdot\frac{\text{Tage Gesamtlaufzeit}}{360}}{1+\frac{\text{Zinssatz Vorlaufperiode}}{100}\cdot\frac{\text{Tage Vorlaufperiode}}{360}}\right)-1\right]\cdot\frac{360\cdot 100}{\text{Differenz Tage}}$$

An einem konkreten Fallbeispiel soll die Anwendung dieser Formel gezeigt werden.

Am 25. 2. 1993 wurden folgende DM-LIBOR Spot Rates quotiert:

Fälligkeit	Tage	Satz in Prozent
15. 03. 1993	18	8,72
14. 06. 1993	109	8,26
13. 09. 1993	200	7,85
13. 12. 1993	291	7,46

Die Zinssätze bzw. Renditen am Geldmarkt werden auch als Spot Rates bezeichnet. Unter einer Spot Rate versteht man die Rendite eines Zerobonds. Bekanntlich haben Anlagen im Geldmarkt die Cash-Flow-Struktur von Zerobonds. Denn einer Auszahlung am Beginn der Laufzeit steht nur eine Einzahlung (Zins und Rückzahlung des investierten Kapitals) bei Fälligkeit gegenüber. Deshalb bezeichnet man den Zusammenhang zwischen Laufzeit und Rendite von Zerobonds nicht als Renditestrukturkurve, sondern als Zinsstrukturkurve (Spot Rate Yield Curve). Bei einer Zinsstrukturkurve werden also immer die Renditen von Zerobonds in Abhängigkeit der Laufzeit dargestellt.

Am 25. 2. 1993 war die Zinsstrukturkurve des Geldmarktes invers. Diese Form der Zinsstrukturkurve verdeutlicht auch die folgende Abbildung.

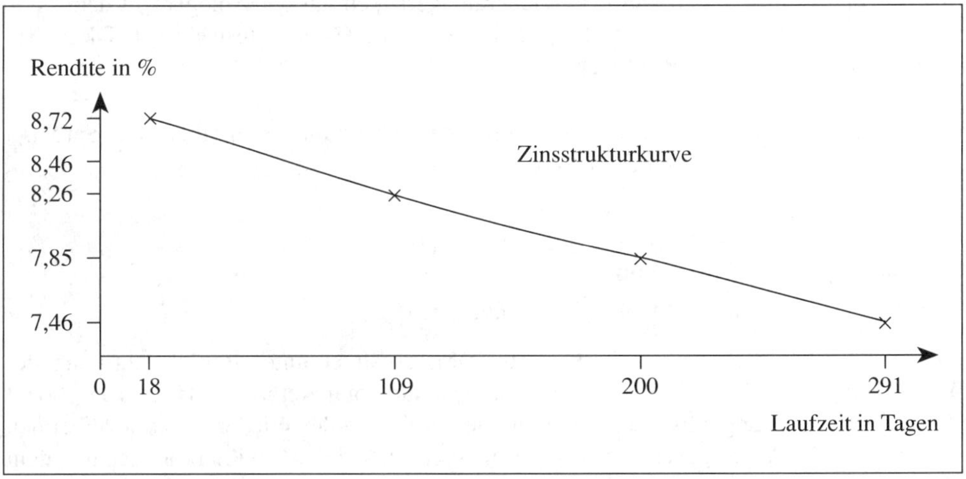

Abbildung 18: Zinsstrukturkurve des Geldmarktes am 25. 2. 1993

Es soll nun der FRA-Zinssatz (Festsatz) für ein FRA berechnet werden, das am 25. 2. 1993 abgeschlossen wird und der Zinsfeststellungstermin der 15. 3. 1993 ist. Der variable Zinssatz ist der 3-Monats-LIBOR. Im Geldmarkt wird nach der Methode echt/360 quotiert. Die Vorlaufperiode bis 15. 3. 1993 beträgt 18 Tage und die Gesamtlaufzeit bis 14. 06. 1993 109 Tage. Die abgesicherte Periode beträgt 91 Tage. Der FRA-Satz kann nun wie folgt ermittelt werden:

$$\left[\left(\frac{1+\frac{8,26}{100}\cdot\frac{109}{360}}{1+\frac{8,72}{100}\cdot\frac{18}{360}}\right)-1\right]\cdot\frac{360\cdot 100}{91}=8,1335\ \%$$

Der FRA-Satz für ein FRA, das in 18 Tagen den Zinsfeststellungstermin hat und dann noch 91 Tage läuft, liegt bei 8,13 %. Mit Hilfe dieser Formel wurde auch der FRA-Satz mit einer Verlaufperiode bis 13. 6. 1993 ermittelt. Dieser liegt bei 7,18 %. Dieses Beispiel zeigt, daß der FRA-Satz umso niedriger wird, je länger die Vorlaufperiode wird. Würde man die Vorlaufperiode nochmals um drei Monate verlängern, also bis 13. 9. 1993, würde der FRA-Satz auf 6,33 % fallen.

Wie kann dieser Effekt erklärt werden?

Hierzu hilft wieder die Total Return Betrachtung. Bei der Kalkulation von Forward Rates wurde unterstellt, daß der Anleger unabhängig von der Anlage immer den gleichen Ertrag erzielt. Für das FRA, das am 13. 9. 1993 den Zinsfeststellungstermin hat, bedeutet das: Der Anleger investiert sein Geld bis 13. 9. 1993 am Kassamarkt und sichert sich über das FRA den Satz für die Wiederanlage in Höhe von 6,33 Prozent oder er investiert den Betrag für die gesamte Laufzeit bis 13. 12. 1993 am Kassamarkt. Bei beiden Alternativen sollte der gleiche Total Return erzielt werden. Wiederanlagerisiken hat der Anleger mit dem FRA nicht mehr, da er bereits am 25. 2. 1993 den Wiederanlagesatz festschreibt. Diese Behauptung soll mit Zahlen belegt werden:

Alternative 1: Anlage am Kassamarkt bis 13. 9. 1993 zum aktuellen LIBOR-Satz und danach Wiederanlage zum FRA-Satz

– Ertrag vom 25. 2. 1993 bis 13. 9. 1993:
100 DM · (1+7,85/100 · 200/360) = 104,361111
– Wiederanlage ab 14. 9. 1993 bis 13. 12. 1993:
104,361111 · (1+6,33/100 · 91/360) = 106,03 DM

Investiert der Anleger am 25. 2. 1993 100 DM, erhält er unter Berücksichtigung der Wiederanlage am 13. 9. 1993 ein Endkapital (Dollar Total Return) in Höhe von 106,03 DM zurück. Der Anleger hat kein Endvermögensrisiko, da der Wiederanlagesatz über den Abschluß des FRAs festgeschrieben ist. De facto hat er mit der Geldmarktanlage und dem FRA einen synthetischen Zerobond mit einer Laufzeit bis 13. 12. 1993 hergestellt. Bekanntlich unterliegen Zerobonds keinen Wiederanlagerisiken, wenn der Planungshorizont der Duration des Zerobonds entspricht.

Alternative 2: Anlage am Kassamarkt bis 13. 12. 1993 zum aktuellen LIBOR-Satz
100 · (1+7,46/100 · 291/360) = 106,03 DM.

Auch bei der Geldmarktanlage am Kassamarkt erzielt der Anleger den gleichen Dollar Total Return wie bei Alternative 1. Jetzt kann auch die eingangs gestellte Frage beantwortet werden, warum die FRA-Sätze bei einer inversen Zinsstrukturkurve mit zunehmender Laufzeit fallen. Da bei einer inversen Zinsstrukturkurve die Renditen mit zunehmender Restlaufzeit geringer werden, erwarten die Marktteilnehmer, daß die Renditen in Zukunft fallen werden. Denn: Anlagen am langen Ende der Zinsstrukturkurve erzielen im Vergleich zu Anlagen am kurzen Ende einen geringeren Total Return. Da aber bei einer Anlage am kurzen Ende nach einem bestimmten Zeitraum wieder angelegt werden muß, wird – so die Erwartung des Marktes – der Wiederanlagesatz soweit fallen, um den Vorteil aus der ersten Anlageperiode wieder auszugleichen.

Konkret auf das Beispiel bezogen bedeutet dies: Während der Anleger bei Alternative 1 für die ersten 200 Tage (Vorlaufperiode) zu einem Satz von 7,85 % anlegen kann, kann er bei Alternative 2 nur zum geringeren Satz von 7,46 % anlegen. Alternative 1 erzielt somit – zumindestens für die ersten 200 Tage – einen höheren Dollar Total Return. Der Ausgleich findet aber nun in der zweiten Periode (abgesicherte Periode) statt. Der FRA-Satz muß nun soweit fallen, daß der Vorteil der ersten 200 Tage in den verbleibenden 91 Tagen vollständig neutralisiert wird. Deshalb fällt auch der Satz überproportional stark auf 6,33 %. Die folgende Tabelle zeigt die Zusammensetzung des Dollar Total Return für die beiden Alternativen:

Tabelle 4: Dollar Total Return

Dollar Total Return	In Periode 1 Vorlaufperiode des FRAs 200 Tage	In Periode 2 Abgesicherte Periode des FRAs 91 Tage	In Periode 1 + 2 Gesamtlaufzeit des FRAs 291 Tage
Alternative 1:	100 DM × (1+7, 85/100 × 200/360) = 104,3611 DM	104,3611 DM × (1+ 6,33/100 × 91/360) = 106,0309 DM	106,0309 DM
Alternative 2:	100 DM × (1+7, 46/100 × 200/360) = 104,1444 DM	100 DM × (1+7, 46/100 × 91/360) = 101,8857	4,1444 + 101,8857 = 106,0301
Differenz:	4,3611 DM – 4,1444 DM 0,2167 DM	1,6698 DM – 1,8857 DM – 0,2159 DM	106,0309 – 106,0301 + 0,0008 [1)]

1) Rundungsdifferenz

Werden die Forward Rates zusätzlich zur Zinsstrukturkurve in die Grafik eingezeichnet, so liegt die Forward Rate Curve unter der aktuellen LIBOR-Zinsstrukturkurve.

Bei einer normalen Zinsstrukturkurve erwarten die Marktteilnehmer steigende Renditen. Deshalb liegen die Forward Rates und damit auch die FRA-Sätze bei einer normalen Zinsstrukturkurve über den aktuellen Sätzen.

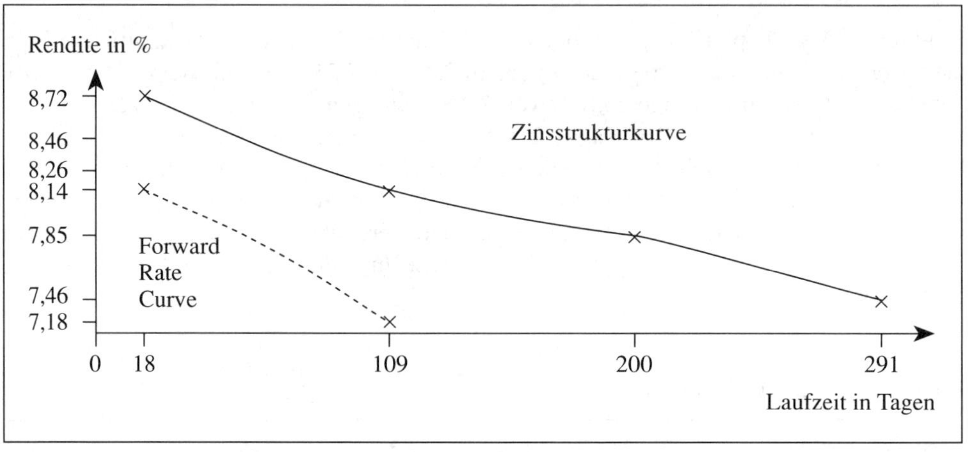

Abbildung 19: Zinsstrukturkurve und Forward Rate Curve

Zusammenfassend können folgende Eigenschaften von Forward Rates genannt werden:

(1) Forward Rates können ohne Zinsprognose ermittelt werden und sind damit unabhängig vom Anleger bzw. Emittenten
(2) Forward Rates können bereits heute mit Instrumenten des Zinsmanagements realisiert werden (z. B. über FRAs)
(3) Forward Rates werden arbitragefrei ermittelt, da die Total Returns identisch sein müssen
(4) Forward Rates unterstellen, daß es sowohl für den Anleger wie auch Emittenten indifferent ist, ob man kurz- oder langfristige Anlagen tätigt bzw. Kredite aufnimmt.

2.3 Die Berechnung der Ausgleichszahlung (Cash Settlement)

Zu Beginn der vereinbarten Zinsperiode wird am Zinsfeststellungstermin (2 Börsentage vor dem Abrechnungstag) der Referenzzinssatz mit dem vereinbarten FRA-Zinssatz verglichen. Liegt der Referenzzinssatz über dem FRA-Satz, so erhält der Käufer des FRA die Differenz zwischen dem Referenzzinssatz und dem FRA-Zinssatz vergütet. Analog muß der FRA-Käufer die Differenz erstatten, wenn der Referenzzinssatz unter dem FRA-Satz liegt. Deshalb bezeichnet man FRAs auch als symmetrische Risikoinstrumente. Sind FRA-Zinssatz und Referenzzinssatz identisch, sind keine Ausgleichszahlungen zu leisten. Da eine eventuelle Differenz bar gezahlt wird, spricht man auch von einem Cash Settlement (Barausgleich).

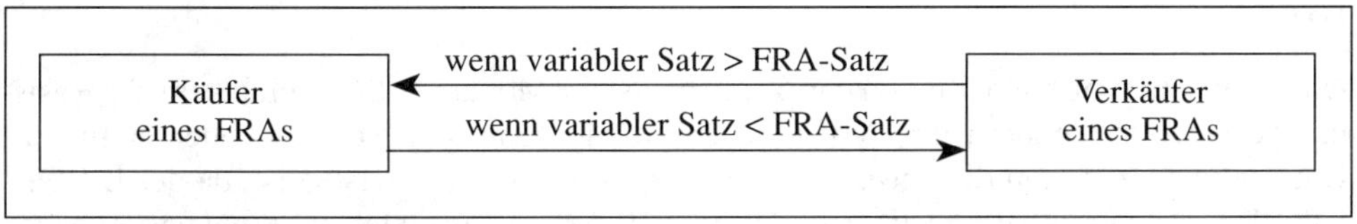

Abbildung 20: Cash Settlement

Die Formel zur Ermittlung der Ausgleichszahlung am Abrechnungstag (Settlement Date) lautet wie folgt:

$$\frac{\dfrac{\text{Nominalbetrag} \cdot (\text{FRA-Satz} - \text{LIBOR}) \cdot \text{Tage Abgesicherte Periode}}{100 \cdot 360}}{\left(1 + \dfrac{\text{LIBOR} \cdot \text{Tage Abgesicherte Periode}}{100 \cdot 360}\right)}$$

Ein Beispiel:

Ein Unternehmen erhält in 8 Monaten 10 Mio DM, die es dann als 3-Monatsgeld anlegen möchte. Die Firma hält einen Zinsrückgang für möglich und schließt deshalb mit Bank A ein 8 · 11 FRA über 10 Mio DM ab. Das Unternehmen ist Verkäufer des FRA. Der vereinbarte FRA-Zinssatz beträgt 9,20 %.

Am Zinsfeststellungstermin beträgt der 3-Monats-LIBOR 9 %. Wie hoch ist der Betrag, den Bank A an das Unternehmen überweisen muß?

$$\text{Ausgleichszahlung} = \frac{\dfrac{10.000.000 \cdot (9,20 - 9,00) \cdot 90}{100 \cdot 360}}{\left(1 + \dfrac{9 \cdot 90}{100 \cdot 360}\right)} = 4889,98 \quad \text{DM}$$

Bank A überweist dem Unternehmen die Ausgleichszahlung in Höhe von 4889,98 DM. Man erwartet, daß Bank A 5.000 DM an das Unternehmen überweist, da der aktuelle LIBOR-Satz um 20 Basispunkte unter dem vereinbarten FRA-Satz liegt und die abgesicherte Periode 90 Tage beträgt. Bei einem Nominalbetrag von 10 Mio DM entspricht die Differenz genau 5.000 DM. Die Differenz zum ausbezahlten Betrag von 4889,98 DM läßt sich mit der vorschüssigen Zahlung der Ausgleichszahlung erklären. Das FRA hat eine Gesamtlaufzeit von insgesamt 11 Monaten. Die Marktusancen für FRAs sehen aber vor, daß die Ausgleichszahlung bereits am Ende der Vorlaufperiode auf das Konto des Vertragspartners überwiesen wird. Letztlich wird die Ausgleichszahlung um den Zeitraum der abgesicherten Periode zu früh bezahlt. Dieser Nachteil für den Zahler bzw. Vorteil für den Empfänger der Zahlung muß berücksichtigt werden. Deshalb wird die Zinsdifferenz noch linear mit dem zum Zeitpunkt der Zinsfeststellung gültigen LIBOR diskontiert. Diskontiert man den Betrag von 5.000 DM für 90 Tage linear mit dem LIBOR-Satz von 9 %, erhält man die exakte Höhe der Ausgleichszahlung. Diese betrug in diesem Beispiel 4.889,98 DM.

Unterstellt man nun ein Zinsszenario, indem der 3-Monats-LIBOR nicht um 20 Basispunkte gefallen, sondern um den gleichen Betrag gestiegen ist. Das bedeutet für das Unternehmen, daß nun die Ausgleichszahlung an die Bank zu leisten ist, da der LIBOR-Satz über dem vereinbarten Satz liegt. Da der LIBOR um den gleichen Betrag gestiegen ist, könnte man erwarten, daß auch eine Ausgleichszahlung in Höhe von 4.889,98 DM zu zahlen ist. Setzt man die Werte in die obige Formel ein, ergibt sich ein Ausgleichsbetrag in Höhe von 4.885,20 DM. Dieser ist um 4,78 DM niedriger als der zuvor ermittelte. Ein Blick auf die Formel zeigt, warum ein geringerer Betrag vom Verkäufer an den Käufer zu überweisen ist.

$$\text{Ausgleichszahlung} = \frac{\frac{10.000.000 \cdot (9,20.9,40) \cdot 90}{100 \cdot 360}}{\left(1 + \frac{9,40 \cdot 90}{100 \cdot 360}\right)} = \frac{5.000 \text{ DM}}{1,0235} = 4.885,20 \text{ DM}$$

Obwohl im oberen Teil der Formel wieder der Betrag von 5.000 DM steht, ergibt sich eine Veränderung in der Abzinsung. Anstatt mit 9 % wird jetzt mit einem Diskontierungssatz von 9,4 % abgezinst. Je höher aber der Abzinsungssatz ist, desto geringer wird der Barwert der Zinsdifferenz und damit die zu leistende Ausgleichszahlung. Dieser Effekt der Nicht-Linearen-Veränderung wird im Bond Research als Convexity bezeichnet. Das bedeutet für den Verkäufer eines FRAs, daß die Gewinne immer höher sind als die Verluste bei einer gleichen Veränderung des LIBOR-Satzes. Man spricht dann von einer positiven Convexity. Da für den Käufer eines FRAs die Verluste immer höher sind als die Gewinne, bezeichnet man dieses Verhalten als negative Convexity.

Die nachstehende Abbildung zeigt den grafischen Zusammenhang zwischen der Höhe des LIBOR-Satzes und den zu leistenden Ausgleichszahlungen. Dieses Gewinn-und-Verlust-Diagramm ist typisch für ein symmetrisches Risikoinstrument und wurde bereits in einigen Kapiteln ausführlich besprochen. Genaugenommen müßte die Gerade etwas gekrümmt sein, da die Gewinne und Verluste bei einer gleichen Renditeveränderung nicht identisch sind.

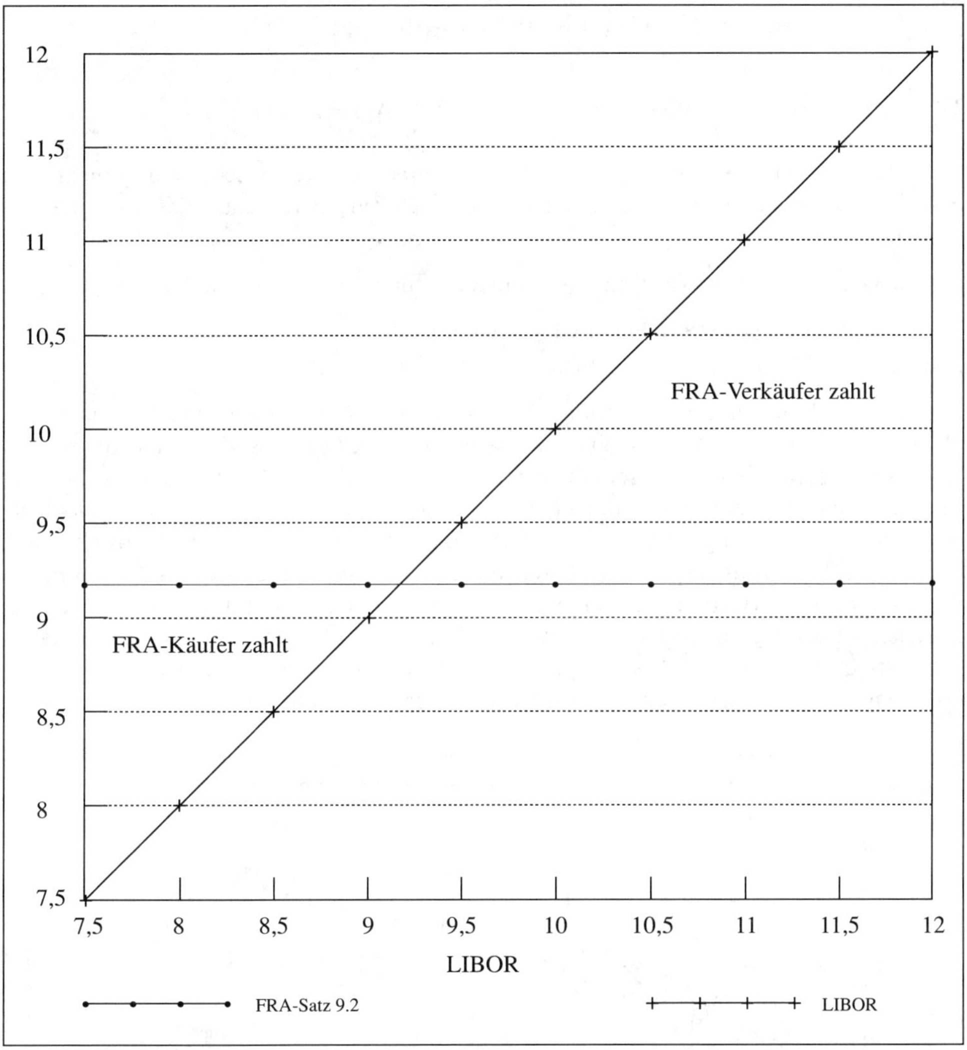

Abbildung 21: Zusammenhang zwischen LIBOR und Ausgleichszahlung

2.4 Strategien mit Forward Rate Agreements

2.4.1 Absicherungs-Strategien mit Forward Rate Agreements

Forward Rate Agreements können im Rahmen eines modernen Zinsmanagements zur Absicherung von bereits vorhandenen oder geplanten Zinsinstrumenten des Kassamarktes verwendet werden.

Zinsmanagement mit Forward Rate Agreements kann sich beziehen sowohl

- auf bestimmte Zinsinstrumente (Micro-Hedge)
- als auch auf mehrere Zinsinstrumente (Macro-Hedge).

Mit dem Abschluß eines FRA-Vertrages können bestehende oder geplante Kapitalanlagen (Aktivseite) oder Kreditaufnahmen (Passivseite) gegen das variable Zinsrisiko abgesichert (gehedgt) werden. Mit dem Abschluß eines FRAs sichert sich der Käufer einen Festsatz für eine variable Finanzierung bzw. der Verkäufer einen Festsatz für eine variable Geldanlage. Der Effekt dieser Hedging-Strategie: Vermeidung höherer Finanzierungskosten durch zwischenzeitliche Zinssteigerungen bzw. geringere Anlageerträge aus zwischenzeitlichen Zinssenkungen. Forward Rate Agreements werden deshalb in zunehmendem Maße in Absicherungsstrategien eingesetzt. Denn: Im Vergleich zu langfristigen Zinssätzen haben kurzfristige Zinssätze wie beispielsweise 3-Monats-LIBOR oder 6-Monats-LIBOR stärkere Schwankungen, wie auch der Renditechart zeigt (Abbildung 22).

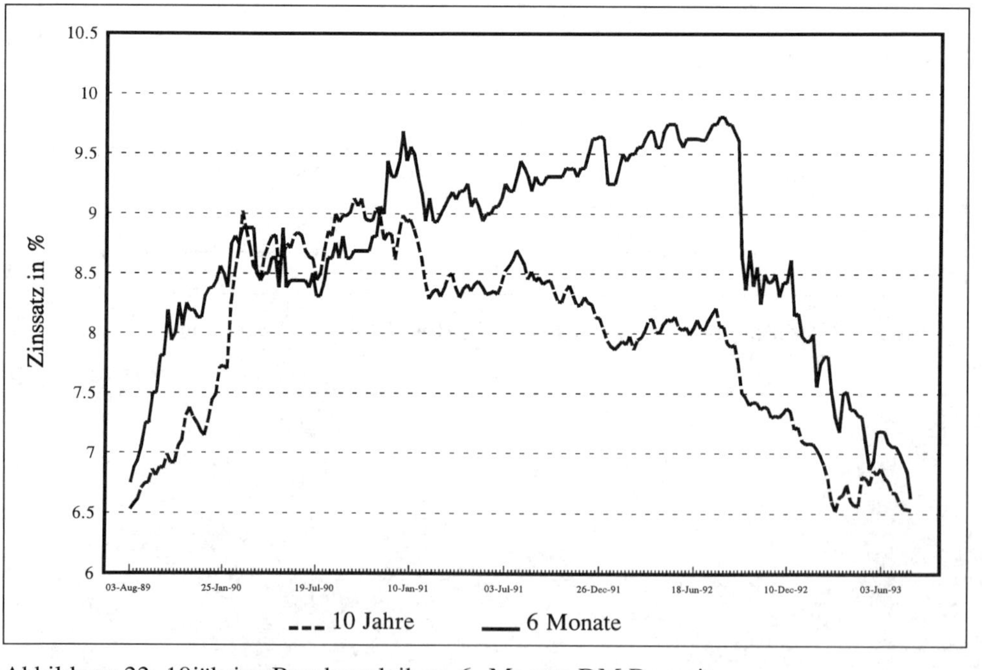

Abbildung 22: 10jährige Bundesanleihen, 6- Monate DM Deposit

Beispielsweise stieg der 6-Monats-LIBOR von August 1989 bis September 1992 von 6,75 % auf 9,5 %, also um 2,75 Prozentpunkte. Aber auch bei einem Rückgang des 6-Monats-LIBOR's sind ähnlich starke Schwankungen keine Seltenheit. So fiel der LIBOR-Satz von Dezember 1992 bis Juni 1993 von 9,5 % um 3 Prozentpunkte auf 6,5 %. Diese Beispiele zeigen, daß Geldanlagen oder -aufnahmen innerhalb eines halben Jahres variablen Zinsänderungsrisiken ausgesetzt sind, die eine Absicherung notwendig machen. Über die Absicherung wird sowohl für Geldanlagen als auch Kreditaufnahmen eine feste Kalkulationsbasis erreicht.

2.4.1.1 Strategien auf der Aktivseite

FRAs sind auf der Aktivseite zur Absicherung von variabel verzinslichen Zinsinstrumenten geeignet. Erwartet man beispielsweise fallende Zinsen, so kann mit dem Abschluß eines FRA das variable Zinsinstrument gegen fallende Zinsen abgesichert werden. Hierbei spielt es keine Rolle, ob es sich um bereits bestehende oder geplante variable Zinsinstrumente handelt. Durch den Verkauf eines FRAs in Verbindung mit dem variablen Zinsinstrument kann der FRA-Satz als Festsatz für die variable Zinsanlage gesichert werden.

Ein Beispiel:

Als Beispiel soll das Unternehmen verwendet werden (vgl. Kapitel 2.3), das in 8 Monaten 10 Mio als 3-Monatsgeld anlegen möchte. Das Unternehmen erwartet einen Zinsrückgang und schließt deshalb ein 8 × 11 FRA zu einem FRA-Satz von 9,2 % ab. Das Unternehmen ist Verkäufer des FRA. Durch den Abschluß des FRAs sichert sich das Unternehmen bereits heute einen Festsatz für die variabel verzinsliche Anlage. Wirtschaftlich hat das Unternehmen mit dem Abschluß des FRAs aus dem variabel verzinslichen Zinsinstrument ein synthetisches Festsatzinstrument hergestellt. Diesen Zusammenhang verdeutlicht die folgende Darstellung.

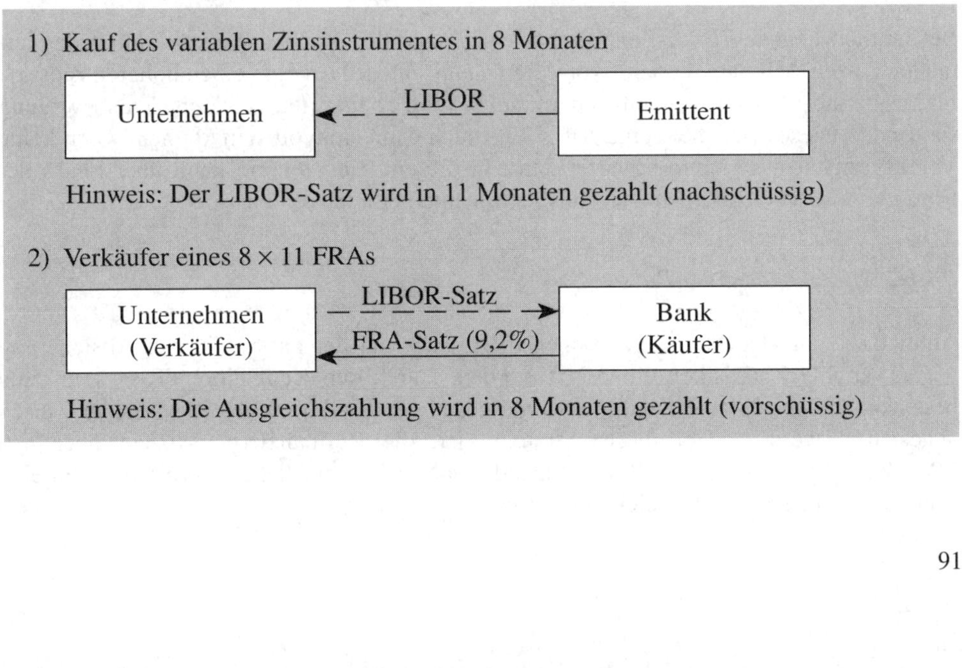

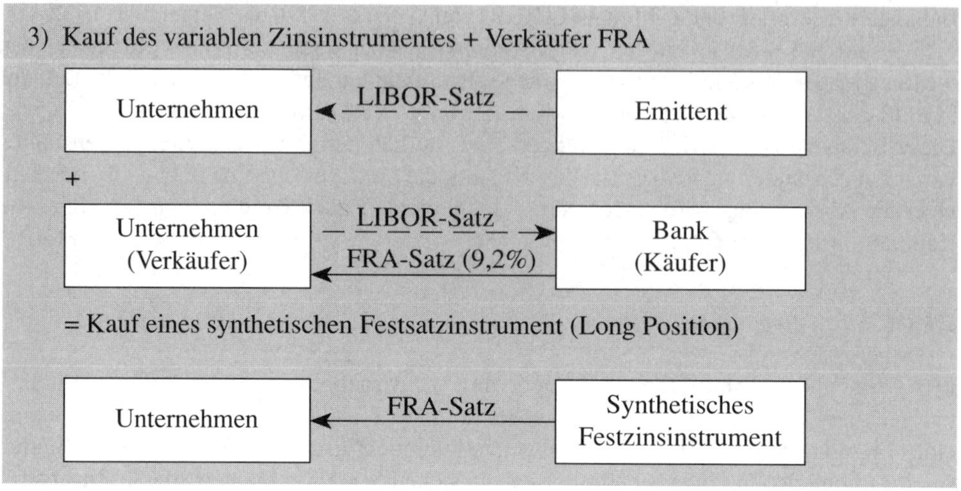

Diese Abbildung zeigt, daß der Anleger eine synthetische Festsatzposition hergestellt hat. Es handelt sich um ein Geldmarktinstrument mit einem Festsatz von 9,2 %, das in 8 Monaten gekauft wird und von diesem Zeitpunkt in drei Monaten fällig wird. Der Festsatz entspricht dem FRA-Satz. Fallen die Geldmarktzinsen, erbringt zwar das variable Zinsinstrument nur einen niedrigeren Zinssatz, doch in Verbindung mit dem FRA bzw. dessen Ausgleichszahlung wird der Festsatz in Höhe von 9,2 % gesichert. Sollte der variable Satz steigen, erwirtschaftet der Anleger ebenfalls nur einen Festsatz von 9,2 %. Denn: Der Anleger erhält aus der variabel verzinslichen Anlage immer den in acht Monaten gültigen 3-Monats-LIBOR-Satz. Da er Verkäufer des FRAs ist, zahlt er in das FRA ebenfalls den in acht Monaten gültigen 3-Monats-LIBOR. Er leitet somit den variablen Satz nur an den Käufer des FRAs weiter. Von diesem erhält er im Austausch für den variablen Satz den festvereinbarten FRA-Zinssatz in Höhe von 9,2 %.

Bekanntlich liegt der FRA-Zinssatz bei einer normalen Zinsstrukturkurve über den aktuellen Sätzen. Mit dem Verkauf von FRAs kann sich der Anleger einen höheren Zinssatz für das variable Zinsinstrument sichern, auch wenn er erwartet, daß keine Zinsbewegung stattfindet. Dieses Beispiel zeigt, daß FRAs auch dann sinnvoll sein können, wenn keine Veränderung der Renditen erwartet wird. In diesem Zinsszenario kann über FRAs der Ertrag von variabel verzinslichen Zinsinstrumenten erhöht werden.

2.4.1.2 Strategien auf der Passivseite

Ähnlich wie auf der Aktivseite können FRAs auch auf der Passivseite zur Absicherung gegen variable Zinsrisiken eingesetzt werden. Durch den Kauf eines FRAs kann eine bestehende oder geplante Kreditaufnahme gegen das Risiko steigender variabler Zinsen abgesichert werden. Ziel dieser Strategie ist, die Refinanzierungskosten über den FRA-Satz festzuschreiben und damit aus der variabel verzinslichen Verbindlichkeit eine synthetische Festsatzverbindlichkeit herzustellen.

2.4.2 Trading-Strategien mit Forward Rate Agreements

2.4.2.1 Einfache Trading-Strategien

Erwartung steigender Zinsen

Neben Absicherungsstrategien (Hedging-Strategien) können FRAs auch in Trading-Strategien zur Spekulation auf fallende bzw. steigende Geldmarktzinsen eingesetzt werden. So wird mit dem Kauf eines FRAs auf steigende bzw. mit einem Verkauf eines FRAs auf fallende Zinsen gesetzt. Folgendes Beispiel soll eine Trading-Strategie mit Forward Rate Agreements verdeutlichen:

Ein Anleger erwartet, daß der LIBOR-Satz steigen wird. Über den Kauf eines FRAs möchte er daran partizipieren. Er schließt mit seiner Bank für 10 Mio. DM ein 3× 6 FRA ab. Der FRA-Satz liegt bei 6,50 %. Die folgende Tabelle zeigt die Ausgleichszahlung bei verschiedenen Zinsszenarien.

Tabelle 5: Ausgleichszahlungen eines 3 × 6 FRAs

Erwartung fallender Zinsen			Erwartung steigender Zinsen		
LIBOR-Satz	FRA-Satz	Ausgleichszahlung in drei Monaten aus der Sicht eines FRA-Verkäufers	LIBOR-Satz	FRA-Satz	Ausgleichszahlung in drei Monaten aus der Sicht eines FRA-Käufers
4	6,5	+ 61881	4	6,5	– 61881
4,5	6,5	+ 49444	4,5	6,5	– 49444
5	6,5	+ 37037	5	6,5	– 37037
5,5	6,5	+ 24661	5,5	6,5	– 24661
6	6,5	+ 12315	6	6,5	– 12315
6,5	6,5	0	6,5	6,5	0
7	6,5	– 12285	7	6,5	+ 12285
7,5	6,5	– 24540	7,5	6,5	+ 24540
8	6,5	– 36765	8	6,5	+ 36765
8,5	6,5	– 48960	8,5	6,5	+ 48960
9	6,5	– 61125	9	6,5	+ 61125
Hinweis: Die Ausgleichszahlung wurde auf einen Nominalbetrag von 10.000.000 DM berechnet.					

Je höher der 3-Monats-LIBOR in drei Monaten steigt, desto höher ist der Gewinn für den Käufer des FRAs. Allerdings steht diesem Ertrag der Verlust bei fallenden Zinsen gegenüber. Die Tabelle zeigt, daß bei gleicher Renditeveränderung der Verlust für den Käufer des FRAs immer höher ist als der Gewinn. So beträgt der Verlust bei einer Veränderung des LIBOR-Satzes gegenüber dem fixierten FRA-Satz um 0,5 Prozentpunkte 12.315 DM, während der Gewinn nur 12.285 DM beträgt. Diese Eigenschaft bezeichnet man aus Sicht des Käufers des FRAs als negative Convexity.

Die Tabelle zeigt auch die Position des FRA-Verkäufers. Der Verkäufer eines FRAs erwartet fallende Zinsen, da sein Gewinn entsprechend steigt, während er bei steigenden Zinsen einen Verlust realisiert. Da aus Sicht des FRA-Verkäufers die Gewinne bei einer gleichen absoluten Renditeveränderung immer höher sind als die Verluste, spricht man von einer positiven Convexity.

2.4.2.2 Komplexe Trading-Strategien

Während bei einfachen Trading-Strategien mit FRAs nur die Position eines Käufers bzw.Verkäufers eingegangen wird, werden in komplexen Strategien mit FRAs sowohl Käufer- als auch Verkäuferpositionen mit unterschiedlichen Zinsabsicherungsperioden aber gleichen Vorlaufperioden eingegangen.

So kann beispielsweise mit dem Kauf eines 3 · 15 FRAs und dem gleichzeitigen Verkauf eines 3 · 6 FRAs auf eine Veränderung der Zinsstrukturkurve gesetzt werden. Wird die Zinsstrukturkurve positiver, erzielt man mit dieser Strategie einen Gewinn unabhängig davon, ob die Zinsen tendenziell steigen oder fallen. Ein Verlust würde nur bei einer flachen, sogar inversen Zinsstrukturkurve entstehen. Je positiver die Zinsstrukturkurve wird, d. h. je größer der Spread zwischen dem 3-Monats-LIBOR und dem 12-Monats-LIBOR wird, desto höher wird der Gewinn aus dieser Trading-Strategie. Ein kritischer Erfolgsfaktor bei dieser Strategie ist somit nicht die Veränderung des Renditeniveaus, sondern die Veränderung der Zinsstrukturkurve.

2.5 FRAs auf einen Blick: Zusammenfassung

Bei einem Forward Rate Agreement handelt es sich um die an den Interbank-Märkten gehandelte börsenfreie Variante eines Zinsterminkontraktes (Zinsfuture). Gegenüber den Zinsfutures haben FRAs vor allem den Vorteil, daß bei Vertragsabschluß keine Einschußzahlungen zu leisten sind. Deshalb entfällt auch die tägliche Neubewertung und die gegebenenfalls zu entrichtenden Nachschußzahlungen (Variation Margin). Ferner sind FRAs nicht standardisiert. Sie können somit im Hinblick auf Laufzeit, abgesicherte Zinsperiode und Nominalvolumen auf die individuellen Bedürfnisse des Anlegers bzw. Emittenten zugeschnitten werden und sind deshalb eine maßgeschneiderte Problemlösung des Zinsmanagements. FRAs können sowohl in Absicherungs-Strategien als auch in Trading-Strategien eingesetzt werden. Der Nachteil dieses Instrumentes ist darin zu sehen, daß die Kontrahentenrisiken höher sind als bei Zinsfutures. Die folgende Aufstellung enthält die wichtigsten Merkmale von FRAs im Überblick:

- Kauf eines FRAs als Absicherung der Passiva gegen Zinssteigerungen
- Verkauf eines FRAs als Absicherung der Aktiva gegen Zinssenkungen
- Hedging-Strategien sowohl für geplante als auch bestehende Positionen
- Trading-Strategien sowohl für fallende als auch steigende Renditen

- Komplexe Trading-Strategien zur Umsetzung einer Marktmeinung im Hinblick auf eine Veränderung der Zinsstrukturkurve
- Sichere Kalkulationsbasis im Asset/Liability-Management
- Keine Kapitalbewegungen bei Abschluß eines FRAs
- Individuelle Vertragsgestaltung
- Die Ausgleichszahlung am Settlement Date wird vor allem durch die Differenz zwischen dem Referenzzinssatz und dem FRA-Satz bestimmt
- Gewinne bzw. Verluste aus einem FRA werden am Settlement Date realisiert (Gegensatz: Zinsfutures auf Euro-DM oder Eurodollar haben tägliche Gewinn-/Verlust-Realisierung, d. h. Daily Settlement)
- FRAs sind symmetrische Risikoinstrumente

3 Futures

Die Einführung von Financial Futures gehört zu den bedeutendsten Innovationen an den internationalen Finanzplätzen. Futures sind standardisierte und damit börsengängige Termingeschäfte auf Waren (Commodity Futures) oder Finanzinstrumente (Financial Futures). Futures auf Zinsinstrumente (Zinsfutures) werden in diesem Kapitel näher vorgestellt.

3.1 Was sind Zinsfutures?

Futures auf Zinsinstrumente werden als Interest Rate Futures, Zinsterminkontrakte oder Zinsfutures bezeichnet.

Ein Zinsfuture ist

- die vertragliche Vereinbarung,
- ein standardisiertes Zinsinstrument
- in der Zukunft
- zu einem vorab vereinbarten Preis
- zu kaufen
- oder zu verkaufen.

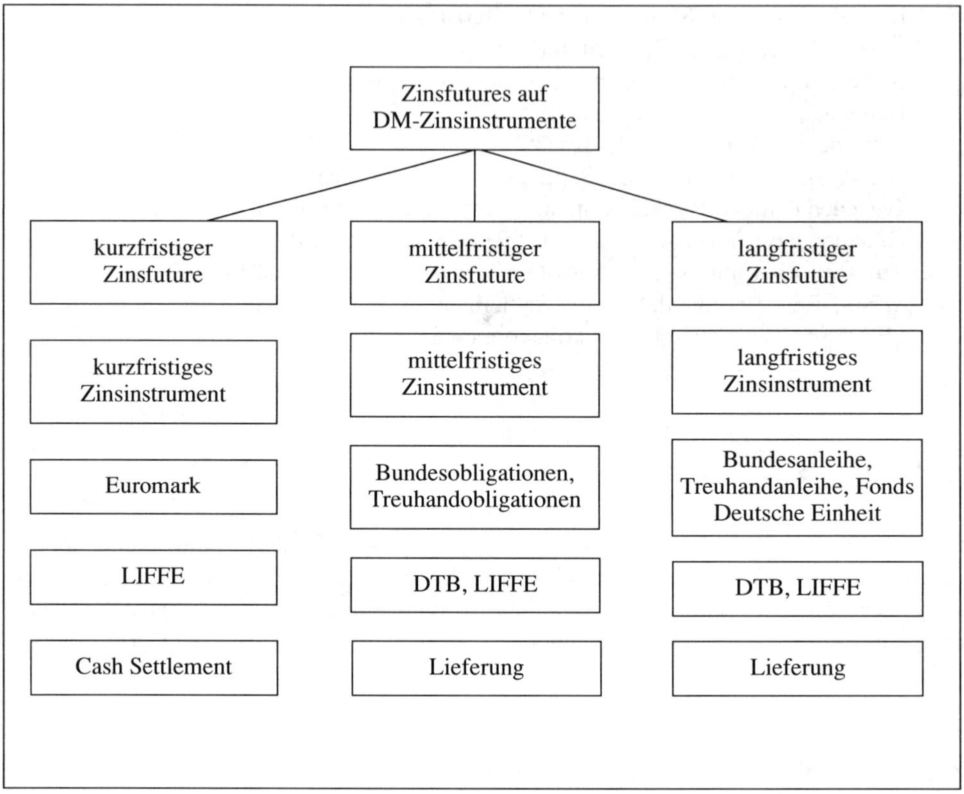

Abbildung 23: Handelbare Zinsfutures auf DM-Zinsinstrumente

Die Abbildung 24 zeigt die wichtigsten Zinsfutures, die an der London International Financial Futures Exchange (LIFFE) gehandelt werden.

I) Futures auf kurzfristige Zinsinstrumente (Geldmarktpapiere) an der LIFFE

Kontrakt	Nennwert	Fälligkeit	Kontraktwert
Euromarkt	1.000.000	1. Arbeitstag nach dem letzten Handelstag	$1.000.000 \times (1 - \frac{(100 - \text{Kurs}) \times 90}{100 \times 360})$
Sterling	500.000	1. Arbeitstag nach dem letzten Handelstag	$5.000.000 \times (1 - \frac{(100 - \text{Kurs}) \times 90}{100 \times 360})$
Eurolira	1.000.000.000	1. Arbeitstag nach dem letzten Handelstag	$1 \text{ Mrd.} \times (1 - \frac{(100 - \text{Kurs}) \times 90}{100 \times 360})$

II) Futures auf mittel- und langfristige Zinsinstrumente an der LIFFE

Kontrakt	Nennwert	Fälligkeit	Kontraktwert
Bobl-Future	250.000	10. Tag des Liefermonats	$\frac{250.000 \times \text{Kurswert}}{100}$
Bund-Future	250.000	10. Tag des Liefermonats	$\frac{250.000 \times \text{Kurswert}}{100}$
BTB-Future	200.000.000	10. Tag des Liefermonats	$\frac{200.000.000 \times \text{Kurswert}}{100}$
JGB-Future	100.000.000	19. Tag des Liefermonats	$\frac{100.000.000 \times \text{Kurswert}}{100}$

Abbildung 24: An der LIFFE gehandelte Zinsfutures

3.1.1 Kurzfristige Zinsfutures

3.1.1.1 Was sind kurzfristige Zinsfutures?

Kurzfristige Zinsfuture können mit FRAs verglichen werden. Der wesentliche Unterschied besteht darin, daß kurzfristige Zinsfutures standardisiert sind und damit an der Börse (z. B. LIFFE) gehandelt werden. Der kurzfristige DM-Future wird auch als Euro-DM-Future bezeichnet. Der Euro-DM-Future wird in Europa nur an der LIFFE gehandelt. An der DTB ist die Einführung in nächster Zukunft geplant. Abbildung 25 zeigt die wesentlichen Merkmale des Euro-DM-Futures:

Kontrakt:	Euromarkfuture (Euro-DM-Futures)
Terminbörse:	LIFFE
Basiswert:	kurzfristige Geldmarktanlage auf dem Euromarkt
Kontraktwert:	1.000.000 DM
Lieferung:	Cash Settlement
Liefermonat:	März Juni September Dezember
Liefertag:	1. Arbeitstag nach dem letzten Handelstag (2 Arbeitstage vor dem 3. Mittwoch im Liefermonat)

Abbildung 25: Kennzeichen des Euro-DM-Futures

3.1.1.2 Ermittlung des Fair Values von kurzfristigen Zinsfutures

Da der Euro-DM-Future im Grunde genommen ein „standardisiertes FRA“ ist, erfolgt auch die Ermittlung des Fair Values nach der gleichen Formel wie für FRAs. Deshalb kann auf die entsprechenden Ausführungen zu FRAs hingewiesen werden.

Im Gegensatz zu mittel- und langfristigen Zinsterminkontrakten erfolgt die Kursnotiz bei Geldmarktfutures nach einer anderen Methode. Kurzfristige Zinsfutures werden auf einer Indexbasis quotiert. Der Preis errechnet sich aus der Differenz zwischen 100 und der Implied Forward Rate. Dieses Index-System basiert somit auf der Differenz zwischen dem (jährlichen) Zinsertrag und 100. Je niedriger der Kurs notiert, desto höher ist die Implied Forward Rate und vice versa. Die allgemeine Formel für die Ermittlung lautet:

Indexquote = 100 – Zins

wobei

Zins = LIBOR Implied Forward Rate (Implizierter Zinsterminsatz)

Beispiel:

Am 25. 2. 1993 wurden folgende LIBOR Spot Sätze quotiert:

Fälligkeit	Tage	Satz in Prozent
15. 03. 1993	18	8,72
14. 06. 1993	109	8,26
13. 09. 1993	200	7,85
13. 12. 1993	291	7,46

Am gleichen Tag notierte der Euro-DM Future an der LIFFE zu folgenden Kursen:

Kontrakt Fälligkeit	Tage bis Fälligkeit	Index-quotierung	Implied Forward Rate
15. 03. 1993	18	91,88	8,12
14. 06. 1993	109	92,87	7,13
13. 09. 1993	200	93,61	6,39
13. 12. 1993	291	93,97	6,03

Die Indexquotierung für den März-Kontrakt erhält man, indem man von 100 die Implied Forward Rate subtrahiert, also wie folgt rechnet: 100 – 8,12 = 91,88. Nach der gleichen Formel können die Kurse der weiteren Kontrakte ermittelt werden.

Ein wesentlicher Unterschied besteht zwischen FRAs und Futures: Während der Käufer (Verkäufer) eines FRAs von steigenden (fallenden) Renditen profitiert, bezeichnet man die entsprechende Position in Futures als Short-(Long-)Position. Denn FRAs werden auf Basis von Zinssätzen bzw. Futures auf Basis von Kursen (Indexquotierung) quotiert. Demnach entspricht eine Long-Position im Future der Verkäuferposition in einem FRA bzw. eine Short-Position im Future der Käuferposition in einem FRA.

3.1.2 Mittelfristige Zinsfutures

Der Future auf eine mittelfristige idealtypische Bundesobligation wird als Bobl-Future bezeichnet. Der DTB-Bobl-Future beinhaltet die vertragliche Vereinbarung, eine synthetische 5-jährige idealtypische Schuldverschreibung des Bundes mit einem Nominalzins von 6 Prozent zu einem im voraus ausgehandelten Kurs an einem späteren, standardisierten Fälligkeitstag zu kaufen bzw. zu verkaufen. Der Wert eines Kontraktes beträgt 250.000 Mark. Für die Lieferung am Fälligkeitstag können umlaufende Bundesobligationen, Bundesschatzanweisungen und Obligationen der Treuhandanstalt mit einer Restlaufzeit von 3,5 bis 5 Jahren am Liefertag verwendet werden. Das Emissionsvolumen muß mindestens 4 Mrd. DM betragen.

Kontrakt:	Future auf Bundesobligation (Bobl-Future)
Terminbörse:	DTB
Basiswert:	Bundesobligation
Kontraktwert:	250.000 DM
Lieferbare Anleihen:	Bundesobligation, Treuhandobligation und Bundesschatzanweisungen mit einer Laufzeit von 3,5 bis 5 Jahren Mindestemissionsvolumen: 4 Mrd. DM
Liefermonat:	März Juni September Dezember
Liefertag:	10. Tag des Liefermonats, sofern dieser ein Börsentag ist, andernfalls der darauffolgende Börsentag
Preisfaktorberechnung:	
– Rendite (ISMA)	6%
– Methode	Annual Yield
– Settlement Date	10. Tag des Liefermonats
– Fälligkeit	Endfälligkeit
– Tageberechnung	30/360
– Nachkommastellen	6

Abbildung 26: Kennzeichen des Bobl-Futures an der DTB

Die Kalkulation von mittelfristigen Zinsfutures erfolgt nach dem gleichen Kalkulationsschema wie für langfristige Zinsfutures. Deshalb sei auf die Ausführungen in Punkt 3.1.3 verwiesen.

3.1.3 Langfristige Zinsfutures

3.1.3.1 Was sind langfristige Zinsfutures?

Der langfristige DTB-Bund-Futures Kontrakt an der Deutschen Terminbörse (DTB) beinhaltet die vertragliche Vereinbarung, eine synthetische 10-jährige Bundesanleihe mit einem Nominalzins von 6 Prozent zu einem im voraus ausgehandelten Kurs an einem späteren, standardisierten Fälligkeitstag zu kaufen bzw. zu verkaufen. Für die Lieferung in den Kontrakt können umlaufende Bundesanleihen, Treuhandanleihen und Anleihen Fonds Deutsche Einheit mit einer Restlaufzeit zwischen 8,5 Jahren und 10 Jahren bei Fälligkeit des Futures verwendet werden. Abbildung 27 zeigt die wesentlichen Merkmale des Bund-Futures an der DTB.

Kontrakt:	Future auf Bundesanleihe (Bund-Future)
Terminbörse:	DTB
Basiswert:	Bundesanleihe
Kontraktwert:	250.000 DM
Lieferbare Anleihen:	Bundesanleihen, Treuhandanleihen und Anleihen Fonds Deutsche Einheit mit einer Laufzeit von 8,5 bis 10 Jahren
Liefermonat:	März Juni September Dezember
Liefertag:	10. Tag des Liefermonats, sofern dieser ein Börsentag ist, andernfalls der darauffolgende Börsentag
Preisfaktorberechnung:	
– Rendite (ISMA)	6%
– Methode	Annual Yield
– Settlement Date	10. Tag des Liefermonats
– Fälligkeit	Endfälligkeit
– Tageberechnung	30/360
– Nachkommastellen	6

Abbildung 27: Kennzeichen des Bund-Futures an der DTB

Die Abbildung 28 zeigt einige interessante Zahlen zum langfristigen Bund-Future an der DTB.

3.1.3.2 Ermittlung des Fair Values von langfristigen Zinsfutures

Zinsfutures auf Kapitalmarktpapiere können sich entweder auf mittelfristige Anleihen (z. B. Bobl-Future, U.S. Treasury Note Future) oder langfristige Anleihen (z. B. Bund-Future, U.S. Treasury Bond Future) beziehen. Die Bewertung und die Ermittlung des Fair Values erfolgt hiervon unabhängig.

Eine Long-Position in einem mittel- oder langfristigen Future entspricht einer kreditfinanzierten Anleiheposition, die erst am Liefertag des Futures bezahlt wird. Um den Fair Value ermitteln zu können, zerlegt man Future-Kontrakte in einfache, bekannte Einzelteile („Futures Stripping"), um die Bausteine anschließend einzeln bewerten zu können. Addiert man die Werte der einzelnen Bausteine, erhält man den Wert des Future-Kontraktes. Ein Future-Kontrakt kann entsprechend der Definition als kreditfinanzierte Anleiheposition in folgende Bausteine zerlegt werden:

Gesamtüberblick

Monat	Börsen-tage	Gehandelte Kontrakte	Durchschnittl. gehandelte Kontrakte pro Tag	Durchschnittl. Open Interest	Durchschnittl. Kontrakt-anzahl pro Trade	Anzahl der gelieferten Kontrakte
April	20	421.237	21.062	45.973	15,3	–
Mai	19	408.309	21.490	51.486	15,7	–
Juni	20	353.177	17.659	34.540	15,6	2.366
Juli	23	470.303	20.448	52.040	16,6	–
August	21	513.969	24.475	69.512	18,6	–
Gesamt	103	2.166.995	21.039	50.924	16,4	2.366

Handelsvolumen

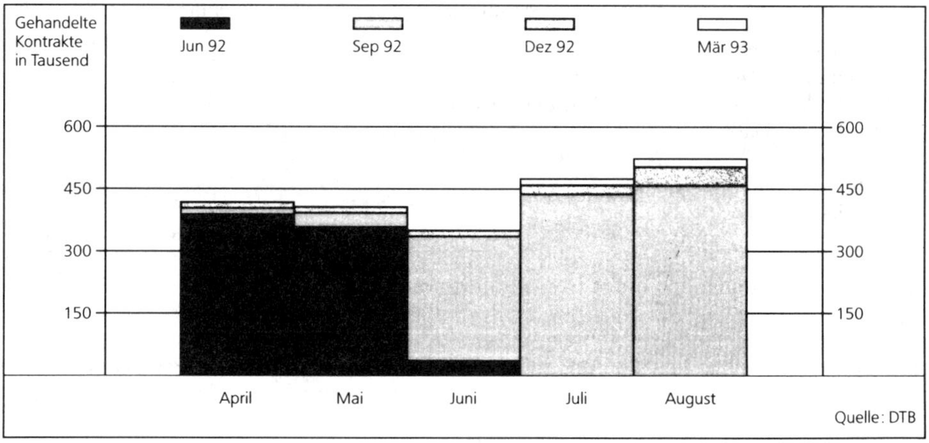

Abbildung 28: Überblick und Handelsvolumen langfristiger Bund-Futures

Long-Position Future = Long-Position Anleihe – Short-Position Geldmarkt

Oder in einer Formel ausgedrückt:

+ Future = + Anleihe – Geldmarkt

wobei:

+ = Long-Position (Käufer)
– = Short-Position (Verkäufer, Kreditaufnahme)

Diese Gleichung zeigt, daß eine Long-Position in einem Future synthetisch nachgebildet werden kann, indem eine Long-Position im Bondmarkt und eine Short-Position in einem Geldmarktpapier miteinander verbunden werden. Eine Short-Position in einem Geldmarktpapier ist identisch mit der Aufnahme eines kurzfristigen Kredites. Die oben beschriebene Formel wird benötigt zur Ermittlung des Fair Values, d. h. des theoretischen Futures-Preises.

Schrittweise soll nun der Futureskurs berechnet werden. Hierfür sind folgende Rechenschritte in der angegebenen Reihenfolge erforderlich:

1. Ermittlung der Stückzinsen pro Hundert,
2. Ermittlung des Dirty Price (Kurs + Stückzinsen),
3. Ermitteln der Tage bis zur Fälligkeit des Termingeschäftes,
4. Refinanzierungskosten ermitteln (Cost of Carry),
5. Zinsanteil ermitteln,
6. Abschlag ermitteln,
7. Terminkurs ermitteln,
8. Futureskurs ermitteln.

Den Terminkurs, der auch als Forwardpreis bezeichnet wird, ermittelt man mit Hilfe folgender Formel:

$$\text{Terminkurs} = \begin{array}{c}\text{Kassakurs}\\\text{des Papiers}\end{array} + \underbrace{\begin{array}{c}\text{Refinanzie-}\\\text{rungskosten}\end{array} - \begin{array}{c}\text{Anteiliger Nominalzins auf}\\\text{die Laufzeit des Geschäfts}\end{array}}_{\text{Carry Basis}}$$

wobei

Kassakurs = Clean Price des Papiers, d.h. Kurs ohne Stückzinsen

$$\text{Refinanzierungskosten} = \frac{\text{Dirty Price} \times \text{Repo Rate} \times \text{Tage}}{\text{Jahrestage} \times 100}$$

Dirty Price = Clean Price + Stückzinsen

Tage = Anzahl der Tage von Kassavaluta bis zur Fälligkeit des Futures

Jahrestage = Jahrestage in Abhängigkeit von der Zinsmethode (z. B. 360 Tage, 365 Tage)

$$\text{Anteiliger Nominalzins auf die Laufzeit des Geschäftes} = \frac{\text{Nominalzins} \times \text{Tage}}{360}$$

Am Beispiel des September Kontraktes des Bund-Futures soll der Fair Value ermittelt werden. Der Bund-Future wird am 10. September 1993 fällig und die Repo Rate für diese Laufzeit liegt bei 7,6 % (Echt/360). Die Ermittlung des Fair Values erfolgt am 06. 07. 1993 mit Valuta zum 13. 7. 1993 (7-tägige Valuta). Die Anleihe, von der der Futureskurs abgeleitet wird, ist die 7,25 %ige Anleihe des Bundes mit Fälligkeit 21. 10. 2002. Der Kurs dieser Anleihe lag am 6. 7. 1993 bei 103,394 %. Diese Anleihe wird Cheapest-to-Deliver (CTD) genannt.

Schritt 1:

Zunächst werden im ersten Schritt die zu finanzierenden Stückzinsen berechnet. Im gewählten Beispiel sind für insgesamt 262 Tage Stückzinsen zu zahlen, also 5,276 DM (7,25 · 262/360) je Nominal 100.

Schritt 2:

Der Betrag, der am Geldmarkt refinanziert wird, beträgt somit

108,67 DM (103,394 + 5,276). Das ist der Dirty Price der Anleihe.

Schritt 3:

Da der Future am 10. 9. 1993 fällig wird, beträgt die Laufzeit insgesamt 59 Tage (Echt/360).

Schritt 4:

Der Refinanzierungsaufwand bei einer Repo Rate von 7,6 % für die 7,25 %ige Anleihe errechnet sich nach der Formel:

$$\text{Refinanzierungskosten} = \frac{108{,}67 \text{ DM} \cdot 7{,}6 \cdot 59}{360 \cdot 100} = 1{,}354 \text{ DM}$$

Schritt 5:

Im fünften Schritt wird der Ertrag aus der Anleihe bis zur Fälligkeit des Futures ermittelt. Da am Bondmarkt die Zinsen nach der Methode 30/360 kalkuliert werden, fallen für insgesamt 57 Tage Stückzinsen an, also:

$$\frac{7{,}25 \cdot 57}{360} = 1{,}148 \text{ DM}$$

Schritt 6:

Im nächsten Schritt wird schließlich der (Termin-)Abschlag berechnet. Er beträgt -0,206 DM (1,148 – 1,354 = -0,206 DM).

Schritt 7:

Der Terminkurs dieser 7,25 %igen Anleihe beträgt 103,60 DM.

	Kassakurs:	103,394
–	Terminabschlag:	-0,206
=	Terminkurs:	103,60

Schritt 8:

Im letzten Schritt muß nun noch berücksichtigt werden, daß der Bund-Future zur Lieferung bzw. Abnahme von 250.000 DM Nominal einer Bundesanleihe mit einer Nominalverzinsung von 6 % und einer Restlaufzeit von 10 Jahren verpflichtet. Diese synthetische Anleihe hat auch eine Rendite von 6 %. Um die 7,25 %ige Kassaanleihe mit der synthetischen Anleihe vergleichbar zu machen, muß der Terminkurs durch den Preisfaktor geteilt werden, also:

$$\frac{103,60}{1,085456} = 95,44\ \%.$$

Der Fair Value des September-Kontraktes des Bund-Futures liegt bei 95,44 %. Ähnlich wie bei Kassazinsinstrumenten bezieht sich auch der Kurs des Bund-Futures auf den Nominalwert. Beim Bund-Future beträgt der Nominalwert je Kontrakt 250.000 DM. Ein Kurs von 95,44 % bedeutet demnach 95,44 % des Nominalwertes, also 95,44 · 250.000/100 = 238.600 DM. Der fiktive Wert eines Futureskontraktes beträgt deshalb 238.600 DM.

Dieses Beispiel zeigt sehr deutlich, welche Faktoren den Terminkurs bzw. Futureskurs beeinflussen. Im einzelnen sind das:

- der aktuelle Kurs der CTD,
- die aufgelaufenen Stückzinsen,
- der Repo-Satz (Refinanzierungssatz) und schließlich
- die Laufzeit bis zur Fälligkeit des Futures.

Am 6. Juli notierte der Futureskurs zu 95,26 % und notierte somit 0,18 Prozentpunkte oder 18 Basispunkte unter dem Fair Value (95,44 %). Der September-Kontrakt des Bund-Futures ist verglichen mit dem Fair Value zu billig. Oder mit anderen Worten: Die 7,25 %ige Bundesanleihe ist im Vergleich zum Future um 0,20 Prozentpunkte oder 20 Basispunkte zu teuer. Der Kauf der Anleihe über den Future (Terminmarkt) ist somit billiger als der sofortige Kauf am Kassamarkt. Welche Bedeutung diese Unterbewertung des Futures im Vergleich zur Kassaanleihe hat, wird im nächsten Punkt detailliert besprochen.

3.1.3.3 Preisfaktoren

Durch das Preisfaktorensystem wird die Attraktivität der zu liefernden Anleihen in den Bund-Futures-Kontrakt in das Verhältnis zu einer fiktiven sechsprozentigen Bundesanleihe gesetzt. Mit Hilfe des Preisfaktors wird jede mögliche lieferbare Anleihe in der Weise gleichwertig gemacht, als ob sie zur Fälligkeit des Bund-Futures eine ISMA-Rendite von 6 Prozent erzielen würde. Die Preisfaktoren (Umwandlungsfaktoren, Umrechnungsfaktoren, Conversion Factor) benötigt man zur Ermittlung

- des Fair Values des Futures,
- der Sensitivitätskennzahlen und schließlich
- des Hedge Ratios.

Der Preisfaktor stellt den Börsenkurs einer Anleihe für 1 DM Nennwert dar, wenn die ISMA-Rendite am Valutatag (10. Tag des Liefermonats, sofern dieser Tag ein Börsetag ist, andernfalls der nächste danach liegende Börsentag) des Futures 6 Prozent betragen würde. Die folgende Abbildung 29 zeigt die Preisfaktoren für alle lieferbaren Anleihen des September-Kontraktes an der DTB in Frankfurt.

Anleihe	Kupon	Fälligkeit	Preisfaktor
DBR	$7\frac{1}{4}$	21.10.02	1,085456
DBR	8	22.07.02	1,133787
THA	$7\frac{3}{4}$	1.10.02	1,119030
THA	$7\frac{3}{8}$	2.12.02	1,094534
THA	$6\frac{1}{2}$	23.04.03	1,035197
THA	$7\frac{1}{8}$	29.01.03	1,078191
THA	$6\frac{7}{8}$	11.06.03	1,062832
DBR	$6\frac{3}{4}$	22.04.03	1,053008
DBR	$7\frac{1}{8}$	20.12.02	1,077733

Abbildung 29: Preisfaktoren für alle lieferbaren Anleihen des September-Kontraktes 1993

Am Beispiel der 7,25 %igen Bundesanleihe (fällig am 21. 10. 2002) soll gezeigt werden, wie der Preisfaktor für den September Kontrakt ermittelt werden kann.

Die Preisfaktoren für den Bobl-Future- und Bund-Future werden wie folgt ermittelt:

Schritt 1: Festlegung des Valutatages

Schritt 2: Berechnung des Kurses (Clean Price), zu dem die Anleihe am Valutatag eine ISMA-Rendite von 6 % erwirtschaftet

Schritt 3: Das Ergebnis aus Schritt zwei wird durch 100 dividiert. (Preisfaktoren für Bundesobligationen und Bundesanleihen werden auf sechs Nachkommastellen gerechnet)

Schritt 1: Festlegung des Valutatages

Der September-Kontrakt wird am 10. September 1993 fällig. Usancen für die Berechnung des Preisfaktors sehen allerdings vor, daß die Restlaufzeit des Papiers immer auf volle Monate verkürzt wird. Deshalb wird als Valutatag der 21. September 1993 verwendet.

Schritt 2: Berechnung des Kurses (Clean Price)

Der Clean Price der 7,25 %igen Anleihe wird mit Valuta 21. September 1993 und einer ISMA-Rendite von 6 % kalkuliert. Der Clean-Price beträgt 108,5456 %.

Schritt 3: Das Ergebnis aus Schritt zwei wird durch 100 dividiert

Im letzten Schritt wird der Clean Price aus Schritt 2 durch 100 dividiert, also: 108,5456/100 = 1,085456. Der Preisfaktor beträgt 1,085456.

Preisfaktoren haben folgende Eigenschaften:

- Jede lieferbare Anleihe hat einen eigenen Preisfaktor, der sich von den Preisfaktoren der anderen lieferbaren Anleihen unterscheidet. Denn die lieferfähigen Anleihen unterscheiden sich hinsichtlich Laufzeit und Nominalverzinsung. Die lieferfähigen Anleihen für den September-Kontrakt 1993 haben eine Nominalverzinsung zwischen 6,5 % und 8 % bzw. werden zwischen dem 01. 10. 2002 und 11. 6. 2003 fällig.
- Für jede Kontraktfälligkeit existieren eigene Preisfaktoren, die während der gesamten Laufzeit des Kontraktes konstant bleiben.
- Preisfaktoren werden benötigt, um den Betrag zu ermitteln, den die Short-Position (Long-Position) des Futures erhält (bezahlt), wenn sie eine Anleihe bei Fälligkeit in den Kontrakt liefert (erhält).
- Bei Papieren, die einen Nominalzins von kleiner als 6 Prozent haben, ist der Preisfaktor auch kleiner als eins. Ist der Nominalzins dagegen größer als 6 Prozent, ist der Preisfaktor auch größer als 1.
- Der Preisfaktor spiegelt das Wertverhältnis einer lieferbaren Anleihe zur synthetischen 6 %igen Anleihe mit einer Laufzeit von 10 Jahren wider.

3.1.3.4 Gross Basis, Carry Basis, Value Basis und Implied Repo Rate

Für das Verständnis von Zinsfutures sind die Gross Basis, Value Basis, Carry Basis und schließlich die Implied Repo Rate von entscheidender Bedeutung. Deshalb sollen diese Begriffe an dieser Stelle erläutert werden.

Für folgende Bundesanleihe sollen am 6. 7. 1993 diese Kennzahlen ermittelt werden:

Kupon:	7,25 %
Fälligkeit:	21. 10. 2002
Kurs:	103,394
ISMA-Rendite:	6,739
Valuta:	13. 7. 1993
Preisfaktor:	1,085456
Futurekurs:	95,26
Liefertag:	10. 9. 1993

Gross Basis

Die Gross Basis (Brutto Basis, Rohbasis, Kursbasis) ist die Differenz zwischen dem aktuellen Kurs einer Anleihe und dem adjustierten Futureskurs (Verkaufskurs der Anleihe in den Future). Den adjustierten Futureskurs erhält man, indem man den aktuellen Futureskurs mit dem Preisfaktor der Kassaanleihe multipliziert. Die Gross Basis wird auch oftmals nur als Basis bezeichnet. Die Formel hierfür lautet:

(Gross)Basis = Kassakurs – Adjustierter Futureskurs (Futureskurs · Preisfaktor)

Die Gross Basis für die 7,25 %ige Bundesanleihe beträgt demnach 103,394 – 95,26 · 1,085456 = –,0065 DM.

Für die weiteren lieferbaren Anleihen in den September-Kontrakt beträgt die Gross Basis folgende Werte:

Anleihe	Zins	Fälligkeit	Mittelkurs	Rendite	Preisfaktor	Decimal Gross Basis
DBR	$7\frac{1}{4}$	21.10.02	103,394	6,739	1,085456	–0,007
DBR	8	22.07.02	108,113	6,769	1,133787	0,108
THA	$7\frac{3}{4}$	01.10.02	106,681	6,747	1,119030	0,083
THA	$7\frac{3}{8}$	02.12.02	104,338	6,728	1,094534	0,072
THA	$6\frac{1}{2}$	23.04.03	98,650	6,687	1,035197	0,037
THA	$7\frac{1}{8}$	29.01.03	102,806	6,709	1,078191	0,098
THA	$6\frac{7}{8}$	11.06.03	101,363	6,680	1,062832	0,117
DBR	$6\frac{3}{4}$	22.04.03	100,460	6,679	1,053008	0,151
DBR	$7\frac{1}{8}$	20.12.02	102,894	6,693	1,077733	0,229

Abbildung 30: Gross Basis der lieferbaren Anleihen des September-Kontraktes 1993

Welche Aussagen können mit dieser Tabelle getroffen werden?

- Die Short-Position (Future-Verkäufer) des September-Kontraktes hat die Verpflichtung, sofern das Geschäft vor Fälligkeit nicht glattgestellt wird, eine dieser lieferbaren Anleihen zu liefern. Die Short Position hat ein Wahlrecht, welche Anleihe sie in den Kontrakt liefert (Delivery Option).
- Die Long-Position (Future-Käufer) des September-Kontraktes hat die Verpflichtung, sofern das Geschäft vor Fälligkeit nicht glattgestellt wird, die von der Short-Position gelieferte Anleihe zu kaufen.
- Die Short-Position (Future-Verkäufer) wird jene Anleihe liefern, bei der der Verlust am geringsten bzw. der Gewinn am höchsten ist. Diese Anleihe wird als „Cheapest-to-Deliver-“ oder CTD-Anleihe bezeichnet.

Die Gross Basis spiegelt die Kursbeziehung zwischen den lieferbaren Anleihen und dem Future wider. Für eine weitere Analyse der Gross Basis ist es sinnvoll, die Gross Basis in ihre zwei Komponenten aufzuspalten:

- Carry Basis (Haltekostenbeitrag),
- Value Basis (Net Basis, Wert Basis).

Am Kassa- und Futuresmarkt wird das gleiche Zinsinstrument gehandelt, nämlich das Underlying des Kontraktes. Beim Bund-Future sind das alle Bundesanleihen, Anleihen Fonds Deutsche Einheit und Treuhandanleihen mit einer Laufzeit zwischen 8,5 und 10 Jahren. Bei Fälligkeit des Kontraktes besteht kein Unterschied zwischen dem Kauf bzw. Verkauf der Anleihe über Kassa- oder Futuresmarkt. Deshalb ist die Gross Basis bei Fälligkeit (zumindestens für die CTD) immer Null. Das bedeutet, daß kein Kursunterschied zwischen Kassakurs und adjustiertem Futureskurs besteht. Vor Fälligkeit des Kontraktes wird der Future aber entweder mit einem Abschlag (Diskont) oder Aufschlag (Prämie) gegenüber der Kassaanleihe gehandelt. Dieser Ab- oder Aufschlag wird u. a. von der Carry Basis determiniert.

Carry Basis

In Punkt 3.1.3.2 wurde gezeigt, daß eine Long-Position im Bund-Future einer kreditfinanzierten Position in der CTD entspricht, die erst bei Fälligkeit des Futures bezahlt wird. In der Praxis wird nur ein sehr geringer Prozentsatz der Futureskontrakte effektiv ausgeübt, da der Großteil der Futures während der Laufzeit glattgestellt wird. Für das Verständnis der Carry Basis spielt diese Tatsache aber keine bedeutende Rolle. Bekanntlich kann eine Long-Position im Bund-Future in folgende elementare Zinsinstrumente aufgesplittet werden:

Long-Position Future = Long-Position Anleihe (CTD) – Short-Position Geldmarkt.

Die Long-Position im Future entspricht damit u. a. einer Refinanzierung (Short-Position) am Geldmarkt zum Geldmarktsatz. Die erhaltenen liquiden Mittel werden verwendet, um die Long-Position der Anleihe finanzieren zu können. Am Kapitalmarkt weichen die Renditen in der Regel vom Geldmarkt ab. Bei der Ermittlung des Fair Values von Zinsfutures werden deshalb Refinanzierungskosten und Zinserträge berücksichtigt (kostenbezogener Ansatz). Die Differenz zwischen dem Kassakurs und adjustiertem Futureskurs kann somit aus der Differenz zwischen den Haltekosten und Zinserträgen erklärt werden. Diesen Ansatz zeigt auch folgende Formel:

$$\text{Futureskurs} = \frac{\text{Kassakurs} + \text{Refinanzierungskosten} - \text{Anteiliger Nominalzins auf die Laufzeit des Geschäftes}}{\text{Preisfaktor}}$$

Nach dieser relativ einfachen Formel wurde der Fair Value des Futures in Punkt 3.1.3.2 ermittelt. Dieser lag bei 95,44 %. Denn:

$$\frac{103{,}394 + 1{,}354 - 1{,}148}{1{,}085456} = 94{,}44\ \%$$

Der Terminkurs der Anleihe lag bei 103,60 %. Im Vergleich zum Kassakurs liegt der Terminkurs um 0,206 Prozentpunkte über dem Kassakurs. Denn die Refinanzierungskosten sind höher als der Zinsertrag aus der Anleihe. Die Differenz beträgt 0,206 Prozentpunkte. Man bezeichnet diesen Sachverhalt als negative Carry Basis. Eine negative Carry Basis existiert bei einer inversen Renditestrukturkurve. Der Terminkurs wird mit einer Prämie gegenüber dem Kassakurs gehandelt, im Gegensatz zu einer normalen Renditestrukturkurve. Hier wird der Terminkurs der Anleihe und damit der Future mit einem Abschlag gegenüber der Kassaanleihe gehandelt. Der Futureskurs ist niedriger als der Kassakurs. Die Carry Basis ist positiv.

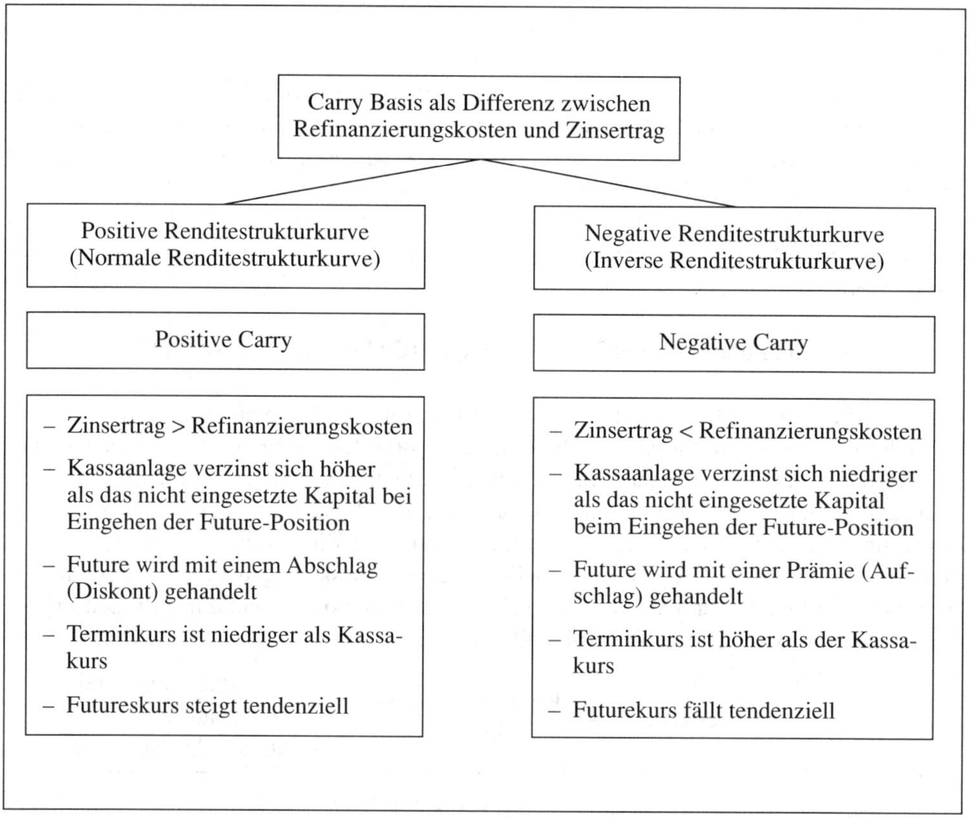

Abbildung 31: Merkmale der Carry Basis

Abschließend kann gesagt werden, daß die Höhe der Carry Basis von zwei Faktoren beeinflußt wird:

- Der Laufzeit bis zur Fälligkeit des Futures,
- Unterschied zwischen Zinsertrag und Refinanzierungskosten.

Diesen Zusammenhang verdeutlicht auch Abbildung 32.

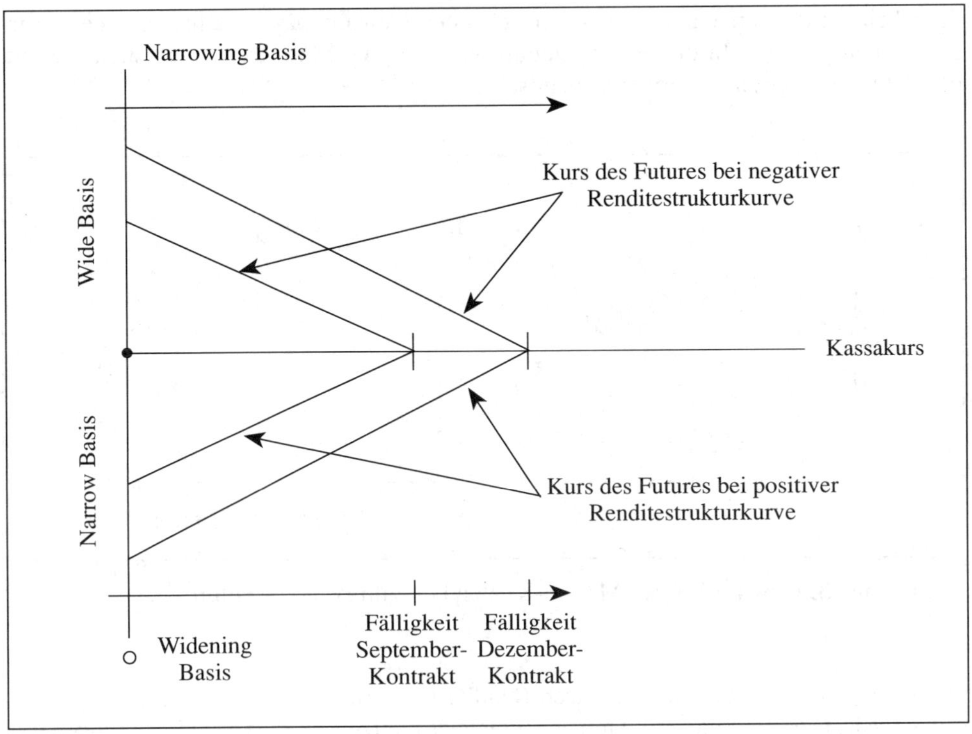

Abbildung 32: Die Carry Basis beeinflussende Faktoren

Ein wesentlicher Faktor der Carry Basis ist die Länge der Restlaufzeit zwischen dem aktuellen Zeitpunkt und der Fälligkeit des Futures. Mit abnehmender Restlaufzeit verringert sich auch die Carry Basis bis diese bei Fälligkeit den Wert Null annimmt. Unterstellt man nun weiter, daß Arbitrageprozesse zur Folge haben, daß der tatsächlich gehandelte Futureskurs und der Fair Value identisch sind, so ist auch die Gross Basis Null. Bei Fälligkeit sind somit Kassakurs und adjustierter Futureskurs identisch. Dieser Vorgang wird allgemein als Konvergenz oder Basiskonvergenz bezeichnet. Die Basiskonvergenz ist wichtig für das Verständnis der Variation Margin. Am Beispiel einer positiven Carry Basis soll gezeigt werden, welchen Einfluß die Veränderung der Carry Basis auf die Variation Margin hat. Bei einer positiven Carry Basis liegt der Futureskurs unter dem Kassakurs. Die Gross Basis wird mit abnehmender Laufzeit bis zur Fälligkeit geringer. Bei einer positiven Renditestrukturkurve bedeutet die Basiskonvergenz, daß eine Long-Position Gewinne bzw. eine Short-Position in Future Verluste erzielt, da der Futureskurs aufgrund der geringer werdenden Gross Basis tendenziell steigt. Mit anderen Worten: Auf dem Margin Konto der Long-Position werden die Gewinne gutgeschrieben, während auf dem Margin-Konto der Short-Position die Verluste verbucht werden. Je geringer die Basiskonvergenz ist, desto weniger wird auf den Margin-Konten gutgeschrieben bzw. belastet. Im Extremfall, wenn sich der Futurekurs während der Laufzeit nicht ändert, sondern nur bei Fälligkeit erfolgt auch keine Buchung auf den Margin-Konten. Nur bei

Fälligkeit wird dann ein eventuell entstehender Gewinn bzw. Verlust auf den Margin-Konten gebucht. In diesem Spezialfall würde die Gewinn- bzw. Verlustrealisierung des Future mit der eines Forwards identisch sein.

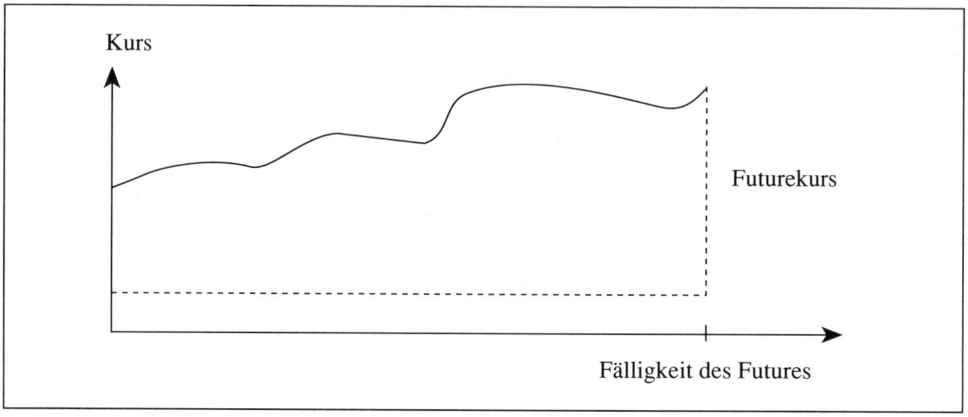

Abbildung 33: Gewinn auf den Margin-Konten bei Fälligkeit des Futures

Das umgekehrte gilt bei einer inversen Renditestrukturkurve und damit einer negativen Carry Basis. Der Futurekurs fällt mit abnehmender Laufzeit, da die Carry Basis tendenziell größer wird. Der Future wird mit einer Prämie im Vergleich zum Kassamarkt gehandelt. Die Long-Position realisiert Verluste während der Short-Position Gewinne auf dem Margin-Konto gutgeschrieben werden.

Value Basis

Der zweite Bestandteil der Gross Basis ist die Value Basis. Die Value Basis wird auch als Wert Basis, Net Basis, Basis-over-Carry oder Basis adjusted for Carry bezeichnet. Die Value Basis kann wie folgt errechnet werden:

Value Basis = a) (Theoretischer Futurekurs – Gehandelter Futurekurs) · Preisfaktor

b) Gross Basis + Carry Basis

c) $\dfrac{\text{Dirty Price} \cdot (\text{Repo Rate} - \text{IRR}) \cdot \text{Tage}}{\text{Jahrestage} \cdot 100}$

Für die 7,25 %ige Bundesanleihe soll nun die Value Basis nach Methode a und b ermittelt werden. Die Carry Basis beträgt 0,206 Prozentpunkte und die Gross Basis -0,007 Prozentpunkte. Der Fair Value des Futures lag bei 95,44 und der tatsächliche Futureskurs bei 95,26. Die Value Basis errechnet sich nun wie folgt:

- Methode a:
  (Theoretischer Futurekurs – gehandelter Futureskurs) · Preisfaktor
  (95,44 – 95,26) · 1,085456 = 0,1953
- Methode b:
  Gross Basis – Carry Basis
  -0,007 – (-0,206) = 0,199

Hinweis: Die Differenz in der dritten Nachkommastelle ist auf Rundungsdifferenzen zurückzuführen.

Mit Hilfe der Methode b wurde die Value Basis der restlichen lieferbaren Anleihen ermittelt:

Anleihe	Zins-satz	Fälligkeit	Mittelkurs	Rendite	Preisfaktor	Gross Basis	Value Basis
DBR	$7\frac{1}{4}$	21.10.02	103,394	6,739	1,085456	– 0,007	0,199
DBR	8	22.07.02	108,113	6,769	1,133787	0,108	0,201
THA	$7\frac{3}{4}$	01.10.02	106,681	6,747	1,119030	0,083	0,260
THA	$7\frac{3}{8}$	02.12.02	104,338	6,728	1,094534	0,072	0,261
THA	$6\frac{1}{2}$	23.04.03	98,650	6,687	1,035197	0,037	0,255
THA	$7\frac{1}{8}$	29.01.03	102,806	6,709	1,078191	0,098	0,291
THA	$6\frac{7}{8}$	11.06.03	101,363	6,680	1,062832	0,117	0,299
DBR	$6\frac{3}{4}$	22.04.03	100,460	6,679	1,053008	0,151	0,352
DBR	$7\frac{1}{8}$	20.12.02	102,894	6,693	1,077733	0,229	0,433

Abbildung 34: Ermittlung der Value Basis

Wie kann die Value Basis interpretiert werden? Die Value Basis hat ein positives Vorzeichen. Das bedeutet, daß der Future im Vergleich zu seinem Fair Value zu billig gehandelt wird. Um wieviel, zeigt die Value Basis an. Hierzu muß die Value Basis durch den Preisfaktor dividiert werden, also:

$$\frac{0,199}{1,085456} = 0,18 \text{ DM}$$

Begründung: Der Fair Value des Futures wurde in Kapitel 3.1.3.2 in Höhe von 95,44 % ermittelt. Der aktuelle Future notierte aber am 6. 7. 1993 bei 95,26 %, also um 0,18 Prozentpunkte zu billig. Mit anderen Worten: Die 7,25 %ige Anleihe wurde um 0,199

Prozentpunkte im Vergleich zum Future zu teuer gehandelt. Konkret bedeutet die Existenz einer Value Basis, daß ein Instrument, nämlich die zugrundeliegende Anleihe auf dem Kassamarkt einerseits und dem Futuresmarkt andererseits unterschiedlich bewertet wird. Ist die Differenz groß genug, werden Arbitrageprozesse einsetzen, die die Abweichungen zwischen dem theoretisch richtigen (Fair Value) Futureskurs und dem am Markt bezahlten Futureskurs ausnutzen. Man bezeichnet diese Strategie als Cash & Carry-Arbitrage (Long-Anleihe bzw. Short-Futures) oder Reverse-Cash & Carry-Arbitrage (Long-Future bzw. Short-Anleihe).

Implied Repo Rate (IRR)

Die Implied Repo Rate ist eine weitere Möglichkeit zu erkennen, ob ein Future überbewertet oder unterbewertet ist. Die Implied Repo Rate (IRR) ist der theoretische prozentuale Ertrag einer Cash & Carry-Arbitrage. Unter einer Cash & Carry-Arbitrage versteht man den Kauf einer lieferbaren Anleihe am Kassamarkt und den gleichzeitigen Verkauf dieses Papiers am Futuresmarkt. Bei der Cash & Carry-Arbitrage wird unterstellt, daß beide Positionen bis zur Fälligkeit des Futures gehalten werden. Die nachfolgende Formel zeigt, wie die Implied Repo Rate ermittelt werden kann.

$$\text{Implied Repo Rate (IRR)} = \frac{\text{Ertrag aus Cash \& Carry Arbitrage} \cdot 360 \cdot 100}{\text{Dirty Price} \cdot \text{Tage}}$$

wobei

Dirty Price = Kurs + Stückzinsen

Tage = Anzahl Tage vom Kauftrag bis zur Fälligkeit des Futures nach der Methode echt/360

Am Beispiel der 7,25 %igen Anleihe soll gezeigt werden, wie die Implied Repo Rate ermittelt werden kann. Der Arbitrageur kauft die Anleihe am Kassamarkt zu 103,394 DM mit Valuta 13. 7. 1993. Der Dirty Price beträgt 108,67 DM. Gleichzeitig verkauft er den September Kontrakt (Short-Position) des Bund Futures zu einem Kurs von 95,26 %. Die Anleihe wird bis 10. 9. 1993 im Portfolio gehalten und schließlich in den September Kontrakt geliefert. Der Verkaufskurs über den Bund-Futures beträgt 95,26 · 1,085456, also 103,40 DM.

Da der Arbitrageur die Anleihe im Bestand hält, kann er Zinsen aus dem Papier für den Zeitraum bis zur Fälligkeit des Kontraktes erzielen. Der Zinsertrag beläuft sich auf 1,1479 DM (7,25 · 57/360).

Der Ertrag aus der Cash & Carry Arbitrage beträgt somit:

1) Kursgewinn:	103,40 – 103,394 =	0,0060 DM
2) Zinsertrag:		1,1479 DM
Ertrag:		1,1539 DM

$$\begin{matrix}\text{Implied Repo} \\ \text{Rate (IRR)}\end{matrix} = \frac{\text{Ertrag aus Cash \& Carry Arbitrage} \cdot 360 \cdot 100}{\text{Dirty Price} \cdot \text{Tage}}$$

$$\text{IRR} = \frac{1{,}1539 \cdot 360 \cdot 100}{108{,}67039 \cdot 59} = 6{,}48\ \%$$

Die Implied Repo Rate beträgt in diesem Beispiel 6,48 %.

Wie kann diese Zahl interpretiert werden? Der Ertrag der Cash & Carry-Arbitrage beträgt, bezogen auf das investierte Kapital, 6,48 %. Verglichen mit einer alternativen Geldmarktanlage in Höhe von 7,6 % ist die Verzinsung aus der Cash & Carry-Arbitrage relativ gering. Denn der Ertrag aus der Cash & Carry-Arbitrage muß mit einer Geldmarktverzinsung verglichen werden, da der Arbitrageur ein Geldmarktpapier mit einem bekannten Ertrag synthetisch herstellt.

Mathematisch kann dieser Zusammenhang wie folgt dargestellt werden:

Cash & Carry-Arbitrage = + Anleihe – Future

bzw.

– Future = – Anleihe + Geldmarkt

Ersetzt man in obiger Gleichung – Future durch – Anleihe + Geldmarkt, vereinfacht sich die Gleichung wie folgt:

Cash & Carry-Arbitrage = + Anleihe – Anleihe + Geldmarkt

Cash & Carry-Arbitrage = + Geldmarkt

Da in diesem Beispiel die IRR geringer als der Geldmarktsatz ist, wird die Cash & Carry-Arbitrage nicht durchgeführt, da der Arbitrageur einen Verlust realisieren würde. Denn: Er müßte den Kauf der Kassaanleihe zum Geldmarktsatz refinanzieren. Da dieser aber höher als der Ertrag aus der Cash & Carry-Arbitrage ist, würde in Höhe der Differenz ein Verlust entstehen. In der Praxis wird der maßgebliche Satz für die Finanzierung der Pensionssatz (Repo Rate) für Wertpapierpensionsgeschäfte mit Rückkaufvereinbarung sein.

Unterstellt man, daß der Arbitrageur die Anleihe zu einem Satz von 7,6 % für 59 Tage bis zur Fälligkeit des Futures finanzieren kann, ergibt sich folgende negative Verzinsung:

	Ertrag aus der Cash & Carry-Arbitrage beträgt	1,1539 DM
–	Refinanzierungskosten	1,3535 DM
=	Verlust aus Cash & Carry-Arbitrage	–0,1996 DM

Dieser Verlust entspricht exakt der Value Basis.

$$\text{Verzinsung} = \frac{-0{,}1996 \cdot 360 \cdot 100}{108{,}67039 \cdot 59} = -1{,}12\ \%$$

Der Arbitrageur hätte einen prozentualen Verlust von -1,12 %, da die Refinanzierungskosten höher als der Ertrag aus der Cash & Carry-Arbitrage sind. Alternativ könnte der Verlust auch wie folgt ermittelt werden:

Gewinn/Verlust aus Cash & Carry-Arbitrage = IRR – Repo Rate

Setzt man den Wert von 6,48 % für die IRR bzw. 7,6 % für die Repo Rate ein, erhält man folgenden Verlust:

6,48 % – 7,6 % = -1,12 %

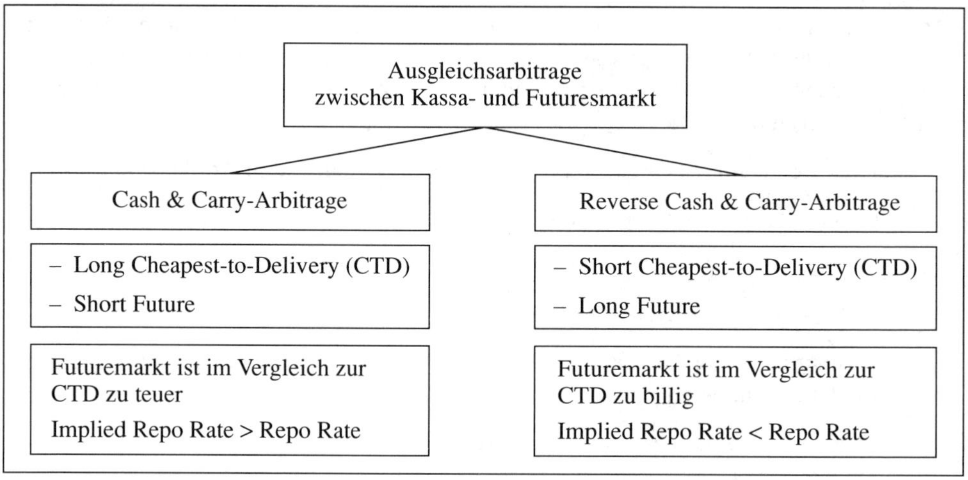

Abbildung 35: Ausgleichsarbitrage zwischen Kassa- und Futures-Markt

Ist die Implied Repo Rate geringer als die Repo Rate kann eine Reverse Cash & Carry-Arbitrage von Vorteil sein. Bei einer Reverse Cash & Carry-Arbitrage wird die Anleihe am Kassamarkt verkauft und per Termin über eine Long Position im Future zurückgekauft. Der Arbitrageur bildet mit dieser Strategie eine Short Position im Geldmarkt (Kreditaufnahme) synthetisch nach. In diesem Beispiel könnte der Anleger am Markt kurzfristiges Geld zu einem Satz von 6,48 % aufnehmen. Auch bei der Reverse Cash & Carry-Arbitrage wird unterstellt, daß die Strategie bis zur Fälligkeit des Futures durchgehalten wird. Allerdings hat diese Arbitrage-Strategie einen Nachteil: Der Arbitrageur hat eine Long Position im Future und kann daher nicht bestimmen, welche Anleihe er über den Futures per Termin kauft. Deshalb wird diese Strategie in der Praxis im Vergleich zur Cash & Carry-Arbitrage nur relativ selten durchgeführt.

Die folgende Abbildung zeigt die gesamten Kennzahlen für alle lieferbaren Anleihen des September-Kontraktes.

Anleihe	Zinssatz	Fälligkeit	Mittelkurs	Rendite	Preisfaktor	Gross Basis	59 days Act/360		Value Basis
							Implied Repo %	Actual Repo %	
DBR	$7\frac{1}{4}$	21.10.02	103,394	6,739	1,085456	−0,007	6,48	7,60	0,199
DBR	8	22.07.02	108,113	6,769	1,133787	0,108	6,48	7,60	0,201
THA	$7\frac{3}{4}$	01.10.02	106,681	6,747	1,119030	0,083	6,19	7,60	0,260
THA	$7\frac{3}{8}$	02.12.02	104,338	6,728	1,094534	0,072	6,14	7,60	0,261
THA	$6\frac{1}{2}$	23.04.03	98,650	6,687	1,035197	0,037	6,05	7,60	0,255
THA	$7\frac{1}{8}$	29.01.03	102,806	6,709	1,078191	0,098	5,93	7,60	0,291
THA	$6\frac{7}{8}$	11.06.03	101,363	6,680	1,062832	0,117	5,81	7,60	0,299
DBR	$6\frac{3}{4}$	22.04.03	100,460	6,679	1,053008	0,151	5,49	7,60	0,352
DBR	$7\frac{1}{8}$	20.12.02	102,894	6,693	1,077733	0,229	5,13	7,60	0,433

Abbildung 36: Kennzahlen aller lieferbaren Anleihen des September-Kontraktes

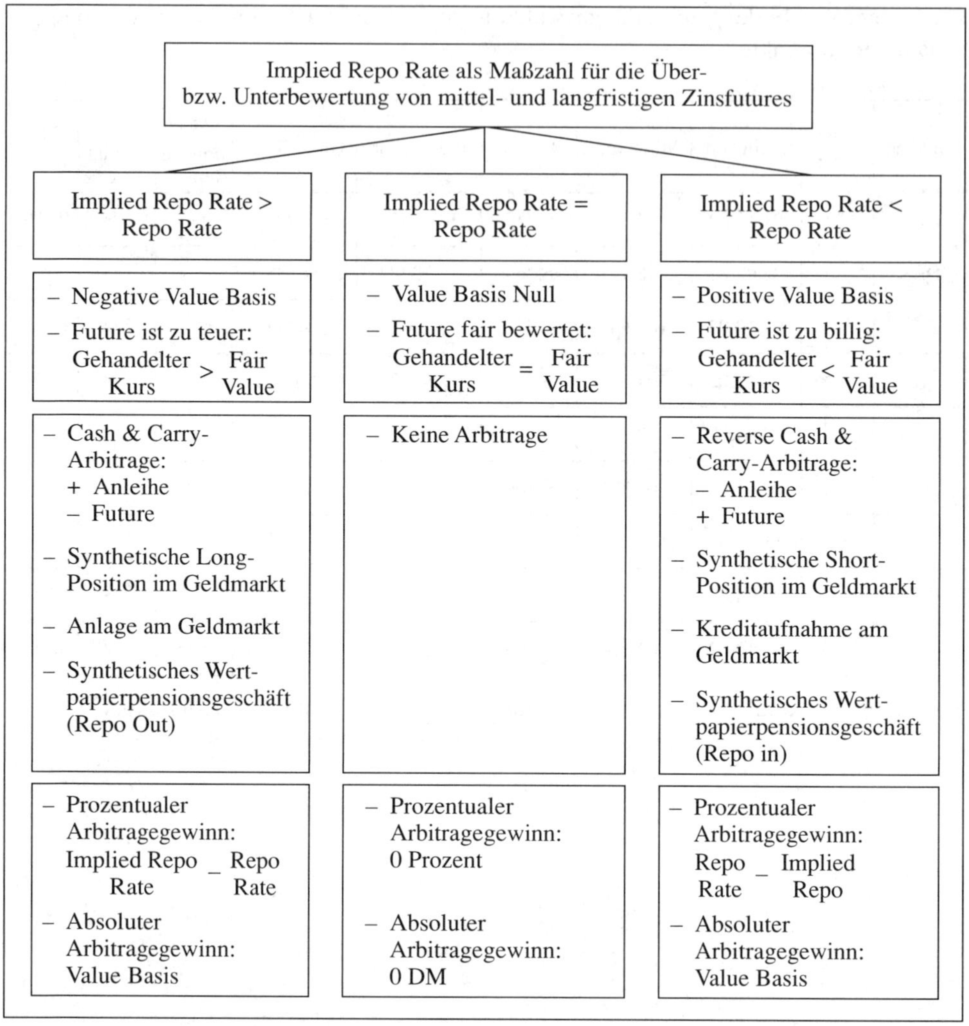

Abbildung 37: Implied Repo Rate als Maßzahl

3.1.3.5 Die Cheapest-to-Deliver Anleihe

Die Cheapest-to-Deliver Anleihe (CTD) spielt beim Zinsmanagement mit mittel- und langfristigen Zinsfutures eine wichtige Rolle. Zum einen orientiert sich der Futureskurs an der CTD, zum anderen können Marktrisikofaktoren-Sensitivitätskennzahlen des Futures (z. B. PVBP, Modified Duration) von der CTD abgeleitet werden. Die CTD ist für die Ermittlung des Fair Values des Futures sehr wichtig. Der Futureskurs weist aufgrund seiner Abhängigkeit von der CTD keine starke Eigendynamik auf und ist in seinem Kursverhalten von der CTD abhängig.

In der Regel können ungefähr 4 bis 10 Papiere in den Kontrakt geliefert werden. In den September- bzw. Dezember-Kontrakt 1993 des DTB-Bund-Futures konnten jeweils neun Anleihen geliefert werden. Dem Verkäufer des Futures ist es freigestellt, welche Anleihen er bei Fälligkeit in den Kontrakt liefert. Er wird sich in der Regel für die CTD entscheiden, da bei dieser sein Gewinn am größten bzw. der Verlust am geringsten ist. Er kauft die Anleihe am Kassamarkt und verkauft diese über den Future. Doch welche der lieferbaren Anleihen ist die CTD? Natürlich wird sich der Verkäufer des Futures (Short Position) für jene Anleihe entscheiden, die für ihn am billigsten ist. Deshalb wird diese Anleihe als Cheapest-to-Deliver (billigst zu liefernde Anleihe) bezeichnet. Die CTD muß nicht jene Anleihe sein, die die höchste Rendite bis zur Endfälligkeit oder den niedrigsten Kurs hat.

Die Cheapest-to-Deliver kann über zwei unterschiedliche Methoden ermittelt werden, die allerdings nicht immer zum gleichen Ergebnis führen:

- Anleihe mit der niedrigsten Value Basis (Net Basis),
- Anleihe mit der höchsten Implied Repo Rate (IRR).

Unter den lieferbaren Anleihen wird jene zur CTD, die die geringste Value Basis hat. Je geringer eine positive Value Basis ist, desto geringer ist der Verlust, bzw. je geringer eine negative Value Basis ist, desto größer ist der Gewinn einer Cash & Carry-Arbitrage. Die Value Basis mißt somit den absoluten Verlust bzw. Gewinn einer Cash & Carry-Arbitrage. Eine positive Value Basis zeigt dem Arbitrageur den Verlust einer Cash & Carry-Arbitrage bzw. eine negative Value Basis den Gewinn einer Cash & Carry-Arbitrage je 100 DM Nominal der lieferbaren Anleihen an. Deshalb wird sich der Arbitrageur für die Anleihe mit der niedrigsten Value Basis entscheiden, da sein Verlust am geringsten (positive Value Basis) bzw. sein Gewinn am größten (negative Value Basis) ist.

Im Gegensatz hierzu die Implied Repo Rate. Von den lieferbaren Anleihen ist diejenige CTD, die die höchste Implied Repo Rate hat. Denn: Liegt die IRR über dem Repo Satz, erzielt der Cash & Carry-Arbitrageur den maximalen Gewinn mit der Anleihe, die die höchste IRR hat. Liegt der IRR unter der Repo Rate, minimiert der Arbitrageur mit jener Anleihe den Verlust, die ebenfalls die höchste IRR hat. Während die Value Basis auf Nominal 100 DM gerechnet wird, wird die IRR auf das tatsächlich investierte Kapital (Dirty Price) berechnet. In der Regel liegt die IRR unter dem aktuellen Repo Satz. Die IRR wird als „Implied" (impliziert) bezeichnet, da sie in dem aktuellen Futureskurs und den aktuellen Kursen der lieferbaren Anleihen einbezogen ist.

Abb. 36 zeigt die CTD als jene Anleihe mit der höchsten Implied Repo Rate bzw. geringsten positiven Value Basis. Die Abbildung zeigt weiter, daß für die 8 %ige Bundesanleihe (fällig am 22. 07. 2002) die gleiche Implied Repo Rate, aber eine etwas höhere positive Value Basis errechnet wurde. Der absolute Verlust einer Cash & Carry-Arbitrage je Nominal 100 DM ist somit etwas höher als bei der 7,25 %igen Bundesanleihe. Da die Implied Repo Rate dieser beiden lieferfähigen Anleihen identisch sind, ist ein Wechsel zwischen diesen beiden Papieren in der Rangfolge relativ wahrscheinlich.

Darüber hinaus kann auch mit Hilfe der Modified Duration die CTD identifiziert werden. Vereinfacht kann folgende Faustregel aufgestellt werden: Bei einem Renditeniveau über

6 % ist die Anleihe mit der höchsten Modified Duration CTD. Diese Faustregel wird durch das Beispiel bestätigt: Die 7,25 %ige Anleihe hat eine Modified Duration von 6,34 %, während die 8 %ige Anleihe nur eine Modified Duration von 5,98 % hat. Intuitiv kann diese Faustregel wie folgt erklärt werden. Bei einem Renditeniveau über 6 % notiert der Future unter pari. Je größer die Modified Duration eines Papiers ist, desto größer sind die Kursverluste von Papieren mit einer hohen Modified Duration. Bei einem Renditeniveau unter 6 Prozent ist dagegen jene Anleihe CTD, die die geringste Modified Duration besitzt.

Die CTD kann und wird sich während der Laufzeit eines Kontraktes ändern. Selbst innerhalb mehrerer Handelsstunden kann die CTD wechseln. Folgende Faustregel gilt: Je geringer die Unterschiede in der Implied Repo Rate der lieferbaren Anleihen sind, desto wahrscheinlicher wird ein Wechsel in der Rangfolge der CTD.

Folgende Ursachen können u. a. für einen Wechsel der CTD verantwortlich sein:

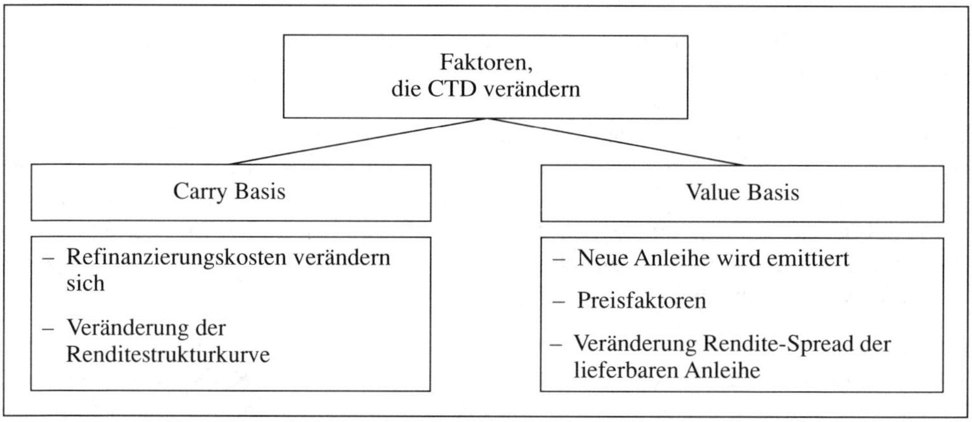

Abbildung 38: Faktoren, die die CTD verändern

Während beispielsweise am 6. 7. 1993 die 7,25 %ige Bundesanleihe CTD war, wurde am 15. 7. 1993 die 7 1/8 %ige Treuhandanleihe CTD. Einen Tag später am 16. 7. 1993 wechselte die CTD bereits wieder. Die neue CTD wurde die 6,5 %ige Treuhandanleihe mit Fälligkeit 23. 04. 2003.

Bereits eine geringe Veränderung der Rendite-Spreads zwischen den lieferfähigen Anleihen kann einen Wechsel in der Reihenfolge der CTD verursachen. Am 15. 7. 1993 hatten die 7 1/8 %ige Treuhandanleihe bzw. die 6,5 %ige Treuhandanleihe folgende Kennzahlen:

Anleihe	Kupon	Kurs	ISMA-Rendite	IRR	Gross Basis	Value Basis
1) Treuhandanleihe	$7\frac{1}{8}$	103,75	6,600	7,13	– 0,109	0,041
5) Treuhandanleihe	6,5	99,43	6,576	6,99	– 0,115	0,057

Refinanzierungssatz am 15.7.1993: 7,4 %

Am 16.7.1993 wurden für beide Anleihen folgende Kennzahlen ermittelt:

Anleihe	Kupon	Kurs	ISMA-Rendite	IRR	Gross Basis	Value Basis
1) Treuhandanleihe	6,5	99,40	6,580	7,22	– 0,145	0,011
3) Treuhandanleihe	$7\frac{1}{8}$	103,75	6,600	7,13	– 0,109	0,024

Refinanzierungssatz am 16.7.1993: 7,3 %

Die Nummer in der ersten Spalte gibt die Reihenfolge der CTD an. An beiden Tagen notierte der September-Kontrakt des Bund-Futures bei 96,16.

Die 6,5 %ige Treuhandanleihe veränderte sich in der Rendite nur sehr geringfügig. Die Rendite stieg von 6,576 auf 6,58 % und der Kurs fiel von 99,43 auf 99,40. Die Rendite der 7 1/8 %igen Treuhandanleihe veränderte sich dagegen nicht. Der Kursrückgang der 6,5 %igen Anleihe um 0,03 DM genügte bereits, damit diese Anleihe am 16. 7. 1993 CTD wurde.

Die unterschiedliche Kursentwicklung der beiden Anleihen kann auch mit Hilfe der IRR bzw. der Value Basis erklärt werden. Die IRR der 6,5 %igen Anleihe stieg an, da der Kurs der Anleihe fiel, während der Futureskurs unverändert blieb. Damit verringert sich der Verlust einer Cash & Carry-Arbitrage, da die Anleihe gekauft bzw. der Future verkauft wird. Die Value Basis, die den Verlust bzw. Gewinn einer Cash & Carry-Arbitrage anzeigt, wird deshalb auch geringer und hat nur noch einen Wert von 0,011 DM. Die IRR der 7 1/8 %igen Anleihe veränderte sich nicht, da sowohl der Kurs der Anleihe als auch der Futureskurs unverändert blieben. Allerdings veränderte sich die Value Basis: Sie verringerte sich von 0,041 DM auf 0,024 DM. Die Value Basis veränderte sich, da sich auch die Refinanzierungskosten veränderten. Der Refinanzierungssatz fiel von 7,4 auf 7,3 %. Fällt der Refinanzierungssatz, fällt auch der Fair Value des Futures. Da der gehandelte Futureskurs aber unverändert bei 96,16 blieb, glichen sich Fair Value und tatsächlich gehandelter Futureskurs an. Der Future wurde am Vortag im Vergleich zu seinem Fair Value zu billig gehandelt bzw. die Kassaanleihe zu teuer. Am 16. 7. 1993 wurde die Unterbewertung des Futures geringer. Diese Veränderung kann auch an der Value Basis abgelesen werden: Die Value Basis verringerte sich von 0,041 auf 0,024 DM, während die Gross Basis der 7 1/8 %igen Anleihe unverändert bei -0,109 DM blieb.

Ein weiterer Faktor, der die CTD beeinflußt, ist der Preisfaktor. Die Ermittlung des Preisfaktors ist relativ einfach, da der Preisfaktor mit Hilfe des Barwertkonzeptes bei einer ISMA-Rendite von 6 % ermittelt wird. Diese einfache Berechnung hat auch praktische Vorteile: So ist der Preisfaktor für eine Kontraktfälligkeit während der gesamten Laufzeit konstant und ändert sich auch nicht bei einer Veränderung der aktuellen Kassarenditen. Allerdings sind mit dieser Berechnungsmethodik auch einige Nachteile verbunden. Preisfaktoren bewerten die lieferbaren Anleihen falsch, sodaß fast immer bestimmte Anleihen CTD werden. Denn: Am Kassamarkt werden die Papiere mit der aktuellen Rendite bewertet, während für den Terminmarkt mit einer theoretischen Rendite von 6 Prozent gerechnet wird. Nur für den theoretischen Sonderfall, daß alle lieferbaren Anleihen auch am Kassamarkt eine Rendite von 6 % erzielen, sind alle Anleihen gleichgünstig zu liefern. Sofern aber alle Anleihen die gleiche Rendite erzielen, die aber nicht bei 6 % liegen, wird eine bestimmte Anleihe CTD.

Um diesen Effekt zu verdeutlichen, werden drei fiktive zehnjährige Anleihen mit einem Kupon von 4, 6 und 8 Prozent in einem Beispiel verwendet, um die CTD ermitteln zu können. Es wird unterstellt, daß die Anleihen die gleiche Rendite haben und die CTD bei Fälligkeit des Kontraktes ermittelt werden soll. Die nachstehende Tabelle zeigt die Kurse dieser Anleihen bei verschiedenen Renditeniveaus.

Renditeniveau in % / Kupon in %	5	6	7
4	92,27 (+ 8,20 %)[2]	85,28[1]	78,93[1] (– 7,45 %)[2]
6	107,72 (+ 7,72 %)[2]	100[1]	92,98 (– 7,02 %)[2]
8	123,17[1] (+7,36 %)[2]	114,72[1]	107,02 (– 6,71 %)[2]
Fair Value Future	107,36	100	92,553

1) Cheapest-to-Deliver (CTD)
2) Prozentuale Kursveränderung gegenüber dem Kurs bei einer Rendite von 6%.

Tabelle 6: Anleihen mit unterschiedlichen Kupons bei verschiedenen Renditeniveaus

Die Preisfaktoren dieser Anleihen bleiben unabhängig vom aktuellen Renditeniveau konstant und wurden wie folgt berechnet:

Kupon	Preisfaktor
4	0,852798
6	1
8	1,147201

Am Liefertag des Futures ist immer jene Anleihe CTD, bei der das Verhältnis aus aktuellem Kassakurs und Preisfaktor am geringsten ist. Bei einem Renditeniveau unter 6 % ist die 8 %ige Anleihe CTD, während bei einer Rendite von 6 % alle drei Papiere gleichzeitig CTD sind. Dividiert man die aktuellen Kurse der Papiere durch die Preisfaktoren, erhält man bei allen Papieren einen aktuellen Futureskurs von 100. Nur bei einer Rendite von 6 % sind alle lieferbaren Anleihen gleich preisgünstig zu liefern. Die Auswahl der CTD entfällt. Der Bund-Futureskontrakt entspricht in dieser Situation dem Terminkurs einer Anleihe mit 6 % und Laufzeit 10 Jahre. Im Gegensatz bei einem Renditeniveau von 7 %. Bei einer aktuellen Rendite über 6 % ist die 4 %ige Anleihe CTD. In Abhängigkeit vom Renditeniveau werden verschiedene Anleihen CTD. Damit hat das Zinsniveau einen bedeutenden Einfluß, welche Anleihe CTD wird.

Wie kann dieser Effekt erklärt werden? Steigt das Renditeniveau auf 7 % (Parallelverschiebung) fallen die Kurse der drei Anleihen. Die 4 %ige Anleihe fällt mit 7,45 % am stärksten. Dieser starke Kursverfall kann über die Modified Duration erklärt werden. Je höher die Modified Duration ist, desto höher sind die prozentualen Kursverluste. Die 4 %ige Anleihe hat die höchste Modified Duration. Damit ist die 4 %ige Anleihe im Vergleich zu den beiden anderen Anleihen am stärksten gefallen und wird damit CTD.

Bei fallenden Renditen steigen die Kurse jener Anleihen überproportional, die ebenfalls eine hohe Modified Duration haben. Bei diesem Renditeniveau wird die 8 %ige Anleihe CTD, da diese verglichen mit den beiden anderen Papieren die geringste Modified Duration und damit auch die geringsten prozentualen Kursgewinne erwirtschaftete. Deshalb ist diese Anleihe im Vergleich zu den anderen beiden Anleihen billiger und damit CTD.

3.2 Strategien mit Zinsfutures

3.2.1 Absicherungs-Strategien mit Zinsfutures

3.2.1.1 Strategien auf der Aktivseite

Zinsfutures können auf der Aktivseite der Bilanz zur Absicherung eines Rentenportfolio gegen zinsinduzierte Kursrisiken eingesetzt werden. Ein Short Hedge soll der Absicherung gegen steigende Renditen dienen. Zusätzlich zu den bestehenden Long-Positionen in

Anleihen wird eine Short-Position im Future aufgebaut, die eventuelle Kursveränderungen in den Long-Positionen durch entgegengesetzte Wertveränderungen ausgleichen soll. Man bezeichnet diese Absicherungsstrategie auch als Hedging-Strategie. Hedging dient letztlich der Marktwertsicherung einer Long-Position. Deshalb werden nicht nur Verluste sondern auch Gewinne ausgeglichen. Die folgende Abbildung soll diesen Vorgang vereinfacht verdeutlichen.

Beim Absicherungsgeschäft (Hedging) entscheidet das Motiv

Short Hedge
Motiv: Absicherung einer bestehenden Kapitalanlage oder einer geplanten Kreditaufnahme (Kassaposition) durch Verkauf von Zinsfutures (Future-Position)

Long Hedge
Motiv: Absicherung einer geplanten Kapitalanlage oder eines bestehenden Festzinskredites (Kassaposition) durch Kauf von Zinsfutures (Future-Position).

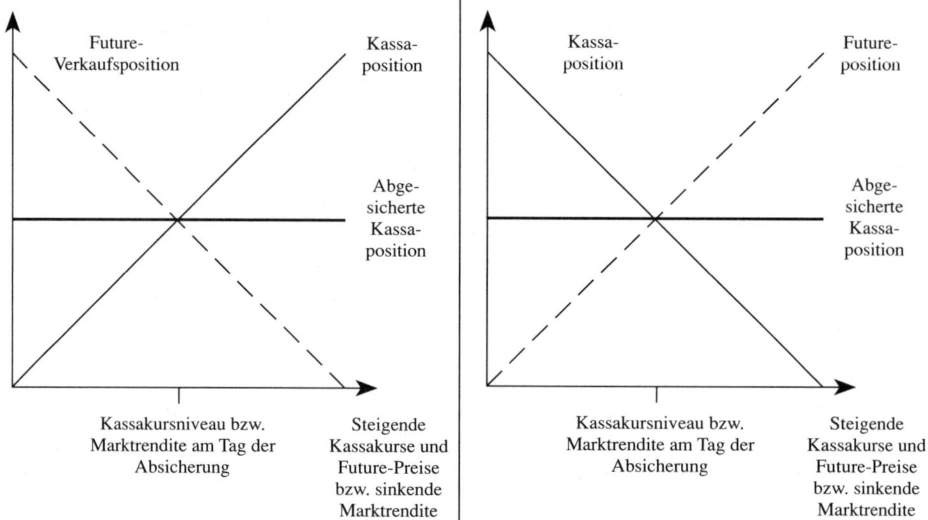

Abbildung 39: Beim Absicherungsgeschäft (Hedging) entscheidet das Motiv

Im letzten Kapitel wurde darauf hingewiesen, daß eine Cash & Carry-Arbitrage aus einer Long-Position in der Kassaanleihe und einer Short-Position im Future besteht. Es wurde gezeigt, daß mit einer Cash & Carry-Arbitrage ein Geldmarktinstrument synthetisch nachgebildet wird. Der Ertrag dieses Geldmarktinstrumentes kann mit Hilfe der Return-to-Rollover-Formel ermittelt werden und wird im Futureshandel als Implied Repo Rate bezeichnet. Das gleiche wirtschaftliche Ergebnis wird mit einer Hedging-Strategie erzielt. Denn: Der Hedger baut zu seiner bestehenden Long Position in einem Papier temporär eine Short-Position im Future auf. Deshalb wird diese Strategie auch als Short Hedge bezeichnet.

Mathematisch kann dieser Zusammenhang wie folgt dargestellt werden:

Short Hedge = + Anleihe – Future

bzw.

- Future = – Anleihe + Geldmarkt

Ersetzt man in obiger Gleichung – Future durch – Anleihe + Geldmarkt, vereinfacht sich die Gleichung wie folgt:

Short Hedge = + Anleihe – Anleihe + Geldmarkt

Short Hedge = + Geldmarkt

Diese Gleichung stimmt mit der aus der Cash & Carry-Arbitrage überein. Deshalb ist ein Short Hedge einer Bundesanleihe mit dem Bund-Future im Grunde genommen nichts anderes als eine Cash & Carry-Arbitrage. Der Hedger sollte deshalb auch nur die Verzinsung eines Geldmarktinstrumentes erzielen und nicht die des Kapitalmarktes, da er Kursrisiken ausgleicht. Bei einer normalen Renditestrukturkurve wird deshalb mit einer Short-Hedge-Strategie immer auch ein Renditenachteil verbunden sein, da am Geldmarkt geringere Renditen im Vergleich zum Kapitalmarkt erzielt werden können. Bei einer inversen Renditestrukturkurve kann eine höhere Verzinsung erzielt werden, da am Geldmarkt höhere Renditen erzielt werden.

Eine Absicherung gegen Kursverluste von Long-Positionen kann ebenfalls mit dem Verkauf von Papieren erzielt werden. Der Praktiker würde sagen „Verkauf ist der beste Hedge". Eine Short-Hedge-Strategie wird in der Regel an Stelle des Verkaufs der Long-Position durchgeführt. Deshalb sollten die wirtschaftlichen Konsequenzen identisch sein. Wird eine Anleihe am Kassamarkt verkauft, werden die liquiden Mittel in der Regel am Geldmarkt investiert, solange der Anleger keine attraktive Möglichkeit am Bondmarkt erwartet. Deshalb können die Mittel auch nur zur Geldmarktverzinsung in ein kurzfristiges Geldmarktinstrument angelegt werden. In einer normalen Renditestrukturkurve muß der Anleger auf einen Teil der Kapitalmarktverzinsung für die Ausschaltung von Kursrisiken verzichten.

Eine Short-Hedging-Strategie im Vergleich zum Verkauf am Kassamarkt kann immer dann sinnvoll sein, wenn die Papiere am Markt nicht oder nur sehr schwer verkauft werden können, weil etwa der Markt relativ illiquide ist. Für die Short-Hedging-Strategie spricht auch, daß die Papiere später nur relativ schwierig zurückgekauft werden können. Auch sind Transaktionskosten am Futuresmarkt um einiges geringer als am Kassamarkt. Eine Hedging-Strategie kann mit Futures relativ schnell durchgeführt werden, während der Kassaverkauf mehrerer Anleihen zeitaufwendig ist. Die Hedging-Strategie kann sehr schnell glattgestellt werden, während die Kassapapiere erst mit Zeitverzögerung zurückgekauft werden können. Eine Hedging-Strategie ist immer dann sinnvoll, wenn nur eine vorübergehende Absicherung gewünscht wird. Im anderen Fall ist sicherlich der Verkauf der Long-Position am Kassamarkt der erfolgreichere Weg.

Der Fair Value eines mittel- bzw. langfristigen Futures wird von der kurzfristigen Repo-Rate und den Zinserträgen der CTD bestimmt. Der Hedger hat eine Long-Position in einer

Bundesobligation bzw. Bundesanleihe (Idealfall: CTD) und eine Short-Position im Bobl-Future bzw. Bund-Future. Im Grunde genommen hat der Hedger in die Kursdifferenz (Gross Basis) dieser beiden Zinsinstrumente investiert. Deshalb wird der Ertrag der gehedgten Position durch die Gross Basis bestimmt. In Abhängigkeit von der Veränderung der Gross Basis wird sich auch der Ertrag der Short-Hedge-Strategie verändern. Der Short-Hedger profitiert von einer „sich verstärkenden" Gross Basis. Unter einer sich verstärkenden Basis versteht man eine Basisveränderung mit einem positiven Vorzeichen, d. h. die Gross Basis wird größer. Ein Beispiel: Die Basis steigt von + 0,20 auf + 0,25. Im Gegensatz hierzu eine „sich abschwächende" Basis. Eine sich abschwächende Basis ist eine Basisveränderung mit einem negativen Vorzeichen, also beispielsweise von + 0,20 auf + 0,15. Die Richtung der Basisänderung ist für eine Hedging-Strategie von großer Bedeutung. Die folgende Abbildung zeigt den Einfluß einer Basisveränderung auf das Hedge-Ergebnis.

a) **Short Hedge** (Long the Basis)

Basis \ Ergebnis	Nettogewinn	Perfect Hedge	Nettoverlust
sich verstärkend	■		
bleibt gleich		■	
sich abschwächend			■

b) **Long Hedge** (Short the Basis)

Basis \ Ergebnis	Nettogewinn	Perfect Hedge	Nettoverlust
sich verstärkend			■
bleibt gleich		■	
sich abschwächend	■		

Abbildung 40: Einfluß einer Basisveränderung auf das Hedge-Ergebnis

Deshalb können bei einer Hedging-Strategie nicht alle Marktrisiken vermieden werden. Der Hedger ersetzt in einer Hedging-Strategie das Kursrisiko durch das Basisrisiko. Das Risiko einer Veränderung der Gross Basis wird als Basisrisiko bezeichnet. Mit anderen Worten: Unter dem Basisrisiko versteht man, daß der Gewinn der Futuresposition

(Short-Position) kleiner ist als der Verlust der Kassaposition (Long-Position) oder der Verlust der Futuresposition größer ist als der Gewinn der Kassaposition. Futures werden in einer Short-Hedge-Strategie eingesetzt, weil das Basisrisiko leichter zu managen ist als das Kursrisiko einer offenen Long-Position. Um das Basisrisiko managen zu können, muß man wissen, welche Faktoren die Gross Basis beeinflussen.

Basisrisiken entstehen, weil sich die Gross Basis zufällig und damit nicht vorhersehbar ändert. Obwohl diese unvorhersehbaren Veränderungen der Basis von unterschiedlichen Faktoren beeinflußt werden, können letztlich zwei wesentliche Ursachen für das Basisrisiko genannt werden: Gross-Basisrisiko und Cross-Hedge-Basisrisiko.

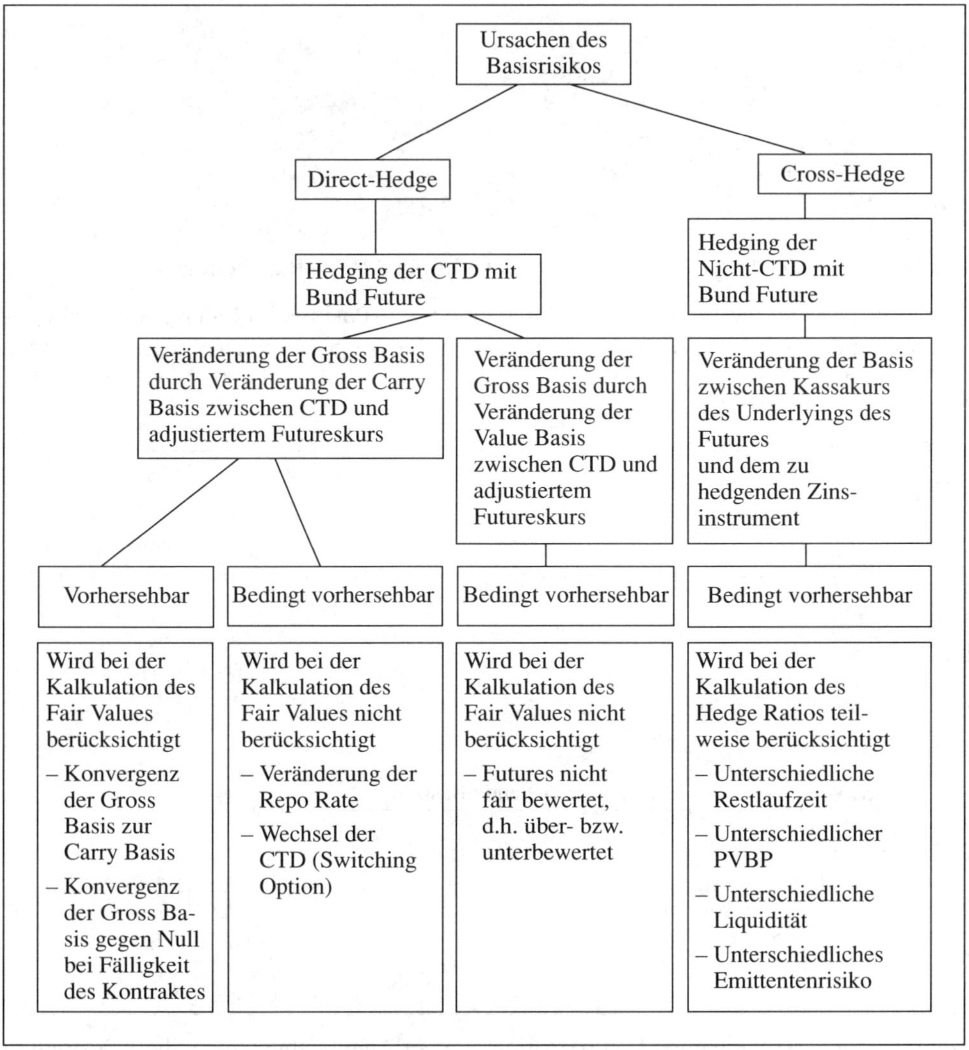

Abbildung 41: Ursachen des Basisrisikos am Beispiel des Bund Futures

Bei der Ermittlung des Fair Values eines Futures mit Hilfe des kostenbezogenen Ansatzes wurden sowohl die Refinanzierungskosten (Haltekosten) als auch die Zinserträge berücksichtigt. Die Differenz wird als Carry Basis bezeichnet. Die Gross Basis hat die Tendenz der Carry Basis zu folgen. Diese tendenzielle Parallelität wurde bereits im Zusammenhang mit der Basiskonvergenz beschrieben. Bei Fälligkeit des Kontraktes ist die Gross Basis in der Regel Null. (Diese Aussage gilt strenggenommen nur für die CTD.) Diese beiden Verhaltensmuster der Gross Basis sind vorhersehbar und bereits bei der Ermittlung des Fair Value des Futures berücksichtigt. Deshalb fließen diese Effekte auch in die Berechnung der Implied Repo Rate und damit letztlich in das Hedgeergebnis ein.

Ein Beispiel soll diesen Zusammenhang nochmals verdeutlichen:

Kupon:	6 %
Laufzeit:	10 Jahre
Kurs:	100
ISMA-Rendite:	6
Laufzeit des Futures:	1 Jahr
Repo Rate:	4 %

Der Fair Value des Futures liegt bei 98 %. Die Implied Repo Rate beträgt 4 %.

Der Anleger hedgt die Long-Position durch eine Short-Position im Future. Aus Vereinfachungsgründen wird unterstellt, daß sich der Kurs der Long-Position während der Laufzeit nicht ändert. Bei Fälligkeit des Futures notiert auch der Future bei 100, da die Gross Basis Null ist. Welches Ergebnis erzielt der Hedger?

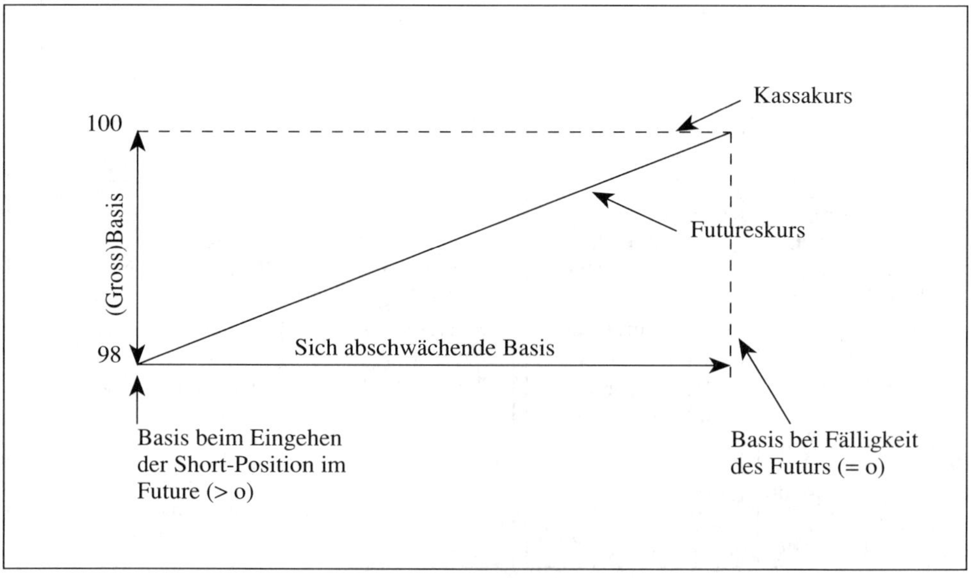

Abbildung 42: Hedging einer Long-Position in einer Anleihe durch eine Short-Position in Future

1) Ergebnis der Long-Position in der Anleihe:

Die Anleihe hat keine Kursveränderungen, sodaß der Anleger einen Ertrag in Höhe der erhaltenen Zinsen von 6 DM erwirtschaftet. Bezogen auf das investierte Kapital sind das 6 %.

2) Ergebnis der Short-Position im Future:

Der Future wurde zu 98 verkauft und bei Fälligkeit zu 100 DM zurückgekauft. Das entspricht einem Verlust von 2 DM.

3) Ergebnis der Hedging-Strategie:

	Gewinn aus Long-Position	6 DM
–	Verlust aus Short-Position	2 DM
=	Ergebnis der Hedging-Strategie:	4 DM

Das absolute Ergebnis von 4 DM entspricht einem prozentualen Ertrag von 4 % auf das eingesetzte Kapital. Das ist exakt die Verzinsung des Geldmarktes. Der Hedger hatte in diesem Beispiel ein Basisrisiko, da der Verlust aus der Short-Position (-2 DM) höher war als der Gewinn der Long-Position (0 DM). Der „Preis“ für die Absicherung des Kurses der Long-Position ist der geringere Ertrag der gehedgten Position. Der Anleger hat mit dieser Short-Hedge-Strategie ein synthetisches Geldmarktinstrument kreiert, dessen Verzinsung mit der IRR gemessen werden kann. Die IRR betrug 4 %.

Das Basisrisiko wird neben diesen vorhersehbaren Ursachen insbesondere durch die Veränderung der Repo-Rate und einem Wechsel der CTD beeinflußt. Diese beiden Faktoren verändern die Carry Basis. Je niedriger die Repo Rate wird, desto positiver wird die Carry Basis. Im Extremfall einer Repo Rate von Null entspricht die Carry Basis dem Zinsertrag. Sind Refinanzierungskosten und Zinsertrag identisch, ist die Carry Basis Null. Liegen dagegen die Refinanzierungskosten über den Zinserträgen wird die Carry Basis negativ. Fällt die Repo Rate, fällt der Kurs des Futures und umgekehrt. Hierbei wird der Effekt umso stärker, je länger die Laufzeit des Kontraktes ist.

Häufig ändert sich auch die CTD während der Laufzeit eines Kontraktes und damit Laufzeit, Kupon und Rendite der CTD. Der Verkäufer des Futures wird sich für die Lieferung in den Kontrakt immer für jene Anleihe entscheiden, die die höchste IRR hat, da bei dieser Anleihe der Verlust am geringsten bzw. der Gewinn am höchsten ist. Da aber Kupon und Rendite die Carry Basis beeinflussen, verändert sich auch die Gross Basis. Die nachfolgende Abbildung zeigt, welche Anleihe an welchem Tag CTD des September-Kontraktes war.

Neben der Carry Basis beeinflußt auch die Value Basis das Hedge-Ergebnis. Wird beispielsweise eine Short-Position eingegangen, wenn der Future zu billig ist (positive Value Basis), und glattgestellt, wenn der Future zu teuer ist (negative Value Basis), entstehen zusätzliche Basisrisiken, die den Ertrag der Hedging-Strategie verringern.

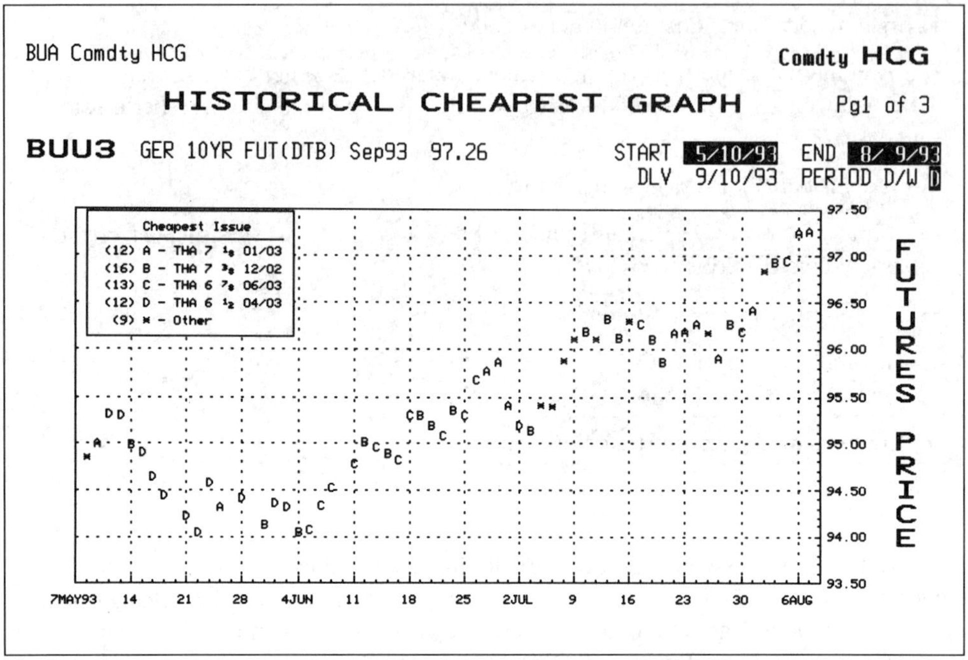

Quelle: Bloomberg

Abbildung 43: Veränderung der CTD während der Laufzeit eines Kontraktes

Darüber hinaus entstehen Basisrisiken, wenn die abzusichernde Anleihe nicht mit der CTD des Futures identisch ist. Diese Hedging-Strategie wird als indirekte oder Cross-Hedge bezeichnet. Ein Cross-Hedge würde beispielsweise das Hedging eines 10jährigen Pfandbriefes mit dem Bund-Future darstellen. Cross-Hedging ist in der Regel aufwendiger als ein Direkt-Hedge und umfaßt zwei Arten von Basisrisiken:

- Basis-Risiko zwischen CTD und Future,
- Cross-Hedge-Risiko zwischen abzusichernder Anleihe und CTD.

Diesen Zusammenhang verdeutlicht auch die nachstehende Grafik.

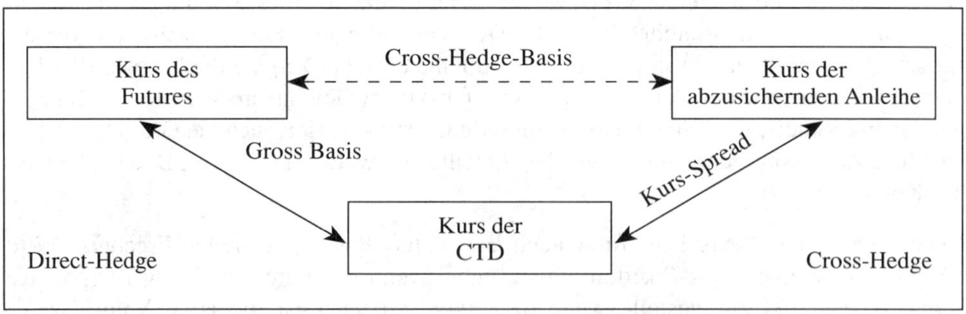

Abbildung 44: Zwei Arten von Basisrisiken

Die Cross-Hedge-Basis wird nicht nur durch die Differenz zwischen CTD und adjustiertem Futureskurs bestimmt, sondern auch von der Kursdifferenz zwischen CTD und abzusicherndem Zinsinstrument. Mathematisch lautet die Gleichung für die Cross-Hedge-Basis:

Cross-Hedge-Basis	=	a)	(Kurs der CTD – adjustierter Futureskurs)
		+	(Kurs der abzusichernden Anleihe – Kurs der CTD)
		b) –	Adjustierter Futureskurs + Kurs der abzusichernden Anleihe

Für die 8 %ige Anleihe soll die Cross-Hedge-Basis ermittelt werden.

Der aktuelle Kurs dieser Anleihe liegt bei 108,113 %. Die CTD ist die 7,25 %ige Anleihe mit einem Kurs von 103,394 % (Preisfaktor: 1,085456). Der Futures notiert bei 95,26.

Cross-Hedge-Basis	=	103,394 – 95,26 · 1,085456	– 108,113 + 103,394 =
	=	– 0,006	– 4,719
	=	–4,725 DM	

Die Cross-Hedge-Basis kann wiederum in die Gross Basis und in die Basis zwischen der zu hedgenden Anleihe und der CTD aufgespalten werden.

Folgende Ursachen können für die Veränderung der Basis zwischen der zu hedgenden Anleihe und der CTD verantwortlich sein:

- unterschiedliche Laufzeit (z. B. 7jährige Bundesanleihe und 10jährige CTD),
- unterschiedliche Liquidität (z. B. Pfandbrief und hochliquide CTD),
- unterschiedliches Emittentenrisiko (z. B. Schuldscheindarlehen und CTD).

Nachdem nun die wesentlichen Grundlagen besprochen worden sind, soll an einem Beispiel eine Hedging-Strategie gezeigt werden. Hierfür ist zunächst das sogenannte Hedge Ratio zu ermitteln. Das Hedge Ratio zeigt an, wieviel Kontrakte verkauft werden müssen, um die Long-Position gegen Kursveränderungen zu neutralisieren. Grundsätzlich können folgende Methoden zur Bestimmung des Hedge Ratios herangezogen werden (vgl. Abbildung 45).

1. Nominalwertmethode:	**Anmerkungen:**
$\frac{\text{Nominal Kassa}}{\text{Nominal Future}}$	– Einfachste Form des Hedge-Ratios – Berücksichtigt nicht die unterschiedliche Volatilität – Straight Hege
2. Preisfaktorenmethode:	
$\frac{\text{Nominal Kassa}}{\text{Nominal Future}} \times \text{Preisfaktor CTD}$	– Geeignet zum Hedging der CTD
3. Relative Volatilitätsmethode:	
– Duration	– Kein Risikomaßstab – Nicht geeignet für Hedging
– Modified Duration	– Mißt die **prozentuale** Volatilität – Nicht geeignet für Hedging
– Price Value of a Basis Point	– Mißt die **absolute** Volatilität – Exaktes Hedge-Ratio – Convexity sollte beachtet werden – Feinabstimmung über Yield Beta – Geeignet für Cross Hedging – Parallelverschiebung

Quelle: Roland Eller, Basis Trading, Trainingsunterlagen S. 40

Abbildung 45: Bestimmung des Hedge Ratios

Die Ermittlung des Hedge Ratios sollte mit der Marktrisikofaktoren-Sensitivitätskennzahl PVBP erfolgen, da nur diese Kennzahl absolute Kursveränderungen quantifiziert. Denn: Ziel einer Short-Hedge-Strategie ist, absolute Kursverluste der Long-Position durch absolute Kursgewinne der Short-Position auszugleichen. Hierfür ist nur PVBP geeignet. Die Modified Duration sollte nicht zur Ermittlung des Hedge Ratios verwendet werden, da die Modified Duration prozentuale Kursveränderungen quantifiziert.

Die Portfolio-Sensitivitätsanalyse (Abbildung 46) zeigt den PVBP für jedes Laufzeitenband. In der Praxis sollte das Hedge Ratio für jedes Laufzeitenband separat ermittelt werden. Man bezeichnet diese differenzierte Vorgehensweise als punktuelles Risikomanagement. Denn nur beim punktuellen Risikomanagement können auch Veränderungen in der Renditestrukturkurve berücksichtigt werden. Würde man dagegen das gesamte Portfolio mit einer Short-Position im Future absichern, würde man eine Parallelverschiebung unterstellen, die in der Praxis nur relativ selten anzutreffen ist.

Einen weiteren Vorteil bietet das punktuelle Risikomanagement dem Anleger. Um das Basisrisiko zu minimieren, sollten Kassazinsinstrumente mit einer Restlaufzeit zwischen 2 und 7 Jahren mit dem Bobl-Future bzw. längerlaufende Papiere mit dem Bund-Future abgesichert werden.

	Nominal in Tsd.	Investiert in Tsd.	Rendite ISMA	Rest-lauf-zeit	Dura-tion	Mod. Dura-tion	PVBP in Tsd.
1 Jahr	62.500	64.486	7.528	0.98	0.40	0.37	3.020
2 Jahre	35.500	36.388	7.239	1.89	1.79	1.67	6.070
3 Jahre	36.000	36.453	7.118	2.78	2.56	2.39	8.710
4 Jahre	29.500	30.528	6.826	4.06	3.52	3.29	10.050
5 Jahre	29.500	30.438	6.808	4.84	4.16	3.90	11.860
6 Jahre	70.000	72.759	6.805	5.98	4.93	4.61	33.580
7 Jahre	35.300	38.052	6.752	6.71	5.40	5.06	19.250
8 Jahre	56.000	62.531	7.117	8.04	6.03	5.63	35.210
9 Jahre	141.500	156.955	7.191	9.10	6.54	6.10	95.780
10 Jahre	10.000	10.207	7.284	9.68	7.12	6.64	6.770
Summe	505.800	538.797	7.056	5.89	4.56	4.26	230.320

Abbildung 46: Portfolio-Sensitivitätsanalyse

Der Anleger erwartet im 9- und 10jährigen Laufzeitenbereich einen starken Renditeanstieg. Um sich gegen Kursrisiken absichern zu können, hedgt er das 9- und 10jährige Laufzeitenband mit einer Short-Position im Bund-Future. Das Hedge Ratio nach der PVBP-Methode wird wie folgt berechnet:

$$\text{Hedge Ratio} = \frac{\text{Nominal Kassa}}{\text{Nominal Future}} \times \frac{\text{PVBP Kassa}}{\text{PVBP Future}}$$

Der Nominalwert und PVBP des 9- bzw. 10jährigen Laufzeitenbandes kann unmittelbar aus der Portfolio-Sensitivitätsanalyse abgelesen werden. Je Nominal 100 DM beträgt der PVBP des 9jährigen Laufzeitenbandes 0,06768 DM (95780/1415000). Der Nominalbetrag eines Bund-Future-Kontraktes beträgt 250.000 DM. Der PVBP des Futures kann vom PVBP der CTD abgeleitet werden. Die CTD kann relativ leicht über die IRR ermittelt werden. In diesem Beispiel wird unterstellt, daß die CTD für den September-Kontrakt die 7,25 %ige Bundesanleihe ist. Diese Bundesanleihe hat folgende Kennzahlen:

Aktueller Kurs:	103,394
Stückzinsen:	5,276
Modified Duration:	6,34 %
Preisfaktor:	1,085456

Der PVBP der CTD wird wie folgt ermittelt:

$$\text{PVBP}_{\text{CTD}} = \frac{6{,}34 \cdot (103{,}394 + 5{,}276)}{10.000} = 0{,}06889 \ \text{DM}$$

Um den PVBP des Futures ermitteln zu können, wird der PVBP der CTD durch den Preisfaktor dividiert, also:

$$\text{PVBP}_{\text{Future}} = \frac{0{,}06889}{1{,}085456} = 0{,}0635 \ \text{DM}$$

Der PVBP des Futures beträgt 0,0635 DM. Nun kann die Anzahl der Kontrakte für das 9jährige Laufzeitenband ermittelt werden:

$$\text{Hedge Ratio}_9 = \frac{141.500.000 \cdot 0{,}06768}{250.000 \cdot 0{,}0635} = 603 \ \text{Kontrakte}$$

Ergebnis: Der Risikomanager müßte 603 Kontrakte im September-Kontrakt des Bund-Futures Short gehen, um das 9jährige Laufzeitenband gegen Kursveränderungen abzusichern.

Ähnlich erfolgt die Berechnung des Hedge Ratios des 10jährigen Laufzeitenbandes:

$$\text{Hedge Ratio}_{10} = \frac{10.000.000 \cdot 0{,}06770}{250.000 \cdot 0{,}0635} = 43 \ \text{Kontrakte}$$

Der Risikomanager muß im 10jährigen Laufzeitenband 43 Kontrakte Short gehen.

Abschließend können folgende Schritte genannt werden, die notwendig sind, eine Hedging-Strategie effizient zu gestalten.

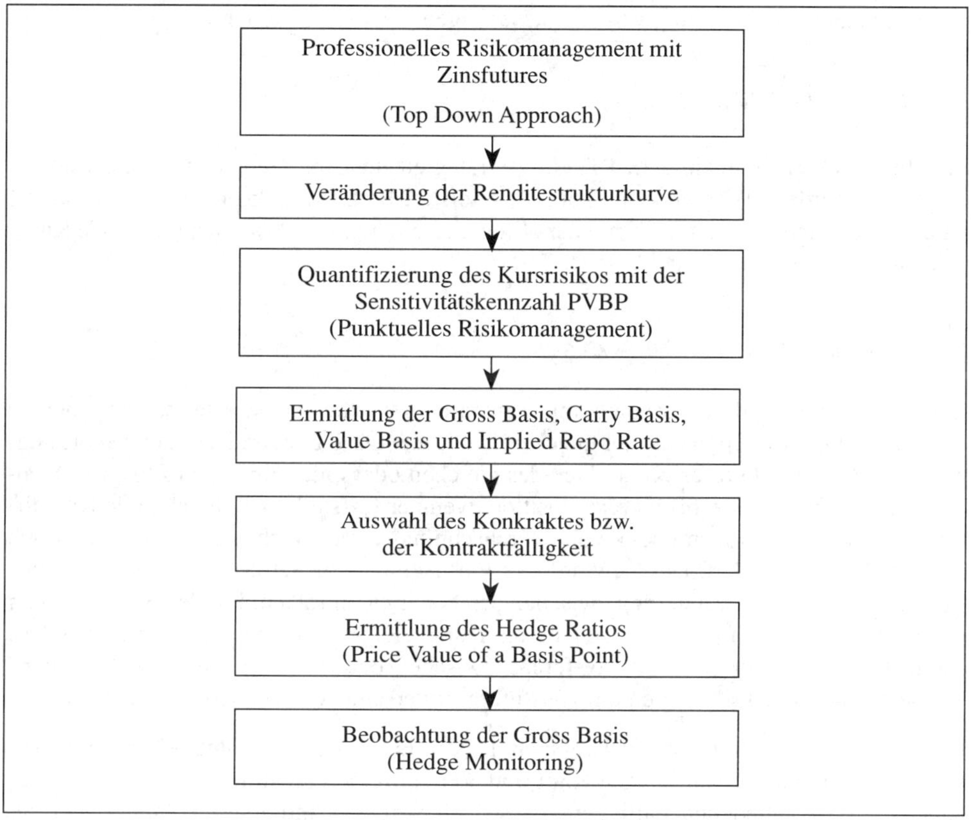

Abbildung 47: Hedging-Strategie

3.2.1.2 Strategien auf der Passivseite

Auf der Passivseite können Zinsfutures zur Absicherung geplanter Emissionen gegen das Risiko steigender Zinsen eingesetzt werden. Mit einer Short-Position im Bund-Future können zukünftige Emissionen abgesichert werden. Steigen die Renditen bis zum Emissionszeitpunkt, muß die Anleihe zwar mit einem höheren Kupon ausgestattet werden, allerdings kann dieser Mehraufwand durch den Gewinn aus der Short-Position im Futures ausgeglichen werden.

Auch variabel verzinsliche Papiere (z. B. FRA) können gegen steigende kurzfristige LIBOR-Sätze durch eine Short-Position im Euromark-Futures abgesichert werden. Da eine Short-Position im Euromark-Future mit dem Kauf eines FRAs verglichen werden kann, sei auf die Ausführungen bei FRAs verwiesen.

3.2.2 Trading-Strategien mit Zinsfutures

Neben dem Einsatz von Zinsfutures in Hedging-Strategien können Futures auch in Trading-Strategien zur Erzielung von Handelserfolgen eingesetzt werden.

3.2.2.1 Einfache Trading-Strategien

Zins-Futures können in einfachen Trading-Strategien zur Umsetzung der Markterwartung eingesetzt werden. Während die Long-Position (z. B. Euromark-Future, Bund-Future) fallende Renditen erwartet, wird mit dem Eingehen einer Short-Position auf fallende Kurse und damit steigende Renditen gesetzt.

3.2.2.2 Komplexe Trading-Strategien

Eine komplexe Trading-Strategie mit Zinsfutures ist beispielsweise das sogenannte Spread-Trading. Ein Spread ist der gleichzeitige Kauf (Long Leg) und Verkauf (Short Leg) von verschiedenen Futures-Kontrakten des gleichen oder eines ähnlichen Zinsinstrumentes. Ein Spread Trader eröffnet eine Position, wenn er feststellt, daß die aktuelle Kursdifferenz zwischen zwei Kontrakten vom Durchschnittswert abweicht und erwartet, daß sich die Kursdifferenz ändert. Der Gewinn oder Verlust einer solchen Strategie wird begrenzt auf die relative Kursveränderung zwischen den beiden Kontrakten. Für den Spread Trader ist es somit bedeutungslos, ob die Futures-Kurse steigen oder fallen. Entscheidend ist allein die Veränderung der Kursdifferenz zwischen den beiden Positionen. Man kann verschiedene Spread-Strategien mit Zinsfutures unterscheiden (vgl. Abbildung 48).

Im Gegensatz zum Optionshandel versteht man im Futures-Handel unter einem Intramarket Spread immer den simultanen Kauf und Verkauf eines Zinsfutures (z. B. Bundesanleihen) mit verschiedenen Fälligkeiten. Deshalb wird der Intramarket Spread auch als Time Spread bezeichnet. Oftmals wird diese Strategie auch Interdelivery Spread genannt. Beispielsweise wird der Kontrakt mit kurzer Fälligkeit gekauft und der Kontrakt mit langer Fälligkeit verkauft.

Ein Intermarket Spread ist eine Strategie, bei dem eine Long-Position in einem Zinsfuture und eine Short-Position in einem Zinsfuture mit einem anderen Underlying eröffnet wird. So wird beispielsweise mit einem Yield Curve Spread Trading eine flache Renditestrukturkurve erwartet. Der Anleger geht Long im Euromark-Future und Short im Bund-Future. In der Regel haben die beiden Kontrakte die gleiche Fälligkeit. Allerdings versuchen Anleger, über unterschiedliche Fälligkeiten eine Über- bzw. Unterbewertung einzelner Kontraktmonate auszunutzen. Da die Kontraktgrößen der beiden Zinsfutures oftmals voneinander abweichen und auch der PVBP unterschiedlich sein wird, muß das Hedge Ratio entsprechend angepaßt werden.

Im folgenden wird stellvertretend für die Vielzahl möglicher Spread-Strategien ein Time Spread mit Bund-Futures näher vorgestellt. Die Settlement-Kurse des DTB-Bund-Futures vom 2. Juli 1993 sind September 1993: 95,19, Dezember 1993: 95,37, März 1994: 95,39.

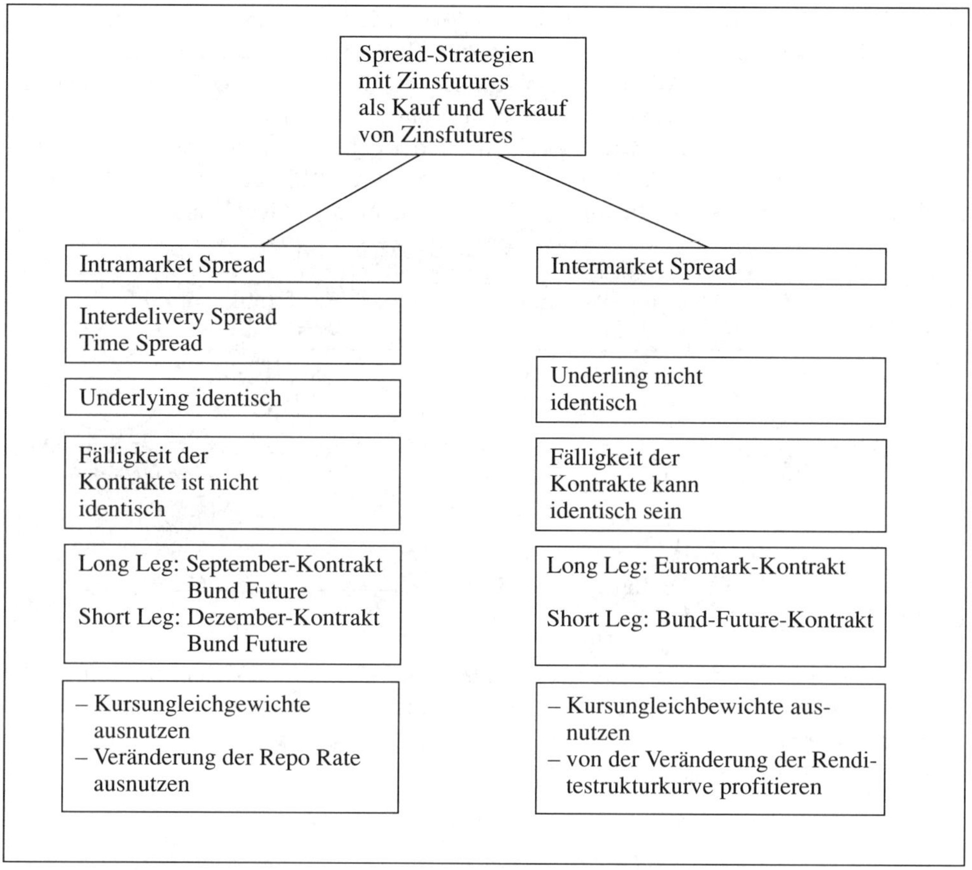

Abbildung 48: Spread-Strategien mit Zins-Futures

Der Spread zwischen zwei Kontrakten wird errechnet, indem man die Differenz zwischen den beiden Futures-Kursen (z. B. Sep 93 und Dez 93) bildet, also wie folgt rechnet: 95,19 – 95,37 = -0,18.

Interpretation: Der September-Kontrakt des DTB-Bund-Futures liegt um 0,18 Prozentpunkte unter dem Dezember-Kontrakt. Der Dezember-Kontrakt wird deshalb mit einer Prämie von 18 Prozentpunkten über dem September-Kontrakt gehandelt. Auch der Spread zwischen dem September- bzw. März-Kontrakt kann ermittelt werden. Der September-Kontrakt liegt 0,20 Prozentpunkte (95,19 – 95,39 = – 0,2) unter dem März-Kontrakt. Ein negativer Spread zeigt dem Anleger, daß die Futures Kurse mit zunehmender Laufzeit steigen, im Gegensatz hierzu ein positiver Spread. Die Futures Kurse fallen mit zunehmender Laufzeit und werden mit einem Discount gegenüber den kurzen Kontrakten gehandelt.

Dieses Beispiel zeigt die Gemeinsamkeit zwischen Basis Trading und Spread Trading. Ein wesentlicher Unterschied besteht allerdings zum Basis Trading. Die Gross Basis ist im Grunde genommen eine „Mikroökonomische Kennzahl". Denn sie zeigt die Beziehung zwischen den lieferbaren Anleihen und dem Kontrakt auf und ist für jede lieferbare Anleihe unterschiedlich. Die Gross Basis verbindet den Kassamarkt mit dem Futuresmarkt. Im Gegensatz die „Makroökonomische Kennzahl" Spread. Sie beschreibt die Beziehung zwischen zwei Futures-Kontrakten und damit der Futuresmärkte.

	Gross Basis (Mikroökonomische Kennzahl)	Spread (Makroökonomische Kennzahl)
Beziehung	Kassa-und Futuresmarkt	Zwei Futures-märkte
Differenz	Kassakurs – adjustierter Futureskurs	Futureskurs kurzer Kontrakt – Futureskurs langer Kontrakt
Strategie	Basistrading (Basishandel)	Spreadtrading (Spread-Handel)
Gewinn-potential	Veränderung der Gross Basis	Veränderung des Spread

Am 6. Juli 1993 notierte der September-Kontrakt bei 95,26 bzw. Dezember-Kontrakt bei 95,39. Der Spread betrug nur noch -0,13 Prozentpunkte. An diesem Tag werden die beiden Positionen durch entsprechende Gegengeschäfte aufgelöst. Man bezeichnet diesen Vorgang auch als Unwinding.

Das folgende Beispiel zeigt einen Spreadhandel mit DTB-Bund-Futures:

1) Öffnen des Spreadhandels am 2. Juli 1993:

Long Leg	Short Leg	Spread
Kauf 1 Sep. Kontrakt zu 95,19	Verkauf 1 Dez. Kontrakt zu 95,37	– 0,18

2) Schließen des Spreadhandels am 6. Juli 1993 (Unwinding):

Szenario: Kurse sind gestiegen

Verkauf 1 Sep. Kontrakt zu 95,26	Kauf 1 Dez. Kontrakt zu 95,39	– 0,13
Kursveränderung in Ticks: 7	Kursveränderung in Ticks: 2	

3) Gewinn- und Verlustrechnung

Gewinn: 7 Ticks × 25 DM = 175 DM, Verlust: 2 Ticks × 25 DM = 50 DM
Nettogewinn: 175 DM – 50 DM = 125 DM
Alternative Ermittlung des Gewinns:
Veränderung Spread in Ticks × 25 DM = 5 Ticks × 25 DM = 125 DM

Der Anleger konnte einen Gewinn von 125 DM realisieren, da der Spread größer wurde (– 0,18 auf – 0,13). Mit anderen Worten: Der Anleger erwartete, daß der September-Kontrakt schneller steigt oder langsamer fällt als der Dezember-Kontrakt. Entscheidend ist deshalb nicht die Höhe der Kurse, sondern lediglich die Differenz zwischen den Kursen. Obwohl die Kurse im Beispiel gestiegen sind, könnte der Anleger auch einen Kursgewinn erzielen, wenn die Kurse fallen. Es soll nun in diesem Szenario unterstellt werden, daß der Kurs des September-Kontraktes auf 95,16 bzw. der Dezember-Kontrakt auf 95,29 fällt. Der Gewinn des Anlegers beträgt ebenfalls 125 DM, da der Spread wiederum bei – 0,13 Prozentpunkten liegt. Diesen Zusammenhang verdeutlicht nochmals folgendes Beispiel:

1) Öffnen des Spreadhandels am 2. Juli 1993:

Long Leg	Short Leg	Spread
Kauf 1 Sep-Kontrakt zu 95,19	Verkauf 1 Dez-Kontrakt zu 95,37	– 0,18

2) Schließen des Spreadhandels am 6. Juli 1993 (Unwinding):

Szenario: Kurse sind gefallen

Verkauf 1 Sep-Kontrakt zu 95,16	Kauf 1 Dez-Kontrakt zu 95,29	– 0,13
Kursveränderung in Ticks: – 3	Kursveränderung in Ticks: – 8	

3) Gewinn- und Verlustrechnung

Verlust: – 3 Ticks × 25 DM = – 75 DM, Gewinn: – 8 Ticks × 25 DM = 200 DM
Nettogewinn: – 75 DM + 200 DM = 125 DM
Alternative Ermittlung des Gewinns:
Veränderung Spread in Ticks × 25 DM = 5 Ticks × 25 DM = 125 DM

Zusammenfassend kann gesagt werden, daß der Anleger den langen Futurestermin verkauft und den kurzen kauft, wenn er erwartet, daß der Spread größer wird. Letztlich bedeutet diese Strategie, daß erwartet wird, daß der kurze Kontrakt stärker steigt bzw. langsamer fällt als der lange Kontrakt. Wird dagegen der kurze Kontrakt verkauft und der lange gekauft, erwartet der Anleger, daß der Spread geringer wird. Die folgende Tabelle faßt diese Zusammenhänge nochmals zusammen.

Erwartung:	Spread wird größer	Spread wird geringer
Long Leg:	Kauf kurzer Kontrakte	Kauf langer Kontrakte
Short Leg:	Verkauf langer Kontrakte	Verkauf kurzer Kontrakte
Steigende Kurse:	Kurzer Kontrakt steigt schneller als langer	Langer Kontrakt steigt schneller als kurzer
Fallende Kurse:	Kurzer Kontrakt fällt langsamer als langer	Langer Kontrakt fällt langsamer als kurzer

Ein Intramarket Spread kann u. a. aus folgenden Motiven durchgeführt werden:

- Ausnutzung von Kursungleichgewichten (Arbitrage),
- Spekulation auf veränderte Geldmarktsätze (Repo Rate).

Der Anleger beobachtet am Futuresmarkt eine Konstellation, bei der die Kontrakte – gemessen am Fair Value – über- bzw. unterbewertet sind. Mit dem Kauf des unterbewerteten und Verkauf des überbewerteten Kontraktes versucht der Anleger die temporären Kursungleichgewichte auszunutzen. Beim Auflösen der beiden Positionen (Unwinding) wird dann ein Gewinn erzielt.

Mit Time Spreads kann nicht nur auf die Ausnutzung von Kursungleichgewichten gesetzt werden, sondern auch auf die Veränderung der kurzfristigen Geldmarktzinsen (Repo Rate). Der Repo Satz wird bei der Kalkulation des Fair Values von mittel- und langfristigen Zinsfutures berücksichtigt. Folgende Einflußfaktoren sind bei Time Spreads zu berücksichtigen, wenn auf eine Veränderung der Repo Rates spekuliert wird:

- Je länger die Laufzeit eines Kontraktes bis zur Fälligkeit ist, desto stärker reagiert der Futureskurs auf Veränderungen der Repo Rate
- Fällt die Repo Rate, fällt der Futureskurs.
- Steigt die Repo Rate, steigt der Futureskurs

Diese Effekte können mit folgender Spread-Trading-Strategie umgesetzt werden:

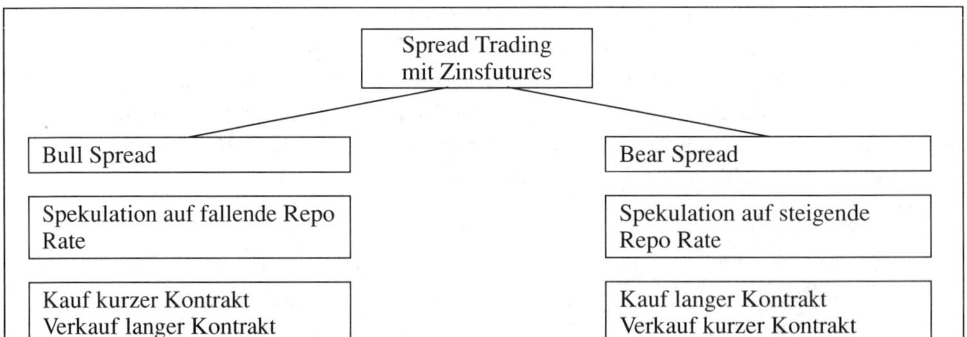

Abbildung 49: Spread-Trading-Strategie

	Kurzer Kontrakt	Langer Kontrakt	Spread
Kupon:	6	6	
Kurs:	100	100	
Repo Rate 3 Monate	7		
Repo Rate 6 Monate		6,8	
Carry Basis:	– 0,25	– 0,4	
Futurekurs akt.:	100,25	100,4	– 0,15
Parallelverschiebung der Repo Rates um 100 Basispunkte:			
Repo Rate 3 Monate	6		
Repo Rate 6 Monate		5,8	
Carry Basis:	0	0,1	
Futurekurs akt.:	100	99,9	0,1
Long:	– 625		
Short:		1250	625
Veränderung Spread in Ticks × 25 DM = 25 Ticks × 25 DM = 625 DM Gewinn			

Unter einem Bull Spread versteht man den gleichzeitigen Kauf des kurzen Kontraktes und den Verkauf des langen Kontraktes. Da die Kursveränderung bei einer gleichen absoluten Veränderung der Repo Rate umso größer ist, je länger die Laufzeit des Futures ist, profitiert der Anleger von fallenden Repo Rates über die Short-Position des langen Kontraktes. Deshalb auch die Bezeichnung Bull Spread.

Als Beispiel für einen Bull Spread soll ein synthetischer Future dienen. Um den Kurseffekt und damit die Spreadveränderung zu verdeutlichen wurde unterstellt, daß die CTD für den kurzen und langen Kontrakt identisch ist.

Der Spread wurde um 25 Prozentpunkte (Ticks) größer (Narrowing Spread). Der Gewinn bei einer Veränderung der Repo Rate um 100 Basispunkte beträgt somit 625 DM (25 Ticks · 25 DM). Je stärker die Repo Rate für den längeren Kontrakt fällt, desto größer wird der Gewinn für den Anleger. Die Bull-Spread-Strategie zeigt, daß auch mit mittel- und langfristigen Zinsfutures auf eine Veränderung der kurzfristigen Zinssätze spekuliert werden kann.

Ein Bear Spread ist der Verkauf eines Kontraktes mit kurzer Fälligkeit (z. B. September) und der Kauf eines Kontraktes mit langer Fälligkeit (z. B. Dezember). Der Trader erwartet, daß die kurzfristigen Zinsen steigen.

3.3 Zinsfutures auf einen Blick: Zusammenfassung

Zinsfutures werden im Rahmen des Zinsmanagements immer wichtiger. Insbesondere der Einsatz in Hedging-Strategien, z. B. Absicherung eines Portfolios gegen Kursschwankungen, wird für viele Marktteilnehmer aufgrund der enormen Marktschwankungen ein entscheidender Wettbewerbsvorteil. Eine Hedging-Strategie transferiert das zinsinduzierte Kursrisiko in das Basisrisiko. Deshalb muß letztlich das Basisrisiko gemanagt werden. Das bedeutet, daß insbesondere das Hedge Ratio angepaßt werden muß, wenn sich die Kursrelation (Spread) zwischen den zu hedgenden Papieren und dem Underlying des Futures (CTD) oder die Kursrelation zwischen der CTD und dem Future (Gross Basis) ändert.

- Verkauf eines Zinsfutures als Absicherung der Passiva gegen Zinssteigerungen (z. B. variabel verzinslicher Kredit mit Euromark-Future),
- Kauf eines Zinsfutures als Absicherung der Aktiva gegen Zinssenkungen,
- Hedging-Strategien sowohl für geplante als auch bestehende Positionen,
- Trading-Strategien sowohl für fallende als auch steigende Renditen,
- Absicherung eines Rentenportfolio gegen Kursveränderungen (Hedging),
- Komplexe Trading-Strategien zur Umsetzung einer Marktmeinung im Hinblick auf eine Veränderung der Zinsstrukturkurve,
- Keine Kapitalbewegungen bei Eingehen einer Position (Ausnahme: Initial Margin),
- Gewinne bzw. Verluste aus Zinsfutures werden durch die Variation Margin täglich realisiert,
- Standardisierte Kontrakte,
- Handel findet an organisierten Terminbörsen statt,
- Zinsfutures sind symmetrische Risikoinstrumente.

4 Zinsswaps

(Financial) Swaps gehören neben Zinsfutures zu den derivativen Zinsinstrumenten, die in den letzten Jahren ein überdurchschnittliches Wachstum erzielen konnten. Der erste Währungsswap wurde im August 1976 im Stillen abgeschlossen, um Vorsprunggewinne zu sichern. Der erste Swap, von dem Einzelheiten veröffentlicht wurden, war ein Währungsswap zwischen IBM und der Weltbank im Jahre 1981. Ein Jahr später wurde der erste reine Zinsswap von der Deutschen Bank Luxemburg abgeschlossen. Erst einige Jahre später, am 1. 5. 1985, erklärte die Deutsche Bundesbank Zins- und Währungsswaps in Verbindung mit DM-Auslandsanleihen für zulässig.

Vorläuferprodukt des Währungsswaps waren sogenannte Parallel Loans. Parallel Loans wurden entwickelt, um Kapitalverkehrsbeschränkungen der Bank of England zu umgehen, die erst im Jahre 1979 wieder abgeschafft wurden. Ziel der Restriktion war, die Investitionen britischer Staatsbürger im Ausland zu unterbinden. So konnten benötigte Fremdwährungen (i. d. R. Dollars) nur gegen einen Aufschlag auf den normalen Wechselkurs erworben werden. Beim Rücktausch wurde darüber hinaus ein Abschlag fällig.

Um diese Restriktionen zu umgehen, vereinbaren zwei Unternehmen, deren Hauptsitze in unterschiedlichen Ländern liegen (z. B. USA und Großbritannien) und eine Tochtergesellschaft im Land des Partners haben, den benötigten Betrag in der jeweiligen Landeswährung der Tochtergesellschaft des Partners zu leihen (Parallel Loan). Das englische Unternehmen konnte seiner Tochtergesellschaft in den USA die benötigten Dollarmittel zur Verfügung stellen, ohne daß ein grenzüberschreitender Kapitalverkehr notwendig wurde. Mit diesem Parallel Loan konnte die Kapitalverkehrsbeschränkung umgangen werden. Ein weiterer Vorteil in dieser Konstruktion ist darin zu sehen, daß beide Unternehmen Zugang zum Kapitalmarkt in einer ausländischen Währung erhalten, der auf direktem Wege verwehrt (Kapitalverkehrsbeschränkung) oder wegen des geringeren Standings als ausländisches Unternehmen verteuert würde.

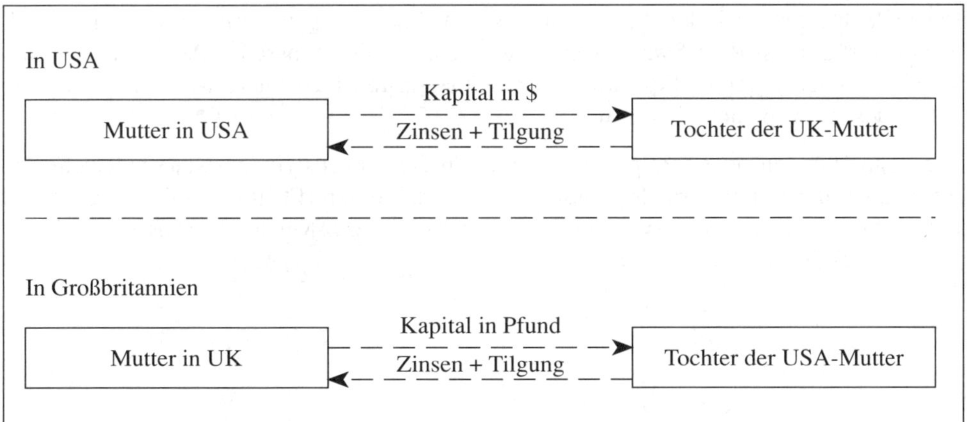

Abbildung 50: Parallel Loan

Allerdings sind mit Parallel Loans zwei grundsätzliche Probleme verbunden:

- Kontrahentenrisiko: Bei einem Parallel Loan handelt es sich rechtlich um mindestens zwei getrennte Vereinbarungen, die jeweils die Beziehungen zwischen der Mutter und Tochter der ausländischen Mutter regeln. Wird eine der beiden Töchter zahlungsunfähig, kann aufgrund der unterschiedlichen Rechtsprechung nicht automatisch die andere Tochter die Zahlungen einstellen. Zwar wird oftmals eine Klausel in die Verträge aufgenommen, die die Gegenpartei berechtigt, im Falle der Zahlungsunfähigkeit die Zahlungen ebenfalls einzustellen, trotzdem ist eine genaue Prüfung der jeweiligen Rechtsverhältnisse unumgänglich.
- Bilanzierung: Wird die Bilanz der Tochter mit der Mutter konsolidiert, findet eine Bilanzverlängerung statt. Obwohl sich die beiden Kredite gegenseitig teilweise neutralisieren, werden sie in der Bilanz erfaßt.

Diese Probleme können mit dem Abschluß von Swaps umgangen werden, die u. a. als Nachfolgeprodukt der Parallel Loans zu interpretieren sind.

4.1 Was sind Zinsswaps?

4.1.1 Überblick über Zinsswaps

Die einfachste Form eines Swaps ist ein Zinsswap (Interest Rate Swap). Ein Zinsswap ist im Grunde genommen nichts anderes als

- ein Austausch von Zinszahlungen
- zwischen zwei Partnern
- in einer Währung
- für eine bestimmte Laufzeit
- bezogen auf einen definierten Kapitalbetrag.

Beispiele hierfür sind der Austausch Festsatz-Zinsen gegen variable Zinsen (Fixed-to-Floating-Interest-Rate-Swap) oder – aus Sicht der Gegenpartei – der Austausch von variablen Zinsen gegen Festsatz-Zinsen (Floating-to-Fixed-Interest-Rate-Swap). Man nennt diesen Swap auch Kuponswap.

Zinsswaps können neben Kuponswaps noch in Basisswaps (Indexswap) unterschieden werden, bei denen nur variable Zinssätze getauscht werden (Floating-to-Floating Interest Rate Swap). In einem Basisswap wird beispielsweise der 6-Monats-LIBOR gegen den 3-Monats-LIBOR getauscht.

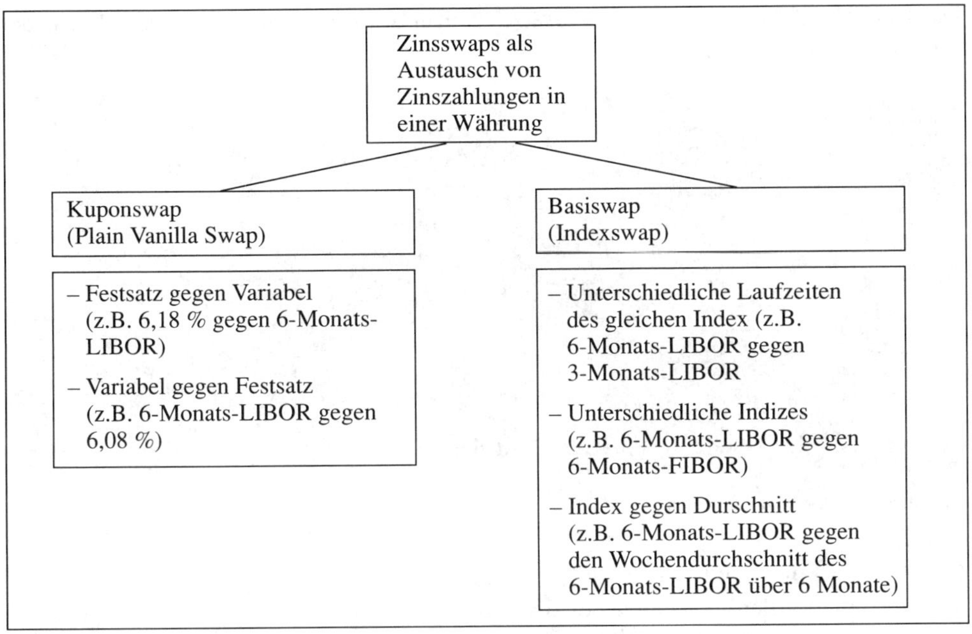

Abbildung 51: Zinsswaps als Austausch von Zinszahlungen in einer Währung

Kuponswaps und Basisswaps werden im folgenden näher vorgestellt.

4.1.2 Kuponswaps

Bei einem Kuponswap werden feste gegen variable Zinsen getauscht. Die Bezeichnung Kuponswap soll andeuten, daß der Festsatz in diesen Zinsswaps, der Rendite bzw. dem Kupon von Paripapieren entspricht. Kupon ist die Bezeichnung für den Festsatz, den Kassazinsinstrumente zahlen. Oftmals wird die einfachste Variante des Kuponswaps auch als Plain Vanilla Swap oder Generic Swap bezeichnet. Kuponswaps werden bei weitem häufiger abgeschlossen als Basisswaps. Auf den Plain Vanilla Swap lassen sich auch die komplexesten Swapformen zurückführend. Deshalb soll im weiteren an einigen Beispiel die Funktionsweise dieser „Urform" eines Swaps gezeigt werden.

Die Quotierung von Zinsswaps (Kuponswaps) erfolgt meistens nach folgendem Muster:

> Festsatz gegen Variablen Satz ohne Auf- oder Abschlag (i. d. R. 6-Monats-LIBOR).

Das folgende Beispiel zeigt die Swapsätze für Kuponswaps gegen 6-Monats-LIBOR der Bank A am 14. 7. 1993:

Laufzeit	Festsatz Briefkurs (Verkäufer eines Swaps)	Festsatz Geldkurs (Käufer eines Swaps)
2 Jahre	6,10	6,15
3 Jahre	6,30	6,35
5 Jahre	6,52	6,57
10 Jahre	6,72	6,77

Hinweis: Der aktuelle 6-Monats-LIBOR liegt bei 7 %.

Quelle: Société Générale, Frankfurt am Main

Das Beispiel zeigt, daß für jede Laufzeit zwei „Preise" für Swaps genannt werden: Brief- und Geldkurse. Allerdings handelt es sich um keine Kurse, sondern um Festzinssätze. Die Tageberechnungsmethode und wie oft jährlich der Festsatz gezahlt wird, orientiert sich an den meisten Märkten an den Konventionen für Staatsanleihen (Domestic Bonds). Deshalb wird der Festsatz für DM-Swaps jährlich und nach der Tageberechnungsmethode 30/360 kalkuliert. Der Festsatz ist ein mittel- oder langfristiger Kapitalmarktsatz in Abhängigkeit von der Laufzeit des Swaps. Der Festsatz in einem Kuponswap wird auch als Swapsatz bezeichnet.

Die variable Seite des Swaps ist in der Regel nur der variable Satz (z. B. LIBOR, FIBOR) ohne Auf- bzw. Abschlag. Man bezeichnet den variablen Satz deshalb auch als LIBOR- bzw. FIBOR-flat. In der Bundesrepublik Deutschland ist der variable Satz standardmäßig für mittel- und längerfristige Swaps der 6-Monats-LIBOR. Für kurzlaufende Swaps bis zu zwei Jahren wird der 3-Monats-LIBOR ebenfalls sehr häufig verwendet. Der LIBOR wird nach der Tageberechnungsmethode echt/360 kalkuliert. Der variable Satz ist in der Regel ein kurzfristiger Geldmarktsatz. Auf Wunsch quotieren Market Maker auch Swaps auf FIBOR-Basis.

Kuponswaps werden in der Regel ab einem Volumen von 10 Mio DM gehandelt. Die Standardstückelung liegt ebenfalls bei 5 Mio DM, sodaß folgende Nominalbeträge üblich sind: 5 Mio DM, 10 Mio DM, 15 Mio DM usw. Allerdings können auch krumme Beträge von beispielsweise 10.938.450 DM gehandelt werden, wenn dieser Betrag in Hedging-Strategien benötigt wird, um beispielsweise eine Bundesanleihe gegen Kursrisiken abzusichern.

Die Geld-Brief-Spanne eines Kuponswaps wird auf den Festsatz bezogen. Der Spread zwischen Geld- und Briefkurs beträgt durchschnittlich 5 Basispunkte. Der Käufer eines Swaps zahlt immer den höheren Swapsatz, der Verkäufer erhält dagegen immer den niedrigeren. In der Bundesrepublik Deutschland werden Swaps All-in-price quotiert, das bedeutet, daß der Swapsatz als absolute Prozentzahl pro Nominal 100 DM angegeben wird. In einigen Märkten (z. B. USA) werden dagegen Swap Spreads quotiert. Der Swap Spread ist der Aufschlag gegenüber einem Benchmarksatz (z. B. neuester US-Treasury mit ähnlicher Laufzeit). Beträgt beispielsweise die Rendite einer 10jährigen US-Treasury Note 5,67 % und der Swap Spread liegt bei 40 Basispunkten, so erhält man den All-in price, indem man beide addiert, also 5,67% + 0,40% = 6,07%.

An einem Beispiel soll die prinzipielle Funktionsweise eines Kuponswaps gezeigt werden. Bank A vereinbart mit Bank B einen fünfjährigen Zinsswap abzuschließen. Der Kapitalbetrag beträgt 10.000.000 DM. Bank B zahlt den Festsatz und erhält hierfür im Austausch den 6-Monats-LIBOR von Bank A. Da Bank B den Festsatz zahlt, bezeichnet man deren Position auch als Käufer eines Swaps. Bank A ist deshalb Verkäufer eines Swaps. Die folgende Abbildung zeigt den Kuponswap als Austausch des Festsatzes in Höhe von 6,35 % gegen den variablen 6-Monats-LIBOR.

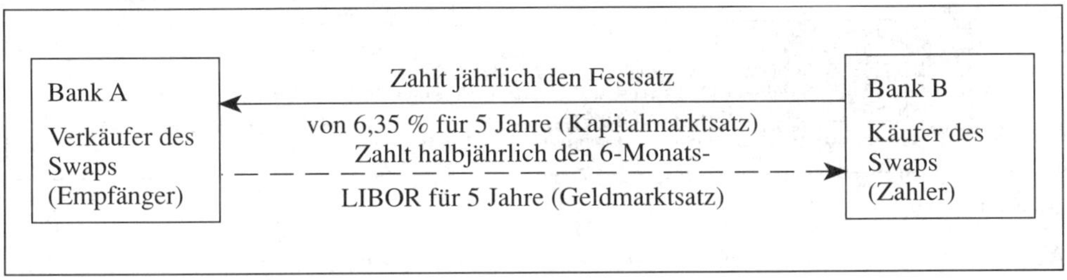

Abbildung 52: Funktionsweise eines Kuponswaps

Um Bank A bzw. Bank B unterscheiden zu können, hat sich am Markt auch folgende Sprachregelung durchgesetzt. In einem Kuponswap unterscheidet man Zahler (Payer) und Empfänger (Receiver). Zahler bzw. Empfänger bezieht sich beidesmal auf den Festsatz. Der Zahler zahlt den Festsatz und erhält hierfür den variablen Satz. Bank B ist Zahler. Bank A erhält den Festsatz und wird deshalb als Empfänger bezeichnet.

Folgende wichtige Punkte charakterisieren diesen Kuponswap:

Die Laufzeit des langfristigen Festsatzes, den Bank B an Bank A zahlt, entspricht der Fälligkeit des Kuponswaps. In diesem Beispiel beträgt die Laufzeit 5 Jahre. Der Zinssatz in Höhe von 6,35 % ist für die gesamte Laufzeit fest und wird deshalb als Festsatz bezeichnet. Die Zinszahlungen, die Bank B an Bank A jährlich zahlen muß, sind deshalb immer konstant und bereits bei Abschluß des Swaps bekannt. Der Festsatz orientiert sich an den Sätzen für Anleihen mit gleicher Laufzeit. Die Abbildung 53 zeigt den Spread zwischen 5-jährigen Kuponswaps bzw. 5-jährigen Bundesanleihen.

Im Gegensatz hierzu der kurzfristige variable Satz, der immer nur für eine Periode von sechs Monaten Gültigkeit hat. Der an den Zinsfeststellungsterminen gültige 6-Monats-LIBOR wird verwendet, um die Zinszahlung zu ermitteln, die Bank A an Bank B in 6-Monaten zahlen muß. Da der Swap fünf Jahre läuft und der 6-Monats-LIBOR immer nur für 6 Monate

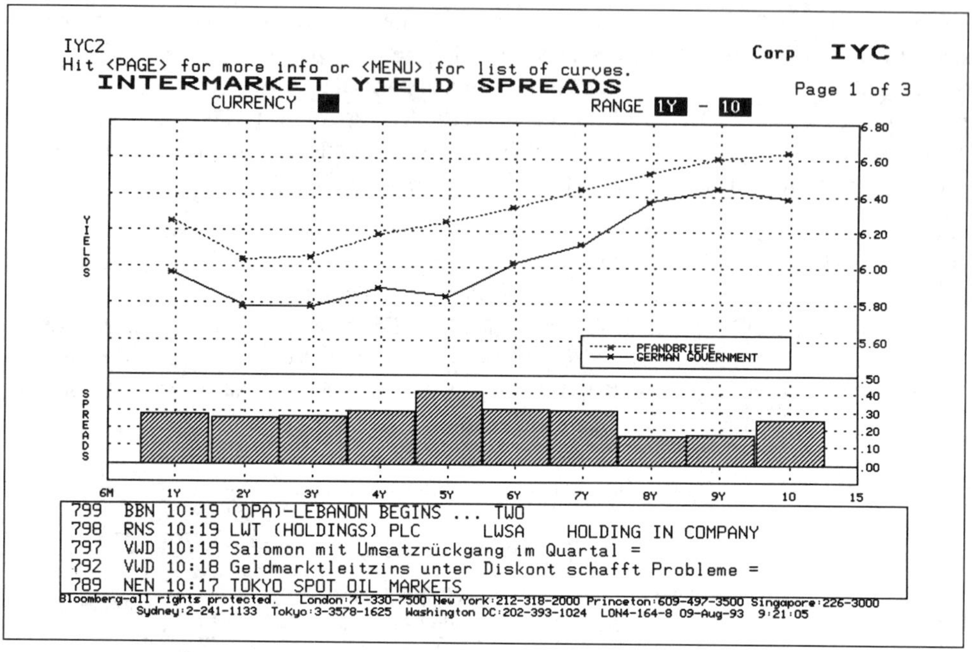

Quelle: Bloomberg

Abbildung 53: Spread zwischen 5-jährigen Kuponswaps und 5-jährigen Bundesanleihen

Gültigkeit hat, muß ein neuer 6-Monats-LIBOR alle 6 Monate neu festgelegt werden. Der 6-Monats-LIBOR wird erstmals bei Abschluß des Swaps festgestellt und dann nochmals neunmal im Halbjahresrhythmus: Nach 6 Monaten, 12 Monaten, usw. Deshalb wird der kurzfristige Satz auch als variabler Satz bezeichnet. Da LIBOR ein variabler Satz ist, ändert sich die Höhe der Zinszahlung halbjährlich, die Bank A an Bank B zahlt, und ist bei Abschluß des Swaps nicht bekannt. Nur die erste Zinszahlung ist bekannt, da der LIBOR-Satz für die erste Periode bereits bei Abschluß des Swaps festgestellt wird.

- Da der Festsatz einmal jährlich gezahlt wird und der Swap fünf Jahre läuft, zahlt Bank B an Bank A fünfmal Zinsen.
- Da als variabler Satz der 6-Monats-LIBOR gewählt wurde, wird von Bank A an Bank B zehnmal der variable Satz gezahlt.
- In der Regel wird ein Zins-Netting vereinbart. Das bedeutet, daß an den Zinszahlungsterminen der variable Zinssatz und Festsatz gegeneinander aufgerechnet werden und nur die Differenz gezahlt wird.
- Nur ausschließlich Zinszahlungen werden in Zinsswaps getauscht. Obwohl Zinsswaps auch einen Kapitalbetrag haben (in diesem Beispiel 10 Mio DM), dient der Kapitalbetrag lediglich zur Ermittlung der Zinsbeträge, die getauscht werden. Deshalb fließen bei Abschluß eines Zinsswaps auch keine Kapitalbeträge. Zinsswaps werden auch nicht in der Bilanz erfaßt, da es sich um schwebende Geschäfte handelt. Nur für sogenannte Drohverluste nach § 249 Abs. 1 HGB sind unter der Position „Rückstellung für drohende

Verluste aus schwebenden Geschäften" Rückstellungen zu bilden. Swaps gehören deshalb zu jenen Zinsinstrumenten, die man auch als Off-Balance-Sheet-Zinsinstrumente bezeichnet.
- Swaps werden wie Financial Futures auch als derivative Instrumente bezeichnet. Derivatives Instrument bedeutet nach dem Duplizierungsprinzip, daß diese Zinsinstrumente von Kassazinsinstrumenten abgeleitet werden können. Die Kassazinsinstrumente, von dem der Fünfjahres-Swaps seine Zinssätze ableitet, sind eine fünfjährige Anleihe (Festsatz) und eine variabel verzinsliche Anleihe (6-Monats-LIBOR).

Die einfachste Form eines Kuponswaps ist ein Generic Swap, Straight Swap oder Plain Vanilla Zinsswap. Folgende Merkmale klassifizieren einen einfachen Zinsswap:

- Konstanter Kapitalbetrag (z. B. 10 Mio DM),
- Austausch eines Festsatzes gegen einen variablen Satz (6-Monats-LIBOR),
- konstanter Festsatz,
- variabler Satz ohne Auf- bzw. Abschlag (LIBOR-flat),
- Feststellung des variablen Zinssatzes am Beginn der variablen Periode und Zahlung am Ende der Zinsperiode (nachschüssig),
- regelmäßige Zahlung der festen bzw. variablen Zinsen,
- Beginn bei Abschluß des Vertrages,
- keine anhängenden Optionen,
- kein Kapitalaustausch bei Abschluß des Vertrages (Par Value Swap).

Wichtig ist bei Kuponswaps, daß Festsatz und variabler Satz nicht direkt miteinander verglichen werden können, da am Kapitalmarkt mit 30/360 (Festsatz) bzw. am Geldmarkt mit Echt/360 (variabler Satz) kalkuliert wird. Der Festsatz unterstellt, daß jeder Monat mit 30 Tagen gerechnet wird, während beim variablen Satz jeder Monat mit den echten Tagen kalkuliert wird. Die Formeln zur Ermittlung der Zahlungen lauten somit:

$$\text{Zinszahlung des Zahlers} = \frac{\text{Festsatz} \cdot \text{Tage} \cdot \text{Kapitalbetrag}}{360 \cdot 100}$$

$$\text{Zinszahlung des Empfängers} = \frac{\text{Variabler Satz} \cdot \text{Tage} \cdot \text{Kapitalbetrag}}{360 \cdot 100}$$

Für den fünfjährigen Kuponswap werden die ersten Zinszahlungen ermittelt. Der Zinsswap wurde am 20. 7. 1993 mit zweitägiger Valuta gehandelt. Der 6-Monats-LIBOR am 20. 7. 1993 betrug 7 %. Die erste Zinsperiode wird vom 22. 7. 1993 bis 22. 7. 1994 gerechnet. Die Anzahl der echten Tage für den 6-Monats-LIBOR beträgt 184 Tage.

1) Austausch der Zinszahlungen am 22. 1. 1994:

Zinszahlung des Zahlers: 0 DM, da dieser die Zinsen jährlich zahlt.

$$\text{Zinszahlung des Empfängers} = \frac{7{,}00 \cdot 184 \cdot 10.000.000}{360 \cdot 100} = 357.777{,}78 \text{ DM}$$

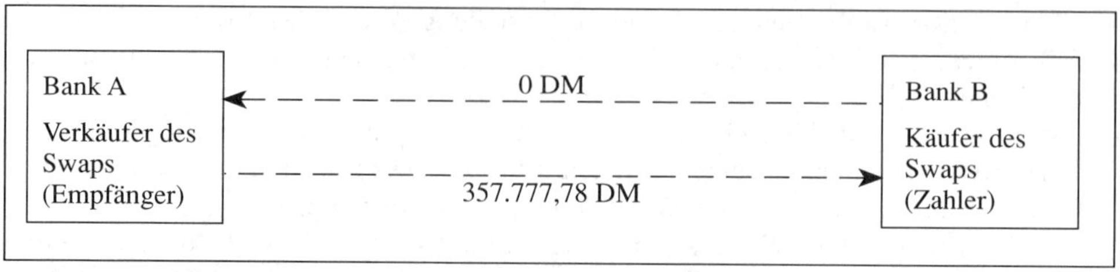

Am 22. 1. 1994 zahlt der Empfänger des Festsatzes (Bank A) 357.777,78 DM an den Zahler (Bank B). Wie bereits oben erwähnt, wird am 22. 1. 1994 der variable Satz bezahlt, der am 22. 7. 1993 ermittelt wurde. Der Zahler des Festsatzes zahlt zu diesem Termin nichts, da der Festsatz jährlich abgerechnet wird.

2) Austausch der Zinszahlungen am 22. 7. 1994:

Es wird unterstellt, daß sich der LIBOR-Satz nicht verändert hat. Die Anzahl Tage für die zweite Periode betragen 181 Tage.

$$\text{Zinszahlung des Zahlers} = \frac{6,35 \cdot 360 \cdot 10.000.000}{360 \cdot 100} = 635.000,00 \text{ DM}$$

$$\text{Zinszahlung des Empfängers} = \frac{7,00 \cdot 181 \cdot 10.000.000}{360 \cdot 100} = 351.944,44 \text{ DM}$$

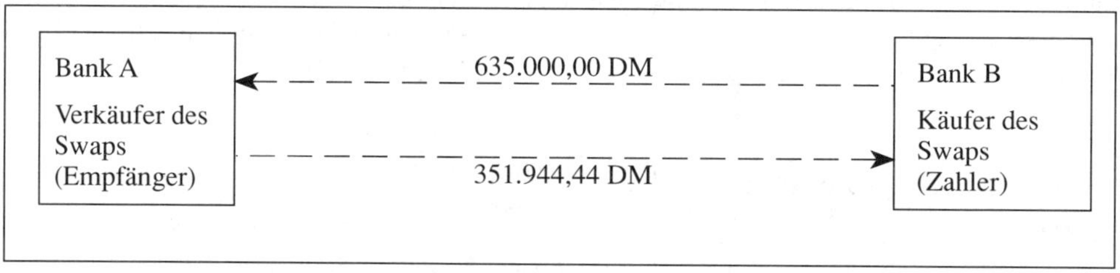

Am 22. 7. 1994 zahlt der Empfänger des Festsatzes (Bank A) 351.944,44 DM an den Zahler (Bank B). Am 22. 7. 1994 wird der variable Satz bezahlt, der am 22. 1. 1993 ermittelt wurde. Am 22.7. zahlt auch Bank B an Bank A den Betrag von 635.000 DM.

4.1.3 Basisswaps

Bei einem Basisswap werden im Gegensatz zum Kuponswap nur variable Zinsen getauscht. Deshalb werden Basisswaps auch als Indexswaps oder Floating-to-Floating-Interest-Rate-Swaps bezeichnet. Basisswaps sind keine Generic Swaps. Folgende Basisswaps können unterschieden werden:

- Basisswaps mit unterschiedlicher Zinsanpassung des gleichen variablen Index, z. B. 3-Monats-LIBOR gegen 6-Monats-LIBOR,
- Basisswaps mit gleicher oder unterschiedlicher Zinsanpassung verschiedener variabler Indizes, z. B. 3-Monats-LIBOR gegen 6-Monats-FIBOR, 6-Monats-LIBOR gegen 6-Monats-FIBOR,
- Basisswaps mit Index und durchschnittlichem Index, z. B. 6-Monats-LIBOR gegen den Wochendurchschnitt des 6-Monats-LIBOR über 6 Monate.

Die nachstehende Abbildung zeigt einen fünfjährigen Basisswap 3-Monats-LIBOR gegen 6-Monats-LIBOR.

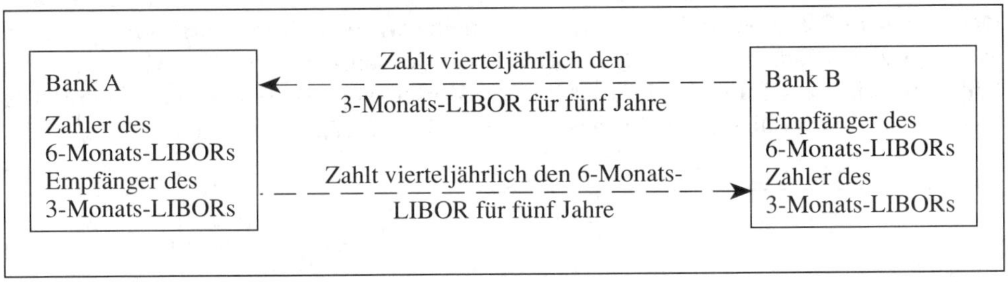

Abbildung 54: Fünfjähriger Basisswap

Im Gegensatz zum Kuponswap werden in einem Basisswap – um Verwechselungen zu vermeiden – beide variablen Zinszahlungen bezeichnet. Bank A ist Zahler des 6-Monats-LIBOR's und Empfänger des 3-Monats-LIBORs. Bank B ist dagegen Empfänger des 6-Monats-LIBOR's und Zahler des 3-Monats-LIBOR's.

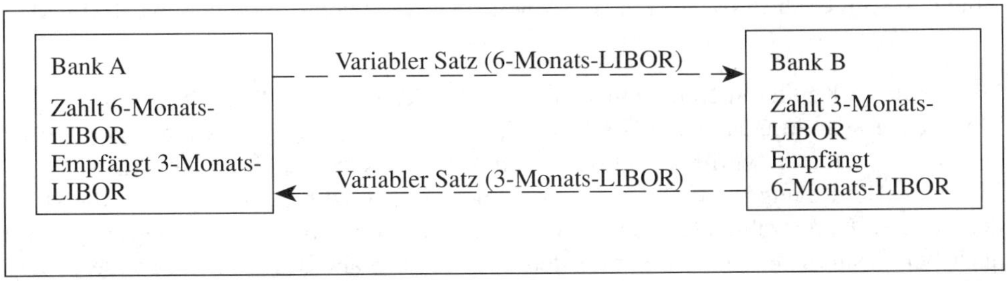

Abbildung 55: 6-Monats-LIBOR gegen 3-Monats-LIBOR

Basisswaps spielen in der Bundesrepublik eine untergeordnete Rolle. Deshalb wird auf Basisswaps nicht näher eingegangen.

Um Strategien mit Kuponswaps besser verstehen zu können, sollen zunächst einige Grundbegriffe im Zusammenhang mit Swap-Transaktionen erläutert werden.

4.1.4 Kuponswaps als Portfolio eines Geld- und Kapitalmarktzinsinstrumentes

Wie bereits erwähnt, besteht ein Zinsswap aus dem Austausch von Zinszahlungen. Bei einem Kuponswap werden feste gegen variable Zinsen getauscht. Oder mit anderen Worten: Es wird ein festverzinsliches Zinsinstrument (Kapitalmarktpapier) gegen ein variables Zinsinstrument (Geldmarktpapier) getauscht. Dieser sehr wichtige Zusammenhang soll an einem Beispiel gezeigt werden.

In Punkt 4.1.2 schloß Bank B einen fünfjährigen Kuponswap mit Bank A ab. Bank B war Zahler des Festsatzes in Höhe von 6,35 % und erhielt den variablen 6-Monats-LIBOR.

Alternativ unterstellt man, daß Bank B eine fünfjährige Anleihe im Volumen von 10 Mio DM zu einem Satz von 6,35 emittiert. Die Anleihe wird zu einem Kurs von 100 % am Markt plaziert. Bank B erhält 10 Mio DM und zahlt jährlich 635.000 DM Zinsen. Bei Fälligkeit wird das Kapital von 10 Mio und Zinsen von 635.000 zurückgezahlt. Die Cash-Flow-Struktur dieser Anleihe aus Sicht von Bank B sieht wie folgt aus:

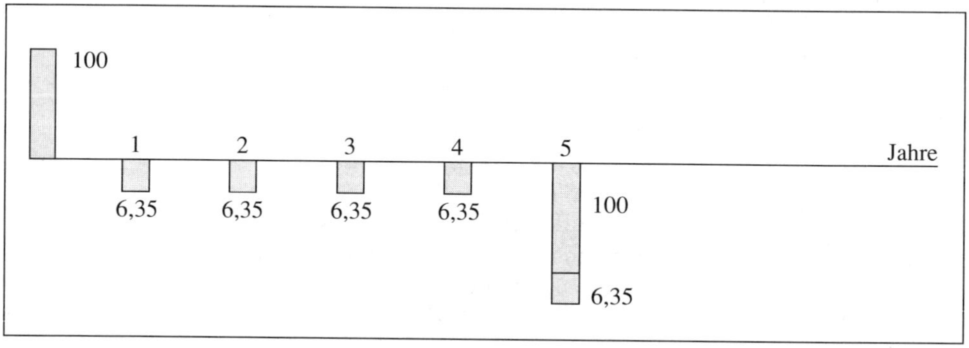

Abbildung 56: Cash-Flow-Struktur der Anleihe aus Sicht von B (pro Nominal 100 DM)

Das erhaltene Kapital in Höhe von 10 Mio DM investiert Bank B in einen fünfjährigen Floater, der sich zu 6-Monats-LIBOR verzinst. Der aktuelle Kurs des Floaters liegt bei 100 %. Der Floater wird im halbjährlichen Rhythmus an die Schwankungen des 6-Monats-LIBOR's angepaßt. Nur die erste Kuponzahlung ist bekannt, während die Höhe der weiteren Kuponzahlungen noch nicht bekannt ist. Ähnlich wie bei Kuponswaps wird auch bei Floatern die Höhe der nächsten Zinszahlung am Beginn der Periode fixiert, während die Auszahlung am Ende der Zinsperiode erfolgt (nachschüssige Zinszahlung). Die Cash-Flow-Struktur des fünfjährigen Floaters zeigt folgende Abbildung:

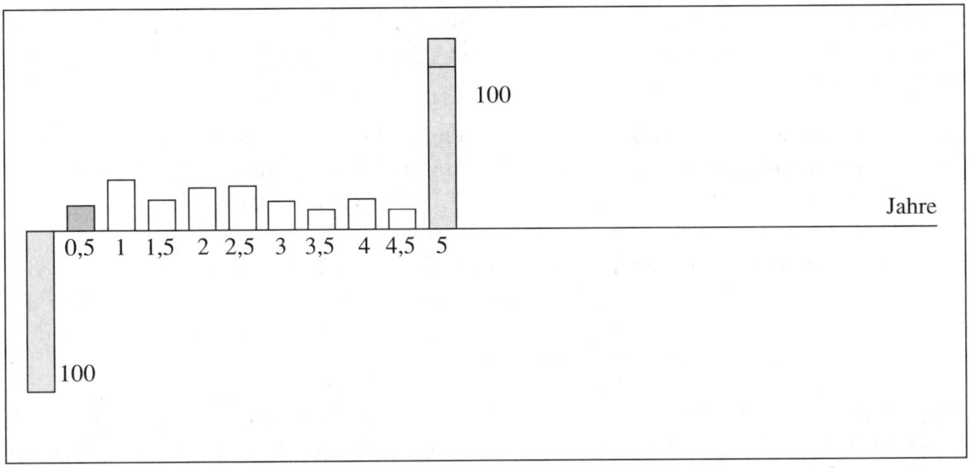

Abbildung 57: Cash-Flow-Struktur des fünfjährigen Floaters aus Sicht von B (pro Nominal 100 DM)

Die nachfolgende Abbildung zeigt die Emission der fünfjährigen Anleihe und die sofortige Anlage der liquiden Mittel in den fünfjährigen Floater.

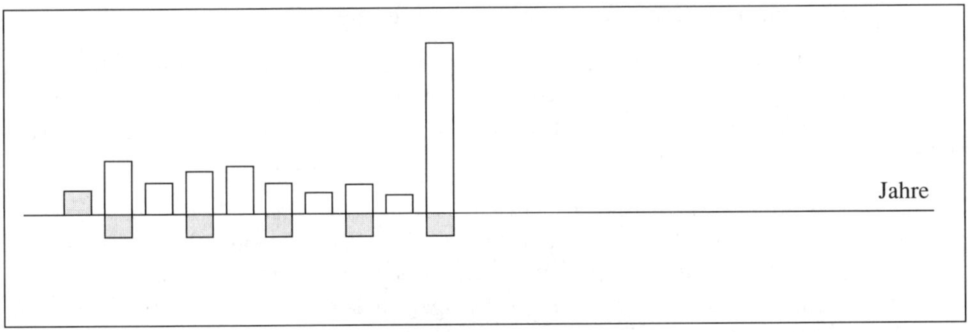

Abbildung 58: Emission eines Straight Bonds und sofortige Anlage in einem Floater aus Sicht von B (pro Nominal 100 DM)

Diese Abbildung zeigt folgende interessante Eigenschaften, wenn beide Positionen zusammengefaßt werden:

- Der Barwert des emittierten Papiers ist mit dem Barwert des Floaters identisch. Der gesamte Wert beider Positionen ist deshalb Null. Der Verbindlichkeit in Höhe von 10 Mio DM steht die Forderung aus dem Floater mit 10 Mio DM gegenüber.
- Die Kapitalbeträge bei Emission und Fälligkeit gleichen sich aus.
- Die resultierende Cash-Flow-Struktur entspricht der eines Zahlers in einem Kuponswap, bei dem Bank B den Swapsatz von 6,35 % zahlt und den 6-Monats-LIBOR erhält.

Zersplittert man einen Plain Vanilla Swap in zwei Kassazinsinstrumente mit einem aktuellen Kurs von jeweils 100 % (Bond Stripping), können folgende Aussagen über Plain Vanilla Swaps getroffen werden:

(1) Die Position eines Zahlers in einen Plain Vanilla Swap ist identisch mit der Emission eines Straight Bonds zum Swapsatz (Kapitalmarktpapier) und der Anlage der liquiden Mittel in einer Floating Rate Note zu LIBOR (Geldmarktpapier), also:
+ Swap = + Floating Rate Note – Straight Bond.

(2) Die Position eines Empfängers in einem Plain Vanilla Swap ist identisch mit der Emission einer Floating Rate Note zu LIBOR (Geldmarktpapier) und der Anlage der liquiden Mittel in einen Straight Bond zum Swapsatz (Kapitalmarktpapier), also:
– Swap = – Floating Rate Note + Straight Bond.

Diese Beispiele zeigen, daß die Cash-Flow-Struktur von Plain Vanilla Swaps (allgemein: Kuponswaps) mit Hilfe traditioneller Zinsinstrumente dupliziert werden kann. Mit anderen Worten: Das Duplizierungsprinzip zeigt, daß Kuponswaps aus Kassazinsinstrumenten abgeleitet werden. Deshalb werden Swaps auch als derivative Zinsinstrumente bezeichnet.

Welche Vorteile bieten Swaps gegenüber der Kombination aus traditionellen Zinsinstrumenten?

Vorteil 1: Swaps sind im Gegensatz zu der Komination der traditionellen Zinsinstrumente bilanzneutral (Off-Balance-Sheet-Zinsinstrument).

Vorteil 2: Bei Swaps wird nur ein Vertrag ausgestellt. Dagegen handelt es sich bei den Kassatransaktionen um zwei rechtlich selbständige Verträge. Dies ist ein Grund, warum Parallel Loans durch Swaps abgelöst wurden. Der nächste Vorteil ist im Zusammenhang mit Vorteil 2 zu sehen.

Vorteil 3: Das Kontrahentenrisiko ist um ein vielfaches geringer, da nur ein Vertragspartner vorhanden ist und bei diesem einer Zinsforderung eine Zinsverbindlichkeit gegenüber steht. Denn: Bei einem Zinsswap erhält man nicht nur Zahlungen, sondern muß auch Zahlungen an den Partner leisten. Ferner ist man grundsätzlich berechtigt, diese einzustellen, wenn der Partner ausfällt. Wie bereits mehrfach gezeigt wurde, werden bei einem Zinsswap nur Zinszahlungen und nicht Kapitalbeträge getauscht.

Vorteil 4: Kuponswaps können schneller und effizienter abgeschlossen werden, als beispielsweise die Emission eines Straight Bonds und Anlage in einem Floater. Darüber hinaus sind die Zahlungstermine des Straight Bonds und des Floaters exakt aufeinander abgestimmt.

Vorteil 5: Bei der Emission bzw. bei der Anlage fallen Gebühren an. Swaps können dagegen mit erheblich geringeren Kosten im Vergleich zu Kassamarkttransaktionen abgeschlossen werden.

Vorteil 6: Einmal getroffene Entscheidungen können über einen Gegenswap sofort neutralisiert werden, ohne daß hiervon die Bilanz aufgebläht werden würde. Eine

Anleihe kann in der Regel nicht vorzeitig getilgt werden, sodaß man Entscheidungen „aussitzen“ muß.

Die nachfolgende Abbildung 59 zeigt nochmals die wichtigsten Details.

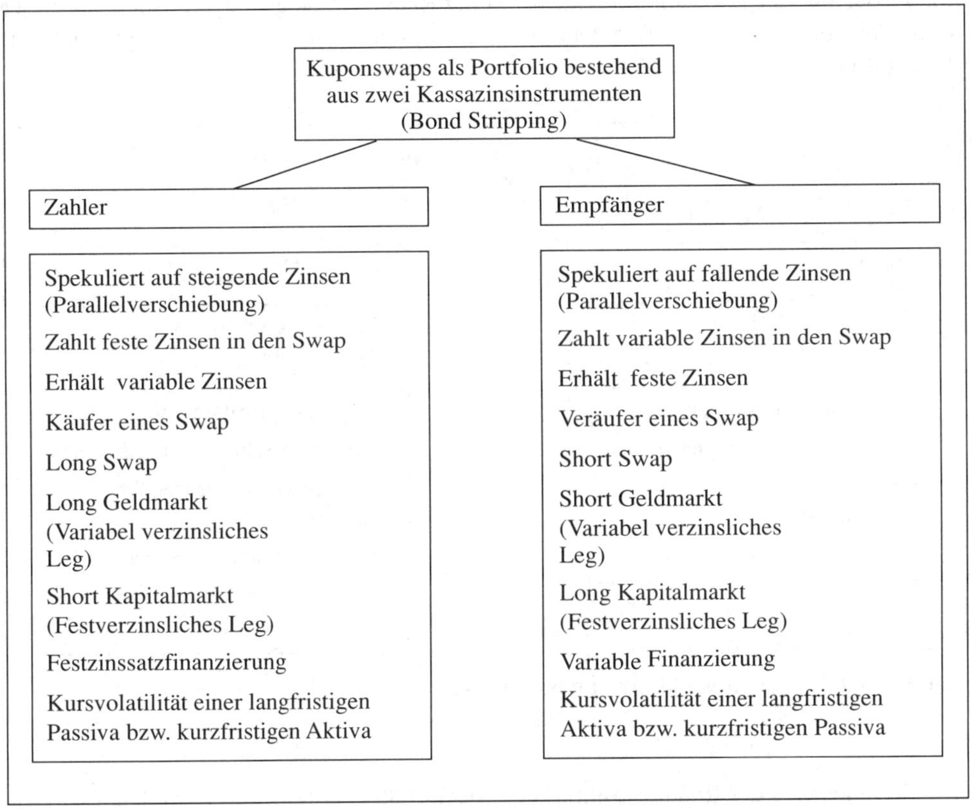

Abbildung 59: Kuponswap als Portfolio zweier Zinsinstrumente

Die Analogie einer Swapposition als Portfolio zweier Kassazinsinstrumente zeigt, daß man die Konzepte zur Analyse und Bewertung (Barwertkonzept) von Geldmarktpapieren und Kapitalmarktpapieren auf den Swapmarkt übertragen kann. Da es sich bei einem Plain Vanilla Swap um den Tausch zweier Papiere handelt, kann man jedes getrennt bewerten. Egal, ob man nun einen Swap nur als Tausch der Zinszahlungen oder als Tausch zweier Wertpapiere ansieht, die Netto-Cash-Flows beider Betrachtungsweisen sind identisch. Deshalb können auch folgende Aussagen über die zinsinduzierten Kursrisiken von Kuponswaps getroffen werden:

Steigt die Renditestrukturkurve parallel, profitiert der Käufer eines Kuponswaps. Denn: Der Anleger ist short in einem Straight Bond und long in einer Floating Rate Note. Da die Short-Position im Straight Bond eine höhere Modified Duration im Vergleich zur Long-

Position in der Floating Rate Note hat, profitiert der Käufer des Zinsswaps immer von einer Parallelverschiebung der Renditestrukturkurve nach oben. Für den Verkäufer eines Kuponswaps gilt, daß er von einer Parallelverschiebung der Renditestrukturkurve nach unten profitiert. Der Verkäufer eines Kuponswaps ist eine Long-Position in einem Straight Bond bzw. eine Short-Position in einer Floating Rate Note eingegangen. Auch bei dieser Swap Position ist die Modified Duration des Straight Bonds höher im Vergleich zur synthetischen Floating Rate Note.

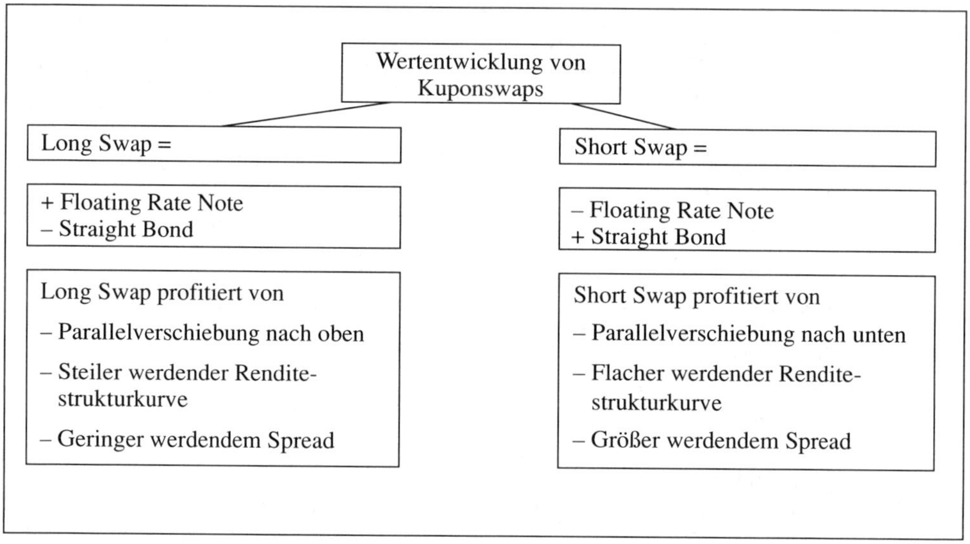

Abbildung 60: Wertentwicklung von Kuponswaps

Eine Veränderung der Renditestrukturkurve beeinflußt ebenfalls den aktuellen Wert von Kuponswaps. Von einer steiler werdenden Renditestrukturkurve profitiert der Käufer eines Kuponswaps, da Kursgewinne durch die steigenden langfristigen Renditen erzielt werden können. Wird dagegen die Renditestrukturkurve flacher, realisiert die Short Swap Position des Kuponswaps Gewinne, da Kursgewinne durch die Verringerung der langfristigen Zinsen erzielt werden.

Der Spread zwischen beispielsweise Bundesanleihen und Swaps wird ermittelt, indem die Differenz zwischen Swapsätzen und Renditen von Bundesanleihen errechnet wird. Wird der Spread geringer, profitiert der Käufer eines Swaps von dieser Entwicklung. Ein größer werdender Spread ist dagegen für den Verkäufer eines Kuponswaps interessant, da er durch die fallenden Swapsätze über seine Long-Position in dem synthetischen Straight Bond Kursgewinne erzielt.

4.1.5 Kuponswaps als Bündel von FRAs

Ein Kuponswap kann alternativ auch als Portfolio mehrerer FRAs gesehen werden. Das Zinsänderungsrisiko einer variablen Kreditaufnahme kann durch den Kauf eines FRAs abgesichert werden. Liegt der variable Satz am Ende der Vorlaufperiode über dem FRA-Satz, erhält der Käufer des FRAs die diskontierte Differenz zwischen dem aktuellen variablen Satz und dem festen FRA-Satz. Zwar zahlt der Emittent höhere Zinsen für den variablen Kredit, dieser Nachteil wird aber durch die Ausgleichszahlung aus dem FRA ausgeglichen. Bei fallenden Zinsen gilt entsprechend das umgekehrte. Der Käufer eines FRAs stellt mit dieser Hedging-Strategie eine synthetische Festsatzverbindlichkeit her. Obwohl bei FRA nur die Differenz zwischen dem variablen Satz und dem FRA-Satz gezahlt wird, kann diese Ausgleichszahlung auch als Austausch von Zinszahlungen interpretiert werden.

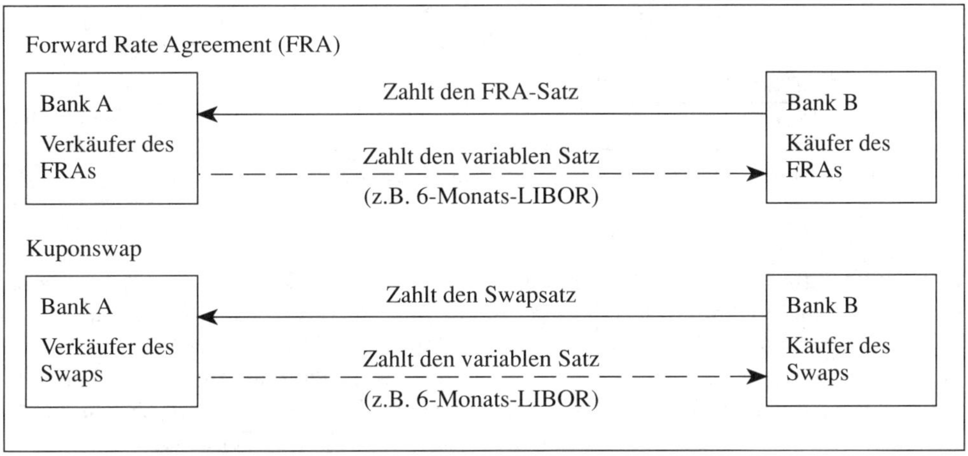

Abbildung 61: Kein grundlegender Unterschied zwischen Forward Rate Agreement (FRA) und Kuponswaps

Während der FRA-Satz bereits bei Abschluß des FRAs bekannt ist und während der gesamten Laufzeit des FRAs konstant bleibt (Festsatz), wird der variable Satz erst am Ende der Vorlaufperiode fixiert. Dieses Beispiel zeigt, daß kein grundlegender Unterschied zwischen FRAs und Kuponswaps existiert. Die Abbildung zeigt weiter, daß der Käufer eines FRAs den FRA-Satz zahlt (Festsatz) und den variablen Satz erhält. Steigt der variable Satz über den FRA-Satz erhält der Käufer eine Ausgleichszahlung. Der Käufer eines FRAs entspricht deshalb dem Käufer eines Swaps, der ebenfalls den Festsatz zahlt und den variablen Satz erhält.

Zwei wesentliche Unterschiede bestehen allerdings zwischen FRAs und Kuponswaps:

- die abgesicherte Periode und
- Vorlaufperiode.

In der Regel kann mit FRAs nur eine Periode abgesichert werden, die 3 Monate oder 6 Monate läuft. Im Gegensatz dazu können mit Kuponswaps mehrere Perioden abgesichert werden. Bei einem 10-jährigen Swap mit 6-Monats-LIBOR ist eine Absicherung über 20 Perioden möglich. Um Kuponswaps mit FRAs nachbilden zu können, müssen mehrere FRAs mit unterschiedlicher Vorlaufperiode miteinander verknüpft werden. Man bezeichnet diese FRAs als Strips. Die erste Periode bis zu Beginn des ersten FRAs muß über ein Kassageldmarktinstrument gebildet werden, da FRAs immer eine Vorlaufperiode haben. Deshalb sind FRAs im Grunde genommen Kuponswaps, die mit „Verzögerung" wirksam werden (Forward Swap). Die folgende Abbildung zeigt eine Serie von FRAs und einen Kuponswap mit einer Laufzeit von einem Jahr.

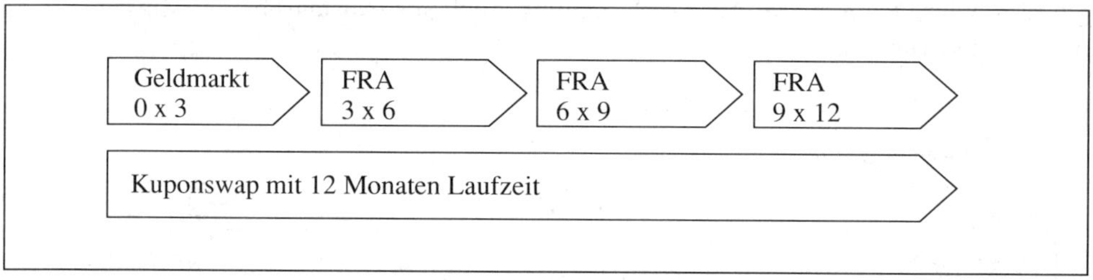

Abbildung 62: FRA-Serie und Kuponswap, Laufzeit 1 Jahr

Die Abbildung zeigt, daß ein Kuponswap durch die Aneinanderreihung eines Kassazinsinstrumentes und mehrerer FRAs synthetisch hergestellt werden kann. Der Swapsatz des einjährigen Kuponswap ergibt sich aus dem aktuellen 3-Monats-LIBOR und den drei FRAs (3 · 6, 6 · 9, 9 · 12). Der Swapsatz ist somit nichts anderes, als ein Durchschnittssatz aus dem aktuellen LIBOR und den drei FRA-Sätzen. Man bezeichnet den Durchschnittssatz auch als Strip Yield. Der Durchschnittssatz aus der aktuellen Geldanlage und den drei FRAs sollte in einem arbitragefreien Markt dem Festsatz des Kuponswaps entsprechen. In der Praxis ist die Laufzeit eines FRA-Strips auf zwei Jahre begrenzt, da FRAs maximal eine Laufzeit von zwei Jahren haben. Das Beispiel zeigt, daß die Preisbildung am Swapmarkt für Laufzeiten bis zu zwei Jahren auch von den FRA-Sätzen beeinflußt wird.

Die folgende Tabelle 7 zeigt die wesentlichen Merkmale von FRAs und Kuponswaps.

Tabelle 7: Merkmale FRA und Kuponswap

	Kuponswap (Plain Vanilla Swap)	FRA
Abgesicherte Zinsperioden	Mehrere	Eine
Handel	Over-the-Counter	Over-the-Counter
Zinszahlungen	Differenz (Zins-Netting)	Differenz (Zins-Netting)
Zeitpunkt der Ausgleichszahlung	Ende der abgesicherten Periode	Ende der abgesicherten Periode; de facto aber zu Beginn (Diskontierung)
Laufzeit	bis 10 Jahre	bis 2 Jahre
Beginn	Sofort	Zukunft

4.2 Strategien mit Zinsswaps

Zinsswaps können sowohl in Verbindung mit einer bestehenden oder geplanten Vermögensposition (Asset-Swap) als auch mit Verbindlichkeiten (Liability-Swap) eingesetzt werden. Bei diesem klassischen Einsatzgebiet werden Swaps mit einem zugrundeliegenden Geschäft verbunden. Allerdings werden Swaps in zunehmendem Maße auch als Hedging-Instrument in Risikoabsicherungsstrategien oder in Trading-Strategien zur Steigerung von Handelserträgen eingesetzt. Die verschiedenen Strategien mit Zinsswaps werden in diesem Kapitel näher vorgestellt.

4.2.1 Absicherungsstrategien mit Zinsswaps

Zinsswaps, die auf der Aktivseite der Bilanz, also mit bereits angelegten oder noch anzulegenden Beträgen (Vermögensgegenständen) verbunden werden, bezeichnet man als Asset-Swaps. Asset-Swaps werden von Anlegern (z. B. Portfolio Managern, Fonds Managern) eingesetzt. Asset-Swaps gewinnen erst langsam an Bedeutung. Asset-Swaps müssen allerdings nicht notwendigerweise mit einem Grundgeschäft der Aktivseite verbunden sein. Asset-Swaps können auch als eigenständige Transaktion durchgeführt werden. Auf diese verschiedenen Strategien wird im folgenden detailliert eingegangen.

Das Gegenstück zum Asset-Swap stellt der Liability-Swap auf der Passivseite der Bilanz dar. Der wesentliche Unterschied zum Asset-Swap besteht darin, daß Liability-Swaps von Schuldnern (Emittenten) eingesetzt werden und in Verbindung mit Verbindlichkeiten zu sehen sind. Liability-Swaps können entweder bei einer Neufinanzierung eingesetzt werden, um die Refinanzierungskosten zu senken (Differenzarbitrage) oder bei bereits bestehenden Verbindlichkeiten, denen eine veränderte Einschätzung der Zinsentwicklung zugrundeliegt.

Kuponswaps können auch unabhängig von abzusichernden Zinsinstrumenten eingesetzt werden, um eine bestimmte Risikoposition einzunehmen. Wie bereits dargestellt, erwartet der Zahler des Festsatzes steigende Renditen, während der Empfänger fallende Renditen erwartet. Tritt die erwartete Zinsentwicklung nicht ein, so ist

- der Zahler des Festsatzes dem Risiko ausgesetzt, daß die Zinsen fallen,
- der Empfänger des Festsatzes dem Risiko ausgesetzt ist, daß die Zinsen steigen.

In der Regel werden Kuponswaps eingesetzt, um bestehende Zinsinstrumente gegen zinsinduzierte Kursrisiken abzusichern (Hedging-Strategie). Swaps können in Hedging-Strategien eingesetzt werden, um

- einzelne Zinsinstrumente (Mikro-Hedging) oder
- mehrere Zinsinstrumente (Makro-Hedging)

abzusichern.

4.2.1.1 Strategien auf der Aktivseite

Da mit Zinsswaps eine bestimmte Risikoposition eingenommen werden kann, können Kuponswaps auch in Hedging-Strategien verwendet werden, um ein anderes Zinsinstrument gegen das Zinsänderungsrisiko abzusichern. Kuponswaps können auf der Aktivseite der Bilanz eingesetzt werden, um Straight Bonds (z. B. Bundesanleihen, Pfandbriefe) gegen Kursverluste abzusichern. Hat beispielsweise ein Anleger mit Straight Bonds ein offenes Risikopotential, können Kuponswaps verwendet werden, um dieses Kurspotential zu verringern. Ein Beispiel soll eine Mikro-Hedging-Strategie mit einem Kuponswap verdeutlichen.

Ein Kreditinstitut hat eine Anleihe im Bestand, die es variabel über den 6-Monats-LIBOR refinanziert. Das Institut erwartet, daß die Zinsen steigen. Zum einen ist das Kreditinstitut dem variablen Zinsrisiko bei steigenden Zinsen ausgesetzt, zum anderen fällt der Kurs der Anleihe (Kursrisiko), wenn die Rendite des Papiers steigt. Um sich gegen das Marktrisiko steigender Zinsen abzusichern, entschließt sich das Institut, einen Kuponswap abzuschließen. Es geht eine Long-Position im Swap ein. Das bedeutet, es wird Zahler des Festsatzes und erhält hierfür den variablen Satz (6-Monats-LIBOR). Folgende Gleichung kann aufgestellt werden.

$$\frac{+\text{ Anleihe } - \text{ Geldmarkt (Refinanzierung)}}{\text{Kassazinsinstrumente}} + \frac{\text{Swap}}{\text{Terminzinsinstrument}} = 0$$

Durch den Abschluß des Kuponswaps wird das Marktrisiko neutralisiert und das Kreditinstitut ist sowohl gegen das variable Zinsrisiko als auch gegen das Kursrisiko abgesichert. Diesen Zusammenhang zeigt Abbildung 63.

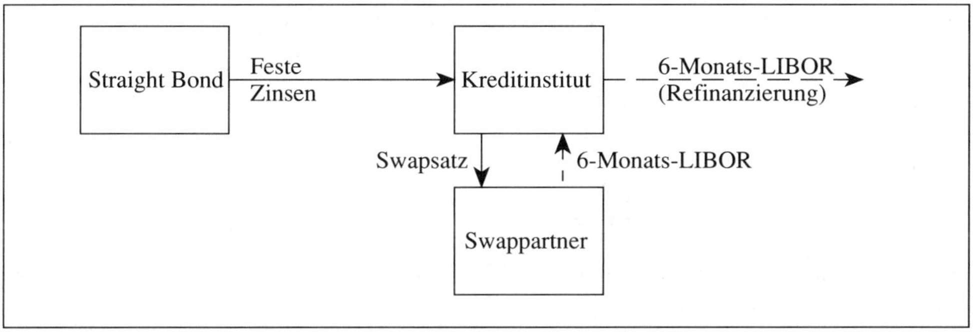

Abbildung 63: Hedging-Strategien mit Zinsswaps

Das Institut leitet den Festsatz aus dem Straight Bond in den Swap weiter. Liegt die Rendite über dem Swapsatz, kann es ein Arbitragepotential nutzen. Auf diesen Aspekt wird unter Punkt 4.2.2 detailliert eingegangen. Den 6-Monats-LIBOR, den das Kreditinstitut aus dem Swap erhält, kann es mit dem 6-Monats-LIBOR, der zur Refinanzierung des Straight Bonds dient, verrechnen. Das Kreditinstitut hat kein Marktrisiko.

Dieses relativ einfache Beispiel sollte die Wirkungsweise einer Hedging-Strategie mit Kuponswaps verdeutlichen. In der Praxis sind allerdings einige Faktoren zu berücksichtigen, sodaß eine Hedging-Strategie mit Kuponswaps komplexer wird. Es wurde bereits mehrmals angedeutet, daß Kuponswaps als Portfolio einer Long- bzw. Shortposition in Kassazinsinstrumenten angesehen werden kann. Dieser Ansatz wird auch bei der Durchführung einer effizienten Hedging-Strategie benötigt. Das bedeutet, daß die Hedging-Strategie separat sowohl mit der Bondposition als auch der Geldmarktposition des Kuponswaps zu erfolgen hat. An einem Beispiel soll gezeigt werden, wie eine Hedging-Strategie einer Long-Position in einer Bundesanleihe mit einem Zinsswap durchgeführt wird.

Ein Kreditinstitut hat für 20 Mio die 7,75 %ige Anleihe der Treuhand im Bestand. Die Anleihe wird am 1. Oktober 2002 fällig und wurde am 20. 7. 1993 zu 107,6 % gehandelt. Folgende Ertrags- und Sensitivitäts-Kennzahlen können für diese Treuhandanleihe ermittelt werden:

- Stückzinsen: 6,22 DM
- Dirty Price: 113,82 DM
- ISMA-Rendite: 6,6148 %
- Restlaufzeit: 9,20 Jahre
- Duration: 6,62 Jahre
- Modified Duration: 6,209 %
- PVBP: 0,07067 DM

Das Kreditinstitut hedgt diese Long-Position in der Treuhandanleihe mit einer Long-Position in einem Kuponswap ab. Das Kreditinstitut ist Zahler des Festsatzes. Der Swapsatz für 10-jährige Swaps liegt bei 6,8 % gegen 6-Monats-LIBOR.

Der synthetische Straight Bond des Swaps hat folgende Merkmale:

- Kupon: 6,8 %
- Laufzeit: 10 Jahre
- ISMA-Rendite: 6,8 %
- Duration: 7,57 Jahre
- Modified Duration: 7,088 %
- PVBP: 0,07088 DM

Das Hedge Ratio wird nach der gleichen Formel ermittelt, mit der auch das Hedge Ratio von Futures errechnet wird, also:

$$\text{Hedge Ratio} = \frac{\text{Nominal Kassa} \cdot \text{PVBP Kassa}}{\text{Nominal Swap} \cdot \text{PVBP Swap}}$$

$$= \frac{20.000.000 \cdot 0,07067}{1.000.000 \cdot 0,07088} = 19,94$$

Das Kreditinstitut müßte für Nominal 19.940.000 DM eine Long-Position in den 10jährigen Kuponswap eingehen, um das Risikopotential der Long-Position in der Anleihe zu neutralisieren. Sowohl die Kassaanleihe als auch der synthetische Straight Bond des Kuponswaps haben eine ähnliche Laufzeit und auch der PVBP beider Positionen ist nahezu identisch. Der Renditespread zwischen beiden Papieren beträgt 0,1852 Prozentpunkte. Allerdings bleibt auch bei dieser Hedging-Strategie das sogenannte Basisrisiko, sobald sich der Renditespread ändert. Auch der Effekt aus der variablen Seite wurde noch nicht berücksichtigt.

4.2.1.2 Strategien auf der Passivseite

Die Emission eines Floaters ist bei steigenden Geldmarktzinsen mit steigenden Zinskosten verbunden. Durch einen Liability-Swap, bei dem der variable Zinssatz in einen Festsatz getauscht wird, läßt sich das variable Zinsrisiko ausschalten. Das Unternehmen stellt eine synthetische Festsatzverbindlichkeit her. Das Unternehmen zahlt in den Swap den Festsatz und erhält den variablen Satz. Mit dem erhaltenen variablen Satz kann das Unternehmen die Zinsverpflichtungen des Floaters bedienen. Der Vorteil für das Unternehmen: Die Refinanzierungskosten sind festgeschrieben und das variable Zinsrisiko gehedgt. Dieser Zusammenhang kann mit folgender Gleichung dargestellt werden:

– Straight Bond = – Floating Rate Note + Kuponswap

Die Refinanzierungskosten ergeben sich aus der Addition des Swapsatzes plus der Quoted Margin des Floaters. Die Abbildung 64 zeigt nochmals die Wirkungsweise eines Liability-Swaps.

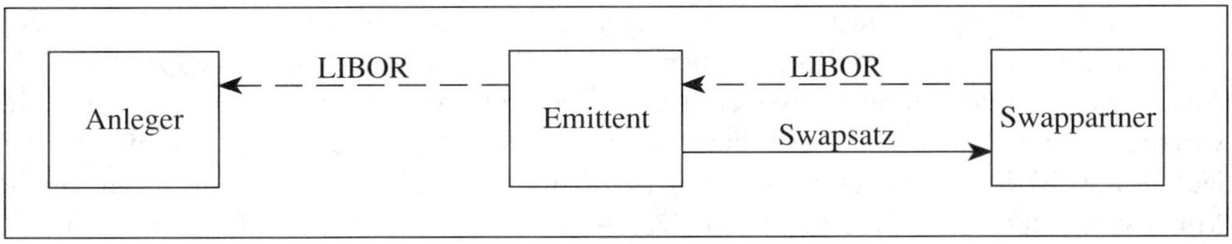

Abbildung 64: Wirkungsweise eines Liability-Swaps

4.2.2 Arbitragestrategien mit Zinsswaps

Während in den letzten Beispielen Kuponswaps abgeschlossen wurden, um Marktrisiken abzusichern, werden nun Arbitragestrategien mit Zinsswaps aufgezeigt.

Das folgende Beispiel zeigt, wie ein Asset-Swap eingesetzt werden kann, um den laufenden Ertrag des Portfolios zu erhöhen, indem Zusatzerträge erzielt werden (Differenzarbitrage). Der Anleger versucht bei dieser relativ komplexen Strategie mit Zinsswaps ein bestehendes Arbitragepotential auszuschöpfen. Ziel ist es, bestehende Kursungleichgewichte auszunutzen. Asset-Swaps werden in Arbitrage-Strategien eingesetzt, um aus

- Straight Bonds synthetische Floating Rate Notes oder aus
- Floating Rate Notes synthetische Straight Bonds

herzustellen.

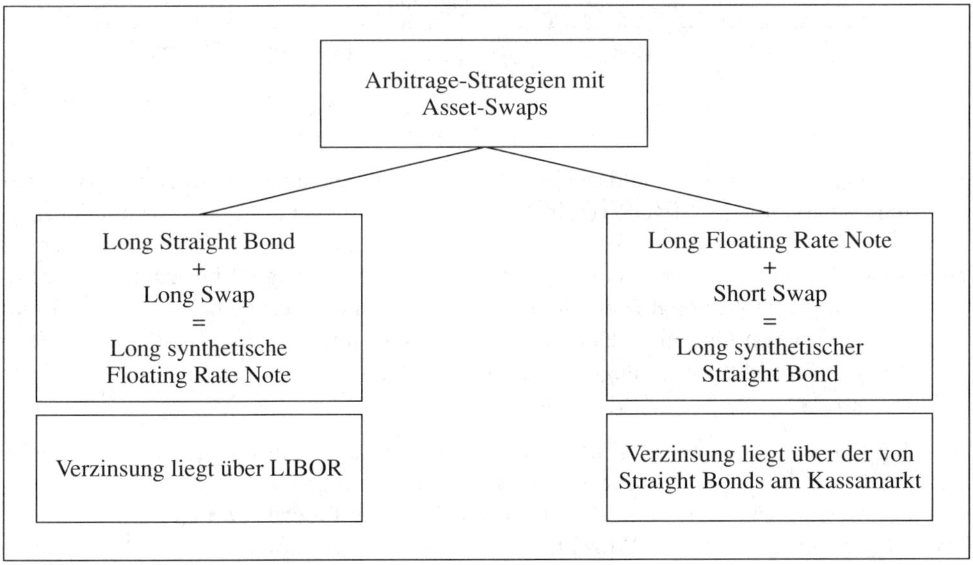

Abbildung 65: Arbitrage-Strategien mit Asset Swaps

In folgendem Beispiel wurde eine Floating Rate Note am Kassamarkt gekauft und mit einem Kuponswap in einen synthetischen Straight Bond umgewandelt. Doch zunächst die Ausgangssituation: Anfang 1990 emittierte ein Unternehmen mit bester Qualität ein variabel verzinsliches Schuldscheindarlehen (Floating Rate Note). Der Nominalbetrag lautete auf 50 Mio DM. Der Floater wird in fünf Jahren fällig und wurde mit einem Mindestzinssatz von 8 % ausgestattet. Die Verzinsung des 6-Monats-Floaters orientiert sich am 6-Monats-LIBOR. Der Abschlag (Quoted Margin) liegt bei 25 Basispunkten. Der Mindestzinssatz garantierte dem Anleger, daß die Verzinsung des Floaters mindestens 8 % beträgt. Technisch verbirgt sich hinter der Mindestverzinsung ein Floor mit einem Basispreis von 8,25 %. Auf Floors wird in Kapitel 5 noch detailliert eingegangen. Der Swapsatz für fünfjährige Laufzeiten liegt bei 9,13 %. Ein festverzinsliches Schuldscheindarlehen (Straight Bond) rentierte zu 9,09 %.

Ein Anleger, der in ein festverzinsliches Zinsinstrument (Straight Bond) investieren möchte, kauft in der Regel dieses Papier direkt am Kassamarkt. Alternativ könnte der Anleger auch einen synthetischen Straight Bond kreieren, indem er einen Floater kauft und diesen mit einem Kuponswap verbindet. Darüber hinaus muß in diesem Beispiel noch das Floor berücksichtigt werden.

Im ersten Schritt wird zunächst das Schuldscheindarlehen in Bausteine zerlegt. Die Long-Position im variabel verzinslichen Schuldscheindarlehen mit der garantierten Mindestverzinsung von 8 % kann in folgende drei Bausteine zerlegt werden:

Instrument	+ FRN	=	+ FRN (Plain Vanilla Floating Rate Note)	– Annuität	+ Floor
Merkmal	6-Monats-LIBOR – 0,25%; Mindestzins 8%		6-Monats-LIBOR	– 0,25%	8,25%

Das variabel verzinsliche Schuldscheindarlehen besteht aus einem normalen Floater, der zum aktuellen 6-Monats-LIBOR verzinst wird. Da der Anleger aus dem Floater allerdings nur 6-Monats-LIBOR – 0,25 % erhält, wird dieser Abschlag von 0,25 Prozentpunkten als eine Short-Position in einer Annuität dargestellt. Da der Anleger eine garantierte Mindestverzinsung in Höhe von 8 % erhält, hat er eine Long-Position in einem Floor. Ein Floor ist ein Portfolio von Optionen. Der Basispreis dieser Optionen liegt bei 8,25 % (8 % + 0,25 %). Hierfür zahlt der Anleger indirekt eine Prämie in Form des Abschlages vom LIBOR-Satz.

Im nächsten Schritt wird die Long-Position im Floor neutralisiert. Dies wird erreicht, indem der Anleger eine identische Short-Position im Floor ebenfalls mit einem Basispreis von 8,25 % am OTC-Markt eingeht. Da er nun Short im Floor ist, erhält er eine Prämie. Die Prämie beträgt p. a. 0,5 Prozentpunkte. Welches Instrument hat der Anleger nun synthetisch hergestellt?

Instrument	+ FRN	= + FRN (Plain Vanilla Floating Rate Note)	– Annuität	+ Floor	– Floor
Merkmal	6-Monats-LIBOR – 0,25%; Mindestverzinsung 8%	6-Monats-LIBOR	– 0,25%	8,25%	8,25% 0,5%

Die Gleichung zeigt, daß die Long- bzw. Short-Position im Floor identisch sind und somit einander aufheben. Die Gleichung vereinfacht sich deshalb:

Instrument	+ FRN	= + FRN (Plain Vanilla Floating Rate Note)	+ Annuität
Merkmal	6-Monats-LIBOR + 0,25%;	6-Monats-LIBOR	+ 0,25%

Der Anleger hat nun eine Long-Position in einem normalen Floater, der sich zu LIBOR verzinst und eine Long-Position in der Annuität, die 0,25 % p. a. erzielt. Sein Gesamtertrag beträgt also, LIBOR + 0,25 %. Der Anleger erhält nun eine Verzinsung, die um 0,25 % über dem LIBOR-Satz liegt, da er jährlich 0,50 % aus der Short-Position des Floors erhält (- 0,25 + 0,50 = 0,25). Die Mindestverzinsung von 8 % ist nicht mehr gewährleistet, da er sowohl eine Long-Position als auch eine Short-Position im Floor eingegangen ist. Der Anleger hat einen synthetischen Floater mit einer Verzinsung von 0,25 Prozentpunkten über LIBOR hergestellt.

Im letzten Schritt wird der synthetische Plain Vanilla Floater mit einem Kuponswap in einen synthetischen Straight Bond transferiert. Der Anleger erhält LIBOR + 0,25 aus dem synthetischen Floater und wird nun Empfänger des Festsatzes (Short Swap) in einem Plain Vanilla Kupon Swap. Die Gleichung lautet nun:

Instrument	+ Straight Bond	= + FRN (Plain Vanilla Floating Rate Note)	+ Annuität	– Kupon Swap
Merkmal	9,38%	6-Monats-LIBOR	+ 0,25%	9,13/LIBOR

Eine Short-Position in einem Kupon Swap kann als Short-Position in einer Floating Rate Note zu LIBOR und Long-Position in einem Straight Bond mit einer Rendite in Höhe des Swapsatzes interpretiert werden. Die Gleichung lautet demnach:

Instrument	+ Straight Bond	= + FRN	+ Annuität	– FRN	+ Straight Bond
Merkmal	9,38%	6-Monats-LIBOR	+ 0,25%	– 6-Monats-LIBOR	+ 9,13%

Die Long-Position in der FRN und Short-Position in der FRN (aus Kuponswap) können gegeneinander gekürzt werden, sodaß der Anleger einen synthetischen fünfjährigen Straight Bond mit einer Rendite von 9,38 % herstellt. Diesen synthetischen Straight Bond zeigt die folgende Gleichung:

Instrument	+ Straight Bond	+ Annuität	+ Straight Bond
Merkmal	9,38%	+ 0,25%	+ 9,13%

Grafisch können die gesamten Transaktionen wie folgt dargestellt werden:

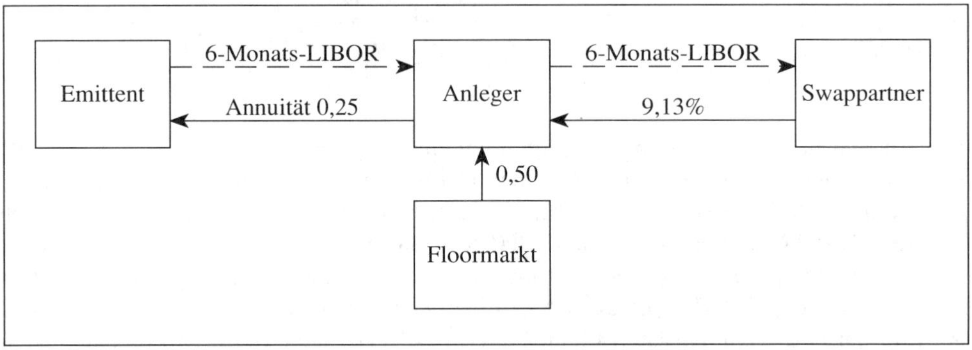

Abbildung 66: Anlage in einen synthetischen fünfjährigen Straight Bond

Diese Abbildung zeigt nochmals, daß der Anleger einen synthetischen fünfjährigen Straight Bond mit einer Rendite von 9,38 % hergestellt hat. Verglichen mit einem direkten Kauf eines Straight Bonds am Kassamarkt, hat der Anleger eine Verzinsung, die um 29 Basispunkte über dem Markt liegt. Dieser Vorteil ist der zusätzliche Ertrag aus dieser Differenzarbitrage.

	Rendite aus synthetischem Straight Bond:	9,38 %
–	Rendite aus Straight Bond am Kassamarkt:	9,09 %
=	Mehrertrag aus synthetischem Straight Bond:	0,29 %

Der Mehrertrag (Yield Pick Up) kann in zwei Komponenten aufgeteilt werden:

– Spread zwischen Schuldscheindarlehen und Kupon Swaps:	0,04 %
– Unterschiedliche Bewertung des Floors:	0,25 %
– Mehrertrag aus synthetischem Straight Bond:	0,29 %

Der Spread zwischen Schuldscheindarlehen und Kupon Swaps beträgt 0,04 Prozentpunkte (9,13 % – 9,09 %). Dieser positive Spread bedeutet für den Anleger, daß der Festsatz (Swapsatz) bei einer Short-Swap-Position 9,13 % beträgt, während am Kassakapitalmarkt eine Verzinsung von 9,09 % für die gleiche Laufzeit erzielt werden kann.

Die restlichen 25 Basispunkte Arbitragegewinn ergeben sich aus der unterschiedlichen Bewertung des Floors zum einen als Teil des variabel verzinslichen Schuldscheindarlehens und zum anderen als separat gehandeltes Instrument am OTC-Markt für Floors. Die Prämie, die der Anleger bezahlt in Form einer geringeren LIBOR-Verzinsung, ist geringer als die Prämie, die er aus dem Verkauf des Floors am OTC-Markt erhält.

Der Kauf des synthetischen Straight Bonds ist nur dann für den Anleger interessant, wenn die Rendite des synthetischen Zinsinstrumentes mindestens der Rendite des Kassazinsinstrumentes entspricht. Hierbei wurde unterstellt, daß dem Anleger keine zusätzlichen Risiken mit dem synthetischen Papier entstehen. Kann der Mehrertrag risikolos erzielt werden? Kann also von einer risikolosen Arbitragemöglichkeit gesprochen werden? Nein. Denn: Mit dieser Arbitrage sind einige Risiken verbunden, die zumindestens erwähnt werden müssen. Deshalb ist auch die Bezeichnung Risk Arbitrage zutreffender als nur Arbitrage. Zum einen hat der Anleger im Vergleich zu einem Straight Bond das Kontrahentenrisiko aus dem Kuponswap. Zwar ist das Kontrahentenrisiko wegen der Saldierung der Zahlungsströme eingeschränkt, aber der im Hinblick auf den bei Ausfall des Swappartners notwendige Abschluß eines Ersatzswaps für die Restlaufzeit bei einem möglicherweise verändertem Swapniveau sollte berücksichtigt werden. Auf der anderen Seite muß noch berücksichtigt werden, daß durch das synthetische Herstellen des Straight Bond der Verwaltungsaufwand im Backoffice ansteigt. Auch eine eventuelle Belastung der Grundsätze bei Kreditinstituten ist zu berücksichtigen.

In diesem Beispiel wurde eine Floating Rate Note in einen synthetischen Straight Bond geswapt. Aber auch die andere Möglichkeit – nämlich das Swapen eines Straight Bonds in eine synthetische Floating Rate Note – wird am Markt praktiziert. Im folgenden Beispiel wird eine bereits am Markt gehandelte Anleihe mit einem Festsatz in eine mit einer variabel verzinslichen Basis getauscht. Ein Arbitragepotential entsteht durch die höhere Rendite, die der Anleger aus der Anleihe erhält, im Vergleich zum niedrigeren Swapsatz, den der Anleger in den Swap bezahlt (Zahler). Das erzielte Arbitragepotential erhöht den Ertrag aus der synthetischen Floating Rate Note, den der Anleger erhält.

Das Swapen eines Straight Bonds in eine variabel verzinsliche Anleihe ist die häufigere Möglichkeit, bei denen Asset-Swaps eingesetzt werden. Denn das Angebot an Straight Bonds am Kassamarkt ist bei weitem größer als das Angebot an Floating Rate Notes.

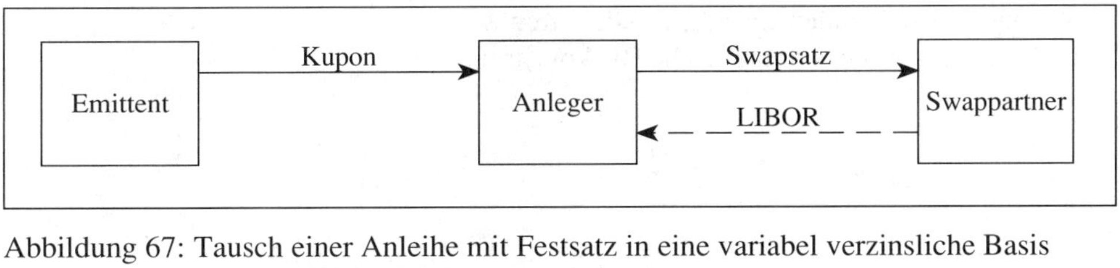

Abbildung 67: Tausch einer Anleihe mit Festsatz in eine variabel verzinsliche Basis

Arbitragemöglichkeiten können sich u. a. ergeben, wenn sich die Renditen der verschiedenen Märkte (z. B. Swaps und Schuldscheindarlehen) unterschiedlich entwickeln:

- Der Swapmarkt und die diversen Märkte für Kassazinsinstrumente (Öffentliche Anleihen, Pfandbriefe, Schuldscheindarlehen, Euroanleihen) reagieren oftmals unterschiedlich auf die gleichen Informationen. In der Regel reagiert der Swapmarkt schneller auf Informationen als beispielsweise der Pfandbriefsektor oder Euromarkt. Fallen beispielsweise die Swapsätze, während die Renditen für Euroanleihen (z. B. EIB) gleich bleiben, so eröffnet sich die Möglichkeit, über den Kauf der Euroanleihen eine höhere Rendite zu erzielen als in den Swap gezahlt werden muß.
- Oftmals werden am Swapmarkt im Vergleich zu öffentlichen Titeln auch unterschiedliche Erwartungen gehandelt. So beispielsweise im Juni 1993. Während sich beispielsweise der Spread zwischen drei- bzw. fünfjährigen Bundesobligationen auf 4 Basispunkte verringerte, ist die Swaprenditekurve in diesem Bereich relativ steil. Der Spread betrug immerhin 22 Basispunkte, d. h. 3jährige Swaps wurden zu 6,45 % gepreist, während fünfjährige Swaps 6,67 % erzielten.

4.3 Zinsswaps auf einen Blick: Zusammenfassung

Zinsswaps sind Instrumente des Zinsmanagements, die ursprünglich für die Passivseite (Liability-Swaps) entwickelt wurden. In zunehmendem Maße werden Kuponswaps aber auch zum Management von Zinsänderungsrisiken auf der Aktivseite eingesetzt. Für die Bewertung von Swaps und deren Einsatz in Hedging-Strategien ist es sinnvoll, Kuponswaps als Portfolio einer Long- bzw. Short-Position in Kassazinsinstrumenten zu interpretieren. Es wurde aber auch gezeigt, daß eine Verbindung zwischen aktuellen Geldmarktsätzen, FRA-Sätzen (zukünftige Geldmarktsätze) und den Swapsätzen besteht. Kuponswaps sind flexible derivative OTC-Produkte, die sowohl in Arbitrage-, Hedging- als auch Trading-Strategien eingesetzt werden können:

- Einsatz von Kuponswaps zur Ausnutzung von Arbitragepotentialen auf der Aktiv- und Passivseite
- Trading-Strategien sowohl für fallende als auch steigende Renditen
- Absicherung eines Rentenportfolio gegen Kursverluste (Asset Swap)
- Absicherung einer variabel verzinslichen Verbindlichkeit gegen steigende Zinsen
- Sichere Kalkulationsbasis im Asset/Liability-Management, wenn aus einem variabel verzinslichen ein festverzinsliches Zinsinstrument synthetisch hergestellt wird
- Keine Kapitalbewegungen bei Eingehen einer Position
- Swaps sind Over-the-counter-Produkte (OTC-Produkte)
- Vom abzusichernden Grundgeschäft getrennt
- Kuponswaps sind symmetrische Risikoinstrumente

5 Caps, Floors und Collars

Caps, Floors und Collars sind Zinsinstrumente, die Hedging-Strategien ermöglichen, die mit anderen derivativen Zinsinstrumenten nicht erreicht werden können. Sie bieten eine Absicherung gegen eine ungünstige Zinsentwicklung, ohne dabei auf eine günstige Zinsentwicklung verzichten zu müssen. Deshalb werden Caps, Floors und Collars auch als asymmetrische Zinsinstrumente bezeichnet. Caps, Floors und Collars sind optionsähnliche Zinsinstrumente, da diese mit Zinsoptionen nachgebildet werden können.

Caps und Floors sind optionsähnliche Instrumente, die in den letzten Jahren verstärkt nachgefragt wurden, um sich gegen die starken Schwankungen der Geldmarktsätze zu schützen oder daran zu verdienen. Während Caps ein Instrument für Emittenten sind, um sich gegen steigende Geldmarktsätze abzusichern, sind Floors für Anleger interessant, um sich gegen fallende Geldmarktsätze zu hedgen. Aber auch in Trading-Strategien können diese Instrumente eingesetzt werden.

In diesem Kapitel werden die Chancen und Risiken erläutert und Strategien aufgezeigt, wie sowohl Anleger als auch Emittenten von diesen Zinsinstrumenten profitieren können.

5.1 Was sind Zinsbegrenzungsverträge?

Caps, Floors und Collars werden auch als Zinsbegrenzungsverträge bezeichnet, da sie einen variablen Zinssatz (z. B. 3-Monats-LIBOR, 6-Monats-LIBOR)

- bei einem Cap nach oben (Zinsobergrenze),
- bei einem Floor nach unten (Zinsuntergrenze) und schließlich
- bei einem Collar nach oben (Zinsobergrenze) und unten (Zinsuntergrenze)

begrenzen. Diese drei Zinsinstrumente werden nun näher vorgestellt.

5.1.1 Cap (Zinsobergrenze)

Ein Cap ist eine Vereinbarung zwischen dem

- Verkäufer (Short Cap) und dem
- Käufer (Long Cap),
- daß bei Steigen eines festgelegten Marktzinssatzes (z. B. 6-Monats-LIBOR)
- über eine vereinbarte Zinsobergrenze
- der Verkäufer dem Käufer den Differenzbetrag
- bezogen auf einen vereinbarten Nominalbetrag erstattet.

Caps werden vor allem zum Hedging von Zinsänderungsrisiken eingesetzt, die sich aus variablen Finanzierungen (z. B. Floating Rate Notes) ergeben. Die Zinsobergrenze wird entsprechend der Analogie zu Zinsoptionen auch als Strike Price oder Basispreis bezeichnet.

DM-Caps gegen 6-Monats-LIBOR werden bei einer Zinsobergrenze von 6,5 % wie folgt quotiert:

Laufzeit	Long Cap (Käufer des Caps)	Short Cap (Verkäufer des Caps)
2 Jahre	0,26%	0,16%
3 Jahre	0,7%	0,53%
5 Jahre	1,95%	1,7%
10 Jahre	5,8%	5,3%

Quelle: Société Générale, Frankfurt am Main

Der aktuelle 6-Monats-LIBOR liegt am 21. 7. 1993 bei 6,93333 %. Die Tabelle zeigt, daß der Spread zwischen Long Cap und Short Cap mit zunehmender Laufzeit größer wird.

Die Cap-Quotierung wird auf Basis, der Zinsobergrenze und der Laufzeit vorgenommen. Die Cap-Prämie wird in der Regel einmalig zu Beginn der Vertragslaufzeit fällig und wird ausgedrückt in Prozent des zugrundeliegenden Nominalbetrages. Die Cap-Prämie ist ähnlich wie bei Zinsoptionen als einmalige Versicherungsprämie gegen steigende Geldmarktsätze zu interpretieren.

An einem Beispiel sollen Caps näher dargestellt werden:

Ein Emittent eines Floaters möchte sich gegen steigende Zinsen absichern. Deshalb entschließt er sich, ein Cap am 21. 7. 1993 zu kaufen, um gegen steigende Zinsen abgesichert zu sein und gleichzeitig an sinkenden Zinsen teil zu haben. Er wird Käufer eines zweijährigen Caps (Long Cap). Hierfür muß er 0,26 % des Nominalbetrages als einmalige Prämie an den Verkäufer des Caps (Market Maker) zahlen. Der Nominalbetrag des Caps beträgt 10 Mio DM. Der Emittent zahlt somit 26.000 DM (0,26 % · 10.000.000) bei Vertragsabschluß des Caps an den Market Maker. Die folgende Abbildung zeigt diesen Vorgang nochmals (Zahlungen bei Vertragsabschluß des Caps):

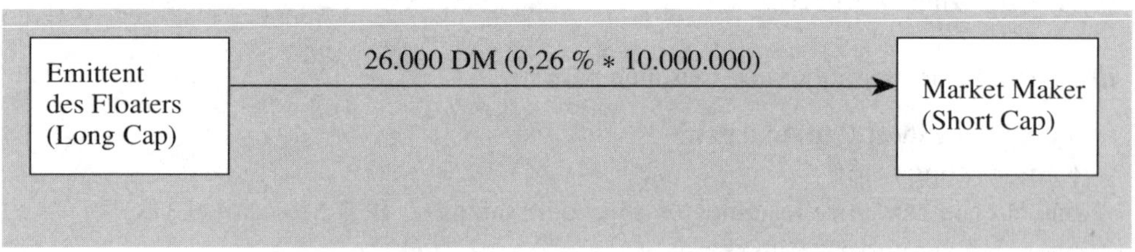

Mit der Zahlung der Prämie in Höhe von 26.000 DM hat sich der Emittent das Recht gesichert sobald der Referenzzinssatz die Zinsobergrenze überschreitet, die Zinsdifferenz zwischen dem Referenzzinssatz und der Zinsobergrenze am Ende der abgesicherten Periode zu erhalten. Die Ausgleichszahlung wird mit folgender Formel ermittelt:

$$\text{Ausgleichszahlung} = \frac{\text{Nominalbetrag} \times (\text{Referenzzins} - \text{Basispreis}) \times \text{Tage abgesicherte Periode}}{100 \times 360}$$

Im 6-Monats-Rhythmus wird der 6-Monats-LIBOR mit der Zinsobergrenze von 6,5 % verglichen. Liegt der 6-Monats-LIBOR über 6,5 %, erhält der Emittent von seinem Vertragspartner die Differenz zwischen dem 6-Monats-LIBOR und der Zinsobergrenze. Ist der 6-Monats-LIBOR dagegen niedriger, erfolgt keine Ausgleichszahlung. An einigen Zinsszenarien soll die Wirkungsweise von Caps gezeigt werden.

Zahlungen während der Laufzeit des Caps:

Szenario 1: Aktueller 6-Monats-LIBOR ist größer als die Zinsobergrenze (z. B. 6-Monats-LIBOR 7,5 %).

Aus Vereinfachungsgründen wird in diesem Beispiel unterstellt, daß jede Zinsperiode exakt 180 Zinstage hat. In der Praxis wird nach der Tageberechnungsmethode echt/360 gerechnet.

Der Market Maker zahlt an den Emittenten die Differenz zwischen aktuellem 6-Monats-LIBOR und Zinsobergrenze, also:

$$\text{Ausgleichszahlung} = \frac{10.000.000 \cdot (7,5 - 6,5) \cdot 180}{100 \cdot 360} = 50.000 \text{ DM.}$$

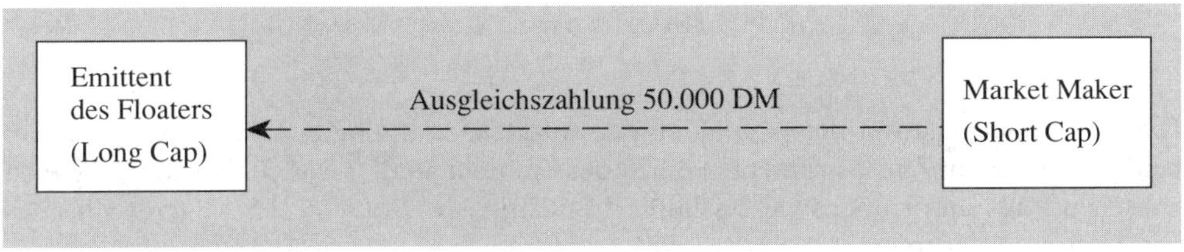

Die Ausgleichszahlung kann gedanklich in zwei Zahlungsströme aufgesplittet werden, nämlich in einen variablen Satz und in einen Festsatz. Der Festsatz wird bei einem Cap als Zinsobergrenze bezeichnet. Diese Aufsplittung eines Caps zeigt nochmals nachstehende Abbildung:

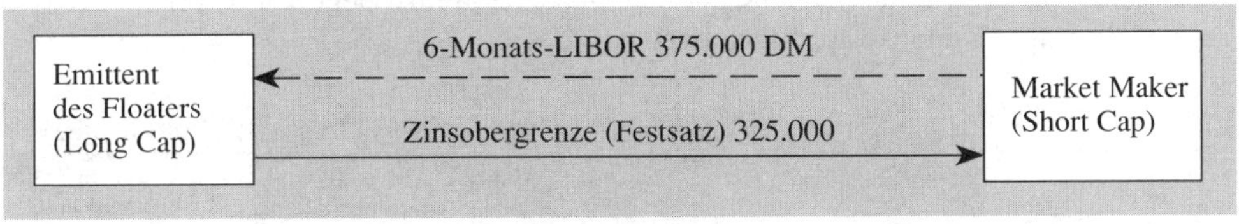

Die Darstellung zeigt, daß der Emittent, der Long Cap ist, gedanklich dem Market Maker (Short Cap) den Festsatz zahlt. In dem gewählten Beispiel betrug der Festsatz 6,5 %, also zahlt der Emittent 325.000 DM (10.000.000 × 6,5 × 180/36000). Als Ausgleich hierfür erhält der Emittent vom Market Maker den aktuellen 6-Monats-LIBOR bezogen auf den Nominalbetrag, nämlich 375.000 DM (10.000.000 × 7,5 × 180/36000). In der Praxis wird de facto nur die Differenz ausgetauscht (Zinsnetting), also 50.000 DM. Dieses gedankliche Aufsplitten zeigt sehr deutlich die Ähnlichkeit zwischen Caps und Kuponswaps. Denn: Auch der Käufer eines Plain Vanilla Kuponswaps zahlt den Festsatz und erhält den variablen 6-Monats-LIBOR. In diesem Beispiel sei unterstellt, daß der Swapsatz ebenfalls bei 6,5 % liegt.

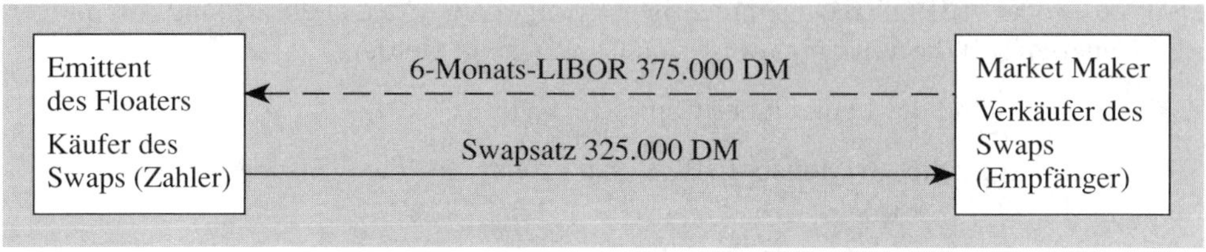

Der Verkäufer des Swaps zahlt de facto beim Zinsnetting 50.000 DM an den Emittenten des Floaters, also:

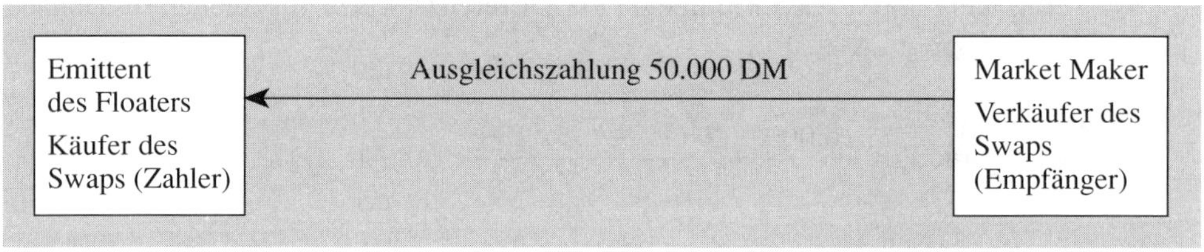

Diese Abbildung ist mit der Abbildung der Ausgleichszahlung des Caps identisch. Bei beiden derivativen Zinsinstrumenten erhält der Emittent 50.000 DM. Bevor der Vergleich zwischen Caps und Kuponswaps detailliert beschrieben wird, soll ein weiteres Zinsszenario untersucht werden.

Szenario 2: Aktueller 6-Monats-LIBOR ist geringer als die Zinsobergrenze (z. B. 6-Monats-LIBOR 5,5 %).

In diesem Fall sind beim Cap weder vom Emittenten noch Market Maker Ausgleichszahlungen zu leisten. Denn: Bei einem Cap erfolgt nur dann eine Ausgleichszahlung an den Käufer des Caps, wenn der LIBOR über der Zinsobergrenze liegt. Caps werden deshalb auch als bedingte Kuponswaps bezeichnet.

Im Gegensatz hierzu bei einem Kuponswap. In diesem Fall werden auch in einem Kuponswap Zinszahlungen ausgetauscht.

Fällt der 6-Monats-LIBOR unter den Swapsatz, muß der Käufer des Swaps an den Verkäufer zahlen. De facto wird beim Zinsnetting wiederum 50.000 DM an den Verkäufer des Swaps gezahlt, also:

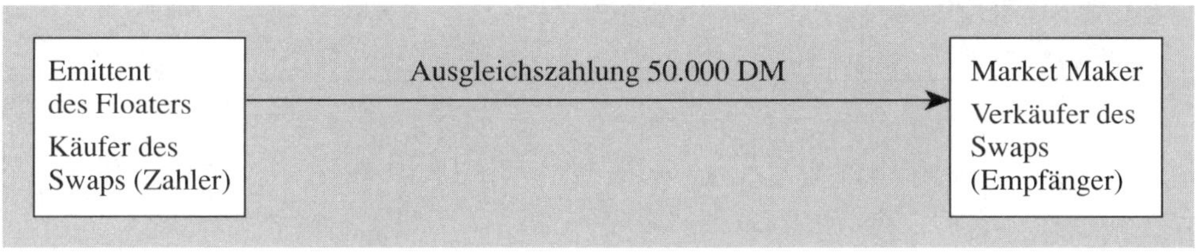

Dieses Zinsszenario zeigt den wesentlichen Unterschied zwischen Caps und Zinsswaps. Während bei Zinsswaps sowohl die Chancen (man erhält Ausgleichszahlung) als auch Risiken (man zahlt Ausgleichszahlung) theoretisch unbegrenzt sind, sind die Chancen für den Käufer eines Caps unbegrenzt und die Risiken auf die gezahlte Prämie begrenzt. Deshalb werden Caps als asymmetrische Zinsinstrumente bezeichnet.

Szenario 3: Der Aktuelle 6-Monats-LIBOR und die Zinsobergrenze sind identisch (6-Monats-LIBOR 6,5 %).

In diesem Fall sind beim Cap weder vom Emittenten noch Market Maker Ausgleichszahlungen zu leisten, da der 6-Monats-LIBOR nicht über der Zinsobergrenze liegt.

Beim Kuponswap heben sich die gegenseitig zu leistenden Zahlungen auf.

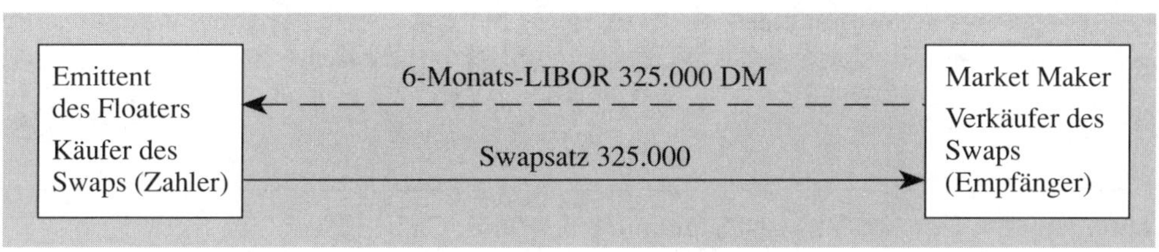

Auch beim Kuponswap werden in diesem Zinsszenario de facto beim Zinsnetting keine Zinszahlungen ausgetauscht, da der variable Satz und Swapsatz identisch sind.

Die nachstehende Grafik zeigt das Gewinn-Verlust-Diagramm einer Long-Cap- bzw. Short-Cap-Position.

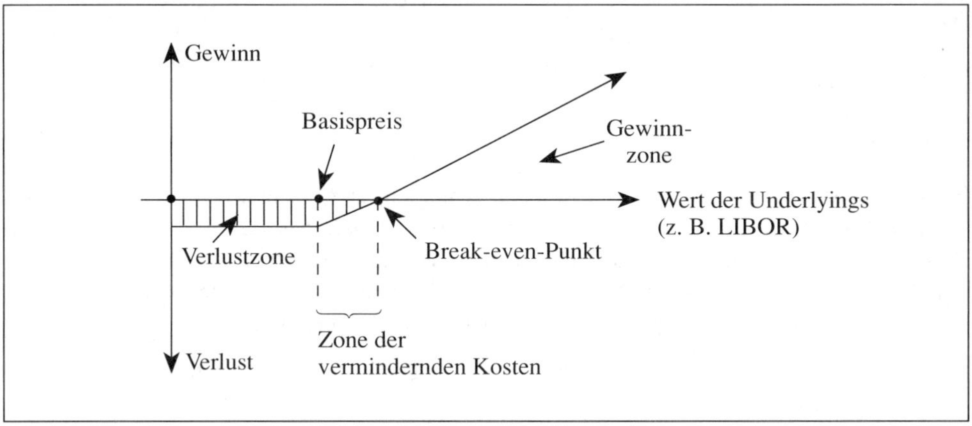

Abbildung 68: Gewinn-Verlust-Diagramm eines Long Cap

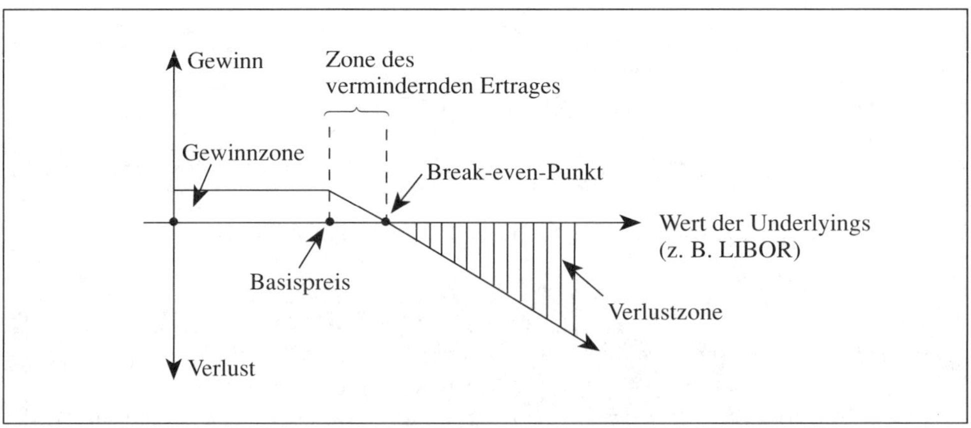

Abbildung 69: Gewinn-Verlust-Diagramm eines Short Cap

Die folgende Tabelle 8 faßt die wesentlichen Unterschiede zwischen Caps und Kuponswaps nochmals zusammen.

Tabelle 8: Unterschiede zwischen Caps und Kuponswaps

Kuponswap	Long Cap	Long Kuponswap	Short Cap	Short Kuponswap
Zinsinstrument	Asymmetrisch	Symmetrisch	Asymmetrisch	Symmetrisch
Prämie	Ja, zahlt Prämie	Nein	Ja, erhält Prämie	Nein
Zinserwartung	Steigende Zinsen	Steigende Zinsen	Fallende oder gleichbleibende Zinsen	Fallende Zinsen
Festsatz	Zinsobergrenze	Swapsatz	Zinsobergrenze	Swapsatz
LIBOR größer Zinsobergrenze bzw. Swapsatz	Erhält Ausgleichszahlung	Erhält Ausgleichszahlung	Zahlt Ausgleichszahlung	Zahlt Ausgleichszahlung
LIBOR kleiner Zinsobergrenze	Keine Ausgleichszahlung	Zahlt Ausgleichszahlung	Keine Ausgleichszahlung	Erhält Ausgleichszahlung
Chance	Steigende Zinsen	Steigende Zinsen	Prämie	Fallende Zinsen
Risiko	Prämie	Fallende Zinsen	Steigende Zinsen	Steigende Zinsen

5.1.2 Floor (Zinsuntergrenze)

Floors sind das Gegenstück zu Caps. Während Caps variable Zinsen nach oben begrenzen, begrenzt ein Floor das variable Zinsrisiko nach unten (Zinsuntergrenze).

Ein Floor ist eine Vereinbarung zwischen dem

- Verkäufer des Floors (Short Floor) und dem
- Käufer (Long Floor),
- daß bei Fallen eines festgelegten Marktzinssatzes (z. B. 6-Monats-LIBOR)
- unter eine vereinbarte Zinsobergrenze
- der Verkäufer dem Käufer den Differenzbetrag,
- bezogen auf einen vereinbarten Nominalbetrag erstattet.

Floors werden vor allem zum Hedging von Zinsänderungsrisiken eingesetzt, die sich aus variablen Anlagen (z. B. Floating Rate Notes) ergeben. Die Zinsuntergrenze wird entsprechend der Anologie zu Zinsoptionen auch als Strike Price oder Basispreis bezeichnet. Die Ausgleichszahlung bei einem Floor wird mit folgender Formel ermittelt:

$$\text{Ausgleichszahlung} = \frac{\text{Nominalbetrag} \times (\text{Basispreis} - \text{Referenzzinssatz}) \times \text{Tage abgesicherte Periode}}{100 \times 360}$$

Bei einem Floor erfolgt eine Ausgleichszahlung an den Käufer des Floors, wenn der variable Zinssatz unter den Basispreis fällt. Liegt beispielsweise die Zinsuntergrenze bei 6 % und der aktuelle 6-Monats-LIBOR bei 4 %, so erhält der Käufer des Floors eine Ausgleichszahlung in Höhe der Differenz zwischen der Zinsuntergrenze und dem aktuellen LIBOR bezogen auf den Nominalbetrag von 20.000.000 DM, also:

$$\text{Ausgleichszahlung} = \frac{20.000.000 \cdot (6 - 4) \cdot 180}{360 \cdot 100} = 200.000 \quad \text{DM}$$

Der Käufer des Floors erhält vom Verkäufer 200.000 DM als Ausgleichszahlung überwiesen.

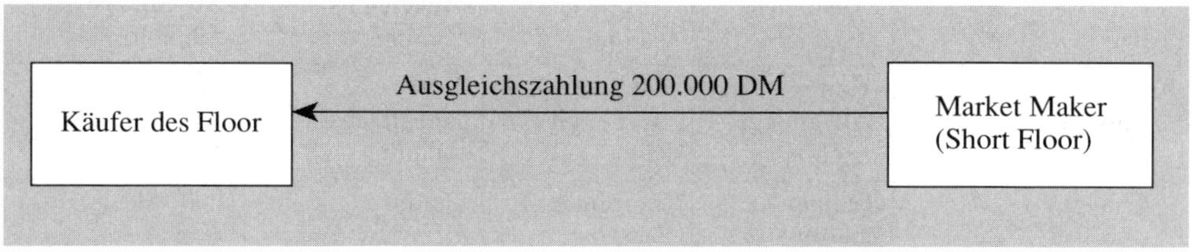

Auch Floors können ähnlich wie Caps in einen variablen Zinssatz und Festzinssatz aufgesplittet werden. Der Festsatz entspricht der Zinsuntergrenze von 6 %. Während bei einem Cap der Käufer den Festsatz zahlt bzw. der Verkäufer den variablen Satz, zahlt bei einem Floor der Verkäufer den Festsatz bzw. der Käufer den variablen Satz. Eine Long-Floor-Position kann somit mit einer Short-Position in einem Kuponswap verglichen werden. Die nachfolgende Abbildung zeigt das gedankliche Aufsplitten der Zahlungen bei einem Floor:

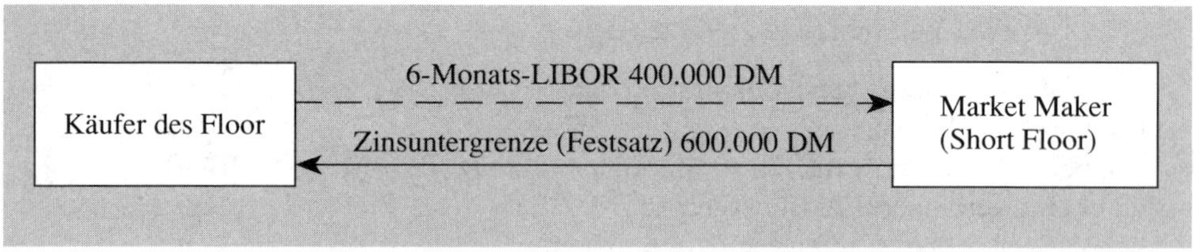

Der Verkäufer des Floors zahlt de facto die Differenz zwischen 600.000 DM und 400.000 DM, also 200.000 DM an den Käufer des Floors.

Die nachfolgende Abbildung zeigt das Gewinn-Verlust-Diagramm einer Long-Floor- bzw. Short-Floor-Position.

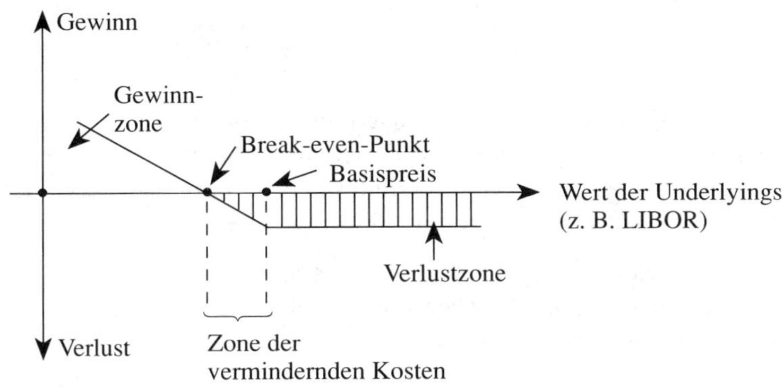

Abbildung 70: Gewinn-Verlust-Diagramm eines Long Floor

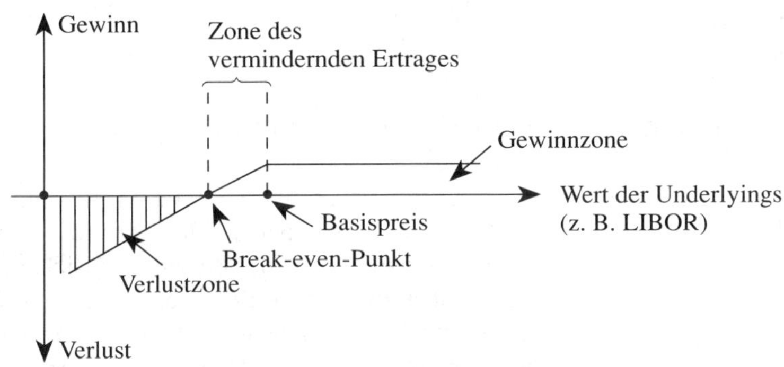

Abbildung 71: Gewinn-Verlust-Diagramm eines Short Floor

5.1.3 Collars (Zinsobergrenze und Zinsuntergrenze)

Collars sind eine Kombination aus Caps und Floors. Der Kauf eines Collars (Long Collar) entspricht dem Kauf eines Caps (Long Cap) bei gleichzeitigem Verkauf eines Floors (Short Floor).

Der Käufer des Collars erwirbt das Recht, bei steigenden Zinsen eine Ausgleichszahlung vom Verkäufer des Collars zu erhalten, muß jedoch bei sinkenden Zinsen eine Ausgleichszahlung an den Verkäufer des Collars zahlen. Somit sichert sich der Käufer eines Collars eine Zinsbandbreite, die nach oben durch die Zinsobergrenze und nach unten durch die Zinsuntergrenze festgelegt wird. Eine Long-Position in einem Collar mit einer Zinsuntergrenze von 5 % und Zinsobergrenze mit 9 % kann wie folgt dargestellt werden:

Instrument	+ Collar = +	Cap – Floor
Merkmal	5 %–9 %	9 % 5 %

Zielsetzung eines Collars ist die Verringerung der Cap-Kosten. Durch die Short-Floor-Position erhält die Long-Position im Collar eine Prämie, die die Absicherungskosten der Long-Position im Cap verringert. Allerdings kann ein Emittent durch den Kauf eines Collars nur bis zur Zinsuntergrenze von möglichen Zinssenkungen profitieren.

Der Verkäufer eines Collars (Short Collar) hat eine Short-Position in einem Cap bzw. eine Long-Position in einem Floor. Wird die obige Gleichung mit -1 multipliziert, kann ein Short Collar mit folgender einfachen Gleichung dargestellt werden, also:

Instrument	+ Collar = +	Cap – Floor × (-1)
Merkmal	5 %–9 %	9 % 5 %

Instrument	– Collar = –	Cap + Floor
Merkmal	5 %–9 %	9 % 5 %

5.2 Strategien mit Zinsbegrenzungsverträgen

Caps, Floors und Collars werden in der Regel nur als Zinssicherungsinstrument variabel verzinslicher Zinsinstrumente eingesetzt, um Positionen auf der Aktivseite gegen fallende bzw. Positionen auf der Passivseite gegen steigende Zinsen abzusichern (Hedging-Strategien). Aber auch in Trading-Strategien können diese derivativen Zinsinstrumente eingesetzt werden. So wurden in der jüngsten Vergangenheit von einigen Kreditinstituten Floors angeboten, die ohne Verbindung mit einer variabel verzinslichen Anleihe gehandelt werden. Aber zunächst sollen einige Absicherungs-Strategien vorgestellt werden.

5.2.1. Absicherungsstrategien mit Zinsbegrenzungsverträgen

In Absicherungs- oder Hedging-Strategien werden

- Caps zur Begrenzung des variablen Zinsrisikos von Emittenten bzw.
- Floors zur Begrenzung des variablen Zinsrisikos von Anlegern

eingesetzt. Diese Zinsinstrumente können entweder bereits mit der Floating Rate Note als Gesamtpaket emittiert werden, oder erst später eingesetzt werden, wenn die Anleihe bereits plaziert ist und sich die Zinsmeinung des Emittenten bzw. Anlegers geändert hat: Die Wirkungsweise ist in beiden Fällen die gleiche.

5.2.1.1 Strategien auf der Aktivseite

Wurde bereits eine Anleihe vom Emittenten mit einem Floor ausgestattet, so werden die Zinsinstrumente üblicherweise als Floor Floating Rate Notes bezeichnet.

Floor Floating Rate Notes schützen den Anleger vor fallenden Geldmarktzinsen. Aus Anlegersicht entsteht für den Käufer ein Risiko, wenn die kurzfristigen Geldmarktzinsen stark fallen sollten. Deshalb wird bei Floor Floating Rate Notes ab einem bestimmten variablen Satz unabhängig von einem weiteren Rückgang der Zinsen ein fester Zinssatz gezahlt. Aus der variabel verzinslichen Anleihe wird dann aus wirtschaftlicher Sicht eine Festsatzanleihe (Straight Bond). Sollte der Referenzzinssatz dagegen wieder ansteigen, profitiert der Anleger wie bei einer normalen Anleihe voll an der Zinssteigerung.

Beispiel: Die DG Bank emittierte im Mai 1992 einen Floater mit einem garantierten Mindestzinssatz von 7,40 %. Die Anleihe zahlt dem Anleger 6-Monats-FIBOR abzüglich 0,60 Prozentpunkte (Quoted Margin). Mit diesem Floater sichert sich der Anleger einen Mindestzinssatz von 7,4 % bis zur Fälligkeit der Anleihe am 21. Mai 1997. Er hat damit eine Versicherung gegen fallende Geldmarktzinsen abgeschlossen. Fällt der FIBOR beispielsweise auf 4 % in einigen Jahren, erhält der Anleger auch dann von der DG Bank 7,4 %. Sollte allerdings der FIBOR steigen, also beispielsweise auf 8,5 %, nimmt der Anleger voll daran teil. Ein Floater mit einer Zinsuntergrenze ist demnach für diejenigen Anleger interessant, die sich gegen sinkende Geldmarktzinsen absichern möchten und gleichzeitig an steigenden Zinsen teilhaben möchten. Allerdings hat dies auch seinen Preis. Der Anleger erhält nämlich nicht den vollen FIBOR-Satz, sondern immer 0,60 Prozentpunkte weniger.

Die nachstehende Abbildung zeigt das Gewinn-Verlust-Diagramm einer Floor Floating Rate Note.

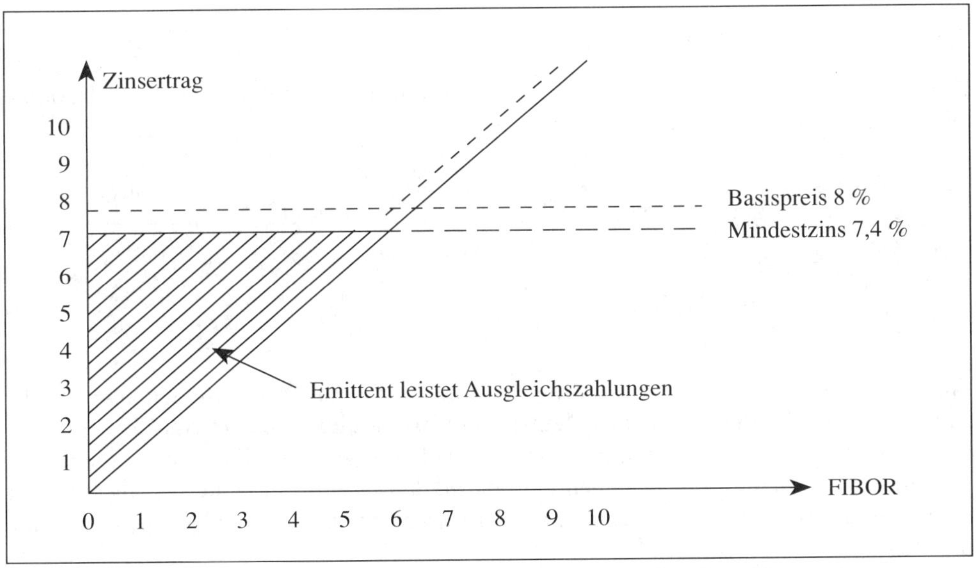

Abbildung 72: Gewinn-Verlust-Diagramm einer Floor Floating Rate Note

Eine Anleihe mit einer Mindestverzinsung (Floor Floating Rate Note) kann durch eine Kombination einer einfachen Floating Rate Note und einem Floor nachgebildet werden. Für die Anleihe der DG Bank bedeutet dies, daß der Anleger einen Floor mit einem Basispreis von 8 Prozent kaufen müßte. Der Basispreis wird nach folgender Formel ermittelt:

Basispreis = Mindestzinssatz – Quoted Margin

Basispreis = 7,4 % – (-0,6 %) = 8 %.

Der Basispreis des Floors liegt bei 8 %.

Für die eingegangene Verpflichtung erhält der Verkäufer des Floors (Emittent) vom Käufer (Anleger) eine Prämie. Die Prämie zahlt der Käufer der DG-Anleihe indirekt in Form einer geringeren Verzinsung. Denn: Er erhält immer den FIBOR-Satz – 0,60 Prozentpunkte. Folgende Gleichung zeigt diesen Zusammenhang nochmals sowohl aus Anlegersicht als auch aus Emittentensicht:

1) Floor Floating Rate Note aus Anlegersicht:

Instrument	+ Floor Floating Rate Note	= Floating Rate Note + Plain Vanilla – Annuität + Floor
Merkmal	6-Monats-FIBOR – 0,6 % Mindestzinssatz 7,4 %	= 6-Monats-FIBOR 0,6 % Basispreis 8%

2) Floor Floating Rate Note aus Emittentensicht:

Um eine Floor Floating Rate Note aus Emittentensicht darstellen zu können, muß die obige Gleichung nur mit -1 multipliziert werden, also:

Instrument	– Floor Floating Rate Note	= Floating Rate Note – Plain Vanilla + Annuität – Floor
Merkmal	6-Monats-FIBOR – 0,6 % Mindestzinssatz 7,4 %	= 6-Monats-FIBOR 0,6 % Basispreis 8%

Ein weiteres Beispiel für eine Zinssicherung mit Zinsbegrenzungsverträgen sind SURF-Anleihen, die in der Bundesrepublik Deutschland erstmals im ersten Quartal 1993 emittiert worden sind. Bei dieser Konstruktion wurden sowohl Caps als auch Floors eingesetzt. Eine weitere Besonderheit dieser Anleihen liegt darin, daß sich die variable Verzinsung nicht an einen kurzfristigen Geldmarktsatz, sondern an einem langfristigen Kapitalmarktsatz orientiert.

Eine Finanzinnovation am Geldmarkt, die eher an Karibik, Strand und Palmen erinnert als an Wertpapiere, sind SURF-Anleihen. SURF ist die Abkürzung für Step Up Recovery Floating Rate Note. Hinter diesem neuen Begriff verbirgt sich ein Floater. Allerdings orientiert sich die Verzinsung von SURF-Anleihen nicht an der Geldmarktverzinsung (z. B. LIBOR oder FIBOR), sondern an der Rendite am langfristigen Kapitalmarkt. Die Verzinsung richtet sich nach der CMT-Rendite. CMT ist die Abkürzung für Constant Maturity Treasury und ist nichts anderes als die Verzinsung von amerikanischen Staatsanleihen (Treasuries) mit einer konstanten Laufzeit. Da es natürlich keine Papiere mit einer konstanten Laufzeit von beispielsweise immer 10 Jahren gibt, wird die CMT-Rendite aus den aktuellen Renditen von tatsächlich gehandelten Papieren abgeleitet. Der Vorteil dieses Umweges liegt darin, daß nun die Rendite eines 10jährigen Papiers ermittelt werden kann, obwohl überhaupt kein Papier mit exakt einer Laufzeit von 10 Jahren am Markt gehandelt wird. Die CMT-Renditen werden für Papiere mit einer gleichbleibenden Laufzeit von 1, 2, 3, 5, 7, 10 und 30 Jahren ermittelt.

Am Euromarkt wurden die ersten SURF-Anleihen beispielsweise von der Weltbank, Eurofima, Rabobank Nederland und Toyota Motor Credit emittiert. Auch zwei deutsche Banken, nämlich die Bayerische Vereinsbank und die Landeskreditbank (LKB) Baden-Württemberg haben solche Anleihen aufgelegt. Die Papiere sind immer ähnlich ausgestattet. Die Laufzeit beträgt 7 Jahre. Der Anleger erhält in der Regel eine Verzinsung, die auf der 10jährigen Rendite für amerikanische Staatsanleihen (CMT-Rendite) basiert. Die Rendite der 10jährigen Staatsanleihen wird halbiert und auf diesen Wert 1,45 Prozentpunkte, also 145 Basispunkte aufgeschlagen (Nominalzinssatz = CMT · 0,5 + 1,45 Prozentpunkte). Der Nominalzins einer SURF-Anleihe partizipiert demnach nur in einem bestimmten Verhältnis an den Veränderungen des unterliegenden Index. Die meisten SURF-Anleihen partizipieren zur Hälfte an den Veränderungen, deshalb auch der Wert 0,5 in der Formel zur Ermittlung des Nominalzinssatzes.

Da die 10jährigen Renditen im März 1993 bei ungefähr 6,3 Prozent lagen, erhält der Anleger folgende Verzinsung: 6,3 · 0,5 + 1,45 Prozentpunkte = 4,6 Prozent. Zudem bieten SURF-Anleihen dem Anleger in der Regel eine Mindestverzinsung von 5 Prozent (Floor) und einen Höchstsatz von 28 Prozent (Cap). Der Anleger ist somit short in einem Collar. Da die aktuelle Verzinsung im März 1993 unter dem Floorsatz von 5 % lag, erhält der Anleger mindestens 5 Prozent Verzinsung aus der SURF-Anleihe. Verglichen mit dem 3-Monats-Dollar-LIBOR in Höhe von 3,25 Prozent, den normale Floater zahlen, ist das relativ viel. Diese Konstruktion ermöglichte dem Anleger im März 1993 eine Verzinsung von ungefähr 1,75 Prozentpunkten mehr als am amerikanischen Geldmarkt zu erhalten. Steigt oder fällt der Index, partizipiert der Anleger immer zur Hälfte mit. Würde beispielsweise der CMT-Index von 8,3 Prozent auf 10,3 Prozent, also um 200 Basispunkte steigen, würde der Anleger eine Mehrverzinsung von 100 Basispunkten (10,3 · 0,5 + 145 = 6,6 Prozent) gegenüber dem ursprünglichen Zinssatz in Höhe von 5,6 Prozent erhalten. Er nimmt an den Zinsbewegungen also immer zur Hälfte teil.

Der Höchstzinssatz (Cap) von 28 Prozent ist eher theoretischer Natur, da der 10jährige CMT-Satz auf immerhin über 53,10 Prozent steigen müßte, bevor der Höchstzinssatz von 28 Prozent erreicht werden würde (53,10 · 0,5 + 1,45 = 28,00). Ab einer CMT-Rendite von

53,10 Prozent würde der Anleger jährlich „nur" noch 28 Prozent erhalten. SURF-Anleihen sind ähnlich wie Reverse Floater eine Kombination aus Geldmarktpapier und Kapitalmarktpapier: Geldmarktpapier, da sich die Verzinsung in einem bestimmten Rhythmus der aktuellen Zinsentwicklung anpaßt, Kapitalmarktpapier, da sich die Verzinsung am Index für 10jährige amerikanische Staatsanleihen (10jährige CMT-Index) orientiert.

Eine Anlage in diese SURF-Anleihen ist interessant für Anleger, die erwarten, daß die Renditestrukturkurve in Amerika weiterhin „normal" bleibt. Das bedeutet, daß die langfristigen Zinsen höher sind als die kurzfristigen Geldmarktzinsen. Steigen die 10jährigen Zinsen, steigt auch der Nominalzins der SURF-Anleihe. Bleiben die kurzfristigen Zinsen niedrig und die 10jährigen Zinsen fallen, sodaß die gesamte Renditestrukturkurve flacher wird, bietet der Floor eine Mindestverzinsung bei 5 Prozent. Tritt dagegen eine inverse Renditestrukturkurve ein, könnte der Anleger mit normalen Floatern eine höhere Verzinsung erzielen. Denn bei einer inversen Renditestrukturkurve sind die Renditen am Geldmarkt höher als am Kapitalmarkt. Das Risiko für den Anleger besteht also darin, daß die kurzfristigen Zinsen steigen und die Renditestrukturkurve im Dollarbereich flach oder sogar invers werden würde.

5.2.1.2 Strategien auf der Passivseite

Floater, die mit einem Cap ausgestattet sind, werden als Cap Floating Rate Notes bezeichnet. Das „eingebaute" Cap (Deckel) soll den Emittenten vor zu hohen Zinssätzen schützen und stellt damit aus Sicht des Emittenten eine Hedging-Strategie dar. Ein Beispiel:

Im Februar 1993 emittierte die BMW Finance N.V. eine 200 Mio variabel verzinsliche Anleihe, die sich am 6-Monats-LIBOR orientiert. Die Anleihe läuft bis 10. März 2003 und zahlt dem Anleger halbjährlich den 6-Monats-LIBOR plus einem Aufschlag von 0,3125 Prozentpunkten. Ein Teil des Aufschlages stellt wirtschaftlich die Optionsprämie dar, die der Anleger erhält, da er bei einem Zinsanstieg über die Capgrenze maximal den Höchstsatz erhält. Mit einer Cap Floating Rate Note kann der Anleger somit eine höhere Verzinsung erzielen als mit einem vergleichbaren Floater ohne Cap. Der Kauf von Cap Floatern ist somit eine Möglichkeit, eine höhere Verzinsung zu erhalten, wenn das Geldmarktniveau relativ niedrig ist. Die höhere Verzinsung erhält der Anleger aber nicht „umsonst".

Der Höchstzinssatz (Zinsobergrenze) der BMW-Anleihe liegt bei 7,8125 Prozent. Der Basispreis des Caps liegt bei 7,5 Prozent (7,8125 – 0,3125). Das bedeutet für den Anleger, daß er nie einen höheren Zinssatz mit diesem Floater als 7,8125 Prozent erhält. Sollte beispielsweise der LIBOR in Zukunft bei 9 Prozent stehen, würde der Anleger auch dann nur den Höchstsatz von 7,8125 Prozent erhalten. Die Differenz zwischen dem aktuellen Satz von 9 Prozent und dem Höchstsatz von 7,8125, also 1,1875 Prozentpunkte, hat er dem Emittenten quasi geschenkt. Hierfür erhält er als Gegenleistung den höheren Aufschlag (Quoted Margin) auf den LIBOR. Der Anleger hat mit dem Kauf eines Cap Floaters zwei verschiedene Anleihen erworben: Unterhalb des Basispreises von 7,5 Prozent einen normalen Floater mit einer höheren Verzinsung als LIBOR, ab einem Basispreis von

7,5 Prozent eine normale festverzinsliche Anleihe, da er immer nur den Maximalzinssatz von 7,8125 Prozent erhält. Eine Besonderheit ist beim Floater der BWM Finance noch zu berücksichtigen. Die Begrenzung des Zinssatzes greift erst ab 10. März 1995, also in der Zukunft. Deshalb wird der Cap auch als Delayed Start Cap (verzögerter Cap) bezeichnet. Im Vergleich zu einem Cap, das sofort greift, ist deshalb auch die Optionsprämie (Aufschlag auf LIBOR) geringer.

Die folgende Abbildung zeigt das Gewinn-Verlust-Diagramm der Cap Floating Rate Note.

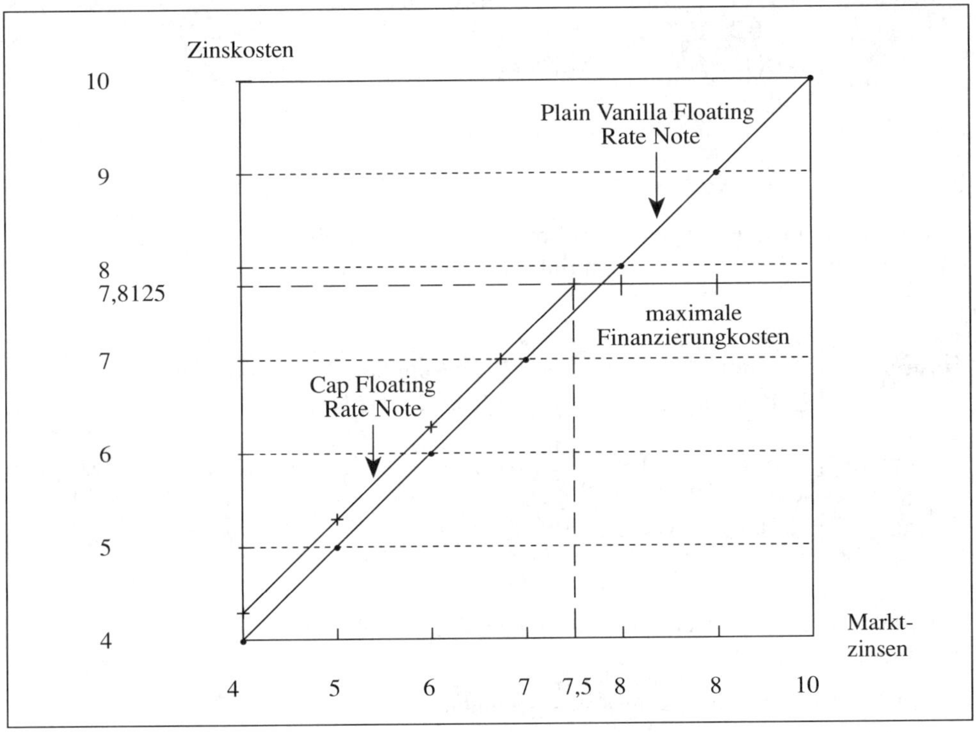

Abbildung 73: Gewinn-Verlust-Diagramm der Cap Floating Rate Note

Folgende Gleichung zeigt diesen Zusammenhang nochmals sowohl aus Anlegersicht als auch aus Emittentensicht.

1) Cap Floating Rate Note aus Anlegersicht.

Instrument	+ Cap Floating Rate Note	= + Plain Vanilla Floating Rate Note	+ Annuität	– Cap
Merkmal	6-Monats-LIBOR + 0,3125 % Höchstzinssatz 7,8125 %	6-Monats-LIBOR	0,3125 %	Basispreis 7,5 %

2) Cap Floating Rate Note aus Emittentensicht:

Um eine Cap Floating Rate Note aus Emittentensicht darstellen zu können, muß die obige Gleichung nur wiederum mit -1 multipliziert werden, also:

Instrument	– Cap Floating Rate Note	= – Plain Vanilla Floating Rate Note	– Annuität	+ Cap
Merkmal	6-Monats-LIBOR + 0,3125 % Höchstzinssatz 7,8125 %	6-Monats-LIBOR	0,3125 %	Basispreis 7,5 %

Diese Gleichung kann aus Emittentensicht grafisch in folgenden Abbildungen (74, 75, 76) dargestellt werden:

1) – Plain Vanilla Floating Rate Note – Annuität

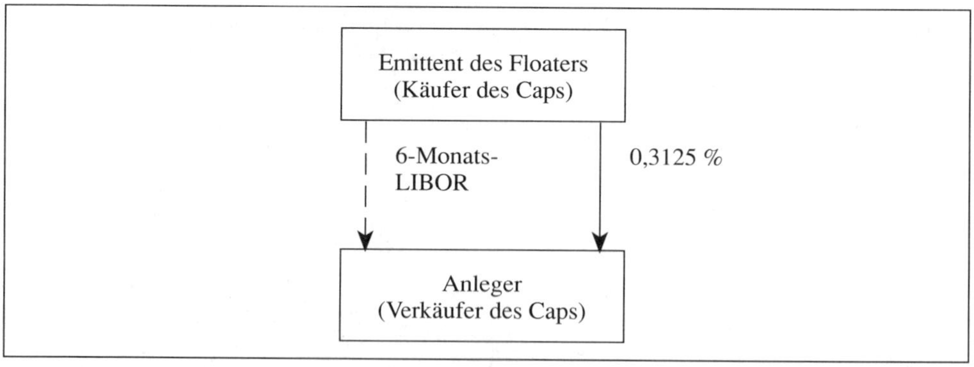

Abbildung 74: Cash-Flow-Struktur einer Cap Floating Rate Note

2) + Cap

Austausch der Differenz zwischen aktuellem LIBOR und Basispreis erfolgt, wenn der aktuelle 6-Monats-LIBOR größer als der Basispreis ist.

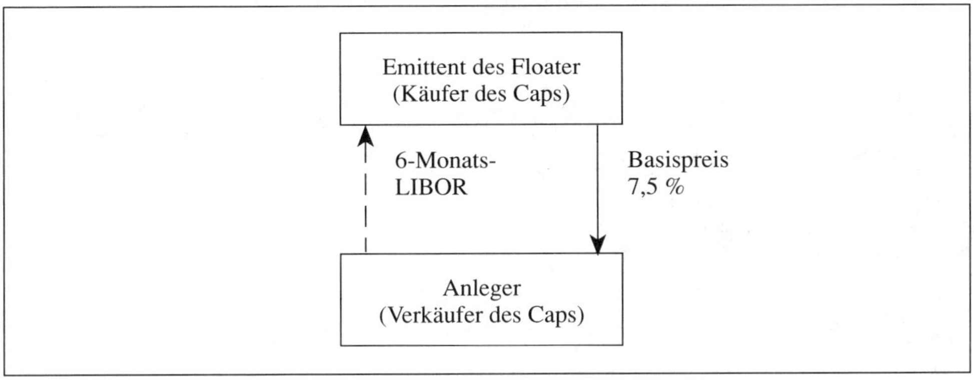

Abbildung 75: Cash-Flow-Struktur einer Cap Floating Rate Note

Werden beide Positionen zusammengefaßt, bleibt folgender Cash Flow übrig:

3) – Plain Vanilla Floating Rate Note – Annuität + Cap = – Straight Bond

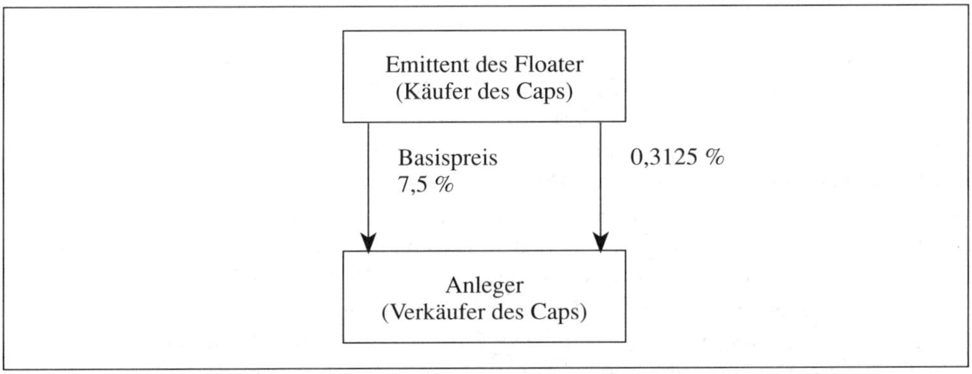

Abbildung 76: Cash-Flow-Struktur einer Cap Floating Rate Note, wenn LIBOR über dem Basispreis liegt

Liegt LIBOR über dem Basispreis, hat der Emittent eine Short-Position in einem synthetischen Straight Bond hergestellt, da seine maximalen Kosten bei 7,8125 % liegen. Unabhängig von einem weiteren Anstieg des LIBORs bleiben die maximalen Zinskosten des Emittenten bei unverändert 7,8125 %. Denn der variable Referenzzinssatz, den der Emittent an den Anleger zahlt, kann mit dem variablen Satz, den der Anleger an den Emittenten aus der Long-Cap-Position zahlt (siehe Abbildung 75), gedanklich weggekürzt werden, so daß nur noch die Zahlung der Zinsobergrenze und der Annuität an den Anleger übrigbleibt, also in diesem Beispiel 7,8125 %. Der Emittent hat somit bei LIBOR-Sätzen unterhalb der Zinsobergrenze eine variabel verzinsliche Verbindlichkeit und bei LIBOR-Sätzen über der Zinsobergrenze eine Festsatzverbindlichkeit. Erreicht wird dieser Wechsel zwischen variabler verzinslicher Verbindlichkeit und Festsatzverbindlichkeit durch die Long-Cap-Position des Emittenten. Für den Anleger gilt entsprechendes. Die nachstehende Tabelle faßt die Positionen des Emittenten bzw. Anlegers nochmals zusammen.

	Emittent	Anleger
LIBOR größer Zinsobergrenze	– Straight Bond	+ Straight Bond
LIBOR geringer Zinsobergrenze	– Plain Vanilla Floating Rate Note	+ Plain Vanilla Floating Rate Note

Abbildung 77: Position des Emittenten und des Anlegers bei LIBOR größer bzw. geringer als Zinsobergrenze

5.2.2 Trading-Strategien mit Zinsbegrenzungsverträgen

Zinsobergrenzungsverträge können auch in Trading-Strategien eingesetzt werden. Hierzu folgendes Beispiel:

Von fallenden Geldmarktzinsen profitieren kann man z. B. durch den Kauf von Zinsoptionsscheinen. Einen ähnlichen Effekt erreichen Anleger, wenn Floors gekauft werden. Anlegern, die an fallenden Geldmarktzinsen verdienen wollen, bieten die unter dem Namen Zinsausgleichs-, Zinssicherungs-, Zinsdifferenz- oder Mindestzinszertifikate auf den Markt gekommenen verbrieften Floors die Möglichkeit, mit einem geringem Kapitaleinsatz Geld zu verdienen. Ein Floor ist eine Vereinbarung zwischen dem Verkäufer des Floors (z. B. DG Bank, Citibank, Trinkaus & Burkhardt) und dem Käufer (Anleger), daß bei Fallen eines festgelegten Marktzinssatzes (z. B. FIBOR, LIBOR) unter eine vereinbarte Zinsuntergrenze (z. B. 7 %, 7,5 %) der Verkäufer dem Käufer den Differenzbetrag, bezogen auf einen vereinbarten Nennwert (z. B. 10.000 Mark, 100 Mark), erstattet. So berechtigt beispielsweise das Zinsdifferenz-Zertifikat von Trinkaus & Burkhardt die Differenz zwischen dem Basissatz von 8 Prozent und dem 6-Monats-LIBOR zu erhalten. Die Inhaber der Zinsdifferenz-Zertifikate erhalten vom Emittenten immer dann die Differenz ausbezahlt, wenn der 6-Monats-LIBOR an den Berechnungstagen unter 8 % liegt. Der erste Berechnungstag ist der 29. März 1993. Die nächsten Berechnungstage sind immer ein halbes Jahr später, also am 29. September 1993 usw. . Für dieses Recht zahlte der Anleger bei Emission 4 Mark. Die Ausgabe der Zertifikate erfolgte jeweils zu 100 Stück oder einem Vielfachen davon.

Im Grunde genommen handelt es sich bei den in Deutschland angebotenen Floors um nichts anderes als um einen Korb von Call-Zinsoptionsscheinen auf ein Zinsinstrument mit gleichem Basispreis und verschiedenen Laufzeiten, die jeweils zeitlich versetzt um ein halbes Jahr später fällig werden. Der Käufer eines Floors verdient aus seinem Investment ebenfalls anfallenden Geldmarktzinsen. Der Kaufpreis eines Floors ist als Optionsprämie zu verstehen und entspricht der Summe der Optionsprämien des gesamten Bündels. Ähnlich wie bei Optionen nennt man die Position des Floorkäufers Long-Floor, bzw. die des Floorverkäufers Short-Floor.

Allgemein können folgende Zusammenhänge über die Preisbildung von Floors genannt werden:

- Je länger die Restlaufzeit eines Floors ist, desto höher ist der Kurs;
- je niedriger der erwartete Referenzzinssatz ist, desto höher ist der Kurs und schließlich
- je höher die erwarteten Zinsschwankungen sind, desto höher ist der Kurs.

Bei einer Trading-Strategie mit Floors dominiert nicht der Absicherungscharakter durch hohe Ausgleichszahlungen am Ende der jeweiligen Zinsperiode, sondern das Ziel, möglichst hohe Kursgewinne zu erwirtschaften. Die Erwartung vieler Anleger besteht nun darin, hohe Kursgewinne zu erzielen, wenn die kurzfristigen LIBOR- oder FIBOR-Sätze fallen. Diese Meinung ist allerdings nur zum Teil richtig. Denn: Zinsdifferenzzertifikate haben – ähnlich wie Reversed Floater – relativ hohe Kursschwankungen, wenn sich insbesondere die mittel- und langfristigen Zinssätze ändern. Die hohen Kursschwankungen zeigt die folgende Abbildung.

Emittent	WKN	Laufzeit	Zinsuntergrenze	Kurs 4.2.93	Kurs 24.5.93	%-Veränderung
Citibank	803440	19.07.1996	9 %	75,00	82,00 [1)]	9,3
Citibank	807035	17.11.1997	7,5 %	4,75	5,70 [1)]	20,0
DG Bank	804410	29.07.2001	7 %	560,00	695,00	24,1
BHF Bank	802516	12.08.2001	6 %	2400,00	2930,00	22,1
Trinkhaus	812178	31.03.1998	8 %	7,25	7,80	7,6
Trinkhaus	812754	15.08.1996	6 %	1,40	1,73	23.6
Trinkhaus	812755	15.08.1996	7 %	2,85	3,20 [1)]	12.3
WestLB	812435	19.01.1998	6,5 %	2,70	3,20 [1)]	18,5
Neuemissionen						
West LB	812454	12.05.1997	5,5	1,35 [2)]	1,25 [2)]	– 7,4
BMW	885780	10.03.2003	7,5	660,00 [3)]	760,00 [3)]	15,1

1) Kurse vom 25.05.1993
2) Anfänglicher Verkaufskurs am 20.5.1993
3) Anfänglicher Verkaufskurs am 10.3.1993

Abbildung 78: Kursschwankungen bei Zinsdifferenzzertifikaten (Floors)

Abbildung 78 zeigt, daß mit Floors 1993 teilweise erhebliche Kursgewinne erzielt werden konnten. Absoluter Spitzenreiter war der DG-Bank Floor mit einem Kursgewinn von immerhin 24 %. Auffallend ist, daß ein einziger Floor – nämlich der WestLB mit Fälligkeit

12. 05. 97 – einen Verlust von 7,4 % erzielte. Wichtig erscheint in diesem Zusammenhang, daß der WestLB Floor erst am 12. 5. 93 emittiert wurde, und der 6-Monats-LIBOR mit einem Satz von 7,1875 % während dieses Zeitraums unverändert blieb. Wie kann dieser Kursverlust erklärt werden? Man könnte zumindest erwarten, daß der Kurs unverändert geblieben wäre.

Hierzu muß der Anleger wissen, aus welchen „Bausteinen" ein Floor besteht. Ein Floor ist im grundegenommen nichts anderes, als eine Reihe von Optionen mit gleichem Basispreis und steigender Laufzeit auf einen künftigen Geldmarktsatz (Zinsoption). Der Kurs eines Floors ist somit als Optionsprämie zu verstehen und entspricht der Summe der Optionsprämien des Bündels dieser Optionen.

Am vereinfachten Beispiel eines fiktiven Floors soll dies gezeigt werden.

Nehmen wir an, eine Bank emittiert am 1. 7. 1993 ein Floor auf den 6-Monats-LIBOR mit Laufzeit bis 1. 7. 1998. Der Basispreis liegt bei 7,5 Prozent. Aus wieviel Optionen besteht nun dieser fünfjährige Floor? Insgesamt besteht der Floor aus 9 Optionen und nicht 10 wie man vielleicht vermuten könnte. Die folgende Tabelle 9 zeigt Zinsperioden, Zinsfestlegungstermin, Basispreis und Fälligkeit der 9 Optionen.

Tabelle 9: Floors als Bündel von Zinsoptionen

Nr. Zinsperiode	Nr. Option	Zinsfestlegungs-termin	Basis-preis	Zahlung des Differenzbetrages (Fälligkeit der Option)
1		1.7.1993		
2	1	1.1.1994	7,5	1.7.1994
3	2	1.7.1994	7,5	1.1.1995
4	3	1.1.1995	7,5	1.7.1995
5	4	1.7.1995	7,5	1.1.1996
6	5	1.1.1996	7,5	1.7.1996
7	6	1.7.1996	7,5	1.1.1997
8	7	1.1.1997	7,5	1.7.1997
9	8	1.7.1997	7,5	1.1.1998
10	9	1.1.1998	7,5	1.7.1998

Die erste Zahlung des Differenzbetrages, wenn der LIBOR unter 7,5 Prozent liegt, erfolgt erst am 1. 7. 1994, also ein Jahr nach Emission. Das bedeutet, daß für die erste Zinsperiode vom 1. 7. 1993 bis 1. 1. 1994 keine Option und damit keine Zinssicherung existiert. Da für die erste Periode der LIBOR-Satz am 1. 7. 1993 maßgeblich wäre und dieser natürlich bereits bekannt ist, erübrigt sich auch eine Option und die damit verbundene Zinssicherung für diese Periode. Der Zinsfestlegungstermin für die erste Option ist somit der 1. 1. 1994. Das ist auch sinnvoll, da zum heutigen Zeitpunkt (1. 7. 1993) der dann gültige LIBOR-Satz unbekannt ist. Ein fünfjähriger Floor auf den 6-Monats-LIBOR hat somit nur 9 Zinsoptionen, während ein zehnjähriger Floor auf den 3-Monats-LIBOR aus 39 Zinsoptionen besteht.

Eine eventuelle Ausgleichszahlung erfolgt für die erste Option aber nicht am 1. 1. 1994, sondern erst nachträglich am 1. 7. 1994. Diese verspätete Auszahlung wird verständlich, wenn man sich vor Augen hält, daß Floors ursprünglich konzipiert wurden, um variabel verzinsliche Anleihen (Floater) gegen fallende Zinsen abzusichern. Bei allen Floatern wird der Zinssatz für den nächsten Zinstermin eine Zinsperiode vorher festgelegt. Dieser zeitliche Unterschied zwischen Zinsfeststellungstermin und Zinszahlungstermin wurde auch auf Floors übertragen.

Entscheidend für das Verständnis von Floors sind die sogenannten zukünftigen Geldmarktsätze (Forward Rates) und *nicht* die aktuellen Geldmarktsätze. Unter einem zukünftigen Geldmarktsatz versteht man beispielsweise den LIBOR, der in der Zukunft z. B. in einem Jahr erwartet wird. Für den fünfjährigen Floor bedeutet dies, daß die zukünftigen LIBOR-Sätze für jeden Fälligkeitstermin der 9 Zinsoptionen von Bedeutung sind. Diese können aus den aktuellen Renditen ermittelt werden und stellen die Grundlage zur Bewertung der verschiedenen Optionen dar. Für den Floor muß somit der LIBOR-Satz ermittelt werden, der am 1. 1. 1994, 1. 7. 1994, ... und schließlich am 1. 1. 1998 erwartet wird. Diese zukünftigen LIBOR-Sätze werden dann auch zur Ermittlung der inneren Werte der verschiedenen Optionen verwendet. Während man beispielsweise bei Aktienoptionen den aktuellen Kurs sofort am Kurszettel ablesen kann, um den inneren Wert der Aktienoption zu bestimmen, nimmt man bei Zinsoptionen diese ermittelten zukünftigen Sätze.

Ein Beispiel:

Am 1. Juli soll der 6-Monats-LIBOR bei 7 Prozent liegen. Der innere Wert der ersten Option beträgt nun nicht 0,5 % (7,5 % – 7 %), sondern ergibt sich aus der Differenz zwischen dem Basispreis und dem zukünftigen Zinssatz. Dieser liegt bei 6,5 %. Das bedeutet, daß die erste Option einen inneren Wert von 1 % (7,5 % – 6,5 %) besitzt. Entsprechend wird auch mit den weiteren acht Optionen verfahren.

Jetzt ist nur noch zu klären, wie diese zukünftigen LIBOR-Sätze ermittelt werden. Diese werden, wie bereits oben angedeutet, über die aktuellen Renditen kalkuliert. Möchte man den zukünftigen LIBOR-Satz für die erste Option errechnen, so benötigt man hierzu den aktuellen Satz für 6-monatige Geldanlagen bzw. für einjährige Geldanlagen. Die Differenz zwischen diesen beiden Sätzen ergibt den zukünftigen LIBOR-Satz in sechs Monaten. Nimmt man nun vereinfacht an, daß der aktuelle Satz für sechs Monate bei 10 % liegt und der Satz für einjährige Gelder bei 12 %, so liegt der zukünftige Satz für eine Anlage in sechs Monaten bei 14 %. Den Zinssatz von 14 % bezeichnet man als zukünftigen Zinssatz (FRA-Satz), da dieser für eine Geldanlage gilt, die in der Zukunft getätigt wird. Denn: Unabhängig davon, ob man heute für sechs Monate anlegt und nach sechs Monaten dann wiederum für sechs Monate, erhält man den gleichen Ertrag, wie wenn man heute für 12 Monate das Geld anlegt.

Ein Beispiel:

Für die ersten sechs Monate erhält man bei einem eingesetzten Kapital von 100 Mark und einem Zinssatz von 10 % für ein halbes Jahr fünf Mark Zinsen. Nach sechs Monaten sind die Zinsen auf 14 % gestiegen und man erhält für die nächsten sechs

Monate 7 Mark Zinsen für das eingesetzte Kapital von 100 DM. Aus Vereinfachungsgründen wird unterstellt, daß die 5 DM Zinsen nicht angelegt werden. Insgesamt erhält der Anleger somit 12 DM an Zinsen für den Zeitraum eines Jahres (5 + 7 DM). Exakt den gleichen Betrag würde der Anleger erhalten, wenn er sein Kapitel gleich für ein Jahr zu 12 % anlegen würde. Für ihn ist es somit egal, welche Alternative er wählt.

Nach diesem Strickmuster werden nun auch die zukünftigen Zinssätze für die restlichen Optionen, die nach einem Jahr (Option Nr. 2), 1,5 Jahren (Option Nr. 3), usw. fällig werden, ermittelt. Für die zweite Option braucht man demnach die Renditen für einjährige Papiere bzw. 1,5jährige Papiere. Für die letzte Option (Nr. 9), die nach 4,5 Jahren fällig wird, benötigt man die Renditen für Anlagen mit einer Laufzeit von 4,5 bzw. 5 Jahren. Dieses Beispiel zeigt deutlich, daß Floors indirekt über die zukünftigen LIBOR-Sätze von den Renditen des gesamten Kapitalmarktes beeinflußt werden. Hierbei gilt generell: Je länger die Laufzeit der Option, desto stärker ist auch der Einfluß auf den Kurs, wenn sich das Renditeniveau ändert, bei dem die Option fällig wird.

Werden Floors in Spekulationsstrategien eingesetzt, um Kursgewinne zu erzielen und somit ein Verkauf vor Fälligkeit geplant ist, hängt die Kursbildung des Floors von den Laufzeiten der Renditen bis zur Fälligkeit des Floors ab. Floors sollten deshalb nur dann gekauft werden, wenn der Anleger damit rechnet, daß insbesondere die mittel- und längerfristigen Renditen am deutschen Kapitalmarkt fallen. Fallen dagegen nur die kurzfristigen Zinsen und die längerfristigen Zinsen steigen, werden Kursverluste zu verbuchen sein. Dieser Effekt konnte im April und Mai am deutschen Markt beobachtet werden. Zinsdifferenz-Zertifikate sind somit ein relativ kompliziertes Gebilde, das insbesondere von der Veränderung der gesamten Renditestrukturkurve beeinflußt wird. Deshalb sind Floors nur für erfahrene und spekulativ orientierte Anleger zu empfehlen.

Die Kursgewinne der Floors in obiger Tabelle waren teilweise sogar noch höher als in der Tabelle ermittelt. Die zum Teil deutlich gestiegenen Renditen am mittleren und langen Ende der Renditestrukturkurve haben die Gewinne teilweise wieder zunichte gemacht. Mit der gleichen Begründung können auch die Kursverluste des fünfjährigen Floors der WestLB erklärt werden. Denn: Seit Emission dieses Papiers sind u. a. auch die fünfjährigen Renditen angestiegen.

Eine Besonderheit weist noch das Floor der BMW Finance auf. Dieses Zinsdifferenz-Zertifikat greift erst „verspätet" ab dem 10. März 1995 und läuft dann bis 10. März 2003, also für 8 Jahre. Analysiert man dies Floor genauer, so bedeutet dies, daß die Fälligkeit der ersten Option auf den 10. März 1995 gelegt wurde und eine eventuelle 1. Ausgleichszahlung ein halbes Jahr später, nämlich am 11. September 1995, stattfindet (nur, wenn der 6-Monats-LIBOR am 10. März 1995 unter 7,5 % liegt). Da dieses Floor im Vergleich zu den anderen Papieren eine relativ lange Laufzeit hat, sind die Käufer des BMW-Floors in einem noch stärkerem Maße von der Entwicklung der langfristigen Zinsen abhängig.

Die nachfolgende Tabelle faßt die wichtigsten Aussagen zu Caps und Floors in Absicherungs- und Trading-Strategien zusammen.

Tabelle 10: Vergleich Caps versus Floors

Cap	Floor
Vereinbarung über Höchstzinssatz	Vereinbarung über Mindestzinssatz
Cap als Bündel mehrerer Put-Optionen	Floor als Bündel mehrerer Call-Optionen
Cap als Spekulationsinstrument: Anleger setzt auf steigende Geldmarktzinsen	Floor als Spekulationsinstrument: Anleger setzt auf fallende Geldmarktzinsen
Risiko der Long-Cap-Position: Geldmarktsätze steigen nicht, da dann die bezahlte Prämie verloren ist	Risiko der Long-Floor-Position: Geldmarktsätze fallen nicht, da dann die bezahlte Prämie verloren ist
Cap als Hedging-Instrument: Schützt den Schuldner variabler verzinslicher Papiere vor steigenden Geldmarktzinsen Anleger = Short Cap Emittent = Long Cap	Floor als Hedging-Instrument: Schützt den Anleger variabel verzinslicher Papiere vor fallenden Geldmarktzinsen Anleger = Long Floor Emittent = Short Floor
Anleger erhält bei einer Cap FRN höhere Verzinsung im Vergleich zu einem normalen Floater	Anleger erhält bei einer Floor FRN eine geringere Verzinsung im Vergleich zu einem normalen Floater
Risiko des Anlegers: Zinsen steigen, da er dann nur eine maximale Verzinsung erhält	Risiko des Anlegers: Zinsen fallen nicht, da dann die Versicherung gegen fallende Zinsen trotzdem gezahlt werden muß

5.3 Zinsbegrenzungsverträge auf einen Blick: Zusammenfassung

Caps, Floors und Collars sind Zinsbegrenzungsinstrumente, mit denen variable Zinsrisiken verringert werden, während variable Zinschancen optimal genutzt werden können. Deshalb werden diese asymmetrischen Zinsinstrumente insbesondere in Hedging-Strategien variabel verzinslicher Aktiva bzw. Passiva eingesetzt. Um die Kosten, die mit diesen Hedging-Strategien verbunden sind, zu verringern, können Collars eingesetzt werden.

- Absicherung einer variabel verzinslichen Aktiva durch eine Long Floor Position (Zinsuntergrenze)
- Absicherung einer variabel verzinslichen Passiva durch eine Long Cap Position (Zinsobergrenze)
- Bei Eingehen einer Long-Position in Floors bzw. Caps muß eine Prämie gezahlt werden (Hedging-Kosten)

- Collars sind eine Kombination aus Floors bzw. Caps
- Über Collars können die Kosten einer Hedging-Strategie verringert werden
- Short-Positionen in Floors und Caps können eingegangen werden, um den laufenden Ertrag zu erhöhen (Stillhalter-Strategie)
- Caps und Floors sind Portfolios mehrerer Zinsoptionen
- Caps und Floors sind asymmetrische Zinsinstrumente

6 Technische Analyse von Zinsinstrumenten

Bevor wir uns der Analyse des deutschen Rentenmarktes zuwenden, sind einige Gedanken hinsichtlich der Unterschiede zwischen der fundamentalen und der technischen Betrachtungsweise vonnöten. Beide Methoden haben dasselbe Ziel: Die Richtung des Marktpreises zu prognostizieren. Sie nähern sich diesem Problem nur aus verschiedenen Richtungen. Der Fundamentalist untersucht die makroökonomischen Gründe für eine Marktbewegung, der Techniker oder Chartist glaubt, nur die Effekte (Kursbewegungen) untersuchen zu müssen, da sämtliche Informationen und Emotionen durch entsprechende Orders in den Kursen einen Niederschlag finden. In der Praxis findet man viele Überlappungen. Die moderne Analyse bedient sich beider Methoden.

In den folgenden Abschnitten werden die klassische Chartanalyse sowie die technische Analyse vorgestellt. Im Punkt 6.3 wird der REX unter charttechnischen Gesichtspunkten betrachtet.

6.1 Klassische Chartanalyse

Die Chartanalyse versucht, die drei Trendarten, nämlich Aufwärts-, Abwärts- und Seitwärtstrend, rechtzeitig zu erkennen.

Um Verständnisproblemen vorzubeugen, definieren wir klare Aufwärts- bzw. Abwärtsbewegungen als Trends und den Seitwärtstrend als Seitwärtsbewegung.

Definition eines Trends

Ein Trend ist gekennzeichnet durch eine sich immer klarer entwickelnde Mehrheitsmeinung, die eine Serie von immer höher (tiefer) liegenden Hoch- und Tiefpunkten ausbildet, da ein Übergewicht einer Orderart, z. B. Kauforders, vorliegt. Man unterscheidet zwischen kurz-, mittel- und langfristigen Trends, wobei je nach Anlegertypus sich auch hier Unterschiede ergeben.

Beispiel:

Ein Futuretrader (Spekulanten, die an Terminmärkten operieren) wird als kurzfristigen Trend alles unter drei Tagen Dauer betrachten und als langfristig alles über drei Wochen. Ein Aktien- oder Rentenkäufer beginnt seine „Zeitrechnung“ erst ab ca. drei Wochen.

Trendlinien

Eines der wichtigsten Hilfsmittel der technischen Analyse besteht in Trendlinien. Eine Trendlinie wird gezeichnet, indem man zwei ansteigende Tiefpunkte miteinander verbindet. Sinnvollerweise sollten noch weitere Bestätigungen gesucht werden, die die Annahme, daß diese Trendlinie Bestand hat, untermauern. So sollten die Abstände zwischen den beiden Tiefpunkten ca. 2 Wochen betragen und die Steigung des Trends nicht zu hoch sein (max. 60 Grad). Es kommt jedoch vor, daß die angefangene Trendlinie im späteren Verlauf angepaßt werden muß, z. B. bei kleineren Kursausreißern, die nach einer Adjustierung verlangen.

Im allgemeinen kann gesagt werden, daß Trendlinien umso bedeutsamer sind, je häufiger sie getestet werden, d. h. daß die Kurse die Linie, die sie anlaufen nicht durchstoßen, sondern in Richtung der Trendgeraden weiterlaufen.

Trendkanal

Wenn wir eine Trendlinie zeichnen können, werden wir feststellen, daß sich die Kursspitzen ebenfalls verbinden lassen. Wenn nun von der unteren Trendlinie, die die Kurstiefs verbindet (Basislinie), eine Parallele an die Kursspitzen (Kanallinie) gezogen werden kann, erhalten wir einen Trendkanal.

Trendkanäle haben oft über einen längeren Zeitraum Bestand. Abgesehen von Tradingmöglichkeiten (Käufe an der Basislinie und Verkäufe an der Kanallinie) bieten sie Informationen hinsichtlich der Möglichkeit eines Trendwechsels.

Die erste Variante trägt der Tatsache Rechnung, daß manchmal am Ende eines Trends eine rasante Kursbeschleunigung eintritt, die die Kanallinie übersteigt, allerdings nicht weit reicht und ebenso schnell wieder korrigiert wird. Ist eine solche Beschleunigung zu beobachten und kommen in der Korrekturphase die Kurse wieder deutlich in den Trendkanal hinein, ist zumindest mit einer langsameren Trendfortsetzung bzw. mit einer Trendumkehr zu rechnen.

Häufiger ist allerdings zu beobachten, daß die Kurse nach einem Kursanstieg innerhalb des Kanals die obere Trendlinie nicht mehr berühren. Dies ist ein Schwächezeichen und oftmals wird im weiteren Verlauf der Trendkanal verlassen, so daß ein Trendwechsel stattfindet.

Gleitende Durchschnitte (GDs)

Die Preisbewegungen an den Märkten laufen in Zyklen bzw. Schwingungen ab. Die Kurse selbst weichen von dieser gedachten Idealkurve zum Teil stark ab. Um einen besseren Überblick zu behalten, glättet man die Kursbewegungen, indem die Kurse eines bestimmten Zeitraumes addiert, die dann durch die Anzahl der Tage dividiert werden. Man erhält so einen klareren Blick für den Trendverlauf. Gleichzeitig lassen sich damit relativ einfach Handelssignale erzeugen. Die einfachste Methode ist es, Käufe einzugehen, sobald die Kurse den gleitenden Durchschnitt von unten nach oben übersteigen. Um die Anzahl von Fehlsignalen einzuschränken, sollte der GD in etwa horizontal verlaufen oder sich selbst im Steigen befinden.

So gut diese Methode in Trends funktioniert, so verlustreich arbeitet diese Systematik in Seitwärtsbewegungen. Eine Abhilfe kann dann nur durch die Wahl sehr kurzer gleitender Durchschnitte bzw. durch den Einsatz von Indikatoren erreicht werden. Weitere Anwendungsmöglichkeiten von gleitenden Durchschnitten werden unter der Rubrik „Indikatoren“ behandelt.

Widerstand und Unterstützung

Von Widerstand spricht man, wenn die Kurse nach einer Aufwärtsbewegung ein bestimmtes Preisniveau, das sich häufig in der Nähe von runden bzw. glatten Zahlen (z. B. 100,–/150,– usw.) befindet, nicht mehr überbieten können. eine Unterstützung ist ein Preisniveau, das nach einer Abwärtsbewegung nicht mehr unterboten wird.

Jeder der beiden ist in der Lage, in die Rolle des anderen zu schlüpfen. Ein Beispiel, das zugleich den psychologischen Hintergrund verdeutlicht: Ein langer Aufwärtstrend führte bis an die Marke X, wo die Kurse nun gebremst werden und nicht mehr weiterkommen. Nach einer gewissen Zeit flackert neue Kaufneigung auf und die Kurse können das Niveau X deutlich überbieten und markieren einen neuen Hochpunkt Y. Aufgrund der hohen Kursgewinne setzen jetzt bei Punkt Y Gewinnmitnahmen ein, die das Kursniveau zurück zur Marke X führen. Das Niveau X, das vormals als Widerstand diente, bietet jetzt Unterstützung für die Kurse. Warum? Die Praxis zeigt, daß eine ganze Anzahl von Investoren den Ausstieg von X auf Y versäumt hatten und nun, nachdem die Kurse zurück nach X gekommen sind, eine willkommene Gelegenheit sehen, den Markt hier zu kaufen. Solange genügend Kaufinteresse vorherrscht, kann diese Marke auch nicht unterboten werden.

Angebot und Nachfrage regeln den Preis (Kurs) einer Ware. Sobald eine Seite ein Übergewicht erlangt, können bestimmte Widerstände überboten bzw. Unterstützung unterboten werden. Der Chartist erkennt anhand solcher Verletzungen von Widerstands- und Unterstützungszonen, daß sich die vorherrschende Meinung geändert hat (oder verstärkt) und kann so frühzeitig auf die neue Situation reagieren.

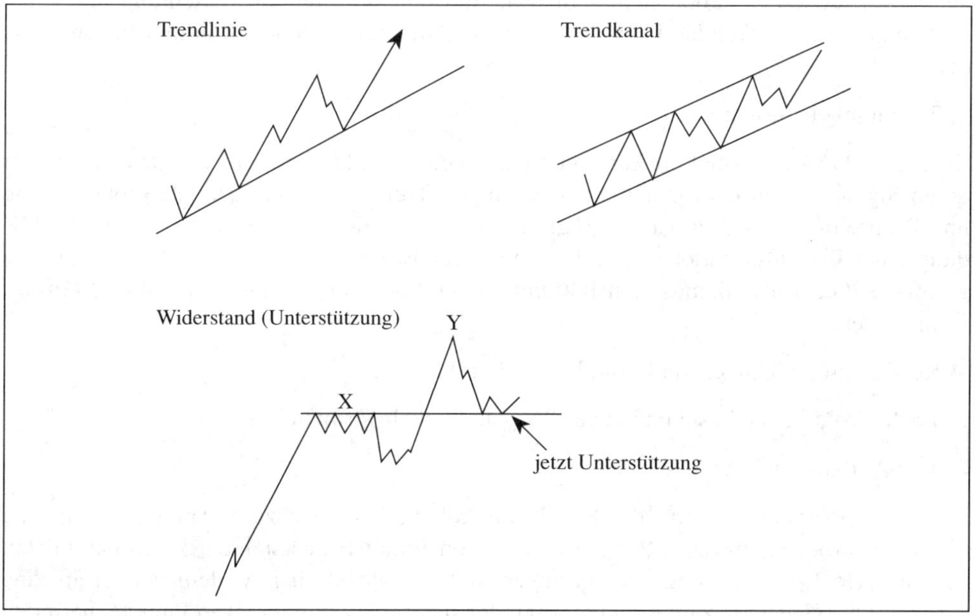

Abbildung 79: Trendlinie, Trendkanal, Widerstand

Volumen

Das Volumen – oder Umsätze – ist ein wichtiges Werkzeug, um die Stabilität eines Trends bzw. die Güte eines Handelssignals klassifizieren zu können.

Normalerweise sollten steigende Kurse ein steigendes bzw. hohes Volumen aufweisen. Tritt innerhalb eines Aufwärtstrends eine Abweichung (Divergenz) auf, also steigende Kurse und abnehmendes Volumen, dann sollte man nach Umkehrformationen Ausschau halten, da dies ein erstes Warnsignal darstellt. Eine Kursexplosion mit hohem Volumen innerhalb eines Aufwärtstrends ist ebenfalls ein Warnsignal, da die Möglichkeit eines Panikauskaufs (buy out) besteht, das oft eine scharfe Korrektur nach sich zieht.

Der Effekt von stark anziehenden Kursen und Volumen ist beim Verlassen von Formationen, wichtigen Trendbereichen oder bei Überbietungen von alten Tops (Widerständen) wünschenswert.

Innerhalb eines Abwärtstrends kann man keine eindeutigen Regeln aufstellen, da hier der Volumenverlauf relativ ungleichmäßig ist. Allerdings ist es oft zu beobachten, daß am Ende des Trends ein schärferer Kurseinbruch mit hohem Volumen erfolgt (sell out). Nach diesem sell out fangen die Kurse wieder an zu steigen.

Formationen

Ein weiteres Hilfsmittel, Stimmungsänderungen, die einen Fortbestand bzw. eine Trendumkehr herbeiführen können, zu erkennen, sind die Formationen.

Was sind Formationen? Es sind Kursbewegungen, die, je nach Typ, bestimmte Merkmale aufweisen, die in der Vergangenheit mehrheitlich eine bestimmte Kursrichtung anzeigten. Es kann zwischen Trendumkehr und Trendbestätigungsformationen unterschieden werden.

1) Trendumkehrformationen

Eine Trendumkehrformation kann nur nach einem vorherigen Trend auftreten, wobei deren Signal oft mit dem Bruch einer wichtigen Trendlinie einhergeht. Je größer (Höhe und Breite) die Formation ist, desto größer ist die nachfolgende Bewegung. Die Ausbildung einer Bodenformation, d. h., die einen Trendwechsel nach oben indiziert, hat eine geringere Preisschwankungsintensität und benötigt eine längere Zeitdauer als die Gipfelformationen.

a) Kopf-Schulter-Umkehrfunktion (head-shoulder-reversal)

ist die wohl bekannteste und zuverlässigste Umkehrformation.

Der Aufbau:

Ein Aufwärtstrend führte die Kurse mit hohem Volumen zum Punkt A, dem eine Korrekturbewegung zum Punkt B folgt. Von Punkt B aus steigen die Kurse auf ein neues Hoch C, allerdings mit geringerem Volumen als bei A, dem wiederum eine Korrekturbewegung zum Punkt D folgt, der sich relativ horizontal zu Punkt B befinden sollte. Ein erneuter Anstieg unter geringem Volumen führt zu Punkt E, der unter C liegt.

A und E sind die linke und rechte Schulter. Anschließend führt eine Abwärtsbewegung unter die Nackenlinie (Verbindung von Punkt B und D), wobei das Volumen stark anspringt. Häufig führt eine Gegenbewegung nochmals zur Nackenlinie, danach folgen aber neue Tiefs. Das Mindestkursziel erreicht man, indem der Kopf (Punkt C) an der Nackenlinie nach unten gespiegelt wird.

Die umgekehrte Kopf-Schulter-Formation, die einen Trendwechsel nach oben prognostiziert, besitzt bis auf das spiegelbildliche Verhalten des Umsatzes die gleichen Merkmale. Die Sicherheit, das grafisch ermittelte Mindestkursziel zu erreichen, ist bei dieser Form nicht ganz so hoch wie bei der „normalen" Kopf-Schulter-Formation.

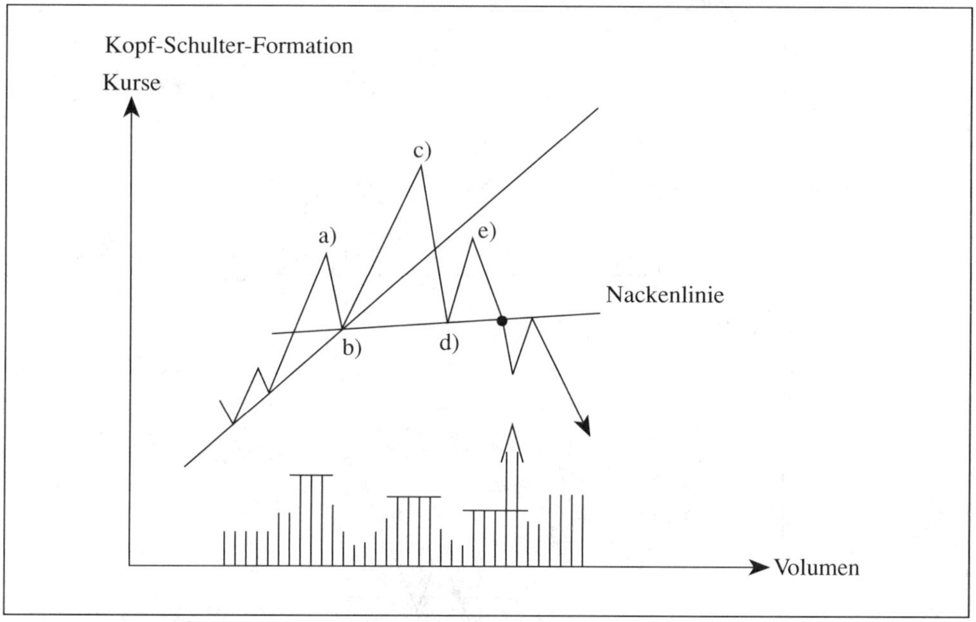

Abbildung 80: Kopf-Schulter-Formation

b) Doppel-Hoch/Doppel-Boden

(M-Formation) (W-Formation) Ein Aufwärtstrend setzt unter hohem Volumen ein neues Hoch (Punkt A). Nach einer Korrektur (Punkt B) wird mit geringerem Volumen ein erneuter Anlauf auf das Hoch unternommen.

Das zweite Hoch (Punkt C) darf einen Kursunterschied zum ersten Hoch von 3 % besitzen. Der zeitliche Abstand zwischen beiden Hochpunkten sollte mindestens drei Wochen betragen. Das Verkaufssignal erfolgt, nachdem die Kurse unter das Preisniveau der Korrektur gefallen sind. Die Höhe der Formation, d. h. der Abstand zwischen den Hochpunkten und des Korrekturtiefs, bestimmt das Kursziel. Unter umgekehrten Vorzeichen gilt das unter b) Beschriebene für den Doppel-Boden.

Eine Sonderform stellen die Mehrfach-Hochs/-Böden dar. Die Aussagekraft ist dieselbe, lediglich durch die größere zeitliche Dauer der Trendumkehrformation kann von einem längeren neuen Trend ausgegangen werden.

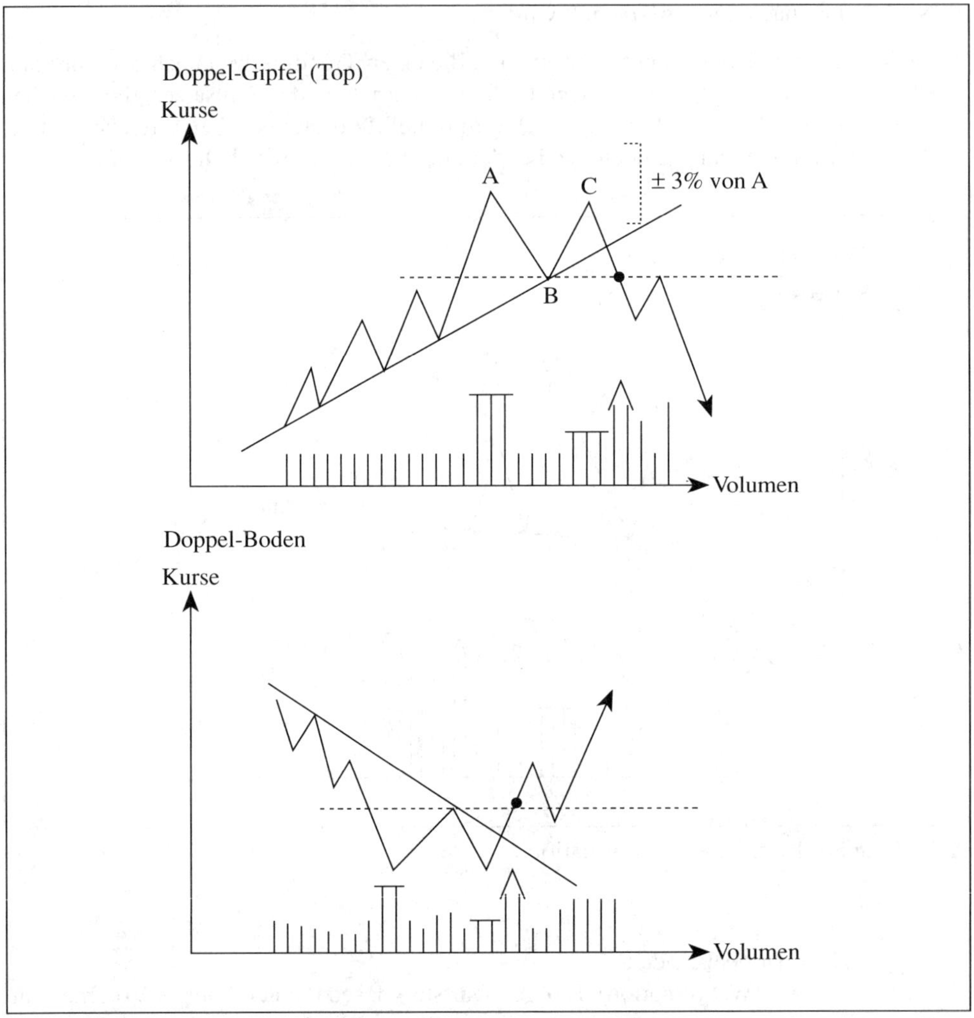

Abbildung 81: Doppel-Gipfel und Doppel-Boden

c) Untertasse

Diese Formation tritt weniger häufig auf, da sie die längste Zeit beansprucht und die heutigen Märkte eher durch abruptere Trendänderungen auffallen. Die Kursschwankungsbreite ist hier relativ gering. Das Volumen, gleichgültig ob die Formation als Hoch oder als Tief fungiert, nimmt zur Mitte der Formation ab, um zum Rand hin wieder zuzunehmen. Sobald die Kurse beschleunigen, sollte sich auch das Volumen erhöhen. Die Untertasse ist häufiger als Boden- denn als Gipfelformation anzutreffen und zeigt meist einen länger anhaltenden Trendwechsel an.

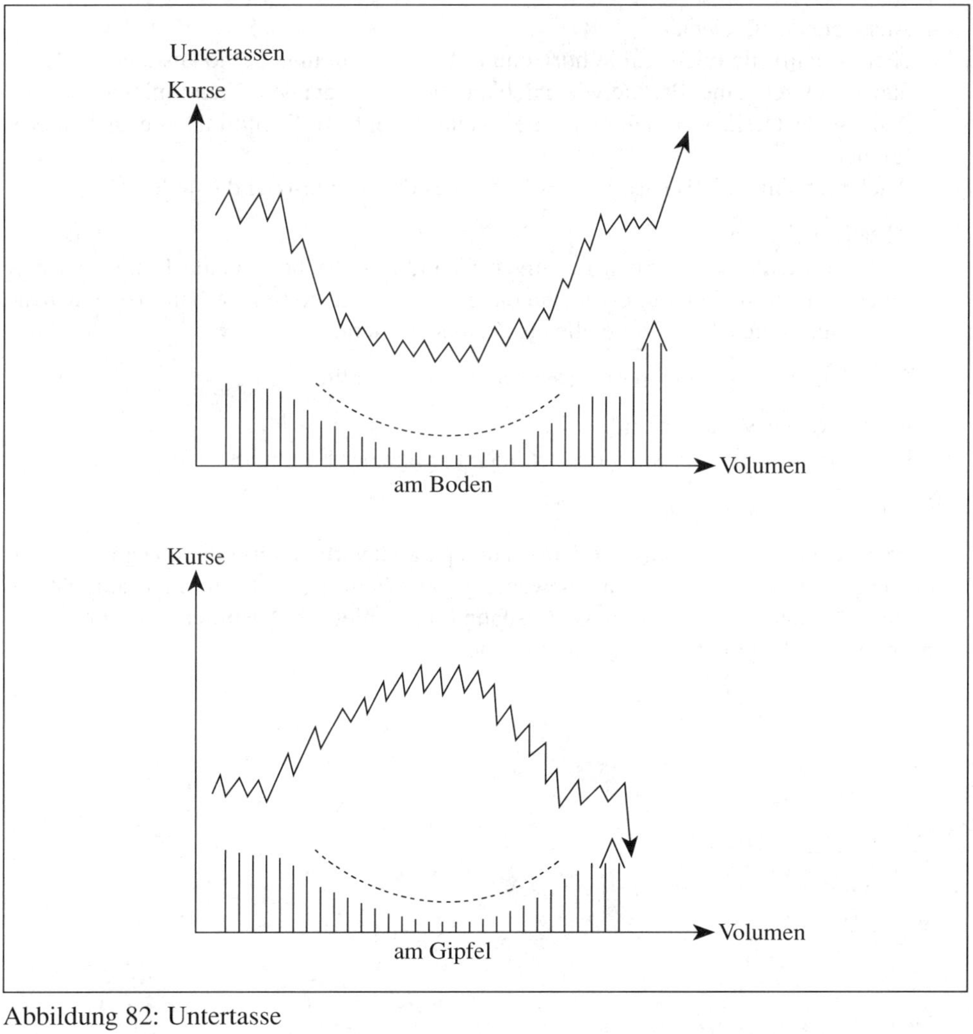

Abbildung 82: Untertasse

2) Fortsetzungsformationen

Die ersten beiden Typen sind keine reinrassigen trendbestätigende Formationen, doch signalisieren sie zu gut 80 % eine Fortdauer des Trends.

a) Dreieck

- Symmetrisches Dreieck
  Diese Dreiecksform dient oft als Korrekturmuster in einem Trend.
  Das Mindestkursziel erhält man, indem man die Basislinie des Dreiecks an den Ausbruchspunkt senkrecht anlegt.

- Ansteigendes Dreieck
  Hier verläuft die obere Linie horizontal, der sich von unten eine ansteigende Linie nähert. Durch eine Parallelverschiebung der ansteigenden Trendlinie durch den Anfang des Dreiecks erhält man eine zweite ansteigende Trendlinie, die als Kursziel fungiert.
  Auch hier sollte die Basishöhe des Dreieckes das Mindestziel darstellen.

- Abfallendes Dreieck
  Es hat normalerweise einen negativen Charakter. Die horizontale Linie liegt hier unten und durch die Parallelverschiebung der abfallenden Linie erhält man eine neue abwärtsgerichtete Trendlinie, die als Zielmarke dient.

  Bei allen Dreiecksformen gilt: Der Kursausbruch sollte

  a) mit hohem Volumen und
  b) innerhalb von 2/3 bis 3/4 der zeitlichen Länge der Formation erfolgt sein.

b) Rechtecke

Rechtecke werden durch zwei horizontal und parallel verlaufende Geraden gebildet und ähneln sehr stark einer Seitwärtsbewegung. Innerhalb dieser Formation herrscht ein labiles Gleichgewicht. Als einzige Ausnahme kann hier ein Ausbruch der Kurse auch mit geringem Volumen signifikante Signale liefern.

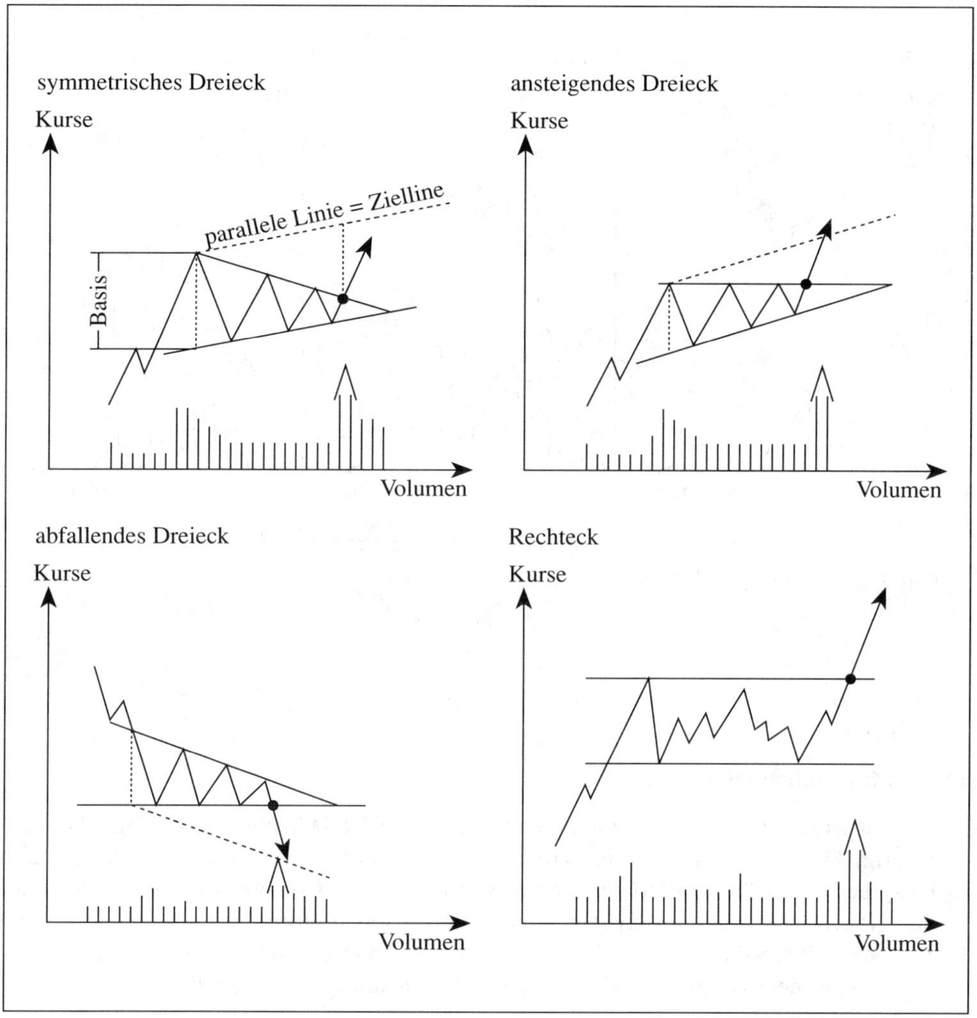

Abbildung 83: Symmetrisches, abfallendes, ansteigendes Dreieck; Rechteck

Die folgenden Formationen haben reinen Trendbestätigungscharakter.

c) Keil, Wimpel und Flagge

Keil und Wimpel ähneln sehr stark Dreiecken; die Flagge ähnelt einem Abwärtstrend.

Diese Formationen sind i. d. R. innerhalb zwei Wochen ausgebildet und dienen als kurze Neuorientierungsphase nach einem starken Kursanstieg. Man kann in etwa die gleichlange Bewegung, die zu diesen Formationen führte, nach dem Verlassen der Formation als Trendfortsetzung erwarten.

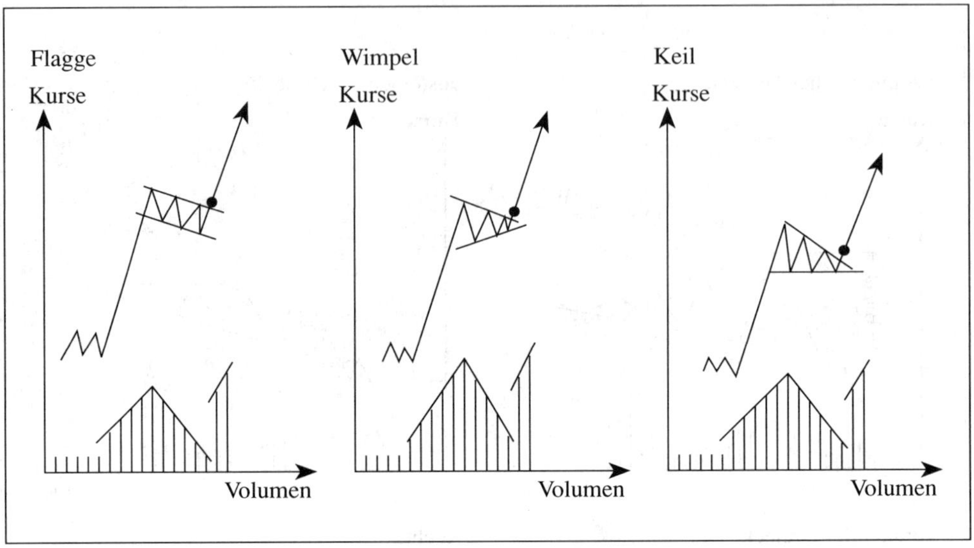

Abbildung 84: Wimpel, Keil und Flagge

Faustregeln

a) „Umsätze gehen mit dem Trend"

Bei der Besprechung der Formationen haben wir diese bekannte Börsenregel kennengelernt. Da bei einem intakten Trend eine Meinung dominant ist und diese durch entsprechende Börsenorders umgesetzt wurde, müssen beim Verlassen von Formationen die Umsätze ebenfalls ansteigen, denn Formationen schreiben entweder den Trend fort oder kehren ihn um. Tritt keine Umsatzsteigerung ein, ist davon auszugehen, daß die Anleger bereits voll investiert haben und als Käufergruppe ausfallen.

b) „Der Trend ist Dein Freund"

Besitzt man eine Position, die in einem Trend liegt, ist hier das Risiko am geringsten und so sollte diese so lange gehalten werden, bis eine Umkehrformation vollendet ist bzw. ein wichtiger Trend (Trendlinie oder -kanal) verlassen wurde. Das führt uns zu einer weiteren Regel:

c) „Verluste begrenzen, Gewinne laufen lassen"

Jeder Anleger sollte sich ein bestimmtes Risikopotential als zu verschmerzende Verlustgröße vormerken. In der Regel beläuft sich diese auf 5 bis 10 % des Einstandskurses. Damit wird dem häufigsten Fehler eines Anlegers entgegengewirkt: seine Verlustposition „auszusitzen". Erfahrungsgemäß ist es sinnvoller, einen kleinen Verlust zu realisieren, um mit dem freien Kapital einen neuen Versuch zu starten, als abzuwarten, ob der Einstandskurs wieder erreicht wird.

6.2 Technische Indikatoren

a) Momentum

Das Momentum zeigt an, wie hoch die Differenz des aktuellen Kurses zu einem Kurs in der Vergangenheit über eine feste Distanz liegt. Mit diesem Indikator wird die Schwungkraft des Marktes gemessen. Da die Indikatorwerte um eine Nullinie oszillieren erhält man ein Signal, sobald die Nullinie über- oder unterschritten wird. Das Momentum läuft der Kursentwicklung vor und so kann ein Unterschreiten der Nullinie als frühzeitiges Verkaufssignal gewertet werden. Weitere Interpretationsmöglichkeiten stellen die Trendanalyse und die Divergenzenbeobachtung dar. Da die Indikatorenwerte oft selbst Trends ausbilden, kann man durch die Trendanalyse auf einen Richtungswechsel des Indikators selbst und somit auf einen Trendwechsel der Kurse schließen. Ebenfalls bewährt hat sich die Betrachtung von Divergenzen, d. h. die Kurse erreichen neue Höchststände, die der Indikator nicht bestätigen kann, was als Schwächezeichen aufzufassen ist.

b) Relative-Stärke-Index (nach Welles Wilder jr.)

Mit Hilfe des RSI versucht man anhand der Schlußkurse über normalerweise 14 Tage, die innere Stärke bzw. Schwäche eines Marktes zu ermitteln. Indikatorwerte um 70 gelten als eine übergekaufte Marktsituation, der Bereich um 30 als überverkaufte Situation. Bei stärkeren Trends werden die entsprechenden Marken auf 80 und 20 gesetzt. Hervorragend hat sich der RSI jedoch bei der Ausbildung von Divergenzen (z. B. neues Tief im Markt, jedoch nicht beim Indikator) bewährt. Der RSI ist ein antizyklischer Indikator, d. h. je tiefer die Indikatorwerte, desto eher sollte man kaufen und vice versa. Allerdings muß hier betont werden, daß bei einigen Trendumkehrformationen die Kursschwankungen relativ gering sind und so bei einem kräftigen Kursschub der RSI schnell Extremwerte anzeigt, die jedoch in diesem Fall zu vernachlässigen sind.

$$\text{Berechnung: } \mathrm{RSI} = 100 - \left[100 : \left(1 + \frac{U}{D}\right)\right]$$

wobei

U = Durchschnitt der Kursanstiege

D = Durchschnitt der Kursrückgänge

c) Stochastik

Der Stochastik-Oszillator vergleicht den heutigen Kurs relativ zu der Kursschwankungsbreite der vergangenen Zeitperiode. Die Werte können zwischen 0 % (heutiger Kurs ist der niedrigste) und 100 % (heutiger Kurs ist der höchste) betragen.

Die Formel lautet:

$$\frac{(\text{heutiger Kurs}) - (\text{tiefster Kurs der Periode})}{(\text{höchster Kurs der Periode}) - (\text{tiefster Kurs der Periode})} \times 100$$

Normalerweise wird von den Indikatorwerten noch ein gleitender Durchschnitt berechnet.

Interpretation:

Ein Signal wird gegeben, wenn der Stochastik in Extrembereiche (über 80 bzw. unter 20) hineinläuft und anschließend den Extrembereich wieder verläßt und dabei seinen gleitenden Durchschnitt schneidet. Zusätzlich kann man noch nach Divergenzen Ausschau halten.

Der Stochastik-Oszillator ist ein äußerst schnell reagierender Indikator und sollte eher Trader ansprechen, da sich häufig Handelssignale ergeben.

Der Stochastik erzielt die besten Resultate in Seitwärtsbewegungen oder flachen Trends.

d) Oszillatoren

Ein Oszillator wird aus 2 unterschiedlich langen gleitenden Durchschnitten (GD) gebildet. Der längere GD dient als Nullinie, um den der schnellere GD oszilliert. Der schnellere GD nimmt die Rolle der Kurse wahr.

Es bieten sich vornehmlich zwei Interpretationen an:

1) Der schnellere GD läuft von oben die Nullinie an und dreht wieder nach oben ab. Man kann hier von einer Bestätigung des Aufwärtstrends sprechen.
2) Der schnellere GD schneidet die Nullinie (längere GD) von unten nach oben und generiert somit ein Kaufsignal.

   Wird die Nullinie von oben nach unten geschnitten, entsteht ein Verkaufssignal. In einem intakten Aufwärtstrend sollten Verkaufssignalen von Oszillatoren nur eine untergeordnete Gewichtung zukommen.

Eine Variante, die gute Ergebnisse bringt, wird durch gewichtete GDs erreicht. Hier erhalten die jüngeren Kurse eine höhere Gewichtung, weshalb diese GDs auf Kursänderungen schneller reagieren als normale gleitende Durchschnitte.

Oszillatoren sind sehr variabel einsetzbar und sind klassische Trendindikatoren.

e) MACD (Moving-Average-Convergence/Divergence)

Im Gegensatz zu einem Oszillator mit gewichteten gleitenden Durchschnitten wir der MACD aus zwei exponential geglätteten Durchschnitten gebildet. Dadurch reagiert der MACD langsamer und gibt demnach nicht so häufig Signale.

Es ist unverständlich, warum der MACD so in Mode gekommen ist, wenn Oszillatoren mit gewichteten Durchschnitten den Zweck genauso erfüllen und zusätzlich das Handelssignal noch früher erhältlich ist.

6.3 Fallstudie: Analyse des REX

Nachdem wir nun in den Grundzügen der Chartlehre genügend verweilten, soll nun die Praxis zu Wort kommen. Anhand des Rentenindex (REX) soll die Vorgehensweise der Analyse verdeutlicht werden.

1) Klassifizierung eines Trends
2) Formationsanalyse
3) Indikatorenbetrachtung
   a) Auswahl der entsprechenden Indikatoren, die für Seitwärtsbewegungen oder für Trends tauglich erscheinen
   b) Bewertung der Trends

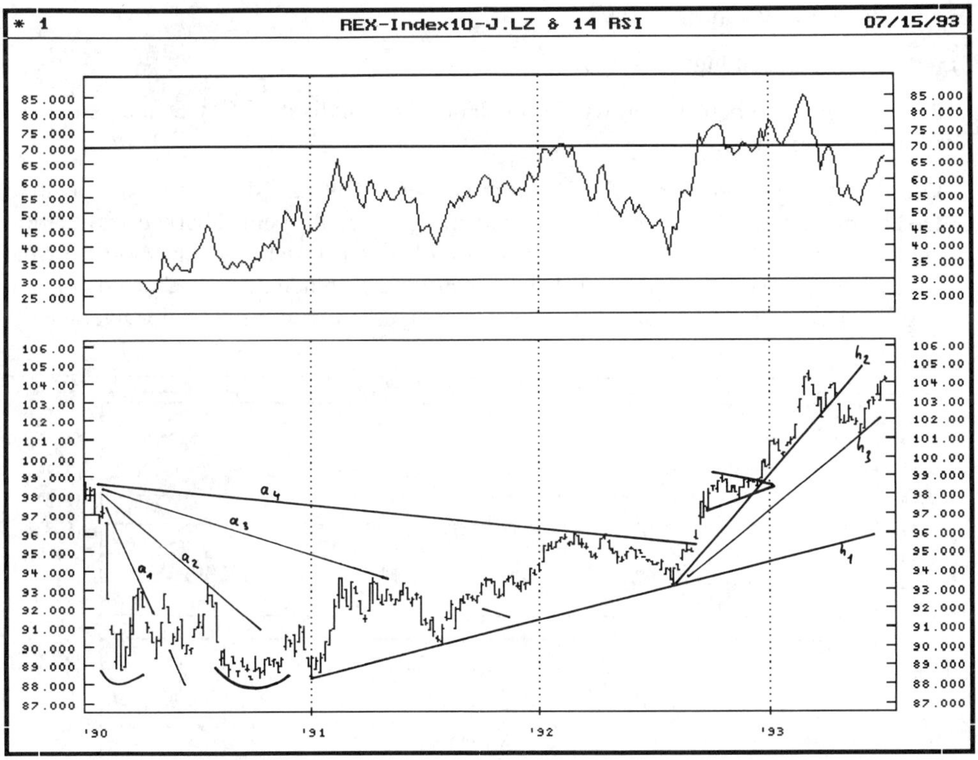

Abbildung 85: Rex-Index

Analyse:

1) Klassifizierung eines Trends

a) Abwärtstrends a_1, a_2, a_3 und a_4.
b) Seitwärtsbewegungen s_1 und s_2.
c) Aufwärtstrends: h_1, flach beginnend 1991 über Mitte 1991
h_2, steil von der Mitte 1992 über Ende 1992 gebrochen Mitte 1993
h_3, steil von Mitte 1992 über Mitte 1993

2) Formationen:

a) Doppelboden in 1990, dessen rechter Boden eine Untertasse ist
b) umgekehrte Kopf-Schulter-Formation Mitte 1992
c) Wimpelformation Ende 1992

3) Indikatorenbetrachtung:

Aus Platzgründen beobachten wir lediglich den Trendindikator MACD und den „Universalindikator" RSI.

Der RSI gab eine überverkaufte Situation ca. Mitte 1990 an, die durch eine positive Divergenz ca. Ende 1990 bestätigt wurde. Anfang 1992 gab er eine überkaufte Situation an, die zu einem Positionsabbau rät. In dem starken Aufwärtstrend von Mitte 1992 bis Mitte 1993 lief er sehr stark in die übergekaufte Lage hinein, zeigte aber noch keine negative Divergenz an. Aktuell hat er keine Aussagekraft -> warten auf die Divergenz.

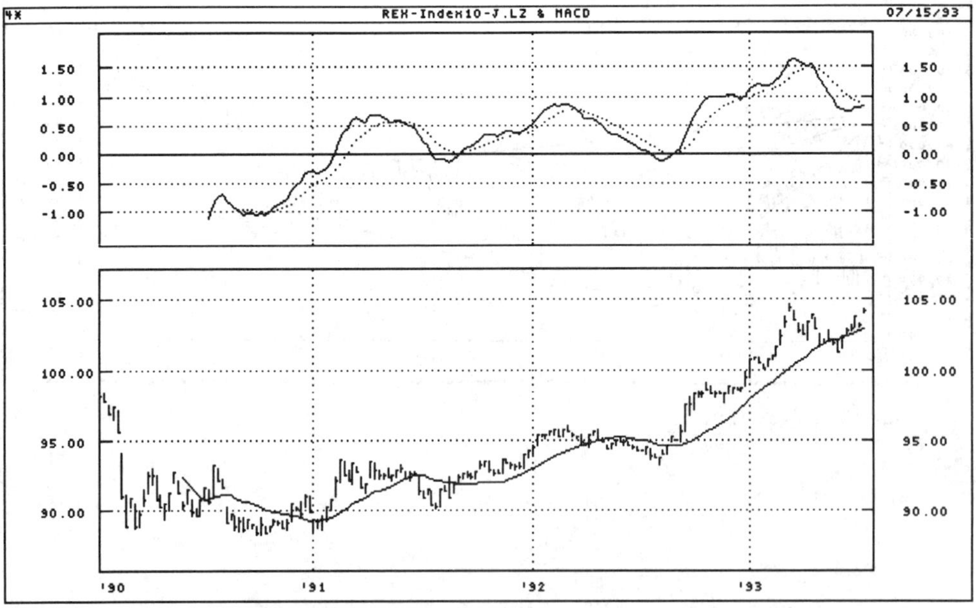

Abbildung 86: Rex-Index und MACD

Der MACD gab ca. Ende 1990 ein Kaufsignal, das bis Anfang 1991 Bestand hatte. Mitte 1991 folgte das zweite Kaufsignal, das dritte Mitte 1992. Verkaufssignale lieferte er im ersten Drittel 1991, 1992 und 1993. Interessanterweise liefert der MACD brauchbare Signale, solange der RSI neutral ist. Bei Extremwerten des RSI braucht es noch geraume Zeit, bis der MACD dem Signal des RSI nachfolgt.

4) Bewertung der Ergebnisse und Umsetzung in Handelssignale:

1) Mit Überwindung des Abwärtstrends 1991, Kaufsignalen im MACD und der Divergenz im RSI folgte ein sehr risikoarmes Kaufsignal.
2) Tradingverkaufssignal per MACD etwa Mitte 1991, wird durch die Verletzung des GD bestätigt.
3) Kaufsignale Ende 1991 (MACD, Überwindung von s_1 und GD).
4) Verkauf von RSI (hoher Abstand von GD) Anfang 1992.
5) Risikoarmes Kaufsignal Mitte 1992 (GD und Überwindung von a_3, umgekehrte Kopf-Schulter und MACD).
6) Trendbestätigung durch Wimpel.
7) Verkäufe durch Trendverletzung und MACD ca. erstes Drittel in 1993.
8) Aktuell erfolgt ein Test der Höchststände (Doppel-Hoch?) bei hohen Indikatorständen (RSI).

Dieses Schema kann auf jeden Markt angewendet werden. Am besten, Sie versuchen es gleich selbst am REX-10 Jahre. Viel Erfolg!

Teil 3

Management von Währungsrisiken

1 Aufgaben des Währungsmanagers

Als Folge der weltweit zunehmenden wirtschaftlichen Verflechtungen stellen die Wechselkurse für viele ex- und importorientierte Unternehmen die wichtigste exogene Determinante ihres Erfolges dar. Analoges gilt für international tätige Unternehmen im Finanz- und Dienstleistungssektor.

Die Währungen haben mittelfristig einen so enormen Einfluß auf die Wettbewerbsfähigkeit einzelner Unternehmen, aber auch ganzer Volkswirtschaften, daß sie ganz besondere Beachtung verdienen. Denn allzu leicht werden die Vorteile eines effizienten Kostenmanagements durch eine ungünstige Währungsentwicklung wieder zunichte gemacht. Die Konsequenz ist dann oft, daß selbst technologisch führende Produkte auf den Exportmärkten keinen Absatz mehr finden und damit die Existenz des Herstellers gefährdet ist.

Aber auch die Handelsnationen konkurrieren am Weltmarkt und sind deshalb an günstigen terms of trade interessiert. Nicht nur in der Vergangenheit kam es zu Abwertungswettläufen, um günstige Ausgangspositionen für den Warenexport und damit für die Ankurbelung der heimischen Wirtschaft zu sichern. Auch heute noch werden Wechselkurse manipuliert oder mit nicht immer ganz freiwilligen konzertierten Aktionen auf ein Niveau gebracht, das es einzelnen Nationen erlaubt, ihr anhaltendes Handelsdefizit abzubauen. Prominentes Beispeil hierfür ist der Louvre-Akkord, mit dessen Hilfe Ende der achtziger Jahre versucht wurde, den US-Dollar nach den übertriebenen Kurssteigerungen während der Reagan-Ära wieder auf ein realistisches Niveau zurückzuführen.

Daneben zeigt die sehr sensible Stabilitätspolitik der Deutschen Bundesbank, welcher Stellenwert der Währungssituation gerade heute zukommt. Und auch die Geburtswehen der Europäischen Wirtschafts- und Währungsunion (EWWU) sind letztlich nur ein Ausdruck des Machtkampfes um eine möglichst gute Startposition, die im vereinten Europa gemäß den Maastrichter Verträgen noch weit wichtiger sein wird, als je zuvor. Denn künftig wird es nicht mehr möglich sein, wirtschaftliche Ungleichgewichte durch Währungsanpassungen wiederherzustellen. Wer im gemeinsamen Markt keine konkurrenzfähigen Preise bieten kann, verliert Marktanteile und importiert letztlich Arbeitslosigkeit. Als Konsequenz muß billiger produziert oder die Produktion am entsprechenden Standort ganz eingestellt werden. Daraus ergeben sich völlig neue Perspektiven für die staatliche Subventionspolitik und die Aufgaben der Gewerkschaften, die ihre Ziele dann europaweit koordinieren müssen.

Für die europäischen Unternehmen bedeutet die EWWU eine erhebliche Reduktion ihrer Währungsrisiken, da der ECU (european currency unit) die nationalen Währungen ersetzen wird. Aber bis es soweit ist, bleibt für die Währungsmanager auch innerhalb der EG noch genug zu tun, wie die Währungskrise des EWS vom Herbst 1992 sehr anschaulich bewiesen hat.

Der besonders in der Rezession von 1993 manifest gewordene Kostendruck als Folge zunehmender internationaler Konkurrenz führt dazu, daß vermehrt Teile im Ausland eingekauft oder ganze Produktionen in billigere Länder verlagert werden. Daraus folgt, daß auf der Importseite verstärkt Währungsrisiken entstehen, die abgesichert werden müssen, um die beabsichtigten Kosteneinsparungen nicht zu gefährden. Da die Billiglohnländer typischerweise außerhalb der EG bzw. der Exportmärkte liegen, eröffnet sich hier ein weites Betätigungsfeld. Zugleich führt die geschilderte Entwicklung dazu, daß Exporteure neben den Export- nun auch die Importwährungen absichern müssen.

Wenn hier von Währungsrisiken gesprochen wird, darf nicht übersehen werden, daß mit Kursschwankungen gleichermaßen Währungschancen verbunden sind. Bis heute liegt jedoch das Hauptaugenmerk auf der Ausschaltung von Risiken und weniger auf der Wahrnehmung von Chancen. Aber auch Kursschancen spielen bei der Ergebnissicherung eine wichtige Rolle, deren Bedeutung noch nicht immer erkannt wird. Im internationalen Wettlauf um die höchste Effizienz werden sich langfristig jedoch die Unternehmen durchsetzen, die nicht nur ihre Import- und Exportwährungen geschickt absichern, sondern es auch verstehen, durch flexible Absicherungsstrategien sich am Markt ergebende Kurschancen (windfall profits) als zusätzlichen Wettbewerbsvorteil zu nutzen.

Wo liegt hier die Grenze zur Spekulation? Jeder professionelle Währungsmanager kennt das Unbehagen, das Außenstehende empfinden, wenn es darum geht, mit schwer prognostizierbaren Werten wie Aktien, Währungen und Zinsen umzugehen. Und da nur wenige die Kunst beherrschen, trotz vieler Unwägbarkeiten und Unsicherheiten logische und konsequente Entscheidungen zu treffen, mit denen gelegentlich auch sehr viel Geld zu verdienen ist, wird dieses schwierige Geschäft nur allzu leicht als Spekulation abgetan.

Doch so einfach liegen die Dinge nicht. Im Sinne dieses Buches wird von Spekulation gesprochen, wenn Entscheidungen ohne nachvollziehbare sachliche Grundlagen getroffen werden. Neben der rein subjektiven und intuitiven Entscheidungsgrundlage zeichnen sich spekulative Entscheidungen häufig dadurch aus, daß sie keinerlei Risikoüberlegungen wie Gewinn- und Verlustwahrscheinlichkeiten oder risikobegrenzende Maßnahmen enthalten. Der Spekulant probiert es einfach in der Hoffnung, daß es gut geht. Erfüllen sich seine Erwartungen nicht, dann hat er eben Pech gehabt. Dabei erleidet er häufig hohe Verluste, weil er bei Schieflagen das Engagement in der Hoffnung auf eine Wende zum Besseren nicht rechtzeitig beendet. Spielernaturen und Hasardeure sind typische Vertreter dieser Spezies.

Obwohl auch der professionelle Risikomanager immer eine Portion Glück gebrauchen kann, wird er nie nach dem Prinzip Hoffnung handeln. Er verwendet als Grundlage seiner Entscheidungen umfangreiche Analysen des Entscheidungsumfeldes und ergänzt sie durch Prognosen über die wahrscheinliche künftige Entwicklung. Schon in dieser Phase werden Überlegungen angestellt, wie zu reagieren ist, wenn die Entwicklung anders verläuft, als erwartet. Das ist sehr wichtig, weil solche Situationen angesichts der Prognoseschwierigkeiten relativ häufig auftreten. Deshalb müssen frühzeitig alternative Absicherungsstrategien formuliert werden. Dabei sind ständig Risiken gegen Chancen abzuwägen. Das Ergebnis sind logische Entscheidungen, die durch Dokumentation der Entscheidungsgrundlagen jederzeit nachvollziehbar und überprüfbar sind.

Fehlschläge können bei der schwierigen Thematik nicht ausbleiben, sie sind normal. Der Risikomanager kann es aber als Erfolg verbuchen, wenn er auf Dauer in mehr als fünfzig Prozent der Fälle richtig liegt. Denn über prophetische Gaben verfügt auch er nicht.

Deshalb soll hier vor Beratern gewarnt werden, die behaupten, auf Dauer weit überdurchschnittliche Ergebnisse erwirtschaften zu können. Solche Angebote sind ausnahmslos unseriös.

Ein erfolgreicher Währungsmanager wirkt weniger durch vollmundige Versprechungen als durch ein überzeugendes Konzept. Die Basis bilden ein profundes Verständnis wirtschaftlicher und politischer Zusammenhänge, analytisches und vorausschauendes Denken sowie ein diszipliniertes, konsequentes und verantwortungsbewußtes Handeln.

In vielen Fällen werden Banken die Funktion des Risikomanagers für kleinere und mittelständische Firmen übernehmen müssen. Letztlich sind Währungsstrategien jedoch so bedeutend, daß jedes größere Unternehmen versuchen sollte, die erforderliche Expertise im eigenen Haus verfügbar zu haben. Denn die Verantwortung trägt am Ende nicht der Berater, sondern der Entscheider.

2 Währungssysteme

2.1 Der Goldstandard

Die Urform des Handels war der Tauschhandel. Dabei wurde der Wert von Waren und Dienstleistungen durch Einheiten anderer Waren ausgedrückt. Währungsprobleme waren also noch unbekannt, der Wert der Waren wurde durch ihren Nutzen bzw. ihre Seltenheit bestimmt. Dieses System findet man noch heute bei verschiedenen Naturvölkern und selbst bei entwickelten Staaten, die zeitweise nur über ungenügende Währungsreserven verfügen, wird der Barterhandel noch gelegentlich angewandt.

Doch bereits in der Antike machte der beginnende internationale Handel ein effizienteres System erforderlich. Es zeigte sich die Notwendigkeit, über ein einheitliches, dauerhaftes, aufgrund seiner gleichbleibenden Eigenschaften allgemein akzeptiertes Tauschmittel zu verfügen, das wegen seines hohen Wertes wenig Lagerraum beanspruchte.

Seltene bzw. edle Metalle erfüllten die geforderten Kriterien und entwickelten sich deshalb schon früh zu den gebräuchlichsten Tauschmitteln in den Anfängen des Welthandels.

Später konnte mit Entstehung der Währungen mit Gold-, Silber- oder Bronzemünzen bezahlt werden. Durch die Prägung in Münzen war der Metallwert definiert und der regionale Geltungsbereich des Geldes festgelegt.

Im Endeffekt wurden also Handelswaren und Dienstleistungen gegen eine besondere „Ware“ getauscht, nämlich Edelmetall in Form geprägter Münzen.

Die Eignung der Edelmetalle für die Funktion des Geldes leitete sich aus ihren besonderen Eigenschaften ab: Edelmetall erhält seinen Wert durch seine Seltenheit und behält ihn durch seine Beständigkeit. Es ist bei vorgegebener Reinheit ein weltweit standardisiertes

Produkt, das wenig Raum noch besondere Bedingungen erfordert, um mit seiner Hilfe Werte zu lagern und dauerhaft aufzubewahren.

Durch den Vergleich des Edelmetallgehalts von Münzen verschiedener Währungen konnte also ihr Wert untereinander mühelos bestimmt werden. Er wird als Wechselkurs oder Kurs bezeichnet.

Als Edelmetallmünzen nicht mehr ausreichten, um den mit dem zunehmenden Handel ansteigenden Zahlungsverkehr zu bewältigen, gingen die Notenbanken dazu über, Geldscheine in Umlauf zu bringen. Um den Wert dieses Papiergeldes zu erhalten, legten die Notenbanken Goldreserven an, die dem Wert der umlaufenden Banknoten entsprachen. Somit hatte man Währungen mit Golddeckung geschaffen.

Die Konsequenz dieser Golddeckung war, daß bei den Notenbanken jederzeit zu einem festgelegten Preis Gold gegen Papiergeld ge- oder verkauft werden konnte.

Durch die beginnende Internationalisierung des Handels in der ersten Hälfte dieses Jahrhunderts, die durch die Entwicklung des Verkehrs und der Nachrichtentechnik (Telegraph, Telefon, Telex) ermöglicht wurde, trat eine neue Entwicklung ein: der Wert der Währungen löste sich allmählich von ihrem Gegenwert in Gold und wurde zunehmend durch die Preise und die Qualität der gehandelten Güter bestimmt.

Außerdem begannen einige Notenbanken, in wirtschaftlich schwierigen Situationen mehr Banknoten zu drucken, als ihren Goldreserven entsprach. Hierdurch sank der Wert des Geldes, folglich stiegen die Preise und es gab Inflation.

Hierdurch veränderte sich die Kaufkraft des Geldes und irgendwann stellte man fest, daß der Wert einzelner Währungen nicht mehr der Kaufkraft ihres theoretischen Gegenwertes in Gold entsprach.

Zunächst versuchte man, durch Veränderungen einzelner Wechselkurse diesem Umstand Rechnung zu tragen und den früheren Gleichgewichtsmechanismus, den Goldstandard, wieder herzustellen.

Doch die große Depression in den dreißiger Jahren führte letztlich zum Zusammenbruch des Goldstandards. Die wichtigsten Gründe hierfür sind schnell genannt: durch die divergierende wirtschaftliche Entwicklung in den großen Handelsnationen, aber auch aufgrund der hohen Belastungen des ersten Weltkrieges, löste sich der Wert der Währungen von ihrer Golddeckung und wurde nunmehr durch Produktivität und Inflation bestimmt. Deshalb mußte der Goldstandard, der nichts anderes als ein Festkurssystem war, früher oder später zwangsläufig scheitern.

Aus einem weiteren Grund wurde der Goldstandard nicht mehr praktikabel: durch die Industrialisierung nahmen Produktion und Handel stark zu. Dementsprechend mußte auch der Geldumlauf wachsen, was bedeutet hätte, daß die Notenbanken enorme Goldreserven hätten anlegen müssen.

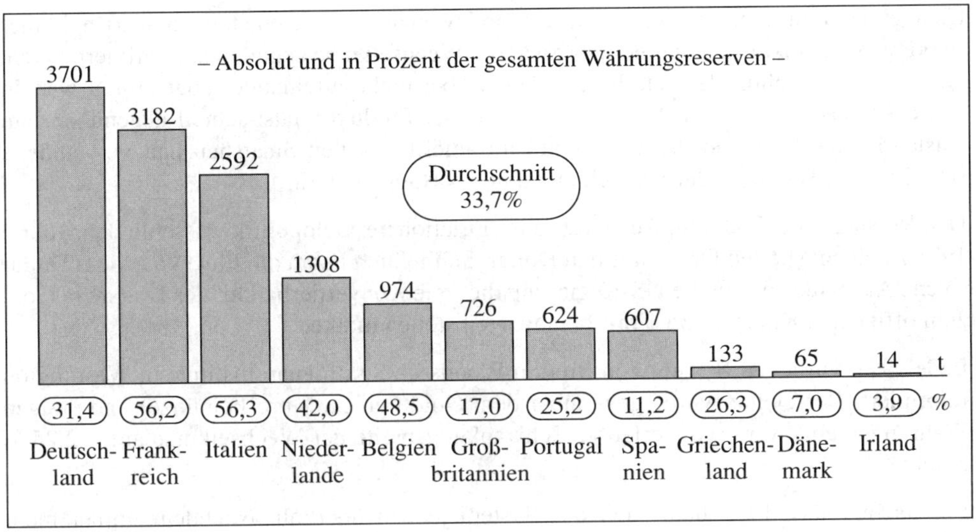

Quelle: Handelsblatt

Abbildung 1: Goldreserven europäischer Zentralbanken

2.2 Das System von Bretton Woods

Nachdem der Goldstandard der Weltwirtschaftskrise zum Opfer gefallen war und sich ein Ende des Zweiten Weltkrieges abzeichnete, bestand die Notwendigkeit, ein neues Wechselkurssystem zu entwickeln. Es sollte die Voraussetzungen für die Erholung der Weltwirtschaft schaffen und deshalb auf möglichst stabilen Wechselkursen basieren. Zugleich wollte man verhindern, daß sich die Wirtschaftskrise der dreißiger Jahre mit Abwertungswettlauf, Geldvernichtung und Massenarbeitslosigkeit wiederholte.

So traten 1944 in Bretton Woods, USA, Experten des internationalen Währungsfonds (IWF) zusammen und schufen ein neues Währungssystem, das bis 1971 Bestand hatte.

Kern des Systems war der US-Dollar, für den eine Goldparität von 35 $ pro Feinunze Gold festgelegt wurde. Der Wert der übrigen Mitgliedswährungen wurde dann gegenüber dem Dollar – und damit auch gegenüber dem Gold – festgelegt, wobei Schwankungen von +/- 0,75 % erlaubt waren. Bei Erreichen dieser Abweichungen mußten die betroffenen Notenbanken am Devisenmarkt intervenieren, d. h., ihre Währung kaufen oder verkaufen, bis sich der Kurs wieder in der vorgesehenen Bandbreite einpendelte.

Somit war der Dollar zur neuen Leitwährung und neben dem Gold zum Anker des Systems geworden. Zugleich gab die amerikanische Notenbank mit ihrer Geldpolitik die Rahmenbedingungen für die Partnerländer vor. Die Folge waren gleichbleibend niedrige Inflationsraten, und so bildete das System von Bretton Woods die Grundlage für den Aufschwung der Weltwirtschaft in den fünfziger und sechziger Jahren.

Über einen Zeitraum von mehr als fünfundzwanzig Jahren entstanden jedoch immer stärkere Wechselkursspannungen, da zwar die Wechselkurse gegeneinander fixiert waren, die Wirtschaftspolitik der beteiligten Länder aber nicht aufeinander abgestimmt war. In den USA machte sich mit der Zeit ein deutlicher Produktivitätsnachteil gegenüber dem Ausland bemerkbar und der Überschuß im amerikanischen Staatshaushalt verwandelte sich Ende der sechziger Jahre rasch in ein hohes Budgetdefizit.

Der Versuch, die Budgetlücke durch eine inflationäre Geldpolitik zu schließen, führte 1971 zu einem starken Druck auf den Dollar. Schließlich nahm die Flucht aus dem Dollar solche Ausmaße an, daß die US-Regierung die freie Konvertierbarkeit des Dollars in Gold zum offiziellen Kurs von 35 $ pro Feinunze einstellen mußte.

Ende 1971 wurde das System von Bretton Woods im Smithonian Institute in Washington reformiert. Der Dollar wurde gegenüber dem Gold (auf 38 $ pro Feinunze) und einigen Währungen abgewertet, die erlaubte Schwankungsbreite der Wechselkurse auf ± 2,25 % erhöht.

Bereits im März 1973 hatte sich das System jedoch überholt. Nachdem immer mehr Länder zu flexiblen Wechselkursen gegenüber dem Dollar übergegangen waren, hörte auch die Deutsche Bundesbank auf, den Dollar am Devisenmarkt zu stützen.

2.3 Das Europäische Währungssystem (EWS)

Für die Mitglieder der Europäischen Wirtschaftsgemeinschaft (EWG) war ein System, das möglichst stabile Wechselkurse garantierte, eine wichtige Voraussetzung, um vergleichbare wirtschaftliche Bedingungen in den Partnerländern zu schaffen und den Handel zwischen den EWG-Ländern zu fördern.

Als sich der Zerfall des Systems von Bretton Woods andeutete, beschlossen sie, als ersten Schritt die Bandbreiten der erlaubten Kursschwankungen untereinander auf +/- 2,25 % festzulegen.

Damit war die „Schlange im Tunnel" entstanden. Die Schlange bildeten die EWG-Währungen mit ihren geringfügigen Schwankungsbreiten, den Tunnel stellte die Parität der Währungen zum USD bzw. zum Gold dar.

Ab 11. März 1973 ließ die EWG ihre Währungen gegenüber Drittwährungen frei schwanken (floaten), behielt aber für sich die Währungsschlange bei. Damit begann das „blockfloating" der EWG-Währungen.

Am 13. März 1979 wird es vom EWS abgelöst. Die Paritäten der Mitgliedswährungen werden einstimmig festgelegt, die Schwankungsbreite bleibt bei +/- 2,25 %. Einzige Ausnahme ist die Italienische Lira, der +/- 6 % zugestanden werden. Die Notenbanken sind gehalten, schon vor Erreichen der Interventionsgrenzen (Leitkurs +/- 2,25 %) am Devisenmarkt einzugreifen, wenn Abweichungsindikatoren eine zu starke Entfernung (mehr als 0,75 %) vom Leitkurs anzeigen. Auch im EWS traten immer wieder Spannungen auf und durch mehrere Neufestsetzungen (Realignments) der Wechselkurse wurde versucht, die entstandenen Ungleichgewichte zu eliminieren.

Hierbei werden die Paritäten nicht mehr bilateral, sondern gegenüber dem ECU (European Currency Unit) definiert. Der ECU ist eine künstliche Währung. Sein Wert bestimmt sich nach einem Währungskorb, in dem die Währungen der Partnerländer gemäß ihrer Wirtschaftskraft vertreten sind. Nach den Statuten ist vorgesehen, die Anteile der einzelnen Währungen im fünfjährigen Turnus zu überprüfen. Außerdem können jederzeit die Währungen neuer Mitgliedsländer in den Interventionsmechanismus des EWS aufgenommen werden. Im Lauf der Jahre wurden das Irische Pfund, die Spanische Peseta, der Portugiesische Escudo und das Britische Pfund ins EWS aufgenommen.

Im Spätsommer 1992 kam es nach einer langen Stabilitätsphase zu einer schweren Krise des EWS, als mehrere Währungen stark unter Druck gerieten. Am 14. 09. 92 wurde die Lira um 7 % abgewertet, am 17. 09. 92 wurde der Leitkurs der Peseta um 5 % zurückgenommen. Zugleich verließ das erst 1990 beigetretene Britische Pfund zusammen mit der Italienischen Lira den Wechselkursmechanismus. Bereits am 23. 11. 92 wurden Peseta und Escudo noch einmal um jeweils 6 % abgewertet. Doch die Krise war damit noch nicht behoben: Am 01. 02. 93 mußte das Irische Pfund um 10 % abwerten und am 13. 05. 93 folgte schließlich ein weiteres Realignment, bei dem die Peseta 8 % und der Escudo 6,5 % seines Wertes verlor. In der Folge trat eine kurze Phase der Ruhe ein, die es einigen Ländern ermöglichte, eine gewisse Zinsautonomie gegenüber der Bundesbank zurückzugewinnen, ohne ihren Wechselkurs zu gefährden. Und während im Juni 1993 vereinzelt von einer notwendigen Aufwertung des Franc bzw. einer Abwertung der Mark gesprochen wurde, kehrten sich die Verhältnisse innerhalb weniger Wochen wieder um. Im Juli stieg der spekulative Druck, insbesondere gegen die Dänische Krone und den Französischen Franc so stark an, daß sich der EG-Währungsausschuß schließlich darauf einigte, zur Rettung des Systems die Bandbreiten ab 02. 08. 93 auf +/- 15 % zu erhöhen. Einzig die Relation des Holländischen Gulden zur Mark blieb bei den ursprünglichen +/- 2,25 %.

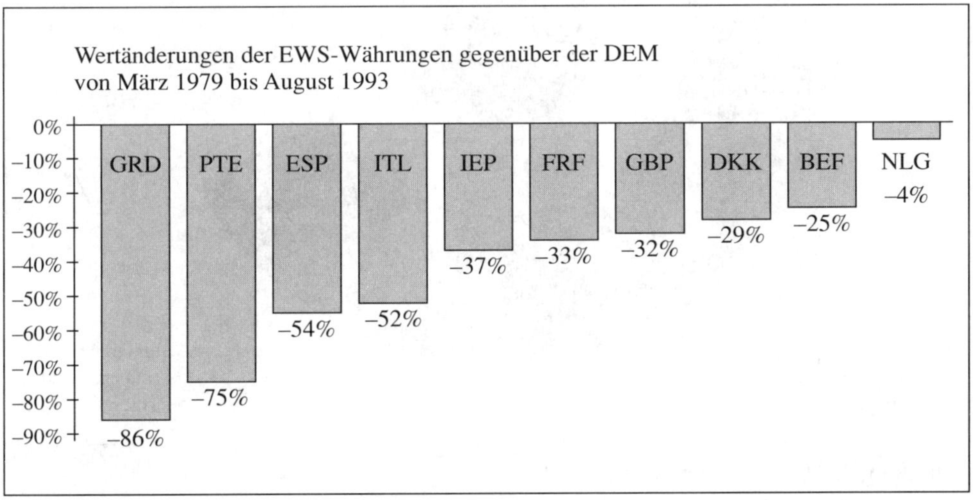

Abbildung 2: Die Stärke der D-Mark im EWS

Durch diese Maßnahme wurde das EWS formal gerettet, de facto ist es jedoch gescheitert, da von Stabilität keine Rede mehr sein kann. Nach diesem unerwarteten Rückschlag müssen überzogene Hoffnungen auf eine rasche Verwirklichung der Europäischen Wirtschafts- und Währungsunion (EWWU) erst einmal ad acta gelegt werden, da eine Lösung der Misere noch nicht absehbar ist. Trotzdem ermöglichte das EWS den Partnerländern eine Zeit des stetigen, von Währungsturbulenzen fast völlig ungestörten Wirtschaftswachstums.

2.4 Der Weg zur Europäischen Einheitswährung

Es war nicht zu erwarten, daß der europäische Einigungsprozeß ohne Konvergenzprobleme verlaufen wird. Deshalb dürfen die fast zwangsläufig auftretenden Rückschläge nicht

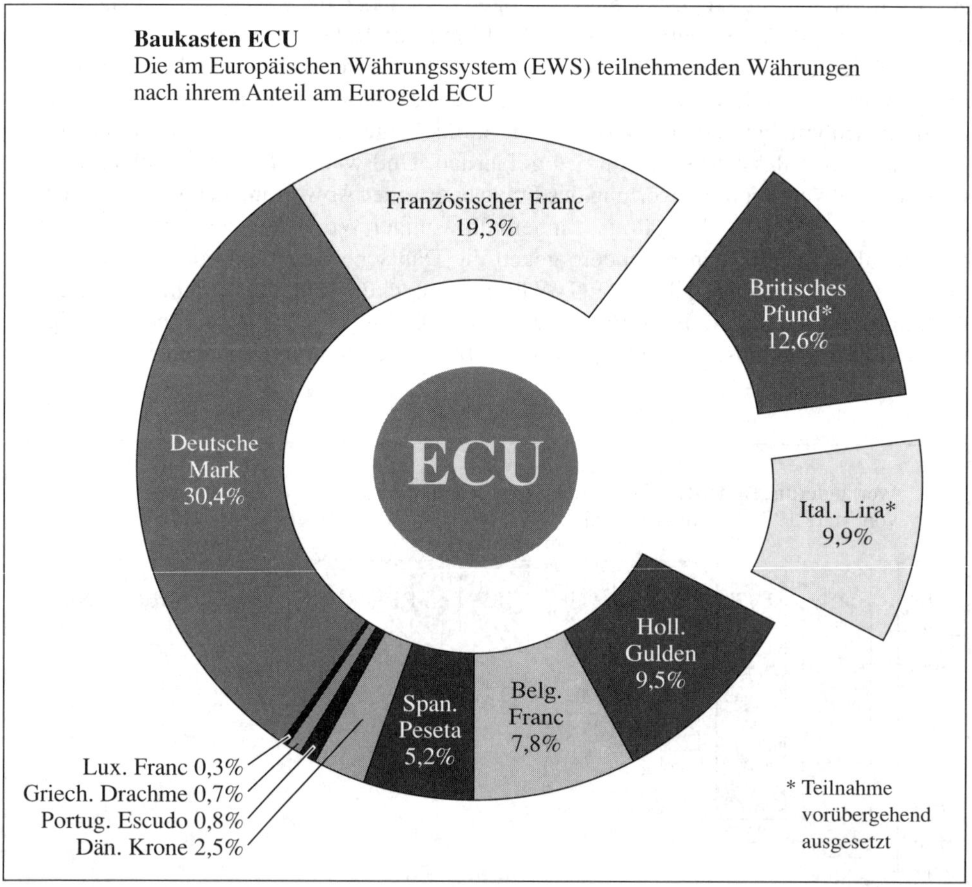

Abbildung 3: Die Zusammensetzung des ECU

Quelle: Süddeutsche Zeitung

überbewertet werden. Der Weg zum Binnenmarkt ist vorgezeichnet und von der vorgegebenen Richtung wird es nicht viel mehr als graduelle Abweichungen geben.

Welche Veränderungen wird die Europäische Währung dann mit sich bringen?

Die Vorteile sind evident: Wenn es in den Mitgliedsländern der EG eine einheitliche Währung gibt, entfällt der lästige Umtausch von Währungen, und für die Exporteure und Importeure gibt es innerhalb der Gemeinschaft künftig keine Währungsrisiken mehr. Nachteilig ist, daß die Kunstwährung ECU keinerlei Akzeptanz bei der Bevölkerung hat und gegen latentes Mißtrauen ankämpfen muß.

Dies ist nicht ganz unberechtigt. Denn bisher wird die Geldpolitik von den nationalen Notenbanken bestimmt, sofern sie von den Regierungen unabhängig sind. Und so verdankt beispielsweise die starke DM ihren Status nicht zuletzt der konsequenten Stabilitätspolitik der Bundesbank. Eine Europäische Zentralbank wird diesen Stabilitätsgedanken mit Sicherheit verwässern, da sie auf unterschiedliche nationale Interessen Rücksicht nehmen muß.

Wenn es europaweit nur noch den ECU als Währung gibt, dann gibt es auch nur noch ECU-Zinsen. Somit sind auch die Zinssätze innerhalb der EG gleich hoch. Deshalb wird sich auch die Inflation langfristig in der EG auf ein einheitliches Niveau einpendeln. Denn als einziges Regulativ für den Ausgleich unterschiedlicher nationaler wirtschaftlicher Gegebenheiten bleiben die Preise.

Regionen, die vergleichsweise unproduktiv arbeiten, müssen für ihre Güter und Dienstleistungen höhere Preise fordern, die wegen des Wettbewerbes im Binnenmarkt auf Dauer nicht bezahlt werden. Wenn es ihnen nicht gelingt, das übliche Produktivitätsniveau zu erreichen, werden sie zwangsläufig Arbeitslosigkeit „importieren“, weil sie ihre Absatzmärkte verlieren. Das bedeutet auch, daß sich die wirtschaftspolitischen Verteilungsspielräume für die Gewerkschaften künftig von den nationalen Verhältnissen lösen und an der Gesamtsituation im Binnemarkt orientieren müssen. Und genau hierin steckt ein wichtiger Ansatzpunkt für die wirkliche europäische Integration. Ob es allerdings gelingen wird, die in Jahrhunderten entstandene nationale Geschichte, Kultur und Politik hinter die Interessen der Gemeinschaft zu stellen, bleibt abzuwarten.

3 Der Kassahandel

3.1 Einführung

Fast jeder hat schon einmal ausländisches Geld in Händen gehalten. In Form von Bargeld wird es als „Sorten“ bezeichnet und am Bankschalter gehandelt.

Im internationalen Handel wird dagegen bargeldlos bezahlt. In dieser Form spricht man von „Devisen“. Die wichtigsten Währungen der Welt werden heute über Banken und

Makler 24 Stunden am Tag gehandelt. Die Konsequenz ist, daß die Währungskurse ständig in Bewegung sind.

Der Handel eines Tages beginnt, wenn an der Datumsgrenze in Asien (Australien, Neuseeland, Japan) die Banken öffnen. Kurz bevor der asiatische Markt schließt, beginnt der Handel in Europa. Und bereits zwischen 14 und 15 Uhr Frankfurter Zeit sind auch die Banken an der amerikanischen Ostküste dabei. Von hier aus setzt sich der Handel über die verschiedenen Zeitzonen der USA nach Westen fort, um an der Datumsgrenze fast übergangslos im asiatischen Markt den neuen Tag zu beginnen. Da sich die Kurse ständig verändern, werden Devisen fast ausschließlich am Telefon gehandelt, wobei Beträge von einer bis 100 Millionen Dollar üblich sind. Hierbei gilt strikt das gesprochene Wort. Aus Sicherheitsgründen und um Mißverständnisse zu vermeiden, haben mittlerweile jedoch viele Banken damit begonnen, die Gespräche der Händler auf Tonband aufzuzeichnen.

Für jeden Geschäftsabschluß stellt der Devisenhändler zur Dokumentation einen Handelszettel aus, der sofort an die Abwicklung weitergeleitet wird. Dort wird eine schriftliche Bestätigung erstellt und an den Kontraktpartner versandt. Außerdem wird hier die bargeldlose Überweisung der gehandelten Beträge veranlaßt und die korrekte Abwicklung überprüft. Die wichtigsten Geschäftsdaten sind: gekaufte und verkaufte Währung, der Betrag, der Kurs, die Valuta und die Kontoverbindung für die Abwicklung.

Als Valuta wird das Datum verstanden, zu dem das Geschäft effektiv ausgeführt wird. Üblicherweise wird mit zweitägiger Valuta gehandelt, d. h., ein heute abgeschlossenes Geschäft wird nach zwei Arbeitstagen ausgeführt. Soviel Zeit brauchen die Banken zur Überbrückung der verschiedenen Zeitzonen und um die Zahlungsanweisungen per Telex oder Computer an ihre Korrespondenzbanken im Ausland weiterzuleiten. Denn inländische Banken wickeln alle Geschäfte in einer bestimmten Währung über ein oder mehrere Konten ab, die sie bei Banken im Herkunftsland der Fremdwährung unterhalten.

Beispiel:

Am 08. 01. 93 kauft ein Kunde bei einer Frankfurter Bank 10 Mio. US-Dollars zum Kurs von 1,6445 mit Valuta 10. 01. 93.

Er benötigt die Dollars zur Bezahlung von Importen aus den USA und bittet, sie auf das Konto seines Geschäftspartners bei einer New Yorker Bank A zu überweisen.

Die Bank in Frankfurt unterhält ein Dollarkonto bei Bank B in New York und veranlaßt von dort die Überweisung auf Bank A.

Der Kunde wird im Gegenzug gebeten, den Gegenwert der Dollars, nämlich 16,445 Mio. DM mit gleicher Valuta auf ein Konto der Frankfurter Bank zu überweisen („anzuschaffen“).

Das Handelsgespräch zwischen Kunde und Bank könnte dabei wie folgt lauten:

1. Kunde: „bitte eine Kasse für 10 Dollars“
2. Bank: „35 zu 45“
3. Kunde: „10 von Ihnen mit 45“
4. Bank: „gemacht“ oder „an Sie 10 mit 45“.

Interpretation:

1. Der Kunde erfragt den Kassakurs („Kasse“) für den Dollar gegen DM bei einem Betrag von 10 Mio. USD. Da üblicherweise Millionenbeträge gehandelt werden, läßt man die Einheit „Mio.“ meist weg. Kassa- oder Spotkurse gelten für Geschäfte mit zweitägiger Valuta.
2. Der Händler nennt nicht den vollen Kurs in DM, der beim Dollar auf vier Kommastellen genau quotiert wird. Er geht davon aus, daß sein Gesprächspartner beim Kunden einen Bildschirm auf seinem Schreibtisch stehen hat, auf dem ihm über ein Nachrichtensystem (z. B. Reuters, Telerate) der aktuelle Kursstand angezeigt wird. Stattdessen nennt er die letzten zwei Kommastellen des Kurses, denn nur diese ändern sich laufend.

   Solange der Händler die Quotierung nicht ändert, verpflichtet er sich, übliche Beträge (ca. 1 bis 5 Mio. USD) zu den genannten Kursen zu handeln.

   Kursquotierungen nennen immer zuerst den Kurs für den Ankauf der Fremdwährung (Geldkurs für den Kunden) und dann für den Verkauf (Briefkurs).
3. Der Kunde weiß jetzt, daß er im Moment bis zu 10 Mio. Dollar zum Kurs von 1,6435 verkaufen und zu 1,6445 kaufen kann. Er teilt nun dem Händler der Bank mit, daß er 10 Mio. Dollar kaufen möchte und nennt zur Bestätigung noch einmal den Kurs. Zögert der Kunde zu lange mit seiner Antwort auf die Kursstellung des Händlers, ist dieser gezwungen, seine Quotierung der sich ständig ändernden Notierung anzupassen, z. B.:

   Bank: „ändert: 37 zu 47"
4. Zum Zeichen, daß er verstanden hat, bestätigt der Händler den Abschluß noch einmal.

Auf diese Weise wird täglich ein Devisenvolumen im Gegenwert von ca. 800 Milliarden Dollar gehandelt. Hiervon entfallen weniger als zehn Prozent auf rein kommerzielle Geschäfte. Der Rest betrifft Finanztransaktionen sowie Leergeschäfte, mit denen Händler versuchen, aus den ständigen Schwankungen der Devisenkurse einen Gewinn zu erzielen.

Den modernen Devisenhandel gibt es erst, seit die Nachrichtentechnik weltweit den verzögerungsfreien Austausch von Informationen erlaubt. Während man früher mühsam telegrafieren oder „kabeln“ mußte, um Kurse von anderen Handelsplätzen zu erfahren, stehen heute die Kursinformationen zeitgleich weltweit zur Verfügung.

Hierdurch wurde ein vollkommen transparenter Markt geschaffen, in dem es praktisch für niemanden (ausgenommen Insider) einen Informationsvorteil gibt. Dies ist der Grund, weshalb Devisenkurse zu einem bestimmten Zeitpunkt an jedem Handelsplatz gleich sind. Jede noch so kleine Abweichung wird sofort bekannt und vom Arbitragehandel ausgenützt. Die hierdurch eintretende Veränderung von Angebot und Nachfrage stellt das Gleichgewicht augenblicklich wieder her.

3.2 Wertstellung

Währungen können „in der Kasse“ oder „auf Termin“ gehandelt werden. Beim Kassahandel gibt es neben der normalen zweitägigen Valuta[1] noch folgende Sonderformen:

a) eintägiger Handel

In Notfällen, wenn z. B. eine fällige Devisenposition oder ein Feiertag übersehen wurde, kann auch eintägig gehandelt werden. Solche Geschäfte sollten allerdings am frühen Vormittag abgeschlossen werden, sonst besteht die Gefahr, daß – je nach den beteiligten Währungen – ein Valutatag für die Ausführung nicht ausreicht.

b) Tom/Next

Hierbei handelt es sich um ein „Termingeschäft“, das mit eintägiger Valuta gehandelt wird. Eine Position, die morgen (tomorrow = „Tom“) fällig ist, wird auf die nächstmögliche („Next“) Valuta verlegt.

Beispiel:

Ein Händler kauft am 11.01. mit Valuta 13.01. 10 Mio. USD, weil er einen Anstieg des Kurses erwartet. Da die erhoffte Kurserhöhung bis zum Abend noch nicht eingetreten ist, gibt er eine overnight order zum Verkauf der Dollars. Die Order wird im asiatischen Markt (neues Datum) mit Valuta 14.01. ausgeführt. Als er am 12.01. ins Büro kommt und davon erfährt, verlegt er die per 13.01. gekauften Dollars auf den 14.01., damit Kauf und Verkauf die gleiche Fälligkeit haben und kompensiert werden können.

Er hat hiermit eine Tom/Next Transaktion ausgeführt.

c) Spot/Next

Auch hier wird die Fälligkeit einer Position um einen Tag verlängert, allerdings wird mit normaler zweitägiger Valuta gehandelt.

Beispiel:

Der oben zitierte Händler hätte seine Position bereits am 11.01. um einen Tag auf den 14.01. verlängern können, indem er eine Spot/Next Transaktion durchführt. Das wäre dann sinnvoll gewesen, wenn er keine overnight order gegeben hätte bzw. nicht mit ihrer Ausführung im US-Markt gerechnet hätte.

Mit Tom/Next und Spot/Next Transaktionen läßt sich die Wertstellung von Positionen also um jeweils einen Tag verlängern, aber bei Bedarf auch verkürzen.

---

1 Achtung: Ausführung zwei Arbeitstage nach Abschluß in den Märkten beider Währungen.

Neben dem laufenden Telefonhandel zu aktuellen Kursen gibt es die Möglichkeit, bei der Bank feste Kauf- oder Verkauforders bei Erreichen eines bestimmten Kurses zu plazieren. Dies entbindet den Kunden einerseits davon, die aktuelle Kursentwicklung ständig selbst zu verfolgen und gibt ihm andererseits die Gelegenheit, seine Geschäfte über Nacht auf den anderen Märkten auszuführen, wenn dort das gewünschte Kursniveau erreicht wird.

In diesem Fall hat der Kunde der Bank mitzuteilen, welchen Betrag in welcher Währung er bei welchem Kurs kaufen bzw. verkaufen möchte und von wann bis wann die Order gilt.

Dieses Verfahren wird häufig angewandt, wenn sich Kunden ein bestimmtes Kursziel für die Ausführung einer Transaktion vorgeben.

Liegt der Order eine sogenannte „offene Position" zugrunde, unterscheidet man zwischen „Stop Loss" und „Take Profit" orders.

Beispiel:

Ein Kunde kauft am Morgen 5 Mio. USD zu 1,50 in der Erwartung, die Dollars nach einem Kursanstieg mit Gewinn wieder zu verkaufen (zu „geben"). Am Abend notiert der USD noch immer fast unverändert. Der Kunde glaubt trotzdem, daß der Kurs in den nächsten Tagen ansteigen wird und möchte deshalb die Position nicht glattstellen, sondern behalten.

Um die nun entstehende „Overnight Position" über Nacht managen zu können, gibt er seiner Bank zwei „Overnight Orders":

a) Verkauf 5 Mio. USD stop loss bei 1,4950,
b) Verkauf 5 Mio. USD take profit bei 1,5230.

Bewegt sich nun über Nacht der Wechselkurs über die angegebenen Grenzen hinaus, so wird die Order ausgeführt, deren Kurslimit zuerst erreicht wird. Gleichzeitig erlischt damit automatisch die zweite Order.

Durch diese Orders erreicht der Kunde, daß während seiner Abwesenheit ein drohender Verlust limitiert werden kann und andererseits ein möglicher Gewinn realisiert wird, wenn seine Kurserwartung nach oben richtig war. Je nachdem, in welcher Zeitzone die Order ausgeführt wurde, kann sich die Valuta des Geschäftes um einen Tag verschieben.

3.3 Kursnotierung

Im Devisenhandel wird immer der Preis der Fremdwährung, ausgedrückt in Landeswährung, genannt. In Deutschland werden also alle Währungen gegen DEM[2] gehandelt.

2 Ab jetzt werden alle Währungen mit ihrem Alpha-ISO-Code bezeichnet. Die ersten beiden Buchstaben bilden eine Abkürzung für das Land, der dritte steht für die Währung (vgl. Anhang).

Beispiel:

Kursnotierung für den USD: USD/DEM = 1,65

Interpretation:

Der Preis „Dollar gegen Mark" (nicht: Dollar pro Mark) ist 1,65, d. h., ein Dollar kostet 1,65 DEM.

Einige Währungen werden wie der USD pro Währungseinheit notiert, z. B. das Britische Pfund (GBP), der Kanadische (CAD), Australische (AUD) und Neuseeländische Dollar (NZD). Es gibt aber auch viele Notierungen pro 100 Währungseinheiten, z. B. bei Schweizer Franken (CHF), Französischen (FRF) und Belgischen Francs (BEF), Österreichischen Schillingen (ATS), der Spanischen Peseta (ESP), dem Portugiesischen Escudo (PTE) sowie den skandinavischen Währungen und dem Japanischen Yen (JPY). Eher schon eine Ausnahme bildet die Italienische Lira (ITL), deren Wert pro 1000 Währungseinheiten angegeben wird.

Ebenso gibt es Unterschiede bei der Zahl der angegebenen Kommastellen, die zum 1. Januar 1994 für einige Währungen neu festgelegt wurden. Seither werden folgende Kurse mit vier Kommastellen quotiert:

USD, GBP, IEP, CAD, BEF, ITL, ESP, PTE, JPY.

Die übrigen Währungen werden auf drei Stellen genau notiert. Im Frankfurter Fixing sind dies:

NLG, CHF, FRF, DKK, NOK, SEK, ATS, FIM.

Aber auch bei der Kursnotierung treten Ausnahmen auf: so gibt der Kurs beim Britischen Pfund und einigen Commonwealth-Währungen wie dem Australischen und Neuseeland-Dollar immer den Wert der Währung in Einheiten der ausländischen Währung an.

Beispiel:

Notierung GBP/USD = 1,6290

d. h., 1 Pfund kostet 1,6290 USD

Ähnliches gilt auch für die Notierung USD/DEM in den USA. Dort wird nicht der Preis der DEM in USD angegeben, sondern wie in Deutschland der Preis des USD in DEM.

Wie bei GBP/USD gibt es auch bei USD/DEM nur jeweils eine Form der Quotierung, da Kurse für USD/GBP und DEM/USD nicht üblich sind.

Für die übrigen Währungen sind hingegen jeweils zwei Quotierungen möglich, je nachdem, welches die jeweilige Landeswährung ist.

Beispiel:

Der deutschen Notierung für 100 FRF: FRF/DEM = 29,48

entspricht folgende Notierung für 1 DEM: DEM/FRF = 3,3921 in Frankreich.

Wie eingangs schon erwähnt, wird zwischen Geld- und Briefkursen für den Verkauf bzw. Ankauf von Währungen (aus Kundensicht) unterschieden. Die Differenz zwischen den beiden Kursen nennt man „Geld-Brief-Spanne“ oder „Spread“.

Je ruhiger die Marktverhältnisse, je größer der zu handelnde Betrag und je wichtiger der Kunde ist, desto geringer wird der geforderte Spread. Diese Spanne bleibt den Banken zur Deckung ihrer Kosten.

Exkurs: Amtliche Devisenkurse

Da sich die Kursnotierungen laufend ändern, ist es sinnvoll, täglich einen Referenzkurs zu ermitteln, der offiziellen Charakter hat.

Dies geschieht beim täglichen Frankfurter Fixing. Um 13 Uhr treffen sich die Devisenmakler einiger repräsentativer Banken an den Börsen und ermitteln, ausgehend von der laufenden Notierung, den Devisenkurs, zu dem sich ihre Kundenorders am besten ausgleichen lassen.

1.7392	2.6039	2.5045	1.3190	89.311	118.500
4.8050	29.438	25.790	23.165	21.218	1.0239
14.227	1.2078	0.9865	1.5435	30.370	

Abbildung 4: Frankfurter Fixing-Kurse vom 12.01.1994

Dies ist dann der amtliche Fixingkurs, der täglich an der Frankfurter Devisenbörse festgestellt wird. Zur Kursfeststellung steht Frankfurt mit den anderen deutschen Börsen in telefonischer Verbindung.

Beim Fixing werden keine Geld- und Briefkurse festgestellt, sondern der „Mittelkurs“. Die entsprechenden Geld- und Briefkurse errechnen sich durch Berücksichtigung eines Ab- bzw. Aufschlages.

Treten größere Ungleichgewichte zwischen Kauf- und Verkaufsorders auf, sorgt die Bundesbank, die beim Fixing ebenfalls vertreten ist, gelegentlich für den Marktausgleich. Sie ist zum Eingreifen sogar verpflichtet, wenn eine Währung ihre im EWS festgelegte Bandbreite nach oben oder unten zu verlassen droht. Die amtlich festgestellten Mittelkurse werden täglich in der Wirtschaftspresse veröffentlicht.

3.4 Cross Rates

Im Devisenhandel kommt dem USD eine besondere Bedeutung als Referenzwährung zu: die Kurse aller Währungen werden in allen Ländern jeweils gegen den USD angegeben (Ausnahmen s. o.). Sucht man nun den direkten Wechselkurs von zwei Währungen gegeneinander (die Cross Rate), hilft der Dreisatz weiter.

Greifen wir zunächst noch einmal das Beispiel der Quotierung FRF/DEM und DEM/FRF auf. Die Umrechnung ist ganz einfach:

FRF/DEM	=	29,48, d. h. 100 FRF kosten 29,48 DEM (deutsche Quotierung)
also: 100 FRF	=	29,48 DEM
1 DEM	=	100 FRF/29,48
1 DEM	=	3,3921 FRF
DEM/FRF	=	3,3921 (französische Quotierung)

Angenommen, der Dollar notiert in Deutschland und Frankreich wie folgt:

USD/DEM	=	1,5057/67	jeweilige Ankaufs- und Verkaufs-Kurse des USD gegen DEM und FRF
USD/FRF	=	5,1040/60	

Ein Händler in Deutschland will nun berechnen, wie die cross rate FRF/DEM steht (Geld- und Briefkurs).

a) Geldkurs des FRF

Gesucht wird der Kurs, zu dem FRF gegen DEM verkauft werden können. Der Umweg über den USD sieht wie folgt aus:

Verkauf FRF gegen USD:	-FRF	
	+USD	Kurs: 5,1060
Ankauf DEM gegen USD:	+DEM	
	-USD	Kurs: 1,5057
Per Saldo werden FRF gegen DEM verkauft:		-FRF
		+DEM

Aus den obigen Kursen ergibt sich:

	1 USD	=	5,1060 FRF
	1 USD	=	1,5057 DEM
also:	5,1060 FRF	=	1,5057 DEM
	1 FRF	=	1,5057 DEM/5,1060
	100 FRF	=	150,57 DEM/5,1060

also lautet der Geldkurs:

FRF/DEM = 29,49 DEM

b) Briefkurs des FRF

Für den Ankauf von FRF gegen DEM ergibt sich analog:

$$100\ \text{FRF} = 150{,}67\ \text{DEM}/5{,}1040$$

Briefkurs:

$$\text{FRF/DEM} = 29{,}52$$

Nun läßt sich der Begriff „Cross rate" auch anschaulich interpretieren: die entsprechenden Kursnotierungen werden einfach kreuzweise durcheinander dividiert und auf die richtige Währungseinheit gebracht:

$$\text{USD/DEM} = 1{,}5057/57$$

$$\text{USD/FRF} = 5{,}1040/60$$

$$\text{FRF/DEM} = \frac{1{,}5057 \cdot 100}{5{,}1060} \text{ bzw. } \frac{1{,}5067 \cdot 100}{5{,}1040}$$

Bei der Ermittlung des Pfundkurses gibt es dagegen die schon erwähnte Ausnahme: hier ergeben sich die cross rates durch Multiplikation:

Beispiel:

	USD/DEM	=	1,5057/67
	GBP/USD	=	1,6280/90
Geldkurs:	GBP/DEM	=	$1{,}5057 \cdot 1{,}6280 = 2{,}451$
Briefkurs:	GBP/DEM	=	$1{,}5067 \cdot 1{,}6290 = 2{,}454$

4 Der Terminhandel

4.1 Termingeschäfte

Da sich eine Vielzahl von politischen und wirtschaftlichen Ereignissen in den Wechselkursen niederschlagen, unterliegen diese ständigen Schwankungen. Bei Währungen, die dem EWS angehören, sind diese Bewegungen durch die Interventionspunkte, die symmetrisch ober- und unterhalb des Leitkurses liegen, begrenzt. Nur bei einer der relativ seltenen Neufestsetzungen (Realignment) der Leitkurse waren größere Bewegungen möglich. Die übrigen Währungen floaten dagegen meist frei, was sich in größeren Kursschwankungen und wechselnden Kurstrends dokumentiert.

Diese unsteten Kursbewegungen beinhalten für die Teilnehmer an den internationalen Waren-, Dienstleistungs- und Finanzmärkten wirtschaftliche Risiken, da Kosten und Erlöse aus Geschäftsabschlüssen in fremder Währung mehr oder weniger starken Schwankungen unterliegen. Dies gilt insbesondere bei Geschäften mit langen Zahlungszielen, da Kursprognosen umso schwieriger werden, je weiter sie in die Zukunft reichen.

Es wäre also hilfreich, wenn es eine Möglichkeit gäbe, den Einfluß künftiger Kursschwankungen auszuschalten. Damit hätte beispielsweise ein Exporteur, der erst sechs Monate nach Lieferung ins Ausland in fremder Währung bezahlt wird, die Möglichkeit, seine Umsatzerlöse bereits vorab genau zu kalkulieren. Und er könnte damit der Gefahr vorbeugen, daß die fremde Währung während dieser Zeit an Wert verliert und damit der Ertrag des Exportgeschäftes geschmälert wird.

Diese gewünschten Eigenschaften bietet das Termingeschäft (forward cover). Es besteht aus der beiderseitigen Verpflichtung zwischen zwei Partnern, an einem bestimmten Tag in der Zukunft einen bestimmten Betrag einer Fremdwährung zu einem bei Geschäftsabschluß festgelegten Kurs zu kaufen oder verkaufen, unabhängig davon, zu welchem Kassakurs die Währung am Fälligkeitstag tatsächlich notiert. Sollte später einer der Partner nicht in der Lage sein, seine Verpflichtung zu erfüllen, unterliegt sein Kontrahent wieder dem vollen Marktrisiko (Kursänderungsrisiko) während der Vertragslaufzeit.

Entgegen der bei Laien weit verbreiteten Meinung werden die Terminkurse nicht nach den subjektiven Meinungen der Kontraktpartner festgelegt, sondern lassen sich jederzeit für beliebige Fälligkeitstermine exakt rechnerisch ermitteln. Übliche Termine bei Devisengeschäften reichen bis zu einem Jahr, aber bei Bedarf sind auch Quotierungen für längere Laufzeiten zu bekommen, wobei dann die Geld-/Briefspanne etwas zunimmt.

Neben den mit Banken gehandelten Devisentermingeschäften, bei denen Betrag und Laufzeit frei vereinbart werden können, gibt es sogenannte Futures-Kontrakte, die an bestimmten Börsen gehandelt werden. Hierbei handelt es sich um standardisierte (Währungsbetrag, Laufzeit, Fälligkeitstermine) börsengehandelte Kontrakte zum Abschluß von Terminsicherungen. Die Börse garantiert die Erfüllung des Kontrakts, so daß kein Kontrahentenrisiko besteht. Futures werden an der DTB, Liffe, MATIF, SOFFEX, IMM, SIMEX und einigen anderen Terminbörsen gehandelt.

Bei Abschluß hat der Kunde einen Sicherheitseinschuß (initial margin) zu leisten, der zur Abdeckung eventueller Kursverluste dient. Die ausstehenden Kontrakte werden täglich zu ihrem Markwert bewertet (mark-to-market). Ist ein Kontrakt im Verlust, muß der Kunde den Betrag auf seinem Margin-Konto einzahlen, oder der Kontrakt wird am nächsten Tag automatisch glattgestellt.

Ebenso werden Gewinne den Kunden sofort auf dem Margin-Konto gutgeschrieben. Durch die tägliche Abrechnung weiß der Kunde genau, wie seine Position steht. Hierdurch wird diszipliniertes Vorgehen erleichtert. Durch die Standardisierung sind Futures weniger flexibel als individuell vereinbarte Terminsicherungen mit Banken, bieten aber durch die geringere Kontraktgröße (z. B. 250.000 Dollars) auch kleineren Kunden die Möglichkeit, Währungsrisiken auf Termin abzusichern.

Im institutionellen Devisenhandel in Europa spielen sie wegen der hohen Gebühren, der aufwendigen Administration und der fehlenden Flexibilität keine Rolle. Ein wichtiger Handelsplatz in USA für Currency Futures ist der International Monetary Market (IMM) an der Chicago Mercantile Exchange (CME). Von der Kursbildung für Futures am IMM gingen in den achtziger Jahren zum Teil wichtige Impulse für den Kassahandel des Dollars aus.

4.2 Terminkurse

Die Vorbedingung für einen effizienten Terminmarkt ist die Möglichkeit, Terminkurse frei von individuellen Kurserwartungen objektiv bestimmen zu können. Die Logik der Herleitung von Terminkursen wird anhand folgender Beispiele veranschaulicht:

Beispiel:

Ein Importeur bezieht Ware aus USA, die in drei Monaten in USD zu bezahlen ist. Zum Zeitpunkt der Bestellung notiert der USD bei 1,60 DEM.

Der Importeur rechnet damit, daß der USD innerhalb der Zahlungsfrist um bis zu 10 Pfennige auf 1,70 DEM ansteigen wird, was seine Rechnung entsprechend verteuern würde.

Wie kann er sich gegen die erwartete Kurssteigerung absichern, wenn kein Devisenterminmarkt existiert?

Lösung:

Der Wunsch, sich gegen einen eventuellen Kursanstieg abzusichern bedeutet, das gegenwärtige Kursniveau festzuschreiben.

Dieses Ziel läßt sich erreichen, wenn der benötigte USD-Betrag zum aktuellen Kurs erworben wird:

1. Der Importeur kauft beispielsweise 1 Mio. USD zum Kassakurs von 1,60 und fixiert damit das augenblickliche Kursniveau.

2. Da die Importrechnung erst in 3 Monaten fällig ist, legt er die Dollars für 3 Monate an. Er erhält dafür 3 % Zinsen jährlich.

3. Falls er über freie Liquidität von 1,6 Mio. DEM verfügt, kann er diese Mittel dazu verwenden, den Kauf des Dollars zu begleichen. Dann verliert er die Zinsen, die er bei der Anlage dieser Mittel verdient hätte.

   Alternativ nimmt er für 3 Monate einen Kredit über 1,6 Mio. DEM zu einem Zinssatz von 8 % auf.

Nach Ablauf der drei Monate sieht seine Rechnung wie folgt aus:

a) er erhält 1 Mio. USD plus Zinsen für 3 Monate:

$$1{,}0 \text{ Mio. USD} + 1 \text{ Mio. USD} \cdot 0{,}03 \cdot 3/12 = 1.007.500{,}\text{– USD}$$

b) er tilgt seinen Kredit in Höhe von 1,6 Mio. DEM und bezahlt für 3 Monate Zinsen:

$$1{,}6 \text{ Mio. DM} + 1{,}6 \text{ Mio. DM} \cdot 0{,}08 \cdot 3/12 = 1.632.000{,}\text{– DM}$$

Somit kostet ihn 1 USD auf Termin:

$$\frac{1.632.000 \text{ DEM}}{1.007.500 \text{ USD}} = 1{,}61985 \text{ DEM}$$

Bei einem Kassakurs von 1,60 ergibt sich also aufgrund der Zinsdifferenz ein rechnerischer Terminkurs von 1,61985.

Der Unterschied zwischen Terminkurs und Kassakurs wird Swapsatz genannt. Im Beispiel beträgt er

$$1{,}61985 - 1{,}60 = 0{,}01985 \text{ oder } 198{,}5 \text{ BP}$$

Es gilt also immer:

Terminkurs = Kassakurs + Swapsatz

Der Swapsatz ist positiv und somit ein Terminaufschlag, wenn die inländischen Zinsen höher sind als im Ausland. Die Fremdwährung kann also auf Termin zu einem höheren Kurs verkauft werden als in der Kasse (Vorteil für Exporteure bzw. USD-Anleger).

Sind umgekehrt die Zinsen in der Fremdwährung höher, wird die Währung mit einem Terminabschlag gehandelt. Sie kann dann auf Termin billiger erworben werden (Vorteil für Importeure bzw. USD-Schuldner).

Aus dem obigen Beispiel folgt, daß der Swapsatz vom Kassakurs und der Zinsdifferenz zwischen der DEM und der Fremdwährung bestimmt wird.

Er läßt sich näherungsweise wie folgt ermitteln (i repräsentiert den Zinssatz der DEM bzw. der Währung, t ist die Laufzeit des Swaps):

$$\begin{aligned}\text{Swapsatz} &= \text{Kassakurs} \cdot (i_{DEM} - i_W) \cdot t/360\\ &= 1{,}60 \cdot (0{,}08 - 0{,}03) \cdot 90/360\\ &= 0{,}02\end{aligned}$$

Daraus leitet sich der Terminkurs ab:

1,60 + 0,02 = 1,62

Für die exakte Herleitung wird noch einmal das Beispiel herangezogen:

a) Ertrag der USD-Anlage bei Fälligkeit:

$$K(\$)_t = K(\$)_0 \cdot (1+i_\$ \cdot t/360)$$

Dabei ist $K(\$)_t$ das USD-Kapital zum Zeitpunkt t, t die Laufzeit und $i_\$$ der USD-Zinssatz.

b) Aufwand für den DEM-Kredit

$$K(DEM)_t = K(\$)_0 \cdot Spot \cdot (1+i_{DEM} \cdot t/360)$$

Somit gilt: $FWD \cdot K(\$)_0 \cdot (1+i_\$ \cdot t/360) = K(\$)_0 \cdot Spot \cdot (1+i_{DEM} \cdot t/360)$

$$FWD = \frac{Spot \cdot (1+i_{DEM} \cdot t/360)}{(1+i_\$ \cdot t/360)}$$

$$FWD = \frac{1,60 \cdot (1+0,08 \cdot 90/360)}{1+0,03 \cdot 90/360}$$

$$FWD = 1,61985$$

$$Swapsatz = FWD - Spot = 1,61985 - 1,60 = 0,01985$$

Entsprechend quotiert die Bank, wenn ein Kunde einen Swap oder einen Terminkurs abfragt.

Exkurs: Arbitrage

Sobald die Swap-Quotierung vom rechnerisch über die Zinsdifferenz ermittelten Wert abzuweichen beginnt, eröffnet sich dem Profi die Möglichkeit zur Arbitrage.

Beispiel:

a) Kassakurs = 1,5990/1,6000
b) Über die Zinsdifferenz berechne sich ein Terminaufschlag von 0,01985/0,01935
c) Die Swap-Quotierung der Bank liege bei 0,0215/0,0210

Über den Geldmarkt lassen sich nun folgende Terminkurse für den An- bzw. Verkauf von Dollars erzielen:

1,6000 + 0,01985 = 1,61985
1,5990 + 0,01935 = 1,61835

Am Devisenterminmarkt ergeben sich dagegen folgende Kurse:

1,6000 + 0,0215 = 1,6215
1,5990 + 0,0210 = 1,6200

Der Händler kann einen risikolosen Gewinn dadurch erzielen, daß er über den Geldmarkt Termindollars zu 1,61985 erwirbt und sie gleichzeitig am Devisenterminmarkt zu 1,6200 verkauft. Durch diese Transaktionen verschieben sich auf beiden Märkten Angebot und Nachfrage nach Dollars, bis sich die Quotierungen wieder angeglichen haben.

Da in normalen Zeiten die Zinssätze etwa zwischen drei und zehn Prozent schwanken, sind dem Swapsatz relativ enge Grenzen gesetzt.

Daraus folgt, daß die Vorteilhaftigkeit von Absicherungsentscheidungen im wesentlichen von der Wahl des Kassakursniveaus und weniger von der Zinsdifferenz bestimmt wird.

Beispiel:

Als der USD Anfang 1985 über 3,30 DEM notierte, betrug der Swapsatz für 1 Jahr etwa -0,16 DEM. Das heißt, auf 1 Jahr konnten USD zu 3,14 DEM verkauft werden.

1992 notierte der Dollar bei 1,60 DEM und die Zinsdifferenz hatte sich mittlerweile zugunsten der DEM umgekehrt. Der Swap für 1 Jahr lag bei +0,07 DEM. Obwohl der USD auf Termin mit einem deutlichen Aufschlag gehandelt wurde, fiel dies im Vergleich zum drastisch gesunkenen Kassakurs nicht ins Gewicht: auf 1 Jahr war nur ein Terminkurs von 1,67 DEM erzielbar.

Dieser Sachverhalt wird umso deutlicher, wenn man sich klar macht, daß Fälligkeiten von Termingeschäften praktisch beliebig verlegt werden können. Das bedeutet, daß sich bei einer Prolongation der ursprüngliche Terminkurs nur entsprechend der dann für den Prolongationszeitraum gültigen Zinsdifferenz ändert, wenn der Swap auf der alten Kursbasis durchgeführt wird.

4.3 Devisen-Swaps

Gelegentlich ergibt sich die Notwendigkeit, die Fälligkeit von Devisengeschäften auf einen anderen Termin zu verlegen. Hierzu dient der Devisen-Swap. Dabei handelt es sich um den Kauf (oder Verkauf) einer Währung in der Kasse und den gleichzeitigen Verkauf (oder Kauf) auf Termin.

Daneben wird unter einem Währungsswap der zeitlich begrenzte Umtausch in eine andere Währung verstanden. Diese Asset bzw. Liability Swaps werden im Kapitel 4.4.3 behandelt.

Beispiel:

Ein Exporteur hat in Erwartung eines Zahlungseingangs USD auf den 01.02. verkauft. Sein Kunde kämpft mit Liquiditätsproblemen und bittet um einen Zahlungsaufschub von sechs Monaten. Als Folge muß die abgesicherte Position um sechs Monate auf den neuen Fälligkeitstermin geswapt werden. Durch den Rück-Kauf per 01.02. wird die ursprüngliche Short Position wieder glattgestellt und durch den Verkauf auf den 01.08. verlegt.

01.02. Kauf	+ USD zu 1,60	(Kassakurs)
01.08. Verkauf	- USD zu 1,64	(Terminkurs)
	Swapsatz = 0,04 DEM	(Terminaufschlag)

Aus der Kombination eines Kassageschäftes mit einem Swap entsteht ein Devisentermingeschäft, wobei die Kassabasis für den Swap analog zum Kurs des Kassageschäftes gewählt wird, denn letztlich ist für den Preis des Swaps nur der Swapsatz entscheidend.

Beispiel:

– USD 1,6050	Kassageschäft Valuta 01.02.
+ USD 1,6050	Kassabasis des Swaps, Valuta 01.02.
0	Valuta 01.02. besteht keine USD-Position mehr
– USD 1,6450	Swap = Terminkurs Valuta 01.08.

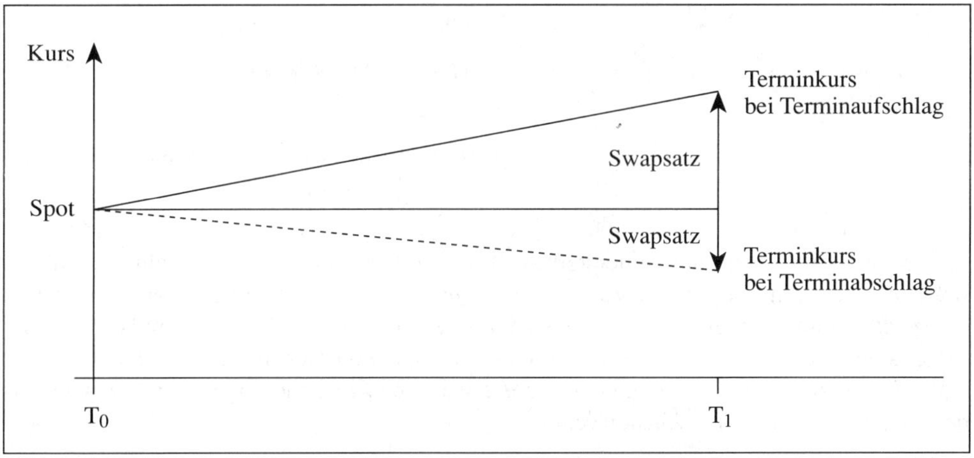

Abbildung 5: Ermittlung von Terminkursen

Kassageschäft und „Swapkasse" kompensieren sich, so daß als Position nur der Terminverkauf übrig bleibt.

Neben dem normalen Swap ist noch der Forward Swap erwähnenswert. Er unterscheidet sich dadurch, daß der Swap nicht in der Kasse beginnt, sondern auf einem Termin. Es wird also Termin gegen Termin gehandelt.

Beispiel:

Als der USD ein Niveau von 3,30 DEM erreicht, entscheidet sich ein Exporteur zu langfristigen Kurssicherungen.

Aufgrund der hohen Terminabschläge von 0,16 DEM pro Jahr und der Erwartung, daß sich die Zinsdifferenz zu seinen Gunsten verringern wird, swapt er die verkauften Dollars auf 3 Monate zum Kurs von 3,26 DEM. Nach Ablauf von 2 Monaten hat sich die Zinsdifferenz auf 0,12 DEM pro Jahr verringert. Da er einen Wiederanstieg befürchtet, entschließt er sich nun, die Position zum Satz von 0,09 DEM um 9 Monate zu prolongieren. Durch diesen Forward Swap, der in einem Monat bei der ursprünglichen Fälligkeit zu 3,26 DEM beginnt, erhält er insgesamt einen Ein-Jahres-Terminkurs von 3,30 DEM – 0,04 DEM – 0,09 DEM = 3,17 DEM. Damit liegt er um 0,03 DEM günstiger, als wenn er sofort einen Ein-Jahres-Termin zu 3,30 DEM – 0,16 DEM = 3,14 DEM abgeschlossen hätte.

a) Swap auf Endfälligkeit:

Kasse = 3,30

Swap auf 12 Monate = -0,16

Terminkurs 1 Jahr:

3,30 – 0,16 = 3,14

b) Prolongation auf Endfälligkeit:

Kasse = 3,30

Swap auf 3 Monate[3] = -0,16/4 = -0,04

Terminkurs 3 Monate:

3,30 – 0,04 = 3,26

Swapsatz 1 Jahr = – 0,12

Swap auf 9 Monate[3] = -0,12 x 9/12

= – 0,09

Terminkurs auf weitere 9 Monate:

3,26 – 0,09 = 3,17

Im Beispiel wird vereinfacht unterstellt, daß für Laufzeiten bis zu einem Jahr ein einheitlicher Zinssatz gilt, die Swapsätze also linear verlaufen. Das trifft in der Praxis nur selten zu, so daß Quotierungen für die gewünschten Termine eingeholt werden müssen. In der Regel steigen die Zinssätze mit der Laufzeit an. Deshalb ergeben sich Überlegungen zur Optimierung der Swaplaufzeit nicht nur aus erwarteten Zinsänderungen, sondern auch aus dem Verlauf der aktuellen Zinskurve.

Selbstverständlich kann mit Hilfe eines Forward Swaps ein Termingeschäft nicht nur in die Zukunft, sondern auch näher in die Gegenwart verlegt werden.

Gehen beispielsweise die Exporterlöse in USD vor der Fälligkeit der dafür vorgesehenen Terminsicherung ein, kann der Terminverkauf entsprechend vorgeswappt werden.

Dabei ist zu beachten, daß sich in diesem Fall das Vorzeichen des Swapsatzes umkehrt, d. h. der ursprüngliche Terminab- oder -aufschlag wird teilweise wieder rückgängig gemacht. Für die Prolongation von Devisentermingeschäften gibt es zwei Möglichkeiten (vgl. 4.3.1 und 4.3.2).

---

3 Am Beispiel wird vereinfacht dargestellt, daß für Laufzeiten bis zu einem Jahr ein einheitlicher Zinssatz gilt, die Swapsätze also linear verlaufen. Das trifft in der Praxis nur selten zu, so daß Quotierungen für die gewünschten Termine eingeholt werden müssen. In der Regel steigen die Zinssätze mit der Laufzeit an. Deshalb ergeben sich Überlegungen zur Optimierung der Swaplaufzeit nicht nur aus erwarteten Zinsänderungen, sondern auch aus dem Verlauf der aktuellen Zinskurve.

4.3.1 Swap auf neuer Basis

Beispiel:

Bei einem Kassakurs von 2,03 DEM wurde 1 Mio. USD auf sechs Monate verkauft. Aus dem Swapsatz von -0,03 DEM folgt ein Terminkurs von 2,00 DEM.

Bei Fälligkeit dieses Terminverkaufs liegt der Kassakurs bei 1,80 DEM, der Sechs-Monats-Swap beträgt -0,02 DEM.

Die Position soll um sechs Monate prolongiert werden.

Dabei ist folgendes zu tun:

1. An die Bank ist 1 Mio. USD zu liefern, für die ein Gegenwert von 2 Mio. DEM gezahlt wird.
2. Da die USD noch nicht verfügbar sind, wird zum Kassakurs von 1,80 DEM 1 Mio. USD erworben und damit die Verpflichtung aus dem Terminverkauf erfüllt (erster Teil des Swaps).
3. Aus den beiden Transaktionen ergibt sich ein Nettozufluß von 200.000,– DEM, die für sechs Monate zu 5 % angelegt werden können und 5.000,– DEM Zinsen erwirtschaften.
4. Auf der Basis des Kassakurses (1,80) wird 1 Mio. USD auf sechs Monate zum Kurs von 1,78 DEM verkauft (zweiter Teil des Swaps).
5. Nach Ablauf der zweiten Sechsmonatsfrist fließen dem Kunden aus einem Geschäft 1 Mio. USD zu, mit denen er das Termingeschäft erfüllt.

Nun möchte er wissen, zu welchem Effektivkurs er die USD insgesamt abgesichert hat:

Terminsicherung:	1 Mio. USD · 1,78	=	1.780.000,– DEM
	Nettozufluß	=	200.000,– DEM
	Zinsen	=	5.000,– DEM
			1.985.000,– DEM

Er realisiert also einen Kurs von 1,9850 DEM.

4.3.2 Swap auf alter Kursbasis

Gelegentlich wünschen Kunden, Prolongationen auf der alten Basis vorzunehmen, damit aus dem Terminkurs sofort das effektive Absicherungsniveau ersichtlich ist und keine Ausgleichszahlungen zu leisten sind.

In diesem Fall bereinigt die Bank den Swapsatz im obigen Beispiel um den Zinseffekt auf die DEM-Position, die sich bei der Prolongation ergibt.

Beispiel:

USD-Terminverkauf zu		2,00	DEM
USD-Rückkauf zu		1,80	DEM
Differenz pro USD[4]		0,20	DEM
DEM-Zinssatz	=	5 %	p. a.
Swapsatz	=	– 0,02	DEM
Zinseffekt: 0,20 · 0,05/2	=	0,005	
bereinigter Swapsatz:		– 0,0200	
		+ 0,0050	
	=	– 0,0150	
neuer Terminkurs:		2,0000	
		– 0,0150	
	=	1,9850	

Quotiert die Bank einen schlechteren Satz, ist es vorteilhaft, den Swap auf neuer Basis vorzunehmen.

Bei Prolongationen auf alter Kursbasis verlangen die Banken häufig die Bestätigung, daß dem Swap ein kommerzielles Geschäft zugrunde liegt. Dies dient unter anderem dazu, die Verschleierung von Schieflagen bei spekulativen Positionen durch die historische Kursbasis zu verhindern, bei der keine Nettozahlung zum Ausgleich zwischen alter und neuer Kursbasis erforderlich ist.

4.4 Sonderformen

Aus Marketinggründen und um individuelle Kundenwünsche erfüllen zu können, wurden im Lauf der Zeit zahlreiche Sonderformen von Termin- und Swapgeschäften entwickelt. Ziel dieser Produktentwicklungen war es jeweils, Nachteile – meist in Form ungenügender Flexibilität einzelner Finanzinstrumente – abzumildern bzw. durch neue Merkmale zu kompensieren.

Diese Neuentwicklungen, die praktisch versuchen, als Hybridform die Charakteristika verschiedener Instrumente in sich zu vereinigen, können fast beliebig gestaltet werden und sind unter den verschiedensten Bezeichnungen anzutreffen.

Nachfolgend werden exemplarisch einige dieser Instrumente beschrieben.

4.4.1 Participating Forward

Der Vorteil von Termingeschäften besteht darin, daß das augenblickliche Kursniveau – korrigiert um die Zinsdifferenz – für spätere Zahlungstermine festgeschrieben wird. Dies

4 Bei einer negativen Zinsdifferenz verschlechtert sich der Swapsatz entsprechend durch den Zinsaufwand.

kann sich jedoch zu einem Nachteil entwickeln, wenn sich bis zur Fälligkeit der Wechselkurs über den Terminkurs hinaus verbessert hat.

Beispiel:

Ein Exporteur erwartet in drei Monaten den Eingang von 1 Million USD. Da er aufgrund der wirtschaftlichen Rahmendaten mit dem Rückgang des Kurses von augenblicklich 1,80 DEM rechnet, entschließt er sich, auf drei Monate zum Kurs von 1,78 DEM abzusichern.

Aufgrund einer zwischenzeitlich eingetretenen politischen Krise steigt der USD bis zur Fälligkeit jedoch bis auf 1,92 DEM an. In diesem Fall muß der Exporteur einen Opportunitätsverlust von 0,14 DEM hinnehmen. Denn aufgrund der abgeschlossenen Terminsicherung muß er seine Dollars zum Kurs von 1,78 DEM tauschen, obwohl am Kassamarkt mittlerweile 1,92 DEM zu erzielen wären.

Der Participating Forward bietet hier die Möglichkeit, von der vorteilhaften Kursentwicklung zumindest teilweise zu profitieren. Zunächst wird ein Terminkurs vereinbart, der im ungünstigsten Fall erzielt werden kann. Dieser Kurs wird immer schlechter sein als bei einem normalen Termingeschäft! Als Gegenleistung erhält der Kunde die Möglichkeit, mit einer bestimmten Quote an einer eventuellen Kursverbesserung über den Terminkurs hinaus teilzuhaben. Im Beispiel könnte der Terminkurs eines Participating Forward etwa bei 1,70 und die Partizipationsquote bei 60 % liegen. In diesem Fall hätte der Kunde einen Kurs von

$$1{,}70 + 0{,}6 \cdot (1{,}92 - 1{,}70) = 1{,}832$$

erzielt und wäre damit günstiger gelegen als mit einer Terminsicherung zu 1,78.

Wie bei allen effizienten Märkten gibt es nichts geschenkt. Deshalb wird hier der Vorteil einer erhöhten Flexibilität durch den Nachteil des schlechteren Terminkurses erkauft.

Von der Konstruktion her handelt es sich beim Participating Forward prinzipiell um eine Option (vgl. Abschnitt 5), bei der an die Stelle der Prämienzahlung die Ausübungspflicht in Kombination mit der Partizipationsquote tritt.

4.4.2 Range Forward

Ein weiterer Versuch, Instrumente mit erhöhter Flexibilität anzubieten, ist der Range Forward. Hier wird der feste Terminkurs des üblichen Termingeschäftes durch eine Bandbreite (Range) ersetzt, innerhalb derer sich der Kurs bei Fälligkeit bewegen kann.

Beispiel:

Als Alternative zum Drei-Monats-Terminverkauf zu 1,78 DEM wird einem Kunden ein Range Forward mit einer Bandbreite von 1,73–1,81 DEM angeboten. Liegt der Kassakurs bei Fälligkeit unter 1,73 DEM, erhält der Kunde auf jeden Fall 1,73 DEM für seine Dollars. Notiert der Dollar dagegen innerhalb der festgelegten Bandbreite, wird zum entsprechenden Kassakurs abgerechnet. Ist der Kurs über 1,81 DEM angestiegen, kann nur zu 1,81 konvertiert werden.

Innerhalb der Bandbreite gewinnt der Kunde also Flexibilität gegenüber einer normalen Terminsicherung. Im Gegenzug verschlechtert sich sein durchschnittlich realisierbarer Kurs, da der Durchschnittswert der Bandbreite (1,77) immer ungünstiger ist als der vergleichbare feste Terminkurs (1,78).

Der Range Forward entsteht durch die Kombination von zwei Optionen, deren Prämien sich gegenseitig aufheben. Im Beispiel wird ein Put bei 1,73 gekauft und ein Call bei 1,81 verkauft. Da hierdurch die typischen Optionsmerkmale verloren gehen, wird der Range Forward als Sonderform eines Termingeschäftes betrachtet.

4.4.3 Asset Swaps, Liability Swaps

Grundsätzlich besteht ein Währungsswap aus dem Tausch von zwei Währungen (vgl. 4.3). Bei der Swapkasse werden beispielsweise USD gegen DEM gekauft (verkauft) und am Swaptermin wieder gegen DEM verkauft (gekauft). Beim kombinierten Zins- und Währungsswap werden nicht nur die Währungen, sondern auch die zugehörigen Zinsen gegeneinander ausgetauscht. Dabei erfolgt der Austausch der Währungen zu Beginn und am Ende des Swaps zum gleichen Kurs.

Somit ergibt sich die Möglichkeit, aus einer DEM-Anlage oder -Verbindlichkeit per Swap eine synthetische Währungsanlage bzw. -verbindlichkeit zu kreieren.

Beispiel: Asset Swap

Ein Anleger hat die Möglichkeit, 10 Millionen DEM einer fünfjährigen inländischen Inhaberschuldverschreibung mit einer Rendite von 7 % zu erwerben.

Alternativ kann er bei einem Dollarkurs von 2,00 DEM 5 Mio. USD in ein gleichwertiges amerikanisches Wertpapier mit einer jährlichen Rendite von 8 % investieren. Da er kein Währungsrisiko eingehen will, bittet er um ein Angebot auf DEM-Basis. Die Bank kann aufgrund günstiger Swap-Konditionen einen Asset-Swap zu 7,05 % anbieten. Durch die synthetische DEM-Anlage läßt sich im Beispiel eine Renditeverbesserung von 5 Basispunkten erreichen.

Der kombinierte Zins- und Währungsswap führt zu folgendem Sachverhalt:

- Der Anleger zahlt an die Bank 10 Mio. DEM und erwirbt damit einen US-Bond im Wert von 5 Mio. USD.
- Die halbjährlichen Zinszahlungen des US-Bonds werden durch den Swap in jährliche DEM-Zinszahlungen an den Kunden mit einer Rendite von 7,05 % umgewandelt.
- Bei Fälligkeit des Bonds wird das investierte Kapital von 5 Mio. USD zum ursprünglichen Kurs wieder in 10 Mio. DEM getauscht, die an den Anleger zurückfließen. Über die Laufzeit existiert also kein Kursrisiko.

Obwohl er also tatsächlich ein US-Wertpapier besitzt, fließen für ihn nur fest vereinbarte DEM-Zahlungen. Das einzige Kursrisiko besteht darin, daß das US-Papier in der Bilanz mit dem jeweiligen Wechselkurs zum Jahresultimo zu bewerten ist.

Solche Asset-Swaps lohnen sich, wenn bei gleicher Qualität des Wertpapieres eine nennenswerte Renditeverbesserung erzielt werden kann. Außerdem ist zu beachten, daß neben dem Bonitätsrisiko des Emittenten zusätzlich das Bonitätsrisiko der Bank tritt, mit der die Swapvereinbarung abgeschlossen wurde.

Falls der Investor überzeugt ist, daß sich der Kurs des Dollars bis zur Fälligkeit des Wertpapieres nicht verschlechtern wird, kann er natürlich auf die Terminsicherung der auf USD lautenden Zins- und Tilgungszahlungen verzichten und somit eventuell eine höhere Gesamtrendite realisieren.

Analog können Finanzschulden, z. B. Anleihen, mit oder ohne Währungsrisiko in fremde Währungen geswapt werden. Falls in der gleichen Währung ungesicherte Anlagen und Schulden bestehen, kompensieren sich die Währungsrisiken sogar entsprechend.

Exkurs: Ermittlung des Break Even-Kurses für Währungsfinanzierungen

Bei der Herleitung des Swapsatzes wurde deutlich, daß sich Terminkurse aus dem Kassakurs und der Zinsdifferenz bestimmen lassen. Daraus folgt, daß der Zinsvorteil bei Anlage in einer hochverzinslichen Währung durch eine Terminsicherung wieder verloren geht. Gleiches gilt für die Finanzierung über eine Niedrigzins-Währung. Zinsvorteile können somit nur realisiert werden, wenn auf eine Kurssicherung verzichtet wird. Zur Abschätzung der Risiken wird der Wechselkurs berechnet, bei dem der Zinsvorteil einer ungesicherten Position durch die Kursänderung wieder kompensiert wird. Das ist wichtig, weil der Wechselkurs einer Währung in der Regel stärker schwankt, als der Zinssatz und damit der Zinsvorteil schnell verloren gehen kann.

In diesem Fall muß folgende Beziehung gelten:

Der in Fremdwährung konvertierte DEM-Gegenwert plus die Fremdwährungszinsen für die Laufzeit sind bei Umrechnung mit dem Break Even-Kurs identisch mit dem DEM-Kapital plus den DEM-Zinsen für die Laufzeit. Falls die Position bei Fälligkeit zum BEK wieder in DEM getauscht wird, ergibt sich also die gleiche Verzinsung wie in der DEM. Ein Vorteil wird hingegen erzielt, wenn die Währung bei Fälligkeit günstiger notiert, d. h., bei Währungsforderungen einen höheren und bei Währungsverbindlichkeiten einen niedrigeren Kurs aufweist.

a) Bestimmung des Break Even-Kurses

Es muß gelten:

$$\text{DEM} \cdot (1+i_{DEM} \cdot t/360) = \text{DEM/Spot} \cdot (1+i_{FW} \cdot t/360) \cdot \text{BEK}$$

DEM = DEM-Kapital

DEM/Spot = Gegenwert in Fremdwährung

Spot = Umrechnungskurs in die Fremdwährung

i = Zinssatz der DEM bzw. der Fremdwährung

BEK = Umrechnungskurs in DEM bei Fälligkeit

Aus der Formel ergibt sich für den BEK:

$$BEK = Spot \cdot \frac{1 + i_{DEM} \cdot t / 360}{1 + i_{FW} \cdot t / 360}$$

b) Berechnung des Break Even-Zinssatzes

Analog kann (z. B. für die Analyse von Doppelwährungsanleihen) der erforderliche Break Even-Zinssatz ermittelt werden, falls bei Fälligkeit mit einem bestimmten Kassakurs gerechnet wird. Er ergibt sich aus folgender Formel:

$$i_{FW} = (1 + i_{DEM} \cdot t / 360 - Kurs / Spot) \cdot \frac{360}{t} \cdot \frac{Spot}{Kurs}$$

Kurs = unterstellter Wechselkurs für die Umrechnung in DEM bei Fälligkeit.

Beispiel:

In der DEM kann für sechs Monate (183 Tage) ein Zinssatz von 8 % erzielt werden. Im Pfund werden dagegen 11 % geboten. Der aktuelle Kassakurs GBP/DEM liegt bei 2,50 DEM.

Es ist der BEK für eine GBP-Anlage zu ermitteln. Hierbei ist zu berücksichtigen, daß in der DEM das Jahr mit 360 Tagen, im Pfund dagegen mit 365 Tagen gerechnet wird.

$$BEK = 2{,}50 \cdot \frac{1 + 0{,}08 \cdot 183 / 360}{1 + 0{,}11 \cdot 183 / 365}$$

$$BEK = 2{,}46568$$

Der Pfundkurs darf bis zur Fälligkeit bis auf 2,46568 DEM fallen, damit die Währungsanlage nicht ungünstiger ist als eine vergleichbare Anlage in der DEM.

Abschließend wird der Mindestzinssatz bestimmt, der erreicht werden muß, falls das Pfund bis auf 2,45 DEM fällt.

$$i_{GBP} = (1 + 0{,}08 \cdot 183/360 - 2{,}45/2{,}50) \cdot 365/183 \cdot 2{,}50/2{,}45 = 0{,}12347$$

Die Anlage im Pfund muß mindestens eine Verzinsung von 12,347 % bieten, damit bei einem Kursrückgang auf 2,45 DEM kein schlechteres Anlageergebnis als in der DEM erzielt wird.

5 Währungsoptionen

5.1 Optionsmerkmale

Die Idee ist bestechend: ein Instrument zu schaffen, das dem Anwender im ungünstigsten Fall eine bestimmte Absicherung garantiert, andererseits aber die Flexibilität gewährt, von günstigen Marktentwicklungen uneingeschränkt zu profitieren. Die Option macht's möglich. Sie bezieht sich jeweils auf ein Basisinstrument (underlying), das im Fall von Devisenoptionen die zu handelnde Währung ist.

Seit Mitte der achtziger Jahre ergänzen Währungsoptionen das bisher im Devisenhandel verfügbare Instrumentarium von Kassa- und Termingeschäften. Damit wurde ein wichtiger Baustein für die Konzeption risikoorientierter Währungsstrategien eingeführt.

Eine Devisenoption gibt dem Optionsinhaber das Recht, aber nicht die Pflicht, innerhalb der Optionsfrist einen Währungsbetrag zu einem bei Abschluß festgelegten Kurs (Strike Price) zu kaufen oder zu verkaufen.

Er hat also das Recht, die Option nur auszuüben, wenn es für ihn günstig ist. Andernfalls kann er sie verfallen lassen.

Eine Call-Option berechtigt zum Kauf, eine Put-Option zum Verkauf einer Währung. Für das Wahlrecht bei der Ausübung verlangt der Verkäufer (Stillhalter) der Option eine einmalige Gebühr (Fee), die bei Abschluß fällig wird.

Ein Optionsvertrag beinhaltet folgende Festlegungen:

- Optionsart: Call, Put
- Ausübung: european, american style
- Strike Price: Ausübungskurs
- Laufzeit: Verfalltag, Uhrzeit
- Währung
- Betrag
- Optionsgebühr.

Optionen sind äußerst flexible Instrumente und können ganz an die individuellen Wünsche der Kunden angepaßt werden (over-the-counter Optionen).

Bei der Ausübung hat der Kunde die Wahl, ob er nur am Verfalltag (european style) oder während der gesamten Laufzeit (american style) sein Optionsrecht wahrnehmen möchte. In jedem Fall wird genau festgelegt, bis zu welchem Tag und welcher Uhrzeit die Ausübung spätestens erfolgt sein muß. Da die Optionsgebühr mit der Laufzeit überproportional ansteigt, kann es fallweise günstiger sein, zwei Optionen mit der halben geplanten Laufzeit hintereinander zu schalten.

Der Strike Price oder Ausübungskurs schreibt fest, zu welchem Kurs die Währung bei Bedarf gekauft bzw. verkauft werden kann. Er kann grundsätzlich frei gewählt werden und ist ein wesentlicher preisbestimmender Faktor.

Durch die Wahl des Ausübungskurses wird bestimmt, ob eine Option in-the-money (im Geld), at-the-money (am Geld) oder out-of-the-money (aus dem Geld) ist.

Eine Option ist im Geld, wenn der Strike Price für den Kunden günstiger ist als der augenblickliche Kasskaurs. Sie könnte dann sofort mit Gewinn ausgeübt werden. Bei neu abgeschlossenen Optionen ist die zu bezahlende Optionsgebühr selbstverständlich höher als der sofort realisierbare Gewinn (siehe unten: innerer Wert, Zeitwert).

> Beispiel:
>
> Eine USD-Calloption hat einen Ausübungskurs von 1,65 DEM.
>
> – bei einem Kassakurs von 1,65 DEM ist die Option ‚at-the-money'
>
> – bei Kassakursen unter 1,65 DEM ist die Option ‚out-of-the-money'
>
> – bei Kassakursen über 1,65 DEM ist die Option ‚in-the-money'.

Der Wert von Optionen setzt sich aus zwei Komponenten zusammen: dem inneren Wert (intrinsic value) und dem Zeitwert (time value).

Der innere Wert entspricht dem Gewinn, der bei sofortiger Ausübung erzielt werden kann. Daraus folgt, daß nur in-the-money-Optionen einen inneren Wert haben.

Der Zeitwert hängt dagegen von der (Rest-)Laufzeit der Option ab und sinkt spätestens am Verfalltag auf null. Er repräsentiert für den Optionsinhaber die Wahrscheinlichkeit, aus der Option bis zum Verfall einen Gewinn zu erzielen. Je länger die verbleibende Zeit, umso höher ist die Wahrscheinlichkeit, daß eine out-of-the-money-Option ins Geld kommt. Neben dem reinen Zeitfaktor bestimmt auch die Volatilität den Zeitwert. Die Volatilität mißt die Stärke der Währungskursschwankungen im Zeitablauf. Demzufolge muß gelten, daß der Zeitwert mit der Volatilität ansteigt.

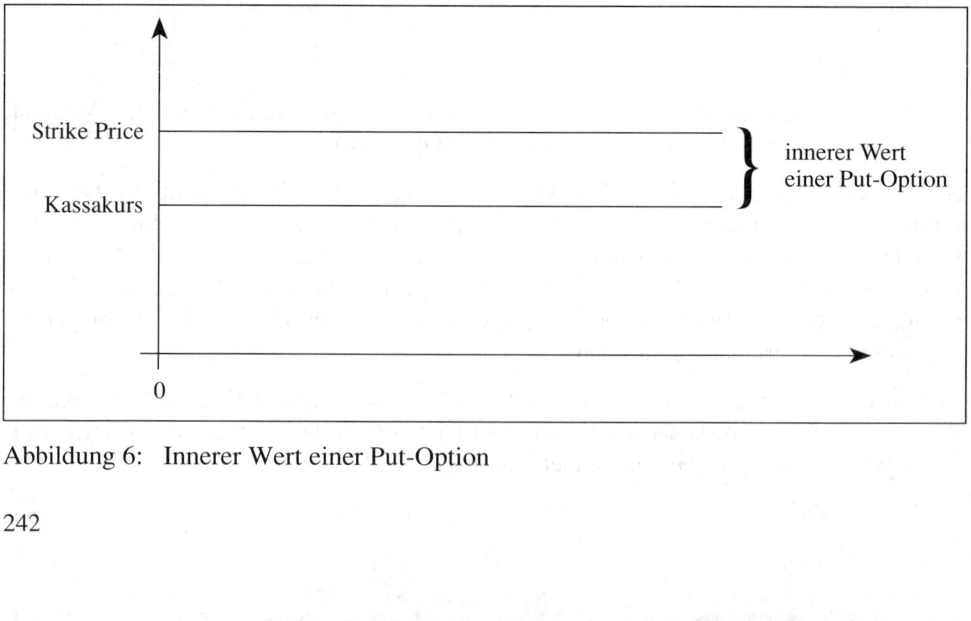

Abbildung 6: Innerer Wert einer Put-Option

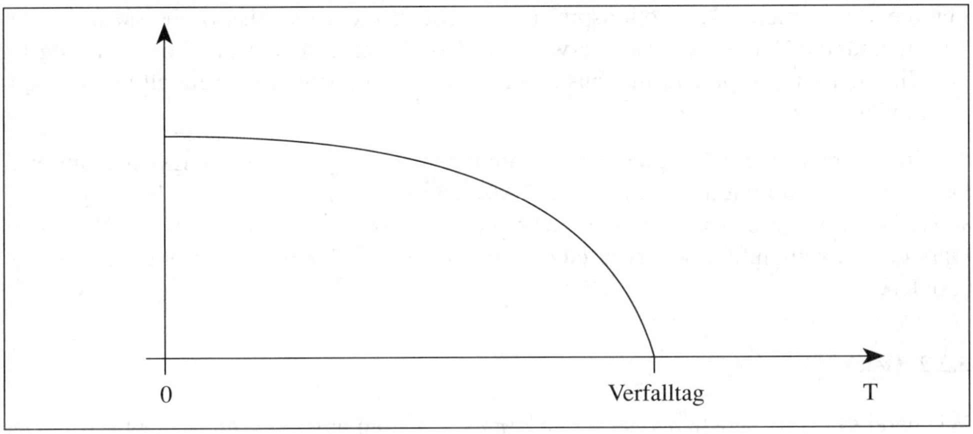

Abbildung 7: Zeitwert einer Option

Zur Ermittlung des theoretischen Optionspreises wurde von den Amerikanern Black und Scholes 1973 eine komplexe mathematische Formel entwickelt, die den heute auf PC verwendeten Optionspreismodellen zugrunde liegt. Darüber hinaus bestimmen jedoch in der Praxis auch Angebot und Nachfrage die im Markt quotierten Optionspreise.

Allgemein gilt für die Bestimmung von Optionspreisen:

Die Optionsgebühr ist umso höher, je

- höher die Volatilität ist,
- länger die Optionslaufzeit ist,
- höher die Option im Geld ist (Differenz zwischen Ausübungskurs und Kassakurs).

Im Gegensatz zu standardisierten Optionen, die an Börsen (z. B. LIFFE) gehandelt werden und deren Erfüllung diese Börsen garantieren, gibt es bei individuell mit Banken vereinbarten OTC-Optionen ein zusätzliches Ausfallrisiko. Das bedeutet, daß der Optionsinhaber bei Insolvenz des Kontrahenten voll dem Kursänderungsrisiko unterliegt und die bezahlte Optionsprämie ohne Nutzen verloren ist. Hat sich der Markt dagegen günstig entwickelt, ist der Ausfall des Kontrahenten ohne Bedeutung.

5.2 Optionsparameter

5.2.1 Volatilität

Während die Differenz zwischen dem Strike Price und dem Kassakurs den inneren Wert einer Option bestimmt, ist der Zeitwert eine Funktion der (Rest-)Laufzeit der Option.

Ein weiterer wichtiger preisbestimmender Faktor ist die Volatilität. Sie ist ein statistisches Maß für die tägliche Preisschwankung des Basisinstrumentes, bei Währungsoptionen also des Kassakurses der entsprechenden Währung.

Für die Bestimmung des Optionspreises ist jedoch nicht die historische, sondern die künftige, für die Optionslaufzeit zu erwartende Volatilität entscheidend. Sie wird retrograd mit Hilfe der Optionspreisformel aus den aktuellen Optionspreisen ermittelt und deshalb als implizite Volatilität bezeichnet.

Somit bestimmt unter sonst gleichen Bedingungen (Kassakurs, Ausübungskurs, Optionslaufzeit) die Volatilität den Optionspreis. Also ist es für Händler attraktiv, bei vergleichsweise hoher Volatilität Optionen zu schreiben (verkaufen) und bei niedriger Volatilität Optionen zu kaufen, um bei erwarteten Änderungen der Volatilität Arbitragegewinne zu erzielen.

5.2.2 Delta

Wie bereits besprochen, hängt der Optionspreis u. a. vom inneren Wert der Option ab. Der innere Wert wiederum bestimmt sich aus dem Verhältnis von Ausübungspreis zu Kassakurs, also danach, ob die Option im Geld, am Geld oder aus dem Geld ist.

Delta gibt hierbei an, wie stark der Optionspreis auf eine Änderung im Wert des Basisinstrumentes reagiert. Es kann Werte zwischen 0 und 1 annehmen.

Bei Delta = 0 gibt es keine Preisreaktion (die Option ist stark aus dem Geld), während bei Delta = 1 sich der Optionspreis linear mit dem Wert des Basisinstrumentes ändert (die Option ist im Geld).

> Beispiel für Delta = 1:
>
> Die Prämie für einen USD-Call mit Ausübungspreis = 1,60 wird unter sonst gleichen Bedingungen um einen Pfennig steigen, wenn der USD beispielsweise von 1,70 auf 1,71 DEM steigt.

Delta steht also für die Sensitivität der Optionsprämie im Hinblick auf Preisänderungen des Basisinstrumentes.

5.2.3 Gamma

Gamma bezeichnet die Reagibilität von Delta auf Preisänderungen des Basisinstrumentes. Es zeigt also, wie sensibel Delta z. B. auf Änderungen des Kassakurses reagiert.

Gamma spielt bei der Absicherung von Aktienportfolios mit Hilfe von Optionen (Delta Hedge) eine wichtige Rolle. Bei hohem Gamma ist eine hohe Sensitivität gegeben, die eine häufige Anpassung des Hedge bei Änderungen der Aktienkurse erfordert.

5.2.4 Theta

Neben dem inneren Wert verfügen Optionen über einen Zeitwert, der mit der Verkürzung der Restlaufzeit überproportional sinkt. Theta ist ein Maß für den täglichen Rückgang des Zeitwerts einer Option unter sonst gleichen Bedingungen.

5.2.5 Vega

Vega drückt die Sensitivität des Optionspreises gegenüber Schwankungen der Volatilität aus und ist insbesondere für Optionen von Bedeutung, die am Geld liegen. Vega gibt an, um wieviel sich die Optionsprämie ändert, wenn die Volatilität um einen Prozentpunkt variiert.

Für den Umgang mit Devisenoptionen sind nur die Volatilität, Delta und Vega von Bedeutung. Die anderen Sensitivitätsmaße wurden aus Gründen der Vollständigkeit aufgeführt. Sie sind wichtig für Optionsstrategien zur Absicherung von Aktienportfolios.

5.3 Ergebnisprofile

Zum besseren Verständnis ist es wichtig, sich mit dem Ergebnisprofil für Stillhalter und Inhaber von Optionen zu befassen. Grundsätzlich trägt der Stillhalter gegen Erhalt der Optionsprämie ein fast unlimitiertes Risiko, da er dem Inhaber einen bestimmten Wechselkurs garantiert, unabhängig davon, wo der Kassakurs bei Ausübung tatsächlich notieren wird.

Im Kontrast hierzu steht der Optionsinhaber, der gegen Zahlung der Prämie zwar Rechte, aber keinerlei Pflichten erwirbt. Sein maximaler Verlust beschränkt sich auf die bezahlte Prämie, während sein Gewinnpotential fast unbeschränkt ist.

Eine Möglichkeit, sich gegen unkontrollierbare Verluste zu schützen, besteht für den Stillhalter darin, nur gedeckte Optionen zu schreiben. Das bedeutet, daß die verkaufte Option den wirtschaftlichen Interessen bzw. der natürlichen Währungsposition des Stillhalters entspricht.

> Beispiel:
>
> Der Kurs des USD liegt bei 1,70 DEM. Die Absicherungsstrategie eines Exporteurs sieht vor, seine USD-Erlöse bei 1,80 DEM abzusichern. Durch Verkauf entsprechender USD-Calls verliert er bei einem Kursanstieg seine Dollars bei 1,80 und erhält zusätzlich die Prämie. Von einem eventuellen Kursanstieg über 1,80 hinaus kann er allerdings nicht profitieren.
>
> Wird der Strike Price nicht erreicht, verbessert die eingenommene Prämie seinen realisierbaren Kurs.
>
> Der Strike Price von 1,80 DEM entspricht seinem Anspruchsniveau, auf dem er plant, Dollars zu verkaufen. Aufgrund dieser Gegenposition geht er als Stillhalter eines Calls keinerlei Risiko ein, wenn er bei 1,80 DEM ausgeübt wird.

Nachfolgend werden die Ertragsprofile von Calls und Puts aus der Sicht des Stillhalters und Inhabers untersucht.

5.3.1 Verkauf eines Call (Short Call)

Der Stillhalter verpflichtet sich, gegen Erhalt der Optionsprämie bis zum Verfalltag auf Anforderung den vereinbarten Währungsbetrag zum Strike Price an den Optionsinhaber zu liefern.

Wenn die Währungsentwicklung für ihn ungünstig verläuft, droht ihm ein fast unbegrenzter Verlust, sobald die erhaltene Prämie durch die Kursverluste aufgezehrt ist. Der Punkt (Kurs), an dem die Kursverluste der Optionsprämie entsprechen, ist der Break-Even-Punkt oder Break-Even-Kurs (BEK).

Da ab dem Strike Price der Verlust oder Gewinn aus einer Option proportional zur Kursentwicklung ist, verläuft die Ertragskurve immer im 45°-Winkel zur Achse des Wechselkurses. Weiter zunehmende Verluste kann der Stillhalter nur durch Glattstellen seiner Position, z. B. durch Kauf eines Calls, zuverlässig vermeiden.

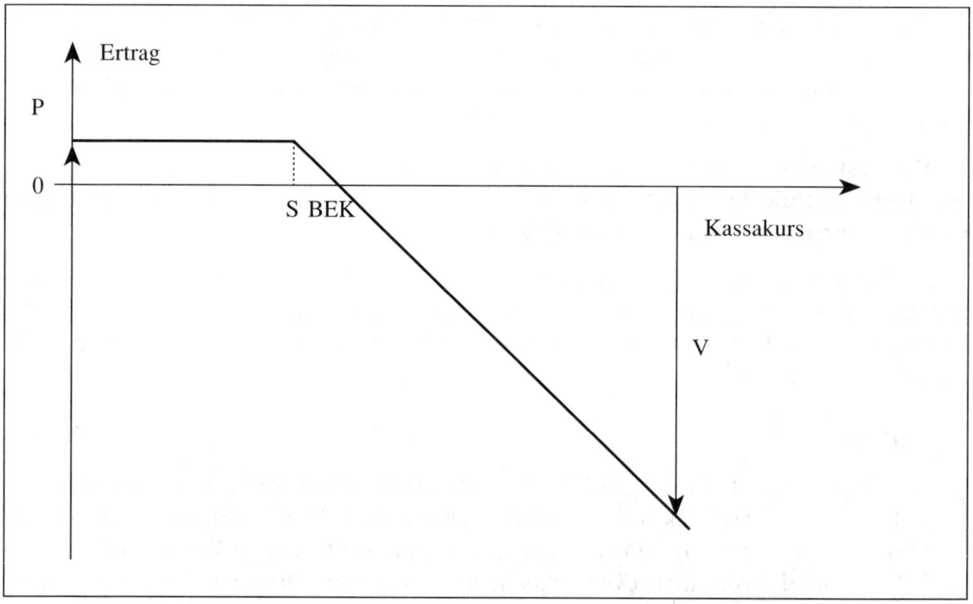

S: Strike Price
P: Optionsprämie
V: Verlust
BEK: Break-Even-Kurs (Gewinnschwelle)

Abbildung 8: Ertragsprofil für den Stillhalter eines Call

5.3.2 Kauf eines Call (Long Call)

Die Option ist für die Beteiligten ein Null-Summen-Spiel: Was der eine verliert, gewinnt der andere. Dementsprechend sieht das Ertragsprofil für den Inhaber des Call aus:

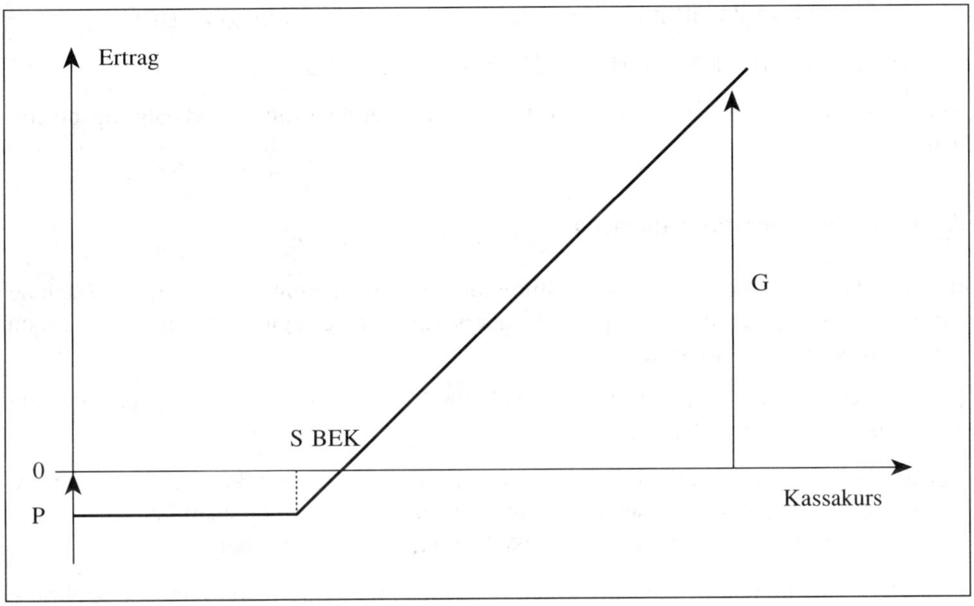

S: Strike Price
P: Optionsprämie
G: Opportunitätsgewinn gegenüber Kassakurs
BEK: Break-Even-Kurs (Gewinnschwelle)

Abbildung 9: Ertragsprofil für den Inhaber eines Call

Sobald der Kassakurs um mehr als die bezahlte Optionsprämie ansteigt, befindet sich der Optionsinhaber in der Gewinnzone. Sein effektiver Absicherungskurs bei Ausübung errechnet sich aus dem Strike Price abzüglich der bezahlten Prämie, ausgedrückt in DEM pro Fremdwährungseinheit.

Beispiel:

USD-Call für 6 Monate auf 1 Mio. USD
Strike Price = 1,60 DEM
Prämie = 1,5 % = 24.000,– DEM = 0,024 DEM/USD

Bei Ausübung erhält der Optionsinhaber:

1 Mio. USD · 1,60 DEM – 24.000,– DEM = 1.576.000,– DEM

Somit realisiert er einen Effektivkurs von 1,5760 DEM.

Dieser ergibt sich analog aus 1,60 DEM – 0,024 DEM = 1,5760 DEM.

Liegt der Kassakurs im Zeitpunkt der Ausübung bei 1,80 DEM, berechnet sich der Opportunitätsgewinn (= Ersparnis gegenüber Kauf zum Kassakurs) wie folgt:

1 Mio. USD · (1,80 DEM -1,60 DEM) – 24.000,– DEM = 176.000,– DEM

oder: 1,80 DEM – 1,60 DEM – 0,024 = 0,176 DEM/USD

Typische Käufer eines Calls sind Importeure oder Schuldner mit Fremdwährungspositionen.

5.3.3 Verkauf eines Put (Short Put)

Bei einer Short-Put-Position geht der Stillhalter die Verpflichtung ein, bis zum Verfall der Option auf Aufforderung des Optionsinhabers einen festgelegten Währungsbetrag zum Ausübungskurs zu übernehmen.

Falls der Markt gegen ihn läuft, kann er sich durch Glattstellen der Position gegen weiter steigende Verluste absichern.

Der Stillhalter gerät in die Verlustzone, wenn die vereinnahmte Prämie durch entsprechenden Rückgang des Wechselkurses unter den Strike Price aufgezehrt ist. Sein Verlust entspricht damit genau dem Opportunitätsgewinn des Optionsinhabers.

Falls der Stillhalter über eine natürliche Gegenposition (hier: Short in der Währung) verfügt, ist er keinem Kursrisiko ausgesetzt.

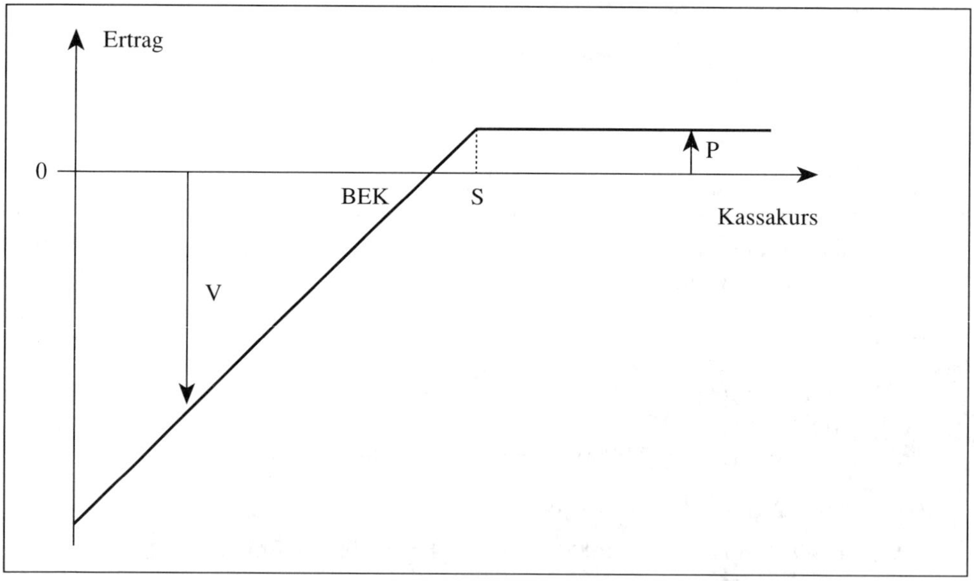

S: Strike Price
P: Optionsprämie
V: Verlust
BEK: Break-Even-Kurs

Abbildung 10: Ertragsprofil für den Stillhalter eines Put

Beispiel:

Ein Importeur plant, bei rückläufigen Kursen Italienische Lire auf Termin zu kaufen, um künftige Importe kurszusichern. Sein Anspruchsniveau liegt bei einem Kurs von 1,10 DEM, da er bei diesem Kurs seinen kalkulierten Gewinn sicherstellen kann.

Er entschließt sich, Lire-Puts mit verschiedenen Laufzeiten zu verkaufen.

Fällt der Kurs während der Optionslaufzeit unter 1,10 DEM, wird er ausgeübt und kann so den kalkulierten Gewinn sogar um die vereinnahmte Prämie steigern. Durch seine Stillhalterposition gibt er aber die Chance auf, von unter 1,10 DEM fallenden Kursen zu profitieren. Insofern erleidet er eventuell einen Opportunitätsverlust.

Erreicht der Lire-Kurs den Strike Price nicht, verbilligt die Optionsprämie auf jeden Fall seinen Einstandskurs.

5.3.4 Kauf eines Put (Long Put)

Exporteure oder Investoren mit Fremdwährungspositionen sind die typischen Käufer von Puts. Sie werden versuchen, durch entsprechende Wahl des Strike Price und unter Berücksichtigung der zu zahlenden Optionsprämie ihren kalkulierten Gewinn bzw. die Zielrendite des Investments zu sichern.

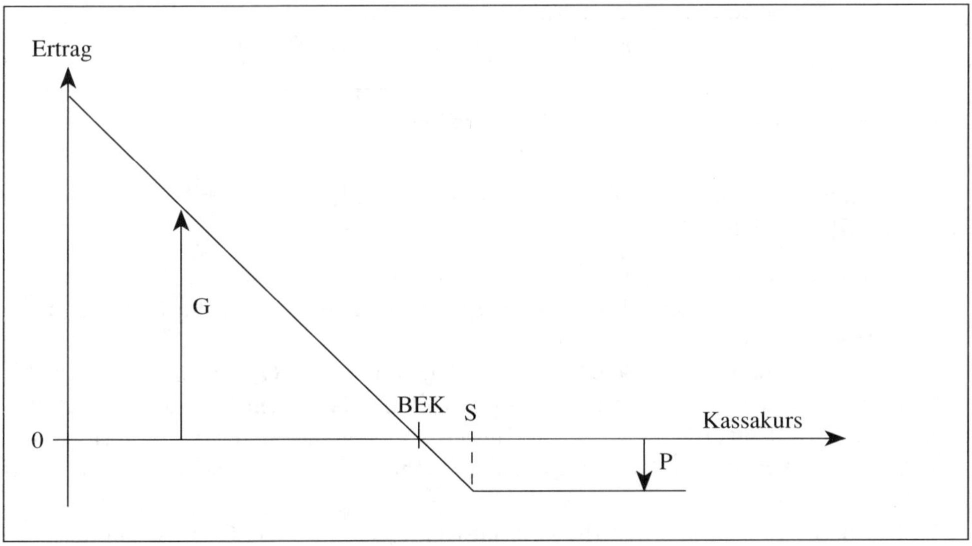

S: Strike Price
P: Optionsprämie
G: Opportunitätsgewinn gegenüber Kassakurs
BEK: Break-Even-Kurs

Abbildung 11: Ertragsprofil für den Inhaber eines Put

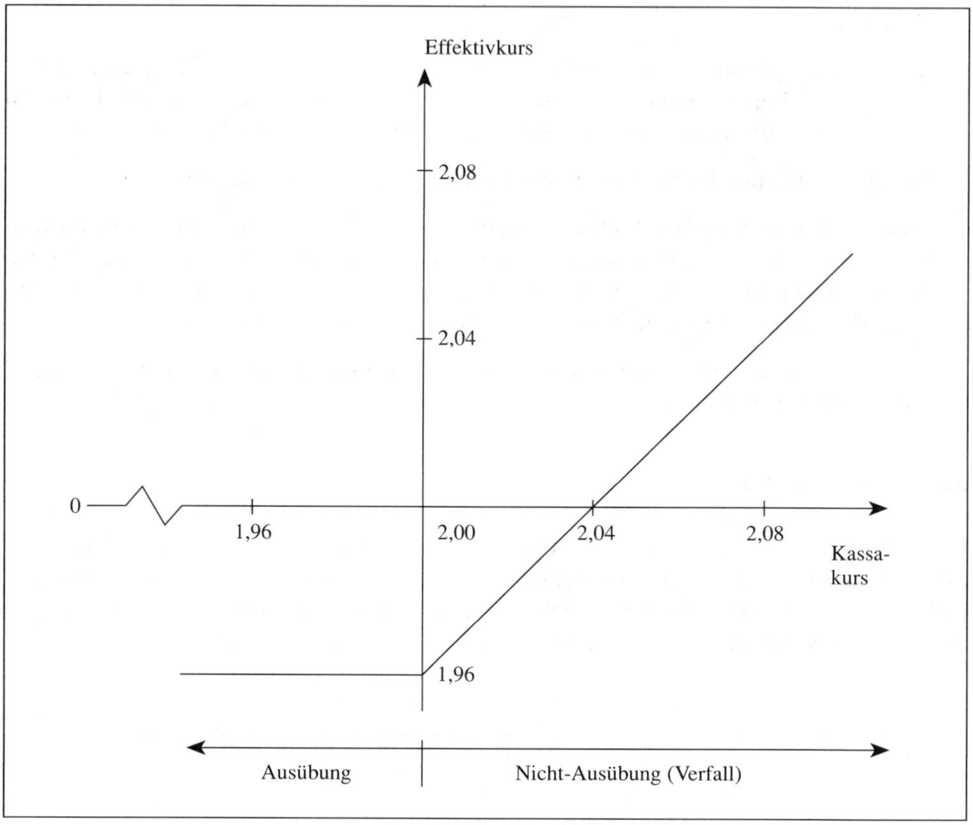

Abbildung 12: Effektiver Kurs für den Inhaber eines Put

Die Situation des Inhabers der Put-Option wird durch die Analyse des asymmetrischen Ertragsprofils deutlich:

- Wenn der Kassakurs über dem Strike Price liegt, wird die Option nicht ausgeübt, da am Kassamarkt ein günstigerer Kurs als der Effektivkurs der Option (Strike Price minus Optionsgebühr) erzielt werden kann.
- Notiert der Kassakurs unter dem Strike Price, so verdient der Optionsinhaber durch den höheren Ausübungspreis zumindest einen Teil der bezahlten Prämie. Sein Break-Even-Kurs ist dann erreicht, wenn die Optionsprämie gerade durch den Vorteil aus der Differenz zwischen dem Ausübungskurs und dem niedrigeren Kassakurs kompensiert wird.
- Sinkt der Kassakurs unter den Break-Even-Kurs, dann hat sich der Abschluß der Put-Option gelohnt. Denn der Strike Price abzüglich der Prämie ergibt einen Effektivkurs, der über dem Kassakurs liegt. Somit wird ab dem Break-Even-Kurs die Gewinnzone erreicht. Da der Kassakurs nie kleiner als null sein kann, ist der potentielle Opportunitätsgewinn auf den Gegenwert begrenzt, der sich aus der Bewertung des abzusichernden Währungsbetrages mit dem Effektivkurs ergibt.

Exkurs: Ermittlung des effektiven Absicherungskurses

Vermindert man den Kassakurs bzw. (bei Ausübung der Option) den Strike Price um die Optionsprämie, dann erhält man den Effektivkurs für den Inhaber des Puts, dessen Verlauf nachfolgende Grafik veranschaulicht.

> Beispiel:
>
> USD Put-Option
> Strike Price: 2,0000 DEM
> Prämie: 0,0040 DEm (= 2 %)

Bei Ausübung beträgt der Effektivkurs also 1,9600 DEM, bei Nicht-Ausübung liegt er um 0,0400 DEM unter dem jeweiligen Kassakurs.

Analog muß bei der Ermittlung des Effektivkurses für einen Call die Optionsprämie zum Strike Price addiert werden. Daraus ergibt sich folgender Kursverlauf für den Inhaber eines Call (Strike Price = 1,800, Prämie 0,04 DEM):

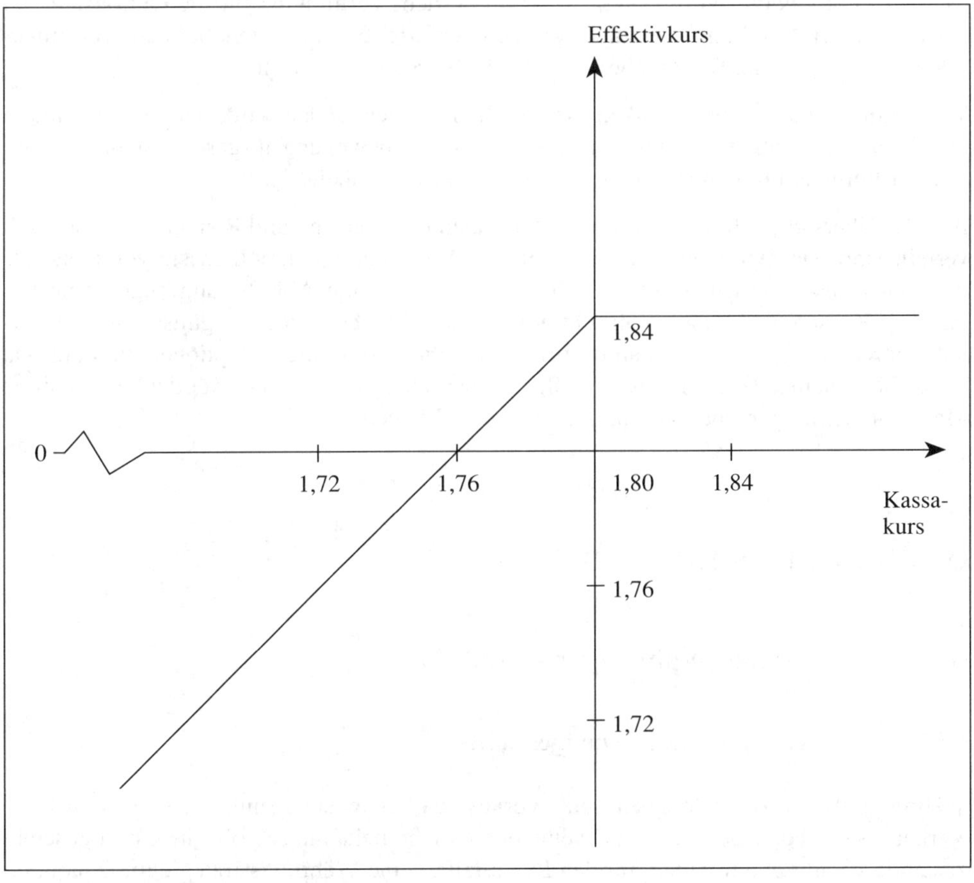

Abbildung 13: Effektiver Preis für den Inhaber eines Call

Tabelle 1: Chancen-/Risiken-Profil

Instrument	Chance	Risiko
Kassageschäft	100 %	100 %
Termingeschäft	0 %	0 %
Participating Forward	variabel *	0 %
Option	100 %	0 % **

* je nach Partizipationsfaktor; als Gegenleistung wird ein schlechterer Terminkurs gewährt
** als Gegenleistung muß eine Optionsprämie bezahlt werden

Aus dem besonderen Chancen-/Risiko-Profil von Optionen muß zwangsläufig folgen, daß dieses Instrument teurer ist als beispielsweise Terminsicherungen. Das wird sofort klar, wenn ein Put gekauft wird, dessen Strike Price dem Terminkurs für die Optionslaufzeit entspricht. Bei Ausübung verschlechtert sich der Effektivkurs gegenüber dem Termingeschäft um die Prämie. Entsprechendes gilt für den Kauf eines Call.

Wenn unter Chancen und Risiken die Möglichkeit verstanden wird, daß ein Instrument positiven und negativen Auswirkungen der Kassakursbewegung ausgesetzt ist, dann ergibt sich im Vergleich folgendes Chancen-/Risiken-Profil (Tabelle 1).

Aus der Übersicht geht hervor, daß bei Optionen die Chancen und Risiken asymmetrisch verteilt sind. Da Optionen teurer sind als Terminsicherungen, sollten sie vorzugsweise dann eingesetzt werden, wenn aus Vorsichtsgründen eine Absicherung gegen eine ungünstige Kursentwicklung gewünscht wird, eigentlich aber mit einer günstigen Entwicklung zu rechnen ist, von der man profitieren möchte. Somit bieten Optionen die Funktion eines Sicherheitsnetzes für den Notfall, eröffnen aber zugleich die Möglichkeit, positive Marktentwicklungen uneingeschränkt nutzen zu können.

6 Währungsstrategien

6.1 Elemente des Währungsrisikos

6.1.1 Zustandekommen des Grundgeschäfts

Währungsrisiken zu handhaben setzt voraus, daß man sie kennt. Besonders diffizile Verhältnisse liegen deshalb vor, wenn noch nicht bekannt ist, ob ein Grundgeschäft zustande kommt und trotzdem für den Eventualfall eine Währungsstrategie implementiert werden muß.

Ein typisches Beispiel für diese Situation sind Ausschreibungen ausländischer Auftraggeber, z. B. für Kraftwerke, Fertigungsanlagen oder Infrastrukturprojekte. Üblicherweise werden solche Vorhaben in der Währung des Auftraggebers abgerechnet. Dadurch sind ausländische Bewerber gezwungen, schon bei der Unterbreitung eines Angebotes die Abrechnungswährung gegen ihre Landeswährung abzusichern. Andernfalls riskieren sie, daß der kalkulierte Gewinn wegen einer Veränderung der Währungsrelationen während der Ausschreibungsfrist nicht realisiert werden kann. Angesichts der hohen Beträge wird kein Unternehmen bereit sein, dieses Ergebnisrisiko auf sich zu nehmen.

In einer ähnlichen Situation befinden sich Fluggesellschaften, die neben Festbestellungen auch Kaufoptionen abschließen. Erst nach Ablauf mehrerer Jahre wird endgültig darüber entschieden, ob diese Optionen in feste Aufträge umgewandelt werden.

Das Problem besteht nun darin, daß, falls kein Geschäftsabschluß zustande kommt, die vorsorglich eingeschlagene Währungsstrategie keine unzumutbaren Belastungen bzw. Verluste zur Folge haben darf.

Die hier geforderte Flexibilität bieten nur Optionen. Falls ein Vertrag abgeschlossen wird und sich die Währungen bis zur Abrechnung zu ungunsten des Auftragnehmers entwickeln, kann er sich durch Ausübung der Option gegen diese Entwicklung schützen. Bei günstiger Währungssituation oder wenn es zu keinem Abschluß kommt, läßt der Bewerber die Option verfallen.

Die Kosten dieser Strategie sind auf die Optionskosten beschränkt. Bei längeren Absicherungsperioden, z. B. über mehrere Jahre, sollte der Effekt des Zeitwerts beachtet werden: er führt dazu, daß unter sonst gleichen Bedingungen (Kassaniveau, Volatilität) eine Option mit zwei Jahren Laufzeit teurer ist als zwei aufeinander folgende Optionen über je ein Jahr.

6.1.2 Währungsbetrag

Für die Ermittlung des abzusichernden Betrages ist es wichtig, ob ein einmaliger oder eine Reihe von Geschäftsabschlüssen zur Debatte stehen.

Bei Einzelgeschäften kann der Betrag vertraglich genau festgelegt sein oder auch gemäß anfallendem Aufwand berechnet werden. Falls das Volumen noch nicht genau feststeht, sollte zumindest die voraussichtliche Untergrenze des zu erwartenden Betrages gegen Kursschwankungen abgesichert werden. Für mögliche Abweichungen nach oben bietet sich der Abschluß von Optionsgeschäften an.

Einfacher ist es, wenn eine Vielzahl von Währungspositionen, z. B. aus dem laufenden Export oder Import, gesichert werden muß. Hier stellen eventuelle Betragsabweichungen insofern kein Problem dar, als Übersicherungen auf spätere Zahlungstermine geswapt werden können. Ebenso lassen sich bei Bedarf Terminsicherungen auf einen früheren Fälligkeitstermin vorziehen, um Währungsbeträge abzusichern, die höher als erwartet ausfallen. Alternativ kann aber auch in solchen Fällen zusätzlich mit Optionen gearbeitet werden, um mögliche Betragsschwankungen auszugleichen.

6.1.3 Fälligkeit der Währungszahlung

Auch die Fälligkeit von Währungszahlungen ist nicht immer genau bekannt. Häufig ist sie vom Liefer- oder Inbetriebnahme-Termin abhängig, ab dem die Zahlungsfrist zu laufen beginnt. Insbesondere bei Großprojekten wie dem Bau von Fertigungs- oder Verkehrsanlagen können erhebliche Verzögerungen eintreten. Geringfügige zeitliche Abweichungen sind zwar im Hinblick auf die zwischenzeitliche potentielle Kursveränderung meist unbedeutend, aber auch sie verlangen, daß Terminsicherungen entsprechend geswapt oder auslaufende Optionen erneuert werden. Dies ist jedoch – wie bereits beschrieben – problemlos möglich.

Sofern schon beim Abschluß einer Terminsicherung abzusehen ist, daß die genaue Fälligkeit noch Unsicherheiten unterliegt, sollte sich der Währungsmanager eine Meinung zur weiteren Entwicklung des Swapsatzes bilden. Rechnet er während der voraussichtlichen Laufzeit mit einer deutlichen Veränderung, so erschließt sich ihm hier ein Optimierungspotential.

> Beispiel:
>
> Der USD wird im Betrachtungszeitpunkt mit einem Terminaufschlag gehandelt.

Diese Situation ist für Exporteure und Anleger in Fremdwährung (allgemein: Inhaber von Währungsforderungen) von Vorteil. Rechnen sie mit einer Zunahme der Zinsdifferenz zugunsten des Dollars, werden sie den Absicherungshorizont so kurz wie möglich wählen und später die Position bei günstigeren Konditionen auf den Endtermin prolongieren. Bei Erwartung einer gegenteiligen Entwicklung ist es dagegen vorteilhaft, eine möglichst lange Periode zu (noch) günstigen Terminaufschlägen abzusichern.

Für Importeure bzw. Fremdwährungsschuldner (Inhaber von Währungsverbindlichkeiten) ist die geschilderte Situation hingegen unerfreulich, da sie einen Terminaufschlag bezahlen müssen. Ist ein Anstieg der Swapsätze wahrscheinlich, sollten möglichst lange Termine abgesichert werden, um noch höhere Aufschläge zu vermeiden. Im Extremfall kann hierbei sogar arbitriert werden:

- Annahme: Die Aufschläge für sechs und zwölf Monate betragen 60 und 120 Basispunkte. Es ist damit zu rechnen, daß sie auf 75 bzw. 150 BP ansteigen. Der Währungsmanager hat Verbindlichkeiten mit Fälligkeit in sechs Monaten abzusichern.
- Lösung: Der erforderliche Betrag wird auf ein Jahr zum Kassakurs plus 120 BP erworben. Kurz vor Ablauf der sechs Monate wird die Position mit dem dann gültigen Abschlag von 75 BP ein halbes Jahr zurück geswapt. Der effektive Kurs beträgt dann statt der ursprünglich realisierbaren Kasse + 60 BP nun Kasse + 120 – 75, also nur noch Kasse + 45 BP. Das Risiko besteht bei diesem Verfahren darin, daß statt der erwarteten positiven eine negative Änderung des Swapsatzes eintritt.

6.1.4 Währung

In einigen Fällen liegt sogar die Währung selbst nicht fest. So hat z. B. bei Doppelwährungsanleihen der Schuldner ein Wahlrecht, in welcher Währung die Anleihe getilgt wird.

Angesichts der langen Laufzeiten können hieraus nicht unerhebliche Währungsrisiken resultieren. Als Gegenleistung wird den Investoren in der Regel eine besonders attraktive Verzinsung eingeräumt.

Auch beim Export von Waren werden dem Importeur gelegentlich Preise in verschiedenen Währungen (z. B. Landeswährung des Exporteurs und Importeurs) genannt. In diesem Fall ist es eine Frage der Kalkulation und der Absicherungskosten, welches die günstigere Alternative ist.

6.2 Elemente der Absicherungsentscheidung

6.2.1 Kursschwankungen

Aus der Währung und ihrer Zugehörigkeit zu einem Währungssystem (z. B. EWS) oder Währungsblock (z. B. Dollarblock) ergibt sich, ob es sich grundsätzlich um eine volatile oder eine stabile Währung handelt. Dementsprechend wird sich die Währungsstrategie orientieren.

Während die Mitgliedswährungen eines Währungssystems untereinander nur innerhalb bestimmter Grenzen schwanken können, und auch Neufestsetzungen von Paritäten nur im Rahmen moderater Größenordnungen vorgenommen werden, können frei floatende Valuten wie USD oder JPY eine erhebliche Kursdynamik entwickeln. In beiden Fällen dient die historische Volatilität oder die prozentuale Kursänderung pro Periode als Maß für das potentielle Kursrisiko.

Bei der Betrachtung von Vergangenheitsdaten ist zu prüfen, inwieweit die historischen Rahmenbedingungen auch künftig Gültigkeit haben werden. Diese können sich aufgrund vielfältiger Einflußfaktoren verändern, seien es politisch motivierte konzertierte Interventionen, Veränderungen in der Struktur von Wirtschaftsblöcken oder Verschiebungen in der wirtschaftlichen Bedeutung einzelner Nationen.

Und schließlich gibt es auch in Währungssystemen gelegentlich Veränderungen. So wandelten sich Lira und Britisches Pfund nach ihrem Austritt aus dem EWS im Herbst 1992 von stabilen zu sehr volatilen Währungen mit Kursänderungen von über 20 % innerhalb weniger Monate. Das Pfund Sterling erlitt einen Kursrückgang von 2,778 am 16. 09. 92 auf 2,332 am 24. 02. 93, während sich die Lira von 1,3065 bis auf 1,0030 (30. 03. 93) abschwächte.

Ähnliche Kurseinbußen hatte – trotz Mitgliedschaft im EWS – die Peseta während der EWS-Krise zu verzeichnen: Ihr Leitkurs wurde zwischen dem 17. 09. 92 und dem 13. 05. 93 dreimal um insgesamt 19 % abgewertet.

Mit der ab 02. 08. 93 gültigen Vergrößerung der Bandbreiten auf +/- 15 % hat das EWS seinen Stabilitätscharakter fast gänzlich verloren, weil nun ähnliche Kursbewegungen toleriert werden, wie bei typischen volatilen Währungen.

Abbildung 14: Wechselkurs DM/USD

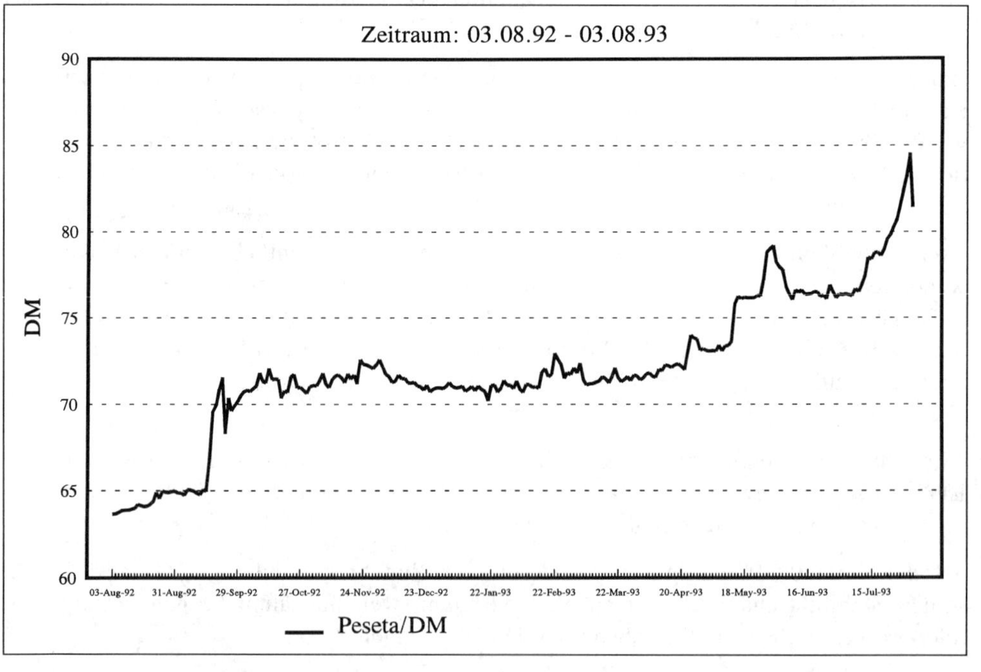

Abbildung 15: Wechselkurs Peseta/DM

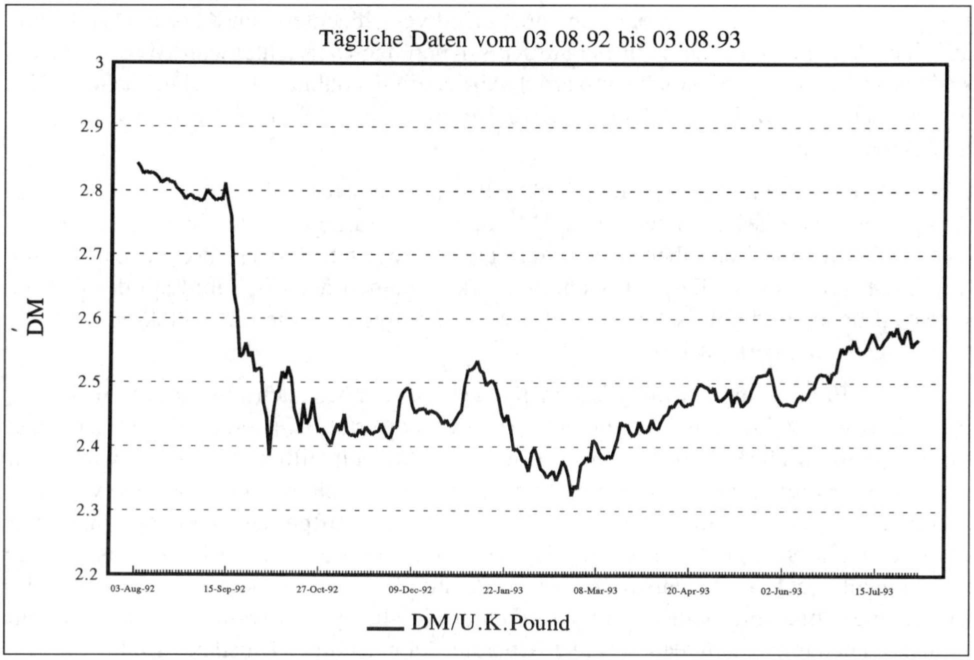

Abbildung 16: Wechselkurs DEM/U.K. Pound

Aber auch außerhalb offizieller Währungssysteme gibt es gelegentlich stabile Verhältnisse. So verzeichnete seit den achtziger Jahren der Österreichische Schilling die geringsten Kursschwankungen aller Währungen gegenüber der DM.

Mit dem Kursrisiko als zu erwartender Kursschwankung im Zeitablauf ist bereits ein wesentlicher Faktor für die Formulierung einer Kursstrategie gefunden. Neben dieser vom Markt vorgegebenen Variablen ist die Risikotoleranz bzw. die Zielsetzung des Entscheidungsträgers ausschlaggebend für die Absicherungsstrategie. Mehr dazu im Abschnitt 6.2.4.

6.2.2 Kursniveau

Neben den zu erwartenden Kursänderungen ist das aktuelle Kursniveau ein wichtiger Parameter für die Absicherungsstrategie. Wenn sich der Wechselkurs in der Nähe historischer Höchstwerte bewegt, werden Importeure bzw. Fremdwährungsschuldner wenig Bereitschaft zeigen, auf diesem Niveau weitreichende Absicherungen vorzunehmen. Analoges gilt bei Tiefstkursen für Inhaber von Währungsforderungen. Werden in solchen Situationen substantielle Terminsicherungen eingegangen, besteht die Gefahr, daß sich ein Kunde längerfristig überdurchschnittlich schlechte Kurse in die Bücher nimmt und damit Wettbewerbsnachteile zementiert.

Lediglich in Fällen, in denen bei sich zunehmend verschlechternden Kursen in Hoffnung auf eine Wende zum Besseren bisher auf Kurssicherungen verzichtet worden war, sind bei schlechten Kursen gelegentlich panikartige Absicherungsmaßnahmen zu beobachten. Dies ist ein sicheres Indiz dafür, daß eine Kurssicherungsstrategie fehlte oder nicht konsequent umgesetzt wurde.

Eine Möglichkeit, die Attraktivität des aktuellen Kursniveaus zu beurteilen, besteht in der Analyse der historischen Entwicklung. Mit diesem Ansatz läßt sich leicht feststellen, ob eine Währung zur Zeit über oder unter ihrem Durchschnittswert notiert. Für diesen Vergleich sollte kein zu langer Rückblick gewählt werden, weil sich im Lauf der Zeit die wirtschaftlichen und politischen Verhältnisse und damit auch die Einflußfaktoren auf die Währungen verändern (vgl. 6.2.1).

Neben der Einordnung im historischen Kontext ist es aber auch interessant zu wissen, inwiefern eine Währung im Augenblick „korrekt" bewertet ist. Hierzu dient in der Regel die Kaufkraftparität (PPP, purchasing power parity), die mit Hilfe von Preisvergleichen für bestimmte Warenkörbe in verschiedenen Ländern zu klären versucht, bei welchem Wechselkurs der Wert der Waren gleich ist. Die Kaufkraftparität liefert allerdings nur einen ungefähren Anhaltspunkt für den Gleichgewichtskurs. Denn einerseits gibt es unterschiedliche Berechnungsmethoden (z. B. auf Basis von Produzenten-, Groß- oder Einzelhandelspreisen), andererseits ist es purer Zufall, ob und wann sich ein Kurs auf seinem Gleichgewichtsniveau befindet. Überdies kann es unter Umständen Jahre dauern, bis sich fundamentale Gegebenheiten im Kurs durchsetzen, da sie häufig von politischen und kurzfristigen wirtschaftlichen Entwicklungen überlagert werden.

Immerhin ist die Kaufkraftparität ein Indikator dafür, auf welchem Niveau sich ein Wechselkurs theoretisch aufgrund der wirtschaftlichen Fundamentaldaten bewegen müßte. Mit ihrer Hilfe läßt sich also beurteilen, ob eine Währung fundamental über- oder unterbewertet ist (vgl. 6.2.3a).

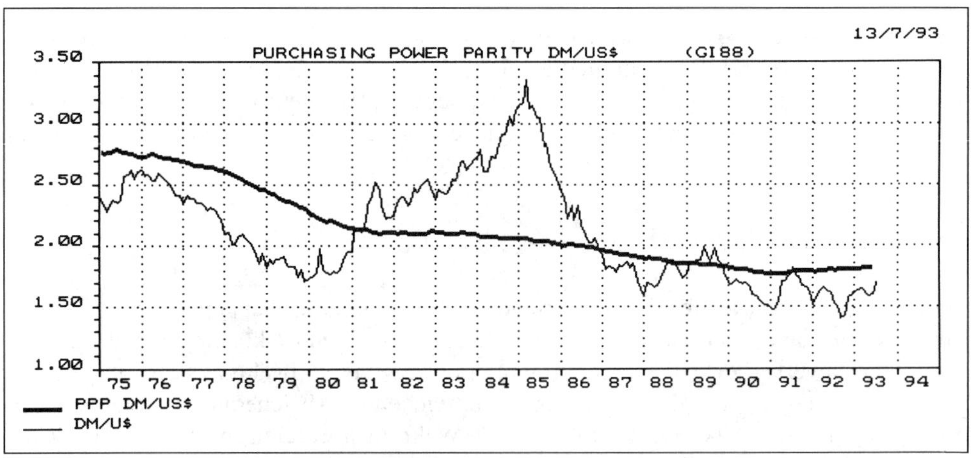

Quelle: Datastream/J. P. Morgan

Abbildung 17: Kaufkraft-Parität des USD auf Basis der Verbraucherpreise

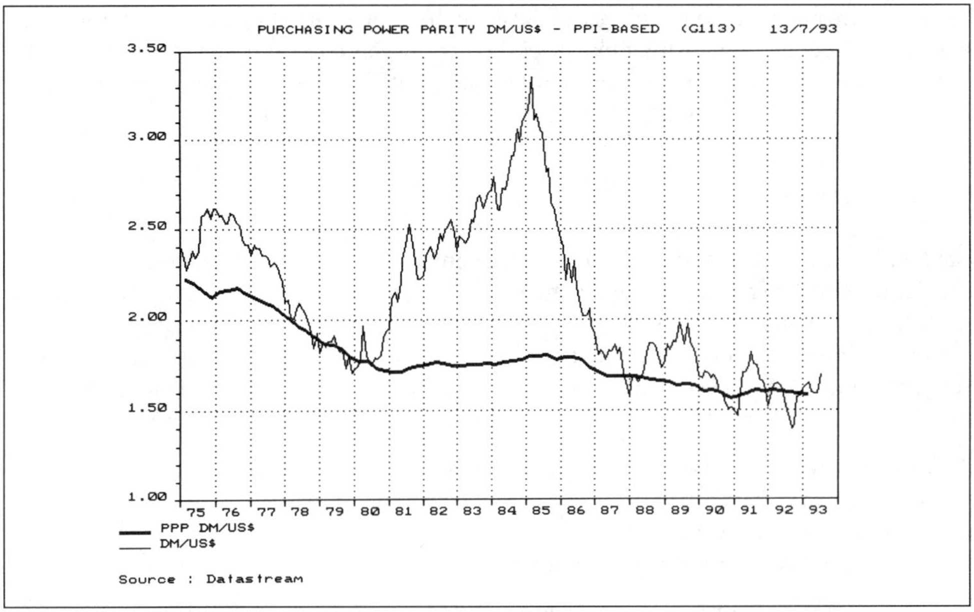

Quelle: Datastream/J. P. Morgan

Abbildung 18: Kaufkraft-Parität des USD auf Basis der Erzeugerpreise

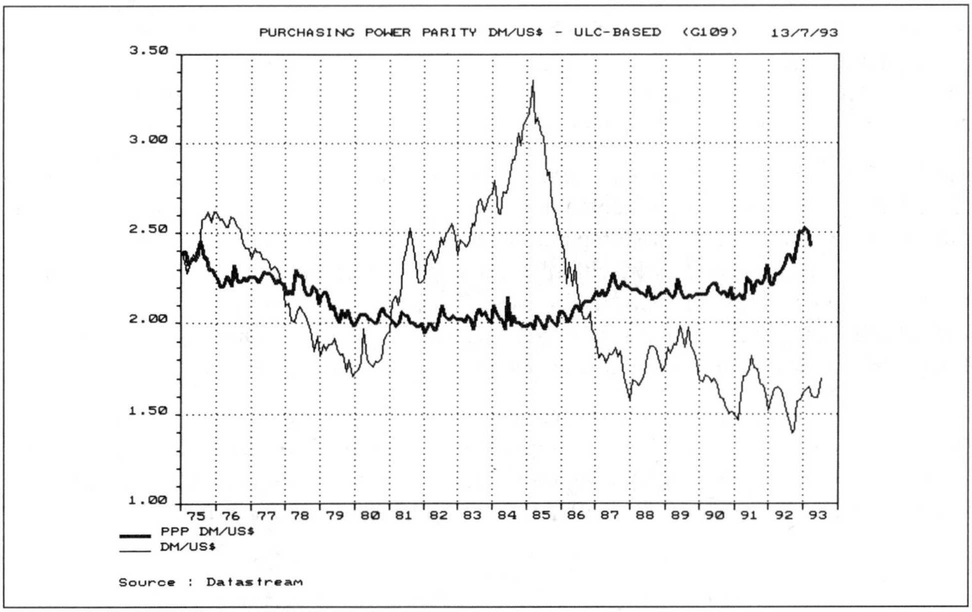

Quelle: Datastream/J. P. Morgan

Abbildung 19: Kaufkraft-Parität des USD auf Basis der Lohnstückkosten

Trotz der Ungenauigkeiten kann als grundsätzliche Regel für rationale Absicherungsentscheidungen gelten: je günstiger ein Wechselkurs im Vergleich zu seiner Kaufkraftparität bzw. seinem mittelfristigen historischen Durchschnitt liegt, umso höher sollte das Absicherungsvolumen bzw. der Absicherungshorizont gewählt werden.

6.2.3 Kurserwartung

Die Kurserwartung bildet das wesentlichste Element der Absicherungsentscheidung. Ein Kunde, der mit einer anhaltend günstigen Entwicklung rechnet, wird wenig Bereitschaft für Kurssicherungen zeigen, weil er entweder Kosten in Form von Optionsgebühren bzw. Terminauf- oder -abschlägen in Kauf nehmen, zumindest aber auf künftige Kurschancen verzichten müßte. Wenn sich die Währungsstrategie also an der Kurserwartung orientiert, so folgt daraus, daß unzutreffende Erwartungen zu falschen Strategien führen.

Somit bildet die professionelle Analyse der wahrscheinlichen Entwicklung im Betrachtungszeitraum die Basis für erfolgreiche Kurssicherungsstrategien. Entscheidungen, die nach Gefühl getroffen werden, führen nur zufällig zu befriedigenden Ergebnissen, nachhaltige Erfolge sind damit nicht zu erzielen.

Die zu erwartende Kursentwicklung kann mit Hilfe verschiedener Methoden formuliert werden:

a) Fundamentalanalyse

Hierbei werden wichtige wirtschaftliche Faktoren der beteiligten Länder untersucht, um die künftige Kursentwicklung zu prognostizieren, insbesondere kursbestimmende Größen wie die Zins- und Inflationsdifferenz, die Salden der Handels- und Leistungsbilanz, die Arbeitslosenquote und das Wirtschaftswachstum.

Das Problem bei Fundamentalanalysen besteht darin, daß es mehrere Jahre dauern kann, bis sich die wirtschaftlichen Eckdaten in fundamental „richtigen“ Kursen niederschlagen, weil sie von anderen Einflußfaktoren überlagert werden. Während dieses Anpassungszeitraumes treten ständig neue wirtschaftliche und politische Ereignisse ein, die ihrerseits wiederum die Kursbildung beeinflussen, so daß man es mit einem nie endenden dynamischen Prozeß zu tun hat. Eine weitere Schwierigkeit ergibt sich daraus, daß die Auswirkungen einzelner Faktoren auf die Wechselkurse nicht isoliert werden können.

Die Fundamentalanalyse beschränkt sich aber nicht nur auf die Auswertung historischer Daten, sondern beinhaltet auch Schätzungen für die künftige Wirtschaftsentwicklung. Die hier zwangsläufig auftretenden Prognosefehler erschweren zusammen mit den bereits genannten Kausalitätsproblemen treffsicherere Kursprognosen ganz erheblich.

b) Technische Analyse

Die technische Analyse wurde erstmals von den Amerikanern Dow und Jones gegen Ende des letzten Jahrhunderts angewandt, um den Verlauf von Aktienkursen zu prognostizieren.

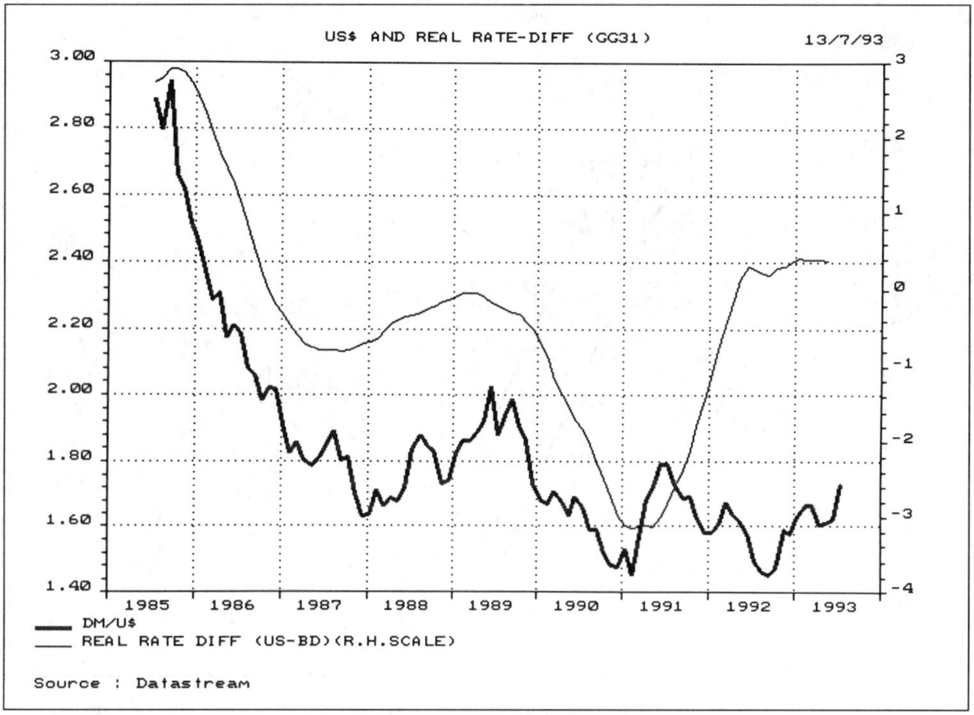

Quelle: Datastream/J. P. Morgan

Abbildung 20: Wechselkurs USD/DEM und Zinsdifferenz 10jähriger Staatsanleihen

Die Grundidee dabei ist, aus dem Verlauf von Linien-, Bar- oder Point&Figure-Charts bestimmte geometrische Formationen zu interpretieren, aus denen Verhaltensmuster der Marktteilnehmer abgeleitet werden. Unter anderem werden Unterstützungslinien und Widerstandsmarken definiert, bei denen mit einer Trendumkehr zu rechnen ist.

Da diese von Banken ermittelten und publizierten Chartpunkte teilweise große Beachtung finden und viele Dealer danach handeln, besteht hier gelegentlich die Gefahr der „self fullfilling prophecy".

c) Quantitative Analyse

In den letzten Jahren gewann die quantitative Analyse immer mehr an Bedeutung. Bei diesem Verfahren werden Währungen wie Anlageinvestitionen betrachtet und ihr Verhalten anhand mathematisch-statistischer Parameter beschrieben. Beispielsweise läßt sich für einen gegebenen Zeitraum der durchschnittlich erzielbare Kursgewinn (Mittelwert) sowie die Währungsschwankung (Standardabweichung) feststellen. Hierbei ist auf Strukturbrüche zu achten: Konzertierte Aktionen wie der Louvre-Akkord zur Stabilisierung des Dollars auf niedrigem Niveau Ende der achtziger Jahre implizieren ebenso ein verändertes Kursverhalten wie der zeitweilige Austritt einzelner Währungen aus dem EWS.

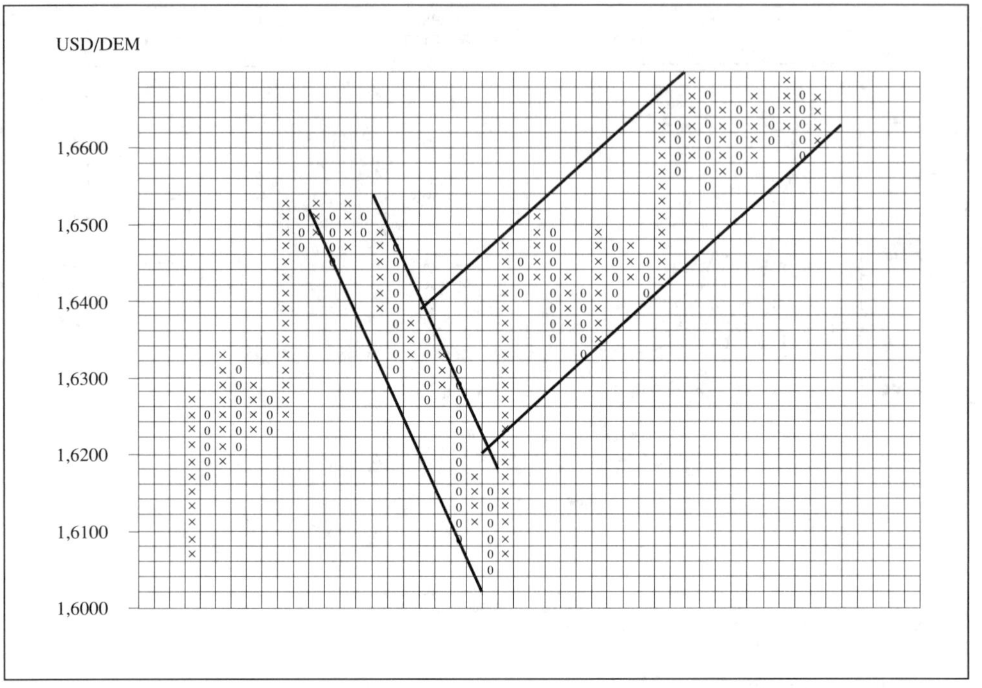

Abbildung 21: Point&Figure-Chart mit Trendkanälen

Bei Beachtung dieser Einschränkung erlaubt die quantitative Analyse die Bewertung von Währungen anhand objektiver, nachvollziehbarer Daten. Mit Hilfe dieser statistischen Werte können sogar Prognosen unter Angabe von Eintritts-Wahrscheinlichkeiten abgegeben werden.

In der Praxis werden die genannten Methoden häufig miteinander kombiniert, um zu einigermaßen abgesicherten Kursschätzungen zu kommen.

Brauchbare Kursschätzungen müssen folgende Angaben enthalten:

- den zu erwartenden Kurstrend (unverändert, steigend, fallend, Trendwende),
- das voraussichtliche Kursniveau (hier sind Punktschätzungen, z. B. 1 USD = 1,90 DEM fast zwangsläufig falsch, besser ist es, sinnvolle Bandbreiten anzugeben, z. B. eine Kursspanne von 1,85–1,95 DEM,
- den wahrscheinlichen zeitlichen Verlauf (z. B. innerhalb der nächsten drei Monate, im vierten Quartal, in einem Jahr usw.).

Aussagen wie „der Dollar wird auf 2,50 DM gehen" sind demnach für eine Währungsstrategie völlig wertlos, solange der zeitliche Bezug fehlt.

Trotz der Anwendung anspruchsvoller Analysemethoden läßt die Zuverlässigkeit von Kursprognosen nach wie vor sehr zu wünschen übrig. Wie regelmäßige Umfragen internationaler Finanzzeitschriften bei den Händlern und Volkswirten der führenden Banken beweisen, ist es noch niemandem gelungen, mehr als zwei- oder dreimal hintereinander zutreffende Kursprognosen abzugeben. Insgesamt gesehen sind die Prognosen der Profis sogar mehrheitlich falsch.

Die Konsequenz aus der unbefriedigenden Prognostizierbarkeit von Wechselkursen ist, mit möglichst flexiblen Strategien dieser Unsicherheit zu begegnen. Auch bei Kurserwartungen, die vollkommen plausibel und überzeugend sind, sollte nie alles auf eine Karte gesetzt werden. Zu schnell und unerwartet können sich die Rahmenbedingungen durch Ereignisse wie beispielsweise die Kuwait-Krise oder den Fall der Berliner Mauer verändern.

6.2.4 Zielsetzung der Währungsstrategie

Neben der Kurserwartung müssen die Ziele klar sein, die der Währungsmanager mit seiner Strategie verfolgt. Hierbei ist es wichtig, ob es sich um eine Einzelentscheidung, mehrmalige oder regelmäßig zu treffende Währungsentscheidungen handelt. Eine falsche Strategie führt bei einmaligen Entscheidungen zu viel gravierenderen Konsequenzen als bei einer Folge wiederkehrender Entscheidungen. Außerdem ist die Anwendung statistischer Gesetzmäßigkeiten bei Einmalentscheidungen äußerst problematisch.

Auch die wirtschaftliche Situation des Unternehmens ist von Bedeutung. Wenn aufgrund ungünstiger Kurse Ergebnisprobleme bestehen, wird die Strategie auf die schlechtest mögliche Entwicklung ausgerichtet sein, um das wirtschaftliche Überleben zu sichern. In einem positiven wirtschaftlichen Umfeld kann dagegen gelassener vorgegangen werden. In diesem Fall wird der Schwerpunkt eher auf der Wahrung von Kurschancen liegen. Hier spiegelt sich also die Risikotoleranz des Währungsmanagers wider, die situationsbezogen variieren kann.

Ein weiterer Bestimmungsfaktor ergibt sich aus den Kurszielen. Die übliche Zielsetzung verlangt, den durchschnittlichen Kassakurs, der bei Verzicht auf Kurssicherungen erreicht wird, zu schlagen. Das führt zu einer anderen Strategie als das Bemühen, die Schwankungen des Kassakurses zu kompensieren und im Zeitablauf möglichst gleichmäßige Transferkurse zu realisieren.

Häufig ist es sinnvoll, ein bestimmtes Anspruchsniveau als Zielmarke festzulegen, denn mit einer Tatsache sollte man sich frühzeitig abfinden: Das Optimum erreicht man selten.

Auch der Zeithorizont beeinflußt die zu wählende Strategie. Je länger er ist, umso schwieriger wird eine brauchbare Kursprognose und umso flexibler muß die Strategie angelegt sein, um genügend Spielraum für die Reaktion auf unerwartete Entwicklungen zu bieten.

Schließlich ist die Grundeinstellung gegenüber Wechselkursrisiken wichtig: Sollen durch die Strategie diese Risiken vermindert werden oder gilt es, Währungsgewinne zu erzielen? Die Beantwortung dieser Frage hat entscheidenden Einfluß auf die Konzeption der Absicherungsmaßnahmen.

Nur wenn die Bereitschaft, Risiken (und damit auch Chancen) zuzulassen, eindeutig geklärt ist, kann eine zielführende Strategie entwickelt werden.

6.3 Kurssicherungsstrategien

6.3.1 Leading und Lagging

Eine relativ einfache Strategie besteht darin, bei günstigen Kursen benötigte Währungsbeträge (z. B. zur Bezahlung von Importrechnungen, Rückzahlung von Währungsverbindlichkeiten, Überweisung von Dividenden oder Kapitalerhöhungen an ausländische Konzerngesellschaften) im voraus zu kaufen (leading) und umgekehrt bei einem ungünstigen Niveau den Kauf der Währung über das Zahlungsziel hinaus zu verschieben (lagging), um bessere Umtauschkurse abzuwarten. Gäbe es keine Zinsen, könnte dieses auf den ersten Blick plausible Verfahren jederzeit ohne Überprüfung angewandt werden. Um jedoch korrekte Entscheidungen sicherzustellen, muß unter Berücksichtigung des Zinseffektes der Break-Even-Kurs ermittelt werden, um feststellen zu können, wann diese Strategie wirklich Sinn macht.

leading bei Terminabschlägen

> Beispiel:
>
> Der spanische Importeur einer deutschen Maschine erwartet, daß wegen des unsicheren Ausgangs der in zwei Monaten stattfindenden Parlamentswahlen die Peseta von derzeit 1,31 DEM auf unter 1,28 DEM sinken bzw. die DEM entsprechend steigen wird. Deshalb beabsichtigt er, die in zwei Monaten fällige Importrechnung vorauszuzahlen bzw. den erforderlichen DEM-Betrag schon jetzt bei einem Kassakurs von 1,31 DEM einzudecken und bis zur Fälligkeit anzulegen. Dadurch erzielt er in seinen Büchern einen Absicherungskurs von 1,31 DEM. Hierbei übersieht er jedoch, daß mit der Maßnahme ergebniswirksame Zinsverluste verbunden sind, da die spanischen Zinsen mit 8,5 % zur Zeit um 2 % über den deutschen Zinsen (6,5 %) liegen.

Durch den vorgezogenen Kauf verliert der Währungsmanager den Zinsertrag auf seine Landeswährung und erhält dafür Zinsen aus der Anlage der Fremdwährung (DEM) bis zum Fälligkeitstermin der Position. Das heißt nichts anderes, als daß der erzielte Kassakurs um die Zinsdifferenz korrigiert werden muß. Wie im Abschnitt 4.2 gezeigt wurde, berechnet sich aus der Zinsdifferenz der Swapsatz, mit dessen Hilfe aus dem Kassakurs der Terminkurs abgeleitet wird. Damit ist eine Vorauszahlung aber nichts anderes als eine Terminsicherung auf den Fälligkeitstermin der Währungszahlung. Welcher effektive Absicherungskurs kann mit der Vorauszahlung nun erzielt werden?

Da im Beispiel die Peseta wegen der höheren Zinsen mit einem Terminabschlag gehandelt wird, geht für zwei Monate die Zinsdifferenz von 2 % p. a. verloren. Der angenäherte Swapsatz beträgt somit $1{,}31 \cdot 0{,}02 \cdot 2/12 = 0{,}0044$ DEM pro ESP. Nach der Formel aus 4.2 beträgt der exakte Wert 43 Stellen, also 0,0043 DEM. Der effektive Terminkurs lautet also 1,3057 DEM.

Die Vorauszahlung bzw. Terminsicherung lohnt sich dann, wenn erwartet werden kann, daß der Kassakurs bis zur Fälligkeit der Zahlung unter 1,3057 liegen wird.

Allgemein gilt: Vorauszahlungen sind nur dann sinnvoll, wenn der erwartete Kurs bei Fälligkeit unter dem Break-Even-Kurs (= Terminkurs) liegt.

leading bei Terminaufschlägen

Beispiel:

Der Leiter der amerikanischen Vertriebsgesellschaft des deutschen Maschinenherstellers schlägt vor, Importrechnungen vorauszuzahlen, da nach seiner Meinung innerhalb von drei Monaten ein Rückgang des Dollars von derzeit 1,55 DEM auf unter 1,50 zu befürchten ist. Er bittet seinen Währungsmanager um eine Stellungnahme.

Er erhält folgende Mitteilung:

– Situation:

Kassakurs	= 1,5500 DEM
Dollarzinsen (3 Monate)	= 3,0 %
DEM Zinsen (3 Monate)	= 6,5 %
Kurserwartung in 3 Monaten:	1,50 oder niedriger

– Empfehlung:

Wegen der niedrigeren Zinsen wird der USD auf Termin mit einem Aufschlag, die DEM also mit einem Abschlag gehandelt. Der Swapsatz auf drei Monate beträgt 135 Stellen, woraus sich der Terminkurs mit 1,5635 DEM ergibt. Die Vorauszahlung bzw. Terminsicherung lohnt sich also nicht nur, wenn der USD unter 1,55 fällt, sondern selbst dann, wenn der Kurs ansteigt, aber unter 1,5635 DEM bleibt.

Fazit: Auch in diesem Fall ist der Break-Even-Kurs gleich dem Terminkurs.

lagging

Die spiegelbildliche Situation liegt vor, wenn zum Zeitpunkt der Fälligkeit einer Zahlung ein ungünstiges Kursniveau herrscht und mit einer Verbesserung der Kurse in absehbarer Zeit zu rechnen ist. In solchen Fällen kann es sinnvoll sein, ein verlängertes Zahlungsziel in Anspruch zu nehmen oder einen Kredit in der benötigten Fremdwährung aufzunehmen, um die Verbindlichkeit zu begleichen. Nach einer Kurserholung wird die Währung gekauft und damit der Kredit zurückbezahlt. Auch hier ist bei der Ermittlung des effektiven Absicherungskurses der Zinseffekt zu berücksichtigen.

lagging bei Terminabschlägen

Beispiel:

Die Erwartung des spanischen Importeurs hat sich als richtig erwiesen: Die Peseta ist im Vorfeld der Wahlen bis auf 1,2650 zurückgegangen. Obwohl verschiedentlich über eine Abwertung bei einem möglichen Regierungswechsel gesprochen wird, ist er überzeugt, daß sich der Kurs wieder auf mindestens 1,3000 DEM erholen, die DEM also wieder fallen wird. Deshalb überlegt er nun, ob es sinnvoll ist, die in wenigen Tagen fällige Importrechnung über einen DEM-Kredit mit drei Monaten Laufzeit zu bezahlen und die Peseta erst nach einem entsprechenden Kursanstieg gegen DEM zu tauschen. Die DEM-Zinsen sind unverändert bei 6,5 %, die spanischen Zinsen sind leicht auf 8,75 % angezogen.

Durch die Verschiebung des Kassageschäftes vereinnahmt der Importeur weiterhin die Zinsen auf sein Kapital in ESP und zahlt im Gegenzug Zinsen auf den Gegenwert in DEM. Der ursprüngliche Terminabschlag der Peseta kehrt sich in einen Aufschlag um, so daß nun ein Gewinn in Höhe der Zinsdifferenz erzielt wird.

Der Break-Even-Kurs ist also der um die verdiente Zinsdifferenz reduzierte Kassakurs und somit wieder der Terminkurs. Lagging ist vorteilhaft, wenn die zu erwartende Kurserholung über den BEK hinaus geht. Im Beispiel ist lagging sinnvoll, solange die Peseta nicht unter 1,2580 DEM fällt. Selbst wenn der Kurs unverändert bleibt, realisiert der Importeur zeitanteilig einen Vorteil von 2,25 % p. a.

lagging bei Terminaufschlägen

Beispiel:

Auch der amerikanische Vertriebsleiter hat Recht behalten. Der USD steht zur Zeit bei 1,4950 DEM und er erhält von seinem Währungsmanager folgenden Vorschlag:

- Situation:

Kassakurs	= 1,4950
USD-Zinsen (3 Monate)	= 3,25 %
DEM-Zinsen (3 Monate)	= 6,50 %
Kurserwartung in 3 Monaten:	1,5600 oder besser

- Empfehlung:

  Durch einen Zahlungsaufschub kehrt sich der eigentliche Terminaufschlag des USD in einen Terminabschlag um. Er beträgt zur Zeit 120 Stellen für drei Monate. Das bedeutet, daß der USD mindestens auf 1,5070 DEM ansteigen muß, um den Zinseffekt zu kompensieren. Da der erwartete Kursanstieg deutlich über dem Break Even-Kurs liegt, wird vorgeschlagen, einen DEM-Kredit für drei Monate aufzunehmen und die DEM erst nach einer Erholung des USD zu kaufen.

Als Ergebnis bleibt also festzuhalten:

- leading lohnt sich, wenn der Kassakurs der Landeswährung bei Fälligkeit unter dem Terminkurs notiert, zu dem effektiv abgesichert wurde. Analog muß die Fremdwährung über dem rechnerischen Terminkurs liegen.
- lagging ist vorteilhaft, wenn der Kassakurs der Landeswährung innerhalb des vorgesehenen Zeitrahmens auf ein Niveau ansteigt, das über dem vergleichbaren Terminkurs liegt. Umgekehrt muß die Fremdwährung unter dem effektiven Absicherungskurs notieren.

6.3.2 Netting

Unter Netting versteht man das Verfahren, gegensätzliche Währungsrisiken gleicher Fälligkeit miteinander aufzurechnen und nur die verbleibende Nettoposition kurszusichern. Hierdurch läßt sich das risikobehaftete Fremdwährungsvolumen und damit das Währungsrisiko reduzieren.

> Beispiel:
>
> Ein Hersteller von Werkzeugmaschinen erzielt Exporterlöse in Höhe von 5 Mio Dollar. Diesen stehen Verbindlichkeiten aus dem Import von Bauteilen im Volumen von 1,5 Mio Dollar gegenüber. Die Fälligkeiten von Forderungen und Verbindlichkeiten können durch Termingeschäfte aufeinander abgestimmt werden, so daß per Saldo ein Kursrisiko auf eine Long-Position von 3,5 Mio USD resultiert. Somit konnte das Risiko um 30 % verringert werden.

Dieses Ergebnis ist jedoch nur bei oberflächlicher Betrachtung korrekt. Denn bei Fälligkeit können die Forderungen und Verbindlichkeiten in USD zwar gegeneinander verrechnet werden, aber sie müssen in der Buchhaltung zum Tageskurs bewertet werden. Wenn dieses Verfahren regelmäßig angewandt wird, bedeutet dies aber nichts anderes, als daß die genettete Position zum jeweils zufällig herrschenden Tageskurs in die Bücher genommen wird – also unterliegen auch diese Positionen uneingeschränkt den Schwankungen des Marktkurses.

In jedem Fall ist das Ergebnis für professionelle Währungsmanager unbefriedigend. Denn anstelle des Netting können zwei getrennte Ziele verfolgt werden: möglichst hohe Kurse für die Exporterlöse und möglichst niedrige für die Importzahlungen. Erfahrene Devisenmanager werden sich zutrauen, mittelfristig die Exporte zu höheren Kursen abzusichern als die Importe. Zwischen dem An- und Verkauf der Währung wird also ein positives Ergebnis erzielt, während beim Netting die gegensätzlichen Devisenpositionen miteinander verrechnet werden. Damit geht der potentielle Gewinn aus An- und Verkauf verloren.

Noch problematischer ist die Situation, wenn die zu nettenden Positionen von verschiedenen Konzerngesellschaften gehalten werden. In diesem Fall tritt der Interessenkonflikt offen zutage: Der Exporteur ist nur bei hohen Kursen bereit, die Fremdwährung zu verkaufen, während der Importeur bei möglichst tiefen Kursen kaufen möchte. Aufgrund dieser berechtigten Zielsetzungen der beiden Parteien ist kaum ein Konsens zu erreichen.

Somit bleibt als Fazit festzuhalten: Netting führt zu keiner Verminderung des Kursrisikos. Ist die erforderliche Expertise vorhanden, verspricht das separate Management der Währungspositionen ein besseres Ergebnis.

6.3.3 Absicherungsvolumen und Reichweite

Eine der Grundsatzfragen bei kontinuierlichen Absicherungsentscheidungen ist, welches Volumen bzw. welche zeitliche Reichweite auf einem bestimmten Kursniveau abzusichern ist.

Wie besprochen, errechnet sich der Terminkurs aus dem Kassakurs und dem Terminauf- oder -abschlag. Zur Vereinfachung wird angenommen, daß die Swapsätze im Betrachtungszeitraum unverändert bleiben. Unter der Voraussetzung, daß der Währungsmanager anstrebt, als Basis für die Terminsicherungen ein besseres Niveau als den durchschnittlichen Kassakurs zu erreichen, ergibt sich folgende Überlegung:

Wenn beispielsweise ein Importeur bei gleichmäßig fallenden Kursen nach jeweils 25 Pfennigen Kursrückgang gleichbleibende Beträge einer Fremdwährung auf Termin kauft, realisiert er als Basis für die Terminsicherung genau den durchschnittlichen Kassakurs. Will er hingegen besser sein als die Marktentwicklung, muß er umso höhere Volumina sichern, je günstiger der Kassakurs ist.

Beispiel:

Der USD fällt sukzessiv von 2,25 über 2,0 und 1,75 auf 1,5 DEM. Jedesmal wird 1 Mio USD auf zwölf Monate gekauft. Der durchschnittliche Kassakurs dieser Käufe entspricht dem durchschnittlichen Marktkurs von 1,875 DEM. Wird ein Terminaufschlag von sechs Pfennigen unterstellt, ergibt sich als durchschnittlicher Terminkurs für die vier Mio USD ein Wert von 1,935 DEM.

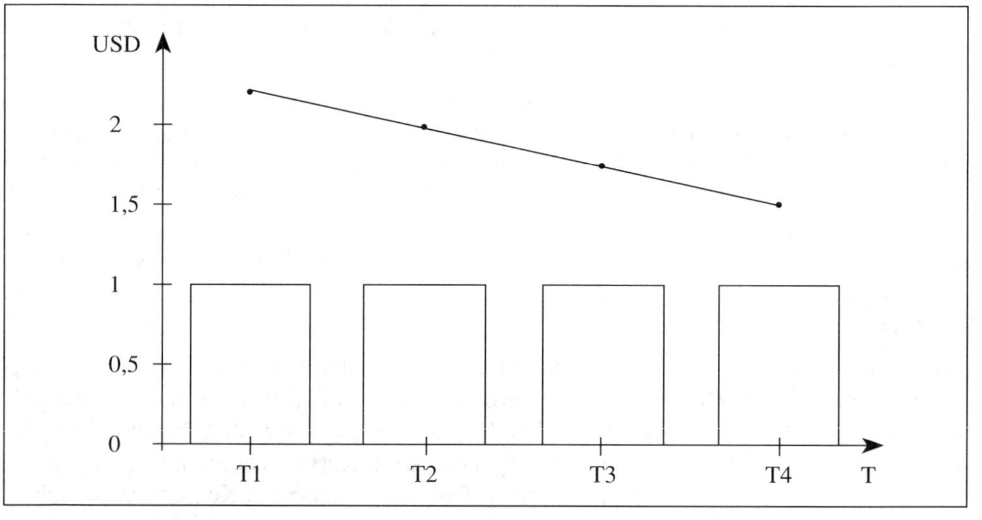

Abbildung 22: Gleiche Absicherungsbeträge bei linear fallenden Kursen

Ein deutlich besseres Ergebnis ergibt sich aus der Strategie, das Absicherungsvolumen umso mehr zu erhöhen, je günstiger das Kursniveau ist.

Beispiel:

Bei der gleichen Ausgangssituation wie oben werden bei fallenden Kursen folgende USD-Beträge gekauft: 0,4/0,8/1,2/1,6 Mio.

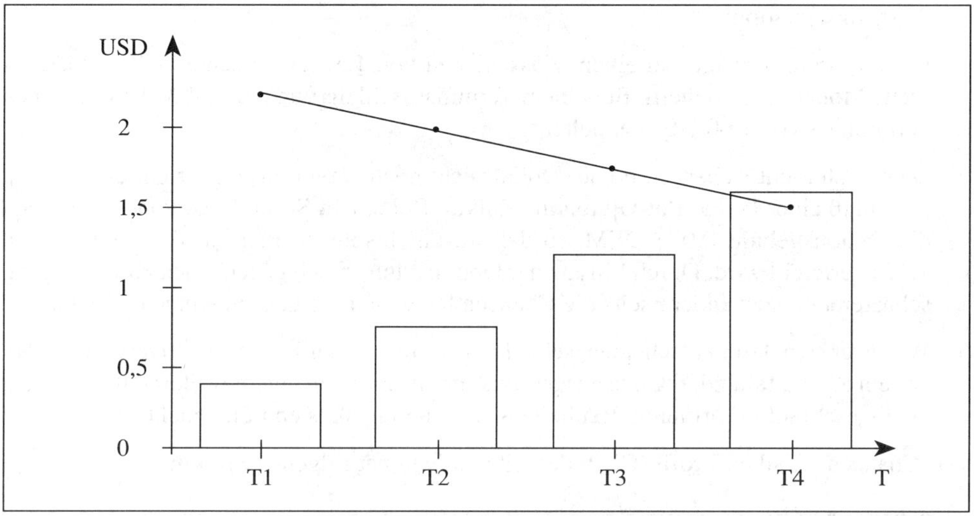

Abbildung 23: Zunehmendes Absicherungsvolumen bei fallenden Kursen

Werden die steigenden Absicherungsbeträge mit dem jeweiligen Kassakurs bewertet, so ergibt sich nun eine durchschnittliche Kassabasis von 1,75 statt 1,875 DEM. Dementsprechend verbessert sich auch der durchschnittliche Terminkurs um 0,125 DEM pro USD.

Das Kurssicherungsergebnis wird also umso besser, je mehr Volumen bei sich verbessernden Kursen termingesichert wird. Das Dilemma ist nur, daß oft nicht absehbar ist, wann eine günstige Kursentwicklung enden wird. Wenn zu rasch vorgegangen wird, besteht die Gefahr, daß die günstigsten Kurse nicht mehr genutzt werden können, weil kein Volumen mehr für Absicherungen verfügbar ist. Wird dagegen in vorsichtigen Schritten abgesichert, kann bei einer Trendwende das verbleibende offene Volumen unter Nutzung optimaler Kurse gesichert werden, so daß insgesamt ein deutlich besseres Kursniveau realisiert wird.

Im Idealfall werden überhaupt keine Terminsicherungen vorgenommen, solange eine günstige Kursentwicklung anhält. Hiergegen sprechen jedoch die praktischen Erfahrungen, daß Trendwenden oft zu spät erkannt werden oder sich so rasch vollziehen, daß das geplante Volumen nicht immer zu attraktiven Kursen im Markt unterzubringen ist. In solchen Situationen hilft der Einsatz von Optionen weiter.

6.3.4 Die optimale Chancen-/Risiken-Steuerung

Ein Beispiel verdeutlicht exemplarisch die Vor- und Nachteile der Basisinstrumente Kassa-, Termin- und Optionsgeschäft. Aufgrund der verschiedenen Chancen-/Risiken-Struktur wird zugleich die Frage nach dem Preis von Chancenwahrung und Risikoreduzierung beantwortet.

Ausgangssituation:

Ein Exporteur erwägt, bei einem Kassaniveau von 1,55 DEM seine Dollarerlöse auf sechs Monate abzusichern. Bei einem Terminaufschlalg von 0,05 DEM kann er einen Terminkurs von 1,60 DEM erzielen.

Da er sich nicht sicher ist, ob der Dollar nicht noch weiter ansteigt, zieht er auch den Abschluß einer Dollar Put-Option ins Kalkül. Bei einem Strike Price von 1,55 beträgt die Optionsgebühr 0,075 DEM, so daß im ungünstigsten Fall ein Effektivkurs von 1,4750 erreicht wird. Durch Einsatz der Option kann er sich gegen einen Kursrückgang schützen und sich andererseits die Chancen bei weiter steigenden Kursen offenhalten.

Würde er sich dafür entscheiden, seine Exporterlöse in der Kasse zu konvertieren, wäre er dem Risiko fallender Kurse ausgesetzt, könnte aber von einem weiteren Kursanstieg uneingeschränkt profitieren. Explizite Kurssicherungskosten fallen nicht an.

Das Chancen-/Risiken-Profil (CRP) der Alternativen hat folgende Struktur:

Instrument	Risiko	Chance in %
Kassageschäft	100	100
Termingeschäft	0	0
Option	0	100

Aus dieser Übersicht sind die Vorteile von Optionen klar ersichtlich: Sie eliminieren alle Risiken und wahren alle Chancen. Die Break-Even-Betrachtung zwischen den drei Basisinstrumenten läßt sich anhand der Abbildung 24 veranschaulichen.

Kassageschäft gegen Option

Bei Optionen fallen aufgrund der vorteilhaften Chancen-/Risiken-Struktur die höchsten Kurssicherungskosten an. Andererseits bedarf es nur vergleichsweise geringer Veränderungen des Kassakurses, um diesen Nachteil auszugleichen.

Im Beispiel genügt ein Rückgang des Kurses um 0,075 DEM (= Optionsgebühr) bis zum Ausübungszeitpunkt der Option, um die Option vorteilhafter als das Kassageschäft werden zu lassen.

Oder anders formuliert: Wenn der Kurs nur um 0,075 DEM ansteigt, werden hierdurch die Optionsgebühren wieder kompensiert. Das bedeutet, daß für den relativ geringen Preis der Optionskosten alle Risiken des Kassageschäftes eliminiert werden, aber alle Vorteile erhalten bleiben können.

Option gegen Terminsicherung

Der Vorteilsvergleich zwischen Option und Terminabschluß beleuchtet den zweiten Aspekt des Chancen-/Risiken-Profils: den Preis der Chancenwahrung. Wird der Strike

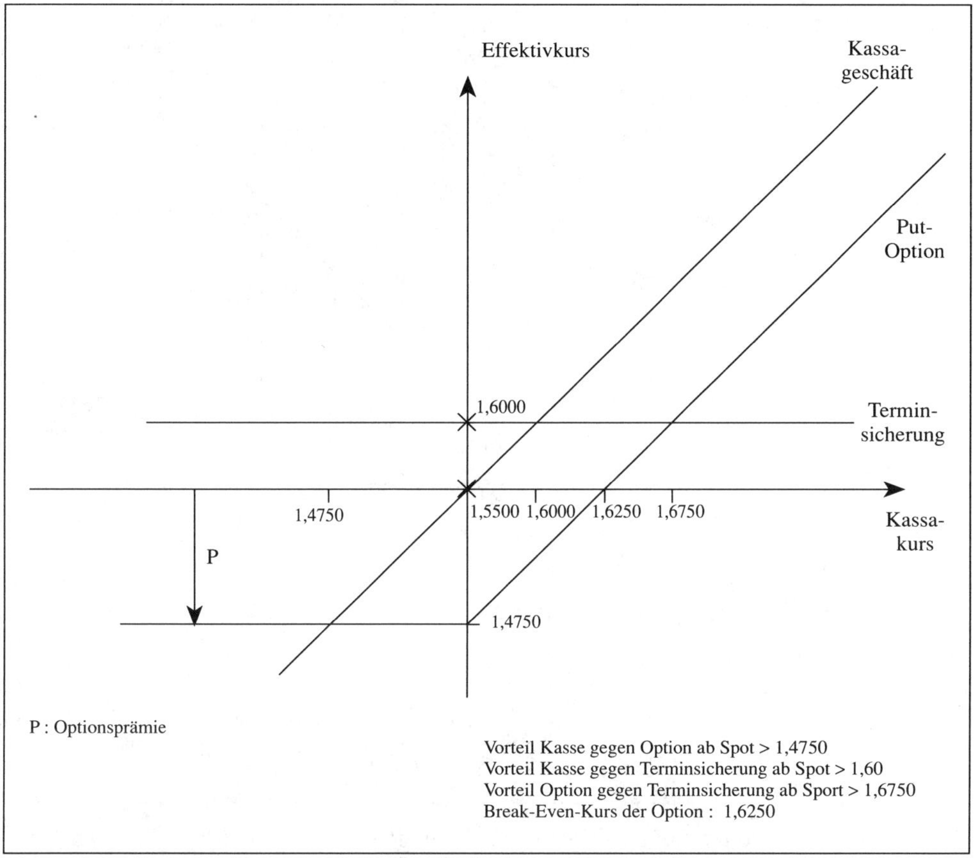

Abbildung 24: Break-Even-Vergleich der Basisinstrumente

Price so gewählt, daß er dem Terminkurs entspricht, dann liegt der Effektivkurs der Option um die Optionsgebühr unter dem erzielbaren Terminkurs. Daraus folgt, daß die Kosten der Chancen-Wahrung im Vergleich zur Terminsicherung wiederum der Optionsgebühr entsprechen.

6.3.5 Ergebnisvergleich der Basisinstrumente

In den Abbildungen 25, 26 und 27 sind zusätzlich die Ergebnispotentiale der Instrumente in Abhängigkeit vom Kursverlauf eingezeichnet. Aus den Grafiken ist ersichtlich, daß die Ergebnisfunktionen von Kassa- und Termingeschäften symmetrisch, von Optionen dagegen asymmetrisch verlaufen. Bei Kassageschäften wird jede Kursänderung im vollen Ausmaß ergebniswirksam.

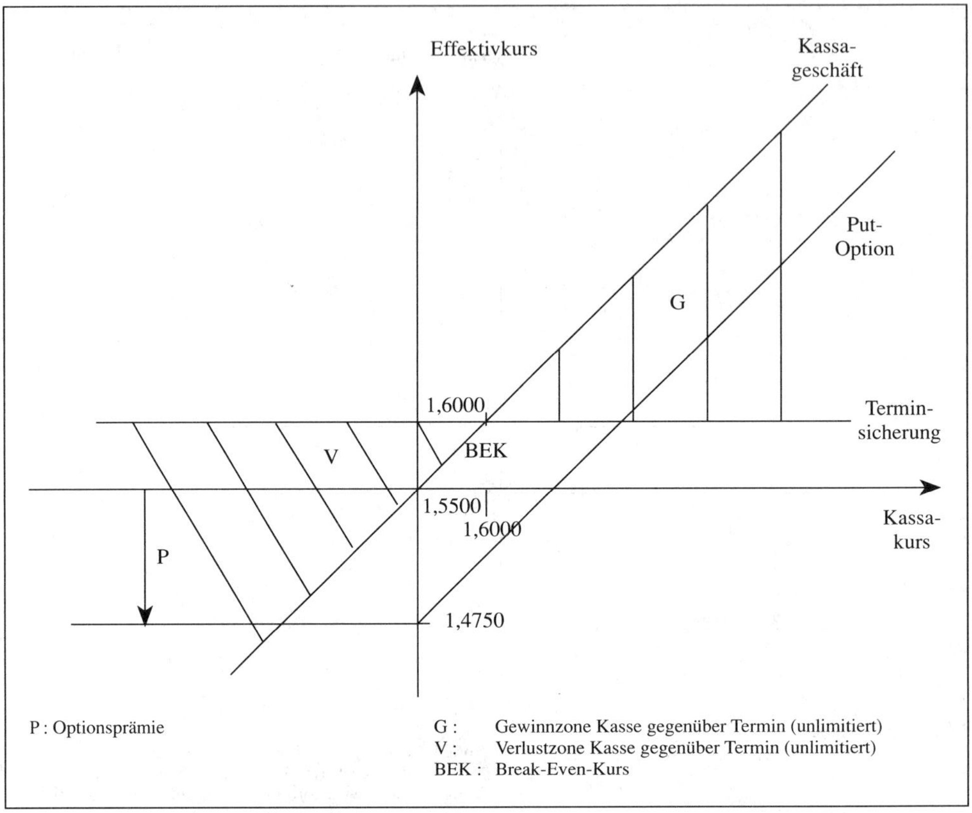

Abbildung 25: Ergebnisvergleich Kassageschäft gegen Terminsicherung

Der maximale „Verlust" bei Verwendung einer Option beschränkt sich dagegen auf die Optionsgebühr. Sie entspricht den Opportunitätskosten gegenüber einer Terminsicherung, falls sie ausgeübt wird. Entwickeln sich nach der Absicherungsmaßnahme die Kurse jedoch weiterhin günstig (im Beispiel ein Kursanstieg), ist schließlich die Option vorteilhafter, wenn die Kursbewegung die Optionskosten überkompensiert. Denn ab diesem Punkt partizipiert der Optionsinhaber wieder voll von der Kursentwicklung (Asymmetrie von Opportunitätskosten und -gewinnen), während bei der Terminsicherung lineare Opportunitätskosten in Höhe der Differenz zwischen Termin- und späterem Kassakurs entstehen.

Dieser Sachverhalt ist unabhängig davon, daß im Beispiel für Exporteure keine Absicherungskosten anfallen, weil aufgrund der Zinssituation der Dollar mit einem Terminaufschlag gehandelt wird. Für Importeure verteuert sich bei dieser Konstellation die Absicherung hingegen.

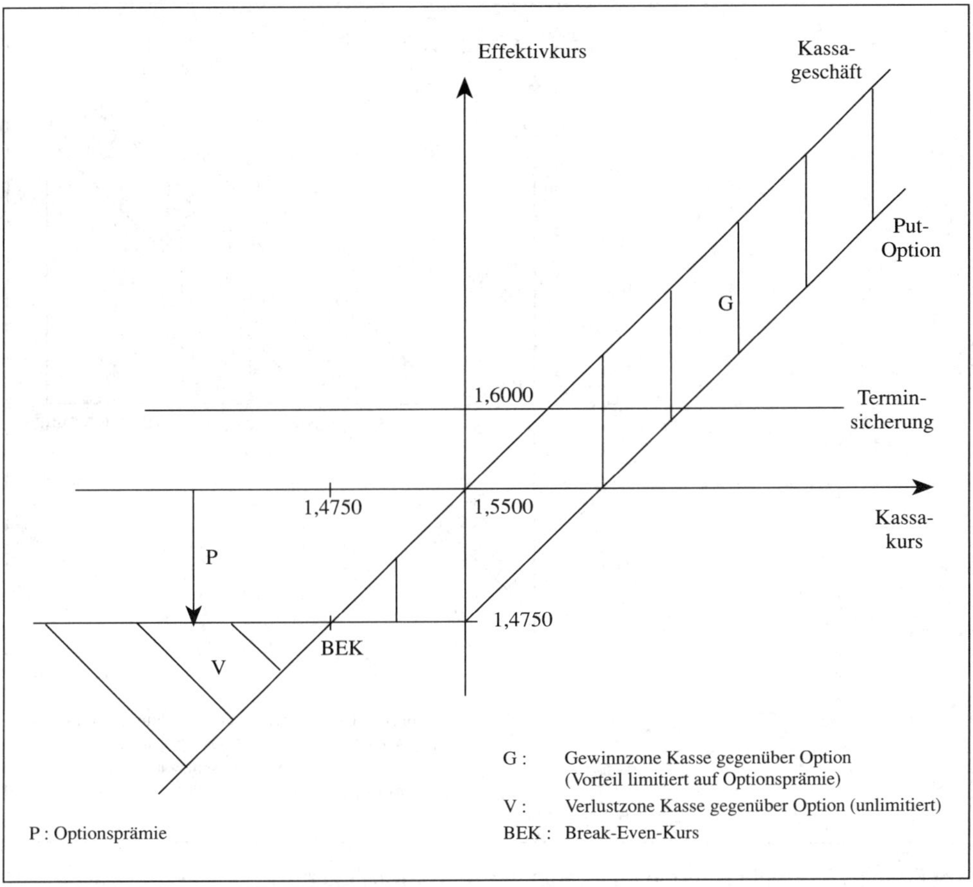

Abbildung 26: Ergebnisvergleich Kassageschäft gegen Option

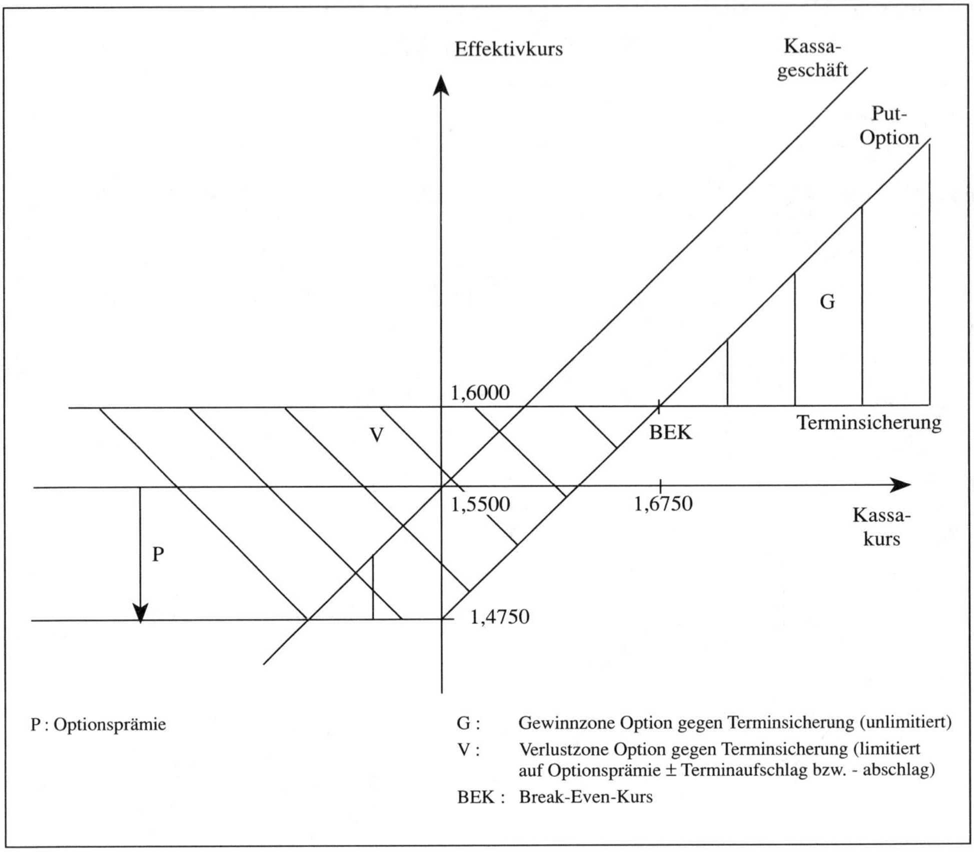

Abbildung 27: Ergebnisvergleich Option gegen Terminsicherung

6.3.6 Entscheidungen unter Unsicherheit

Von Entscheidungen unter Unsicherheit spricht man, wenn die zu treffende Entscheidung davon abhängt, wie sich das Entscheidungsumfeld zukünftig entwickelt. Ein einfaches Beispiel bildet folgender Sachverhalt:

Ein Exporteur führt ein neues Produkt ein. Marktstudien lassen im ersten Verkaufsjahr folgende Umsätze erwarten, die zu 1,75 DM per Termin oder mit Hilfe von Optionen mit einem Strike Price von 1,73 DM bei einer Gebühr von 0,02 DM gesichert werden können:

Umsatz	Wahrscheinlichkeit	Terminkurs	Optionskosten
5.000.000	100	1,75	0
10.000.000	80	0	100.000
20.000.000	50	0	300.000
30.000.000	20	0	500.000

Welches Umsatzvolumen soll kursgesichert werden? Aufgrund der Unsicherheit über den Absicherungsbedarf bietet es sich an, das für sicher erachtete Volumen mit Terminabschlüssen und den Rest ganz oder teilweise mit Optionen abzusichern.

Unter der Annahme, daß 5 Mio per Termin und die übrigen 25 Mio per Option gesichert werden, fallen unabhängig vom tatsächlich eintretenden Umsatzvolumen die Optionsgebühren für 25 Mio an. Daraus folgt, daß der durchschnittlich zu erwartende Absicherungskurs selbst unter der Annahme der Optionsausübung vorab nicht bestimmt werden kann, weil nicht bekannt ist, auf welches Erlösvolumen die Optionskosten zu verteilen sind. Es läßt sich jedoch der Erwartungswert des Durchschnittskurses für die alternativen Umsatzvolumina berechnen. Beim Durchschnittskurs selbst bleibt die Wahrscheinlichkeit, mit der ein bestimmter Umsatz erreicht werden kann, unberücksichtigt.

Umsatz	Wahrscheinlichkeit (%)	Durchschn.-Kurs	Erwartungswert
5.000.000	100	1,6500	1,6500
10.000.000	80	1,6900	1,6856
20.000.000	50	1,7100	1,6980
30.000.000	20	1,7167	1,6900

In solchen Fällen muß der Währungsmanager gemäß seiner Risikotoleranz und unter Berücksichtigung seiner Kurserwartung entscheiden, wie er sich absichern möchte. Im vorliegenden Beispiel wäre eine denkbare Variante, die ersten 10 Mio per Termin und das restliche, mit höherer Unsicherheit behaftete Volumen per Option abzusichern. Die zu erwartenden Absicherungskurse würden sich dann wie folgt verändern:

Umsatz	Wahrscheinlichkeit (%)	Durchschn.-Kurs	Erwartungswert
10.000.000	80	1,7100	1,7100
20.000.000	50	1,7200	1,7167
30.000.000	20	1,7233	1,7157

Die deutliche Kursverbesserung wird allerdings mit dem Risiko erkauft, daß die 10 Mio Terminsicherungen eventuell nicht ganz benötigt werden, da die Wahrscheinlichkeit, diesen Umsatz zu erreichen, nur bei 80 % liegt. Ein weiteres Beispiel unterstreicht die Praxisrelevanz von Entscheidungen unter Unsicherheit.

Annahmen: Ein Investor hält USD-Papiere, die in Kürze fällig werden. Der Erlös soll in DEM getauscht werden. Vor dem Fälligkeitstermin finden in USA Präsidentschaftswahlen statt. Je nach dem, ob der Kandidat A die Wahl gewinnt, wird erwartet, daß der Wechselkurs um 0,05 DM steigt oder aber um 0,06 DM fällt. Die Chancen für einen Wahlsieg von A werden zur Zeit mit 60 % bewertet. Es ist eine optimale Kurssicherungsstrategie zu entwickeln.

Marktsituation:

Kassakurs:	2,4000
Terminkurs:	2,3935
Strike Price:	2,3900
Optionsgebühr:	0,0220
Effektivkurs:	2,3680

Wahlsieg von A (60 %):

Kassakurs:	2,4500
Terminkurs:	2,3935
Option:	2,4280

Opportunitätskosten der Terminsicherung gegenüber der Option: 2,3935 – 2,4280 = 0,0345

Wahlsieg von B (40 %):

Kassakurs:	2,3400
Terminkurs:	2,3935
Option:	2,3680

Opportunitätsgewinn der Terminsicherung gegenüber der Option: 2,3935 – 2,3680 = 0,0255

Mit den Eintrittswahrscheinlichkeiten gewichtete Opportunitätskosten der Terminsicherung: $-0{,}0345 \cdot 0{,}6 + 0{,}0255 \cdot 0{,}4 = -0{,}0105$

Im gewichteten Durchschnitt der möglichen Wahlergebnisse wird mit der Terminsicherung ein um 0,0105 DM schlechterer Kurs erzielt, als mit der Option. Dieses Ergebnis darf hier unter strengen Maßstäben jedoch nur unter Vorbehalt verwendet werden, da es statistisch gesehen nur sinnvoll ist, wenn es sich um sich wiederholende Ereignisse handelt, da sonst die Durchschnittsbetrachtung nicht zulässig ist. Denn im Beispiel wird nur genau eines der beiden möglichen Ereignisse (Wahlsieg von A oder B) eintreten.

6.3.7 Sensitivitätsanalyse

Bei Entscheidungen unter Unsicherheit ist es wichtig zu überprüfen, inwiefern die gewählte Lösung im Hinblick auf Änderungen der Entscheidungsparameter stabil ist. Je unempfindlicher die Strategie reagiert, umso höher ist die Wahrscheinlichkeit, daß trotz eines unsicheren Umfeldes gute Kurssicherungsergebnisse erzielt werden.

Die nachfolgende Sensitivitätsanalyse gibt weiteren Aufschluß über den Vorteilsvergleich der Absicherungsinstrumente aus dem vorangegangenen Beispiel.

a) Bewertung der Option

Eine Option ist grundsätzlich nur dann sinnvoll einzusetzen, wenn erwartet werden kann, daß die Optionskosten durch einen potentiellen Kursanstieg wieder verdient werden können. Dies gilt sowohl für den Vergleich mit dem Kassa- als auch dem Terminkurs. Im Beispiel muß der Kassakurs auf 2,4220 ansteigen, um die Optionsgebühr zu kompensieren. Interessant ist jedoch, daß die Opportunitätskosten der Option gegenüber dem Kassageschäft hier fast vernachlässigbar sind:

$$(2{,}4500 - 0{,}0220) \cdot 0{,}60 - (2{,}3680 - 2{,}3400) \cdot 0{,}40 = 0{,}0020$$

Beim Vergleich zum Terminabschluß genügt es bereits, wenn die Kasse auf über 2,3935 + 0,022 = 2,4155 steigt, damit ein besserer Kurs erzielt werden kann, als mit der Terminsicherung. Falls die erforderlichen Kursschwankungen unrealistisch erscheinen, sollten Optionen nicht in Erwägung gezogen werden.

Wird nun allerdings berücksichtigt, daß im vorliegenden Beispiel die Kursbewegung nach oben nur mit 60 % Wahrscheinlichkeit eintreten wird, ist eine entsprechende Korrektur des Break-Even-Kurses erforderlich. Nun muß der Kassakurs auf 2,4367 · (2,4000 + 0,022/0,60) steigen, um die Optionsgebühr auszugleichen. Analog ändert sich der Break-Even-Kurs zur Terminsicherung auf 2,3935 + 0,0367 = 2,4302.

b) Vergleich Option gegen Terminsicherung

Hier werden die Voraussetzungen untersucht, unter denen Option und Terminsicherung im Durchschnitt zu gleich guten Ergebnissen führen.

Der Terminkurs steht mit 2,3935 fest, der Effektivkurs der Option ergibt sich aus dem Kassakurs abzüglich der Gebühr (Verfall) bzw. aus dem Strike Preis minus der Gebühr (Ausübung). Nun läßt sich der Kassakurs bestimmen, bei dem die Option den gleichen Absicherungskurs realisiert wie das Termingeschäft:

$$0{,}40 \cdot 2{,}3680 + ((2{,}4000 + x) - 0{,}0220) \cdot 0{,}60 = 2{,}3935$$

$$x = 0{,}0325$$

Daraus läßt sich folgender Schluß ziehen: Wenn der Kassakurs bei einem Wahlsieg von A auf mindestens

$$2{,}4000 + 0{,}0325 = 2{,}4325$$

steigt, wird mit der Option im Durchschnitt ein gleiches oder besseres Absicherungsergebnis erzielt, als mit der Terminsicherung. Es gilt dann:

$$(2{,}4325 - 0{,}0220) \cdot 0{,}60 + 2{,}3680 \cdot 0{,}40 = 2{,}3925 = \text{Terminkurs}$$

c) Stabilität der Lösung

Im vorhergehenden Abschnitt wurde die Stabilität des Optimums (Option besser als Terminsicherung) in Abhängigkeit vom Kassakurs untersucht. Ziel der folgenden Analyse ist es, festzustellen, wie die optimale Lösung auf Änderungen der subjektiv zu schätzenden Eintrittswahrscheinlichkeiten reagiert. Wenn sich herausstellt, daß das Optimum relativ stabil ist, relativiert sich das Problem der Schätzgenauigkeit erheblich. Das bedeutet, daß die gewählte Strategie eine hohe Treffsicherheit erwarten läßt.

Die kritischen Wahrscheinlichkeiten werden wie folgt ermittelt, wobei p(A) die Wahrscheinlichkeit für das Ereignis A und 1 – p(A) die Wahrscheinlichkeit für das Ereignis B bezeichnet.

Bei der antizipierten Kursentwicklung liefert die Option effektive Kurse von 2,3680 bzw. 2,4280 mit Wahrscheinlichkeiten von 60 % und 40 %. Gesucht sind die Wahrscheinlichkeiten, die per Option zum gleichen Absicherungsergebnis führen wie die Terminsicherung.

$$2{,}4280 \cdot p(A) + 2{,}3680 \cdot (1 - p(A)) = 2{,}3935$$

$$2{,}4280 \cdot p(A) + 2{,}3680 - 2{,}3680 \cdot p(A) = 2{,}3935$$

$$0{,}06 \cdot p(A) = 0{,}0255$$

$$p(A) = 0{,}425 = 42{,}5\ \%$$

Interpretation:

Erst wenn die Wahrscheinlichkeit für das Ereignis A (Wahlsieg von A) unter 42,5 % sinkt, ist im Durchschnitt der möglichen Fälle nicht mehr die Option, sondern die Terminsicherung die bessere Strategie.

6.3.8 Mehrstufige Entscheidungen

Das Hauptproblem bei der Formulierung von Währungsstrategien liegt in der Prognoseunsicherheit. Eine Möglichkeit, diesem Umstand Rechnung zu tragen, sind mehrstufige Entscheidungen. Hierunter versteht man das Verfahren, die Entscheidungssituation in mehrere zeitlich überschaubare Abschnitte zu gliedern und für jede Teilperiode Entscheidungen zu treffen. Die Idee dabei ist, daß die verfügbaren Informationen umso besser sind, je kürzer der Entscheidungshorizont gewählt wird. Anstatt eine komplette Strategie für einen Zeitraum von zwei Jahren zu entwickeln, ist es mit Sicherheit erfolgversprechender, den Horizont beispielsweise in vier Halbjahresperioden zu gliedern. Außerdem läßt sich bei dieser Vorgehensweise berücksichtigen, daß sich die Wechselkurse im Zeitablauf meist nicht linear, sondern in Wellenbewegungen verändern.

Bei den Strategien für die Teilperioden ist zu beachten, daß sie für die nachfolgenden Entscheidungsstufen genügend Spielraum beinhalten müssen, damit auf spätere Entwicklungen noch möglichst flexibel reagiert werden kann. Somit kommt dem Chancen-/Risiken-Profil (CRP) besondere Bedeutung zu.

Die Vorgehensweise bei mehrstufigen oder zusammengesetzten Entscheidungen funktioniert nach folgendem Prinzip:

- Zunächst werden Kursprognosen für die einzelnen Entscheidungsperioden formuliert. Die Prognosen werden zwangsläufig umso ungenauer, je weiter diese Perioden in der Zukunft liegen. Sie müssen jedoch mindestens die Aussage enthalten, ob das Kursniveau im Vergleich zur Vorperiode ansteigen, zurückgehen oder unverändert bleiben wird.
- Im folgenden Schritt werden durch Simulation Strategien entwickelt, die für die alternativen Kursszenarien innerhalb der einzelnen Perioden das beste Ergebnis versprechen.
- Dann werden die möglichen Kursentwicklungen pro Periode über die einzelnen Stufen kombiniert. Bei zwei Entscheidungsstufen mit je drei Szenarien ergeben sich bereits neun Kombinationen. Aufgrund dieser exponentiell ansteigenden Zahl können mehr als zwei Entscheidungsstufen nicht sinnvoll analysiert werden, da die sich ergebenden Absicherungsvarianten nicht mehr überschaubar sind.
- Die Absicherungsergebnisse der einzelnen Alternativen sind nun zu bewerten. Hierbei tritt aufgrund der Chancen-/Risiken-Struktur von Kassa-, Termin- und Optionsgeschäften und der damit verbundenen Kosten eine Zielkonkurrenz zwischen der Qualität des Absicherungskurses und der Flexibilität der Strategie auf. Dies wird an folgendem Beispiel deutlich:

> Um Chancen zu wahren und gleichzeitig Risiken zu reduzieren, wird beschlossen, auf der ersten Stufe mit einem hohen Anteil an Optionen zu arbeiten. Falls sich auf der nächsten Stufe die Kurse günstig entwickeln, können die Optionen beispielsweise durch Terminabschlüsse ersetzt werden. Verschlechtern sich die Marktverhältnisse hingegen, bestehen auf das per Option gesicherte Volumen keinerlei Kursrisiken.
>
> Wegen der niedrigeren Absicherungskosten im Vergleich zur Option hätte eine Terminsicherung in diesem Fall einen günstigeren Sicherungskurs ergeben. Bei anhaltend positiver Kursentwicklung wäre dagegen die (teurere) Option vorteilhafter, weil hier der günstigere Marktkurs genutzt werden könnte.

Nach Durchsicht aller kombinatorisch möglichen Ergebnisse muß der Währungsmanager entsprechend seiner Risikotoleranz entscheiden, welche Kombination zur besten Zielerreichung führt. Hier lassen sich zwei Grundhaltungen unterscheiden: Pessimismus und Optimismus.

- Der Pessimist wird versuchen, auch im ungünstigsten Fall noch ein akzeptables Ergebnis zu erzielen. Er entscheidet nach dem Minimax-Kriterium, weil er den maximal möglichen „Schaden“ zu minimieren versucht. Hierdurch werden jedoch zwangsläufig die Chancen vergeben, von späteren positiven Entwicklungen profitieren zu können.
- Der Optimist handelt dagegen nach dem Maximin-Prinzip: Er will das minimal erzielbare Absicherungsergebnis maximieren, orientiert sich also an den möglichen Chancen.

Zum Abschluß ein Beispiel zur Illustration mehrstufiger Entscheidungen.

> Ein Unternehmen, dessen Exporte zu einem Großteil nach USA gehen, arbeitet an der Dollar-Strategie für das kommende Geschäftsjahr.
>
> Der Dollar notiert zur Zeit um 1,65 DEM. Die weiteren Perspektiven sind zwiespältig, da einerseits die Rezession anzuhalten scheint, andererseits große Hoffnungen in die neue Wirtschaftspolitik der Regierung gesetzt werden. Vor diesem Hintergrund soll eine flexible Währungsstrategie entwickelt werden, die eine Anpassung an die sich später einstellende Situation erlaubt. Der Entscheidungshorizont umfaßt ein Jahr und wird in zwei Teilperioden von jeweils sechs Monaten untergliedert.

Aufgrund der unsicheren Lage wird beschlossen, in der ersten Stufe für 60 % des offenen Volumens der nächsten zwölf Monate alternative Absicherungsstrategien zu entwickeln. Für die erste Stufe werden drei mögliche Kursszenarien unterstellt:

1. Im schlechtesten Fall wird der USD nach sechs Monaten bei etwa 1,55 DEM notieren.

2. Als wahrscheinlich gilt eine leichte Erholung auf ca. 1,68 DEM.

3. Falls die Rezession überwunden wird, kann der Kurs aber auch auf 1,75 DEM ansteigen.

Entsprechend den Vorgaben werden für Stufe 1 drei alternative Strategien untersucht, die sich durch den jeweiligen Instrumenten-Mix unterscheiden.

a) Die optimistisch ausgerichtete Strategie sieht 35 % Kassageschäfte, 35 % Terminsicherungen und 30 % Optionen vor. Somit bestehen zu 35 % Risiken und 65 % Chancen.

b) Für den wahrscheinlichen Fall sind 20 % Kassageschäfte, 45 % Terminsicherungen und 35 % Optionen geplant. Hier stehen 20 % Risiken 55 % Chancen gegenüber.

c) Die pessimistische Strategie verwendet 10 % Kassageschäfte, 50 % Terminabschlüsse und 40 % Optionen. Sie beinhaltet nur 10 % Risiken und 50 % Chancen.

Die Laufzeit der in Stufe 1 vorgenommenen Terminsicherungen beträgt zwölf Monate. Die Optionen laufen nach sechs Monaten aus, so daß die Ausübung vom Kassakurs am Ende der ersten Periode abhängt.

Diese drei Strategie-Varianten werden darauf untersucht, welche Ergebnisse sie in der Stufe 1 bei den unterschiedlichen Szenarien erbringen können. Hierbei hilft ein einfaches PC-Programm.

Marktsituation:		alternative Kassaniveaus in 6 Monaten:	
Kassakurs:	1,6450		
Terminkurs (12 Monate):	1,6760	Szenario 1:	1,5500
Strike Price:	1,6760	Szenario 2:	1,6800
Optionsgebühr (6 Mon.):	0,0380	Szenario 3:	1,7500
Effektivkurs bei Ausübung:	1,6380		

Anteil Spot	Anteil Termin	Anteil Option	Effektivkurs bei Spot 1,55	bei Spot 1,68	bei Spot 1,75
35 %	35 %	30 %	1,6205	1,6672	1,7127
20 %	45 %	35 %	1,6375	1,6649	1,7034
10 %	50 %	40 %	1,6482	1,6628	1,6978

Die Auswertung der Ergebnisse bestätigt, daß die pessimistische Strategie c den besten Absicherungskurs realisiert, falls eine ungünstige Kursentwicklung eintritt. In den beiden anderen Szenarien dominiert dagegen jeweils die optimistische Strategie a gegenüber der Variante b.

Mit Hilfe einer Sensitivitätsanalyse (Simulationsprogramm) kann leicht überprüft werden, innerhalb welcher Kassakurs-Spanne die Strategie c günstiger ist. Hierzu wird im obigen Rechenschema das Kassaniveau solange variiert, bis Strategie b besser wird als c. Der Break-Even-Kurs liegt im Beispiel bei Spot = 1,6380. Bei diesem Niveau liefern die Strategien b und c jeweils einen Absicherungskurs von 1,6418. Analog wird der BEK für Strategie a und b ermittelt. Hier ist b besser, wenn der Kassakurs unter 1,6570 sinkt. Beim BEK ergeben beide Strategien einen Kurs von 1,6523.

Für den nachfolgenden Entscheidungshorizont sind nun ebenfalls Kurserwartungen zu formulieren und entsprechende Absicherungsstrategien zu entwickeln. Aus Gründen der Überschaubarkeit werden hier nur zwei alternative Kursszenarien angenommen:

- Der USD pendelt sich bei 1,70 DEM ein.
- Der Kurs setzt seinen Anstieg auf 1,85 DEM fort.

Für die verbleibenden 40 % des Volumens sowie den Spot-Anteil aus Stufe 1 stehen wiederum verschiedene Strategien mit unterschiedlichen Chancen-/Risiko-Profilen zur Wahl, die sich sowohl am Kursniveau zu Ende der Periode 1 als auch an der Kurserwartung für die Periode 2 orientieren. Somit sind für jedes Szenario der Stufe 1 mögliche Strategien für die Stufe 2 zu entwickeln.

Vor dem Hintergrund der Kurserwartung für Stufe 2 werden lediglich Terminsicherungen auf 10 % und Optionen auf 20 % des insgesamt noch offenen Volumens vorgeschlagen.

Der Rest wird zum Kassakurs (1,70 bzw. 1,85) konvertiert. Selbstverständlich können aber auch für die Stufe 2 mehrere alternative Kurssicherungsmaßnahmen in Erwägung gezogen werden.

Fall 1: Spot = 1,55 DEM

Marktsituation:		alternative Kassaniveaus in 6 Monaten:	
Kassakurs:	1,5500	= Spot für Option aus Stufe 1	
Terminkurs (6 Monate):	1,5650	Szenario 1:	1,7000
Strike Price:	1,5700	Szenario 2:	1,8500
Optionsgebühr (6 Monate):	0,0310		
Effektivkurs bei Ausübung:	1,5390		

Stufe 1: 60 % Absicherung

Anteil Spot	Anteil Termin	Anteil Option	**Effektivkurs bei Spot 1,55**	bei Spot 1,68	bei Spot 1,75
35 %	35 %	30 %	**1,6205**	1,6672	1,7127
20 %	45 %	35 %	**1,6375**	1,6649	1,7034
10 %	50 %	40 %	**1,6482**	1,6628	1,6978

Stufe 2: 40 % Absicherung

Strategie in Stufe 1	Anteil Spot 70 %	Anteil Termin 10 %	Anteil Option 20 %	Effektivkurs bei Spot 1,70	Effektivkurs bei Spot 1,85
Strategie 1				1,6718	1,7541
Strategie 2				1,6703	1,7405
Strategie 3				1,6689	1,7310

Während die pessimistische Strategie für Stufe 1 bei einem unterstellten Kursniveau von 1,55 das beste Ergebnis bringt, erweist sich in Verbindung mit der Strategie für Stufe 2 die optimistische Variante über beide Entscheidungsstufen zusammen insgesamt als beste Wahl.

Fall 2: Spot = 1,68 DEM

Marktsituation:		alternative Kassaniveaus in 6 Monaten:	
Kassakurs:	1,6800	= Spot für Option aus Stufe 1	
Terminkurs (6 Monate):	1,6960	Szenario 1:	1,7000
Strike Price:	1,7000	Szenario 2:	1,8500
Optionsgebühr (6 Monate):	0,0300		
Effektivkurs bei Ausübung:	1,6700		

Stufe 1: 60 % Absicherung

Anteil Spot	Anteil Termin	Anteil Option	Effektivkurs bei Spot 1,55	**bei Spot 1,68**	bei Spot 1,75
35 %	35 %	30 %	1,6205	**1,6672**	1,7127
20 %	45 %	35 %	1,6375	**1,6649**	1,7034
10 %	50 %	40 %	1,6482	**1,6628**	1,6978

Stufe 2: 40 % Absicherung

Strategie in Stufe 1	Anteil Spot 70 %	Anteil Termin 10 %	Anteil Option 20 %	Effektivkurs bei Spot 1,70	Effektivkurs bei Spot 1,85
Strategie 1				1,6806	1,7630
Strategie 2				1,6780	1,7482
Strategie 3				1,6759	1,7380

Analog zum Fall 1 dominiert auch hier die optimistische Strategie, weil sie von der positiven Kursentwicklung in der zweiten Entscheidungsperiode am besten profitieren kann.

Fall 3: Spot = 1,75 DEM

Marktsituation:		alternative Kassaniveaus in 6 Monaten:	
Kassakurs:	1,7500	= Spot für Option aus Stufe 1	
Terminkurs (6 Monate):	1,7640	Szenario 1:	1,7000
Strike Price:	1,7650	Szenario 2:	1,8500
Optionsgebühr (6 Monate):	0,0320		
Effektivkurs bei Ausübung:	1,7330		

Stufe 1: 60 % Absicherung

Anteil Spot	Anteil Termin	Anteil Option	Effektivkurs bei Spot 1,55	bei Spot 1,68	**bei Spot 1,75**
35 %	35 %	30 %	1,6205	1,6672	**1,7127**
20 %	45 %	35 %	1,6375	1,6649	**1,7034**
10 %	50 %	40 %	1,6482	1,6628	**1,6978**

Stufe 2: 40 % Absicherung

Strategie in Stufe 1	Anteil Spot 70 %	Anteil Termin 10 %	Anteil Option 20 %	Effektivkurs bei Spot 1,70	Effektivkurs bei Spot 1,85
Strategie 1				1,6971	1,7795
Strategie 2				1,6960	1,7662
Strategie 3				1,6957	1,7578

Es zeigt sich nun, daß anders als bei isolierter Betrachtung der Stufe 1 die optimistische Absicherungsstrategie über den gesamten Entscheidungshorizont für alle Szenarien zur jeweils günstigsten Kurssicherung führt. Sie stellt für das Beispiel also ein stabiles Optimum dar.

In der Praxis liegen die Verhältnisse nicht immer so eindeutig. Meist bilden unterschiedliche Strategien das Optimum in den alternativen Szenarien. Dann muß der Währungsmanager gemäß seiner Risikotoleranz entscheiden, ob er mit der Wahl der pessimistischen Strategie lieber auf der sicheren Seite bleiben will, oder ob er bereit ist, sich eher für die Wahrnehmung von Chancen zu entscheiden.

Er kann aber auch die angenommenen Strategien auf den verschiedenen Stufen variieren, indem er den Instrumentenmix verändert. Durch solche Simulationen läßt sich herausfinden, welches die optimale Kombination der Absicherungsinstrumente für jedes Szenario ist. Aber auch alle anderen Variablen können versuchsweise verändert werden, wie z. B. die Absicherungsquoten für die beiden Stufen oder der Strike Price der Option.

Ist ein Optimum gefunden, so kann durch Variation der in den Szenarien unterstellten Kursniveaus überprüft werden, wie stabil diese Lösung im Hinblick auf Prognosefehler ist. Bei instabilen Lösungen ist es vorteilhaft, eine nicht ganz optimale, dafür aber stabilere Variante vorzuziehen.

Eine weitere Möglichkeit, das Modell an die Realität anzupassen, besteht darin, die Szenarien mit unterschiedlichen Eintritts-Wahrscheinlichkeiten zu versehen. Aus den Absicherungskursen, die eine Strategie in den verschiedenen Szenarien ergibt, kann durch Gewichtung mit den Wahrscheinlichkeiten der Erwartungswert bestimmt werden. Damit löst sich die Betrachtung von den Punktschätzungen für die einzelnen Szenarien zugunsten der Analyse des wahrscheinlichen Durchschnittsergebnisses.

6.3.9 Szenario-Technik

Bei mehrstufigen Entscheidungen werden je nach Situation bereits mehrere Absicherungsinstrumente miteinander kombiniert, wobei der Instrumentenmix auf jeder Stufe situationsgerecht gewählt wird.

In der Szenario-Technik werden zusätzlich noch Wahrscheinlichkeiten eingeführt, um den komplexen Entscheidungssituationen der Praxis gerecht werden zu können. Anders als bei mehrstufigen Entscheidungen werden hier nicht verschiedene Szenarien untersucht, sondern die erwartete Kursentwicklung als kontinuierlicher Prozeß betrachtet, wobei jedem Kursniveau innerhalb der festgelegten Kursspanne eine subjektiv festgelegte Wahrscheinlichkeit zugeordnet wird. Es werden also keine Trends mit Punktschätzungen für die erwarteten Kurse prognostiziert, sondern Bandbreiten, die mit einer Wahrscheinlichkeitsverteilung unterlegt sind.

Ausgehend vom aktuellen Kursniveau ist zu untersuchen, ob der Wechselkurs über-, unter- oder richtig bewertet ist. Daraus ist abzuleiten, wie sich der Trend im Betrachtungszeitraum entwickeln wird. Eine Analyse von Daten der jüngsten Vergangenheit gibt

Aufschluß über die derzeitige Volatilität, aus der die wahrscheinliche Kursschwankungsbreite bestimmt werden kann. Unter Einbeziehung der aktuellen wirtschaftlichen und politischen Lage werden den Kursen innerhalb der angenommenen Bandbreite subjektive Wahrscheinlichkeiten zugeordnet, die die Kurserwartung auf der Basis historischer und aktueller Fundamentaldaten am besten wiedergeben. Sofern die Definition der subjektiven Wahrscheinlichkeiten Schwierigkeiten bereitet, muß Gleichwahrscheinlichkeit unterstellt werden.

Nach der Herleitung des Kursszenarios müssen alternative Kurssicherungsstrategien bestimmt werden. Ausgehend vom aktuellen Kassaniveau wird der für den Entscheidungshorizont erzielbare Terminkurs berechnet. Anschließend wird der Strike Price für die in die Rechnung einzubeziehende Option festgelegt (z. B. Strike = Spot oder Terminkurs). Aus ihm leitet sich unter Berücksichtigung der Optionsgebühr der Effektivkurs bei Ausübung ab.

Nun folgt als wichtiger Schritt die Festlegung von Strategien, die die vorgegebenen Rahmendaten so gut wie möglich berücksichtigen müssen. Dabei ist auf die Chancen-/Risiken-Verteilung zu achten, die sich aus dem Anteil der verschiedenen Absicherungsinstrumente ergibt. Sie sollte im Einklang mit der Risikotoleranz des Währungsmanagers stehen. Daneben sind Restriktionen aus der Praxis zu berücksichtigen. Extremfälle wie hundertprozentige Absicherungen durch Termingeschäfte oder Optionen (Optionsgebühren!) scheiden in der Regel genauso aus wie der völlige Verzicht auf Absicherungen jeglicher Form, zumindest, wenn das gesamte Währungsrisiko eines Unternehmens zur Diskussion steht.

Für jede der zulässigen Strategien kann dann das Absicherungsergebnis für das Kursszenario mit Hilfe eines einfachen Programmes berechnet werden. Als Ergebnis erhält man nicht nur den Erwartungswert des Absicherungskurses, sondern als weitere Parameter den besten und schlechtesten Kurs, der aus der untersuchten Strategie im Extremfall resultieren kann. Dadurch wird der in der Praxis häufig anzutreffende Fehler vermieden, daß über Strategien diskutiert und entschieden wird, ohne daß Klarheit über die potentiellen Absicherungsergebnisse unter den verschiedenen Szenarien besteht.

Nach der Simulation verschiedener Strategie-Ansätze werden die Ergebnisse hinsichtlich Durchschnittskurs sowie bestem und schlechtestem Wert untersucht. Als Optimum gilt diejenige Strategie, die den höchsten Durchschnittskurs bei der geringsten Spanne zwischen dem besten und dem schlechtesten Wert erzielt. Da auch hier wieder Zielkonflikte zwischen dem durchschnittlich zu erwartenden Kurs und dem schlechtestmöglichen Ergebnis auftreten können, muß der Währungsmanager entscheiden, ob er er eine Strategie mit einem hohen Erwartungswert und einem relativ hohen Abweichungsrisiko zu schlechten Extremwerten einer Variante mit einem weniger guten Durchschnittskurs, aber geringerer Negativabweichung vorzieht.

Beispiel:

Ein Inhaber von USD-Währungsforderungen erwartet aufgrund der sich ändernden fundamentalen Situation in Deutschland und USA, daß der USD sich im Jahresverlauf deutlich erholen und in einen steigenden Trend einschwenken wird. Ausgehend vom aktuellen Kursniveau bei 1,55 DEM wird nur eine geringe Chance für weiter fallende Kurse bis maximal 1,45 DEM gesehen. Wahrscheinlicher ist ein Kursanstieg, wobei in der Spitze mit Kursen bis zu 1,90 DEM gerechnet wird. Es ist zu untersuchen, welche Strategie unter den gegebenen Umständen am erfolgversprechendsten ist. Dabei werden Absicherungskurse unter 1,5500 DEM nicht akzeptiert, da sie zu empfindlichen Verlusten führen. Außerdem soll der zu erwartende Durchschnittskurs mindestens bei 1,6550 DEM liegen.

Aus der Kurshistorie der vergangenen zwölf Monate ergibt sich eine jährliche Schwankungsbreite des USD gegen die DEM von ca. 45 Pfennigen. Der Kurs notiert zur Zeit mit 1,55 DEM etwa fünfzehn Prozent unter seiner Kaufkraftparität. Es wird erwartet, daß der Dollar im Jahresverlauf im wesentlichen zwischen 1,60 und 1,80 pendeln wird. Diese Erwartung wird mit Hilfe der subjektiven Wahrscheinlichkeiten im Modell umgesetzt.

Aus den geschilderten Rahmenbedingungen wird folgendes Kursszenario abgeleitet.

Tabelle 5: Kursszenario

Wahrscheinlichkeit	Kassakurs	% Kasse	Effektivkurs	% Option	Terminkurs	% Terminsicherung	Durchschnittskurs
0,05	1,4500	0,25	1,6250	0,40	1,5750	0,35	1,5638
0,05	1,5000	0,25	1,6250	0,40	1,5750	0,35	1,5763
0,08	1,5500	0,25	1,6250	0,40	1,5750	0,35	1,5888
0,12	1,6000	0,25	1,6250	0,40	1,5750	0,35	1,6013
0,15	1,6500	0,25	1,6250	0,40	1,5750	0,35	1,6138
0,20	1,7000	0,25	1,6750	0,40	1,5750	0,35	1,6463
0,15	1,7500	0,25	1,7250	0,40	1,5750	0,35	1,6788
0,10	1,8000	0,25	1,7750	0,40	1,5750	0,35	1,7113
0,05	1,8500	0,25	1,8250	0,40	1,5750	0,35	1,7438
0,05	1,9000	0,25	1,8750	0,40	1,5750	0,35	1,7763
1,00							

Marktsituation:

Strike-Price	1,6500
Gebühr	0,0250
Effektivkurs	1,6250
Kassakurs:	1,5500
Terminkurs:	1,5750

Ergebnis:

Durchschnittskurs	1,6465
niedrigster Kurs	1,5638
höchster Kurs	1,7763
Spanne	0,2125

Der Währungsmanager prüft folgende Strategie-Alternativen auf ihr Absicherungsergebnis:

1) 25 % Kasse, 40 % Optionen, 35 % Terminsicherungen (65 % Chancen, 25 % Risiken) (vgl. obiges Szenario). Anschließend wird der Kassa-Anteil in 10 %-Schritten erhöht.

2) 35 %/40 %/25 % (CRP: 75 %/35 %)

Ergebnis:	Durchschnittskurs	1,6571
	niedrigster Kurs	1,5513
	höchster Kurs	1,8088
	Spanne	0,2575

3) 45 %/40 %/15 % (CRP: 85 %/45 %)

Ergebnis:	Durchschnittskurs	1,6677
	niedrigster Kurs	1,5388
	höchster Kurs	1,8413
	Spanne	0,3025

4) 55 %/40 %/5 % (CRP: 95 %/55 %)

Ergebnis:	Durchschnittskurs	1,6783
	niedrigster Kurs	1,5263
	höchster Kurs	1,8738
	Spanne	0,3475

Ausgehend vom Basis-Szenario wird nun der Anteil der Kassageschäfte bei 25 % fixiert und der Anteil der Option in 10 %-Schritten variiert:

5) 25 %/30 %/45 % (CRP: 55 %/25 %)

Ergebnis:	Durchschnittskurs	1,6353
	niedrigster Kurs	1,5588
	höchster Kurs	1,7463
	Spanne	0,1875

6) 25 %/50 %/25 % (CRP: 75 %/25 %)

Ergebnis:	Durchschnittskurs	1,6578
	niedrigster Kurs	1,5688
	höchster Kurs	1,8063
	Spanne	0,2375

7) 25 %/60 %/15 % (CRP: 85 %/25 %)

Ergebnis:	Durchschnittskurs	1,6690
	niedrigster Kurs	1,5738
	höchster Kurs	1,8363
	Spanne	0,2625

8) 25 %/70 %/5 % (CRP: 95 %/25 %)

Ergebnis:	Durchschnittskurs	1,6803
	niedrigster Kurs	1,5788
	höchster Kurs	1,8663
	Spanne	0,2875

Wenn alle Simulationsergebnisse vorliegen, wird zunächst geprüft, ob sie die vorgegebenen Mindestanforderungen an das erreichbare Kursniveau erfüllen. Den Mindestkurs von 1,55 DEM unterschreiten die Varianten 3) und 4) und sind damit unzulässig. Die Varianten 1) und 5) erzielen den geforderten Durchschnittkurs von 1,6550 DEM nicht und scheiden somit aus. Es verbleiben also noch vier Strategie-Alternativen, aus denen das Optimum zu bestimmen ist.

Strategie 2) unterliegt der Variante 6), da sie bei vergleichbaren Durchschnitts- bzw. Höchstkursen einen deutlich schlechteren Mindestkurs liefert.

Bei Betrachtung der restlichen drei Alternativen wird deutlich, daß das Absicherungsergebnis mit fallender Terminsicherungsquote besser wird. Also gilt es nun, das optimale Verhältnis zwischen Kassageschäften und Optionen zu bestimmen.

Hierzu werden weitere Simulationen durchgeführt. Es zeigt sich, daß der Anteil der Kassageschäfte nicht über 40 % liegen darf, damit der schlechtest mögliche Kurs mindestens ein Niveau von 1,55 DEM erreicht (vgl. Tabelle 6).

Tabelle 6: Simulation zur Optimierung der Anteile von Kassageschäften und Optionen

Wahrscheinlichkeit	Kassakurs	% Kasse	Effektivkurs	% Option	Terminkurs	% Terminsicherung	Durchschnittskurs
0,05	1,4500	0,40	1,6250	0,60	1,5750	0,00	1,5550
0,05	1,5000	0,40	1,6250	0,60	1,5750	0,00	1,5750
0,08	1,5500	0,40	1,6250	0,60	1,5750	0,00	1,5950
0,12	1,6000	0,40	1,6250	0,60	1,5750	0,00	1,6150
0,15	1,6500	0,40	1,6250	0,60	1,5750	0,00	1,6350
0,20	1,7000	0,40	1,6750	0,60	1,5750	0,00	1,6850
0,15	1,7500	0,40	1,7250	0,60	1,5750	0,00	1,7350
0,10	1,8000	0,40	1,7750	0,60	1,5750	0,00	1,7850
0,05	1,8500	0,40	1,8250	0,60	1,5750	0,00	1,8350
0,05	1,9000	0,40	1,8750	0,60	1,5750	0,00	1,8850
1,00							

Marktsituation:		Ergebnis:	
Strike-Price	1,6500	Durchschnittskurs	1,6849
Gebühr	0,0250	niedrigster Kurs	1,5550
Effektivkurs	1,6250	höchster Kurs	1,8850
		Spanne	0,3300
Kassakurs:	1,5500		
Terminkurs:	1,5750		

Um das gesuchte Optimum zu finden, wird der Kassa-Anteil schrittweise um jeweils 10 % zugunsten der Option reduziert. Bei 30 % Spot und 70 % Option ergibt sich folgendes Bild:

Ergebnis:	Durchschnittskurs	1,6856
	niedrigster Kurs	1,5725
	höchster Kurs	1,8825
	Spanne	0,3100

Da sich Mindest- und Durchschnittskurs weiter verbessern, während der bestmögliche Wert nur geringfügig sinkt, wird die Relation 20 % zu 80 % getestet:

Ergebnis:	Durchschnittskurs	1,6862
	niedrigster Kurs	1,5900
	höchster Kurs	1,8800
	Spanne	0,2900

Insbesondere der Mindestkurs steigt weiter an, die Spanne zwischen den möglichen Extremwerten nimmt ab, und der mögliche Höchstkurs fällt mit einem Viertelpfennig nur leicht zurück.

Schließlich wird noch die vollständige Absicherung durch Optionen untersucht, die folgende Kurse ergibt:

Tabelle 7: Absicherung durch Optionen

Wahrscheinlichkeit	Kassakurs	% Kasse	Effektivkurs	% Option	Terminkurs	% Terminsicherung	Durchschnittskurs
0,05	1,4500	0,00	1,6250	1,00	1,5750	0,00	1,6250
0,05	1,5000	0,00	1,6250	1,00	1,5750	0,00	1,6250
0,08	1,5500	0,00	1,6250	1,00	1,5750	0,00	1,6250
0,12	1,6000	0,00	1,6250	1,00	1,5750	0,00	1,6250
0,15	1,6500	0,00	1,6250	1,00	1,5750	0,00	1,6250
0,20	1,7000	0,00	1,6750	1,00	1,5750	0,00	1,6750
0,15	1,7500	0,00	1,7250	1,00	1,5750	0,00	1,7250
0,10	1,8000	0,00	1,7750	1,00	1,5750	0,00	1,7750
0,05	1,8500	0,00	1,8250	1,00	1,5750	0,00	1,8250
0,05	1,9000	0,00	1,8750	1,00	1,5750	0,00	1,8750
1,00							

Marktsituation:		Ergebnis:	
Strike-Price	1,6500	Durchschnittskurs	1,6875
Gebühr	0,0250	niedrigster Kurs	1,6250
Effektivkurs	1,6250	höchster Kurs	1,8750
		Spanne	0,2500
Kassakurs:	1,5500		
Terminkurs:	1,5750		

Alle der in der zweiten Stufe untersuchten Varianten erfüllen die gestellten Anforderungen. Welche der dargestellten Strategien letztlich implementiert wird, ist wiederum eine Frage der Risikotoleranz. Der erzielbare Durchschnittskurs verbessert sich mit steigendem

Optionsanteil um 26 Basispunkte, der Mindestkurs erhöht sich kräftig um 750 BP und der Höchstkurs verschlechtert sich um 100 BP.

Wie auch immer die Wahl ausfällt, bietet die Szenario-Analyse einen unschätzbaren Vorteil. Unter der Voraussetzung, daß das unterstellte Kurs-Szenario die spätere Situation zutreffend antizipiert, erhält der Währungsmanager wertvolle Informationen über seine möglichen Absicherungsergebnisse bei verschiedenen Strategieansätzen. So kann er Chancen und Risiken gegeneinander abwägen und Aussagen über den schlechtesten und bestmöglichen Kurs sowie über das wahrscheinliche Absicherungsergebnis treffen. Keine andere Methodik erlaubt eine vergleichbare quantitative Analyse der künftigen Kurssicherungsergebnisse alternativer Strategien.

Um der Gefahr zu begegnen, daß auf ein Szenario optimiert wird, das später gar nicht eintritt, kann abschließend eine Sensitivitätsanalyse durchgeführt werden. Dabei wird das Ausgangs-Szenario schrittweise verändert und geprüft, wie lange das ursprüngliche Optimum seine Gültigkeit behält. Sollte sich herausstellen, daß es nur innerhalb enger Grenzen gilt, also sensibel auf Prognosefehler reagiert, ist eine Strategie vorzuziehen, die etwas ungünstigere Ergebnisse liefert, dafür aber stabiler ist.

Im vorliegenden Beispiel können folgende Parameter variiert werden:

- Kursspanne (0,45 DEM),
- Ausgangsniveau (1,45 DEM),
- Wahrscheinlichkeitsverteilung,

oder beliebige Kombinationen der genannten Faktoren.

Selbstverständlich existiert keine Strategie, die in allen denkbaren Szenarien eine optimale Kurssicherung ergibt. Stets ist gemäß der situationsbedingten Risikotoleranz zwischen gegenläufigen Entwicklungen beim Tiefst-, Höchst- und Durchschnittskurs zu wählen. Hierin liegt die eigentliche Aufgabe des Währungsmanagers.

6.3.10 ISO-Codes für die Währungen des Frankfurter Fixings

ISO-Code	Währungsbezeichnung
DEM	Deutsche Mark
USD	US-Dollar
GBP	Britisches Pfund
IEP	Irisches Pfund
CAD	Kanadischer Dollar
NLG	Holländischer Gulden
CHF	Schweizer Franken
BEF	Belgischer Franc
FRF	Französischer Franc
DKK	Dänische Krone
NOK	Norwegische Krone
SEK	Schwedische Krone
ITL	Italienische Lira
ATS	Österreichischer Schilling
ESP	Spanische Peseta
PTE	Portugiesischer Escudo
JPY	Japanischer Yen
FIM	Finnische Mark

Teil 4

Glossar

Glossar

Arbitragehandel

Devisenhandel ohne kommerziellen Hintergrund mit dem Ziel, aus dem An- und Verkauf von Währungen Gewinne zu erzielen.

Asset Swap

Einsatz von Swaps zur Umwandlung einer Währungsanlage in eine synthetische DM-Investition ohne Währungsrisiko.

Ausübungskurs

Wechselkurs, zu dem der Inhaber einer Währungsoption diese gegenüber dem Stillhalter ausüben kann. Je günstiger dieser Kurs für den Inhaber gewählt wird, desto höher fällt die zu bezahlende Optionsprämie aus.

Asymmetrische Risikoinstrumente

Unter asymmetrischen Risikoinstrumenten versteht man Zinsinstrumente, bei denen das Risiko asymmetrisch verteilt ist. Das bedeutet, daß das Risiko begrenzt ist, während das Gewinnpotential unbegrenzt ist. Hierunter zählen alle Long Positionen in Optionen und optionsähnlichen Innovationen beispielsweise wie Caps und Floors. Bei einer Long Position in Optionen ist das Risiko des Käufers auf die gezahlte Prämie beschränkt, während das Gewinnpotential unbegrenzt ist. Siehe auch Symmetrische Risikoinstrumente.

At-the-money (Am Geld)

Eine Option, bei der sowohl bei einem Call, als auch bei einem Put der Basispreis dem aktuellen Kurs entspricht. Optionen, die At-the-money notieren haben die höchsten Gamma-, Theta- und Vegawerte.

Barterhandel

Tauschhandel Ware gegen Ware mit Ländern, die über keine konvertierbare Währung verfügen.

(Gross) Basis

Die (Gross) Basis ist die Differenz zwischen dem Kurs der lieferbaren Anleihen und dem adjustierten Futureskurs (Kurs des Futures * Konversionsfaktor). Wird oftmals auch als Gross Basis bezeichnet. Die Basis besteht zum einen aus der Carry Basis und zum anderen aus der Value Basis. Siehe auch Carry Basis und Value Basis.

Basisrisiko

Unter dem Basisrisiko versteht man, daß der Gewinn der Futuresposition kleiner ist als der Verlust der Kassaposition oder der Verlust der Futuresposition größer ist als der Gewinn der Kassaposition. Deshalb sollte die Basis periodisch analysiert und beobachtet werden (Monitoring). Bei Hedgingstrategien mit Futures wird das Kursrisiko von Position durch das Basisrisiko getauscht (Transformation des Zinsänderungsrisikos).

Basis Trading

Handelsstrategie mit Futures, bei der eine Long Futures Position oder Short Futures Position eingegangen wird, um von erwarteten Änderungen in der Basis zu profitieren. Beim Basis Trading unterscheidet man folgende Strategien: Long the Basis und Short the Basis. Gehen Anleger Long the Basis, kaufen sie Kassapapiere und verkaufen gleichzeitig Futures (Short Future). Im Gegensatz dazu bei einer Short-the-Basis-Strategie: Hier werden eine Long Futures Position und eine Short Kassa Position aufgebaut.

Black and Scholes

Autoren eines Mathematischen Modells zur Berechnung des fairen Optionspreises.

Black & Scholes-Modell

Bewertungsmodell zur Ermittlung eines Fair Value für Optionen. Wurde 1973 von Fischer Black und Myron Scholes entwickelt. Das Black & Scholes Modell wurde ursprünglich für European-Style-Optionen auf Aktien, die keine Dividenden zahlen, konzipiert. 1976 wurde dieses Modell von Fischer Black weiterentwickelt, um Optionen auf Futures-Kontrakte bewerten zu können. Diese modifizierte Version wird oftmals auch als Black-Modell bezeichnet. Das Bewertungsmodell nach Black & Scholes benötigt fünf Parameter, um den Fair Value zu ermitteln. Im einzelnen sind dies: Der Basispreis, die Laufzeit der Option, der aktuelle Kurs des Basispapiers, der risikolose Zinssatz und schließlich die Volatilität des Basispapiers.

Blockfloating

Gemeinsames Floaten eines Währungsblocks gegenüber den übrigen Währungen.

Bootstrapping

Iterative Vorgehensweise, um aus der Renditestrukturkurve von festverzinslicher Papieren (Conventional Yield Curve) oder Swaps (Par Swap Yield Curve) eine Implied Spot Yield Curve (Zero Coupon Yield Curve, Zinsstrukturkurve) errechnen zu können.

Bullet Portfolio

Portfolio aus festverzinslichen Papieren, bei dem die Papiere ausschließlich mittlere Fälligkeiten haben. Bullet Portfolios haben ein geringes Yield-Curve-Risk. Gegensatz: Dumbbell Portfolio.

Break-Even-Kurs

Wechselkurs, ab dem ein Absicherungsinstrument oder eine Währungsfinanzierung günstiger wird, als eine untersuchte Alternative.

Bull-Call-Spread

Optionsstrategie bei der Optionen gekauft werden und die Finanzierung der Optionsprämie teilweise oder vollständig durch den Verkauf einer anderen Option sichergestellt wird. Ein Bull-Call-Spread wird gebildet, indem Long-Call-Position eingegangen wird. Die zu zahlende Optionsprämie des Calls wird durch eine Out-of-the-Money-Short-Call-Position mit einem höheren Basispreis finanziert. Ein Bull-Call-Spread entspricht einer Long

Position in dem Basispapier, wobei sich der Kurs bei Fälligkeit der Optionen zwischen den beiden Basispreisen bewegen muß. Sowohl das Gewinn- als auch das Verlustpotential sind begrenzt. Siehe auch Bear-Put-Spread.

Bullet-to-Dumbbell Bond Swap

Tausch eines Portfolios, das aus mittelfristigen Papieren besteht, in ein Portfolio aus Kurz- und Langläufern. Ziel dieser Tauschaktion ist, die Convexity des Portfolios zu erhöhen, ohne die Modified Duration des Portfolios zu verändern. Der Anleger profitiert bei einem Dumbbell-Portfolio zum einen von einer Parallelverschiebung der Renditestruktur, zum anderen von einer Verflachung der Renditestrukturkurve. Man nennt diese Strategie auch als Duration-Equivalent Butterfly Swap.

Call-Option

Gibt dem Inhaber das Recht, den vereinbarten Währungsbetrag vom Stillhalter zum Ausübungskurs zu kaufen.

Cap

Ein Cap ist eine Vereinbarung zwischen dem Verkäufer des Caps und dem Käufer, daß bei Steigen eines festgelegten Marktzinssatzes (z. B. LIBOR) über eine vereinbarte Zinsobergrenze (Strike Price) der Verkäufer (Stillhalter) dem Käufer den Differenzbetrag, bezogen auf einen vereinbarten Nennwert, erstattet. Analytisch gesehen, handelt es sich bei einem Cap um eine Serie (Portfolio) von europäischen Put-Optionen mit verschiedenen Fälligkeiten. Der Käufer eines Caps (Long Cap) profitiert somit aus seiner Position von steigenden Zinsen. Caps werden vor allem zum Hedging von Zinsänderungsrisiken eingesetzt, die sich aus variablen Finanzierungen (z. B. Floatern) ergeben. Ein Cap ist ein asymmetrisches Risikoinstrument. Siehe auch Asymmetrische Risikoinstrumente.

Cap/Floor Swap Parity

Die Cap/Floor Swap Parity ist mit der Put-Call Parity von Optionen vergleichbar. Die Cap/Floor Swap Parity legt eine feste Beziehung zwischen Caps, Floors und Swaps fest. Ein Beispiel: Der Kauf eines Caps und Verkauf eines Floors mit gleicher Fälligkeit und gleichem Basispreis ist identisch mit dem Kauf eines Swaps (Long Swap), bei dem man feste Zinsen zahlt und variable Zinsen erhält. In beiden Fällen spekuliert der Käufer auf steigende Zinsen. Für den Anleger hat die Cap/Floor Swap Parity eine zweifache Bedeutung: Zum einen steht die Bewertung von Caps und Floors in Beziehung zum Swap Markt. Zum anderen können Caps, Floors und Swaps synthetisch mit Hilfe der Cap/Floor Swap Parity hergestellt werden. Sind beispielsweise die Cap-Prämien zu teuer kann ein Cap synthetisch gebildet werden, indem eine Long-Floor-Position und eine Long-Swap-Position eingegangen werden.

Carry

Gewinn oder Verlust der durch die Finanzierung eines festverzinslichen Papiers entsteht. Die Carry entspricht der Differenz zwischen dem Nominalzins und den Refinanzierungskosten des Papiers am Geldmarkt. Die Carry wird beispielsweise bei der Ermittlung eines fairen Kurses für Forwards, Futures und Optionen berücksichtigt.

Carry Basis

Die Carry Basis ist die Differenz zwischen dem Kassakurs und dem Fair Value des Futures und spiegelt die Differenz zwischen den anteiligen Zinseinnahmen und den Refinanzierungskosten wieder. Wird oftmals auch als Net Carry bezeichnet. Siehe auch Value Basis.

Cash & Carry Arbitrage

Arbitrageure versuchen Preisdifferenzen zwischen verschiedenen Märkten, Futuresinstrumenten oder Terminen auszunutzen. Die bekannteste Strategie mit Zins-Kontrakten ist die Cash & Carry Arbitrage. Die Arbitrageure nutzen hirerbei Kursungleichgewichte zwischen Kassa- und Terminmarkt aus. Wenn sich der tatsächliche Futurespreis von seinem rechnerischen Kurs, d. h. von dem Kassakurs zuzüglich den Refinanzierungskosten minus den Zinseinnahmen entfernt, setzen Arbitrageprozesse ein. Bei einer Cash- & Carry-Arbitrage-Strategie, wird eine lieferbare Anleihe (Long Kasse) gekauft und die entsprechende Anzahl von Futures gegen den Anleihebestand verkauft (Short Future). Siehe auch Value Basis.

Chancen-/Risiken-Profil

Kennzahl zur Ermittlung von Chancen und Risiken eines Absicherungsinstruments oder einer Absicherungsstrategie.

Cheapest-to-Deliver (CTD)

Dem Verkäufer eines Terminkontraktes ist es freigestellt, welche Anleihe er von den in Frage kommenden Anleihen bei Fälligkeit an den Käufer liefert. Der Verkäufer wird sich dann für die ihn preiswerteste Anleihe entscheiden. Dies ist in der Regel die Cheapest-to-Deliver.

Collar

Unter einem Collar versteht man den gleichzeitigen Kauf eines Caps (Long Cap) und den Verkauf eines Floor (Short Floor). Ziel eines Collars ist, die Kosten für den Kauf des Caps zu reduzieren. Durch die Short-Position im Floor kann der Collar-Käufer nur bis zur Zinsuntergrenze des Floors von möglichen Zinssenkungen profitieren. Siehe auch Zero-Cost-Cap.

Contingent Immunization (Bedingte Immunisierung)

Semiaktives Portfolio Management von Rentenpapieren. Die bedingte Immunisierung ermöglicht dem Anleger, aktives Management zu betreiben und gleichzeitig einen vorab bestimmten Mindestertrag zu erzielten, falls durch die aktive Strategie ein bestimmtes Sicherheitspolster, das der Anleger individuell festlegt, durch Kursverluste aufgebraucht ist. Hierfür verzichtet der Anleger auf einen Teil des Ertrages. Dieser Teil des Ertrages wird als Cushion Spread (Polster) bezeichnet. Je höher der Cushion Spread ist, desto länger kann aktives Portfolio-Management betrieben werden und desto mehr Spielraum hat der Portfolio-Manager. Ziel der Contingent Immunization ist, mögliche Verluste aufgrund einer ungünstigen Zinsentwicklung zu vermeiden, aber das Aufwärtspotential zu erhalten. Hierin liegt der wesentliche Unterschied zur klassischen Immunisierung. Während die klassische Immunisierung ein bestimmtes Renditeniveau bis zum Planungshorizont einfriert (Risikoorientierung), versucht man bei der bedingten Immunisierung den Ertrag zu optimieren (Renditeorientierung). Siehe auch klassische Immunisierung.

Conventional Yield Curve

Renditestrukturkurve festverzinslicher Papiere (Straight Bonds). Gegensatz: Zero Coupon Yield Curve (Zinsstrukturkurve).

Conversion

Eine Conversion ist eine Arbitragestrategie, die aus einer Long-Position in einem Futureskontrakt und einer synthetischen Short-Position im gleichen Kontrakt besteht. Die synthetische Short-Position im Future wird gebildet, indem eine Short-Call-Position und eine Long-Put-Position mit dem gleichen Basispreis und gleicher Fälligkeit eingegangen werden. Die Conversion ist eine vollständig gehedgte Position, bei der der Gewinn oder Verlust bei Fälligkeit bereits bei Eingehen der Positionen festgelegt wird.

Convexity

Allgemein gesprochen versteht man unter der Convexity eines Finanzinstruments (Anleihe, Futures, Option) die Nicht-Linearität der Kursveränderung. Bei festverzinslichen Papieren wird damit die Form der Kurs-Rendite-Kurve beschrieben. Bei Optionen wird unter der Convexity die Beziehung zwischen dem Wert der Option und dem Wert des Basispapiers verstanden. Die Convexity bei Optionen wird durch das Gamma gemessen. Hat eine Optionsposition ein positives Gamma, bedeutet dies, daß das Delta der Position steigt, wenn das Basispapier steigt. Umgekehrt fällt das Delta der Position, wenn das Basispapier fällt. Eine solche Position wird auch als Long Convexity oder Long Volatility bezeichnet. Die Convexity einer Optionsposition muß insbesondere beim Delta Hedging beobachtet werden.

Convexity bei festverzinslichen Papieren

Die Convexity bei festverzinslichen Papieren mißt die Veränderung der Modified Duration bzw. des Price Value of a Basis Point, wenn sich die Rendite des Papiers ändert. Die Convexity ist die zweite Ableitung der Kurs-Rendite-Kurve dividiert durch den Dirty Price. Man unterscheidet zwischen einer positiven und negativen Convexity. Je höher die Convexity eines festverzinslichen Papiers ist, desto schneller ändert sich die Modified Duration, wenn sich die Rendite ändert. Bei gleicher Rendite und Modified Duration sollte das Papier gekauft werden, das die höhere Convexity hat.

Convexity-Maximierung

Das Investmentziel des Anlegers besteht darin, die Convexity eines Bond-Portfolios zu maximieren. Bei dieser Strategie profitiert der Anleger sowohl von steigenden als auch fallenden Zinsen, sofern sich die Renditestrukturkurve parallel verschiebt.

Covered Call Writing, Covered Short Call (Gedeckte Stillhalter-Position)

Optionsstrategie, bei der auf festverzinsliche Papiere, die sich im Portfolio befinden, ein Call geschrieben wird. Ziel dieser Strategie ist, zusätzliche Einnahmen durch die Stillhalterprämie zu erzielen. Ähnlich wie bei der Buy-Write-Strategie wird auch bei Covered Call Writing Volatilität verkauft. Siehe auch Buy Write.

Cross Currency Swap

Bei einem Währungsswaps oder Cross Currency Swap werden zusätzlich zu den Zinserträgen auch die zugrunde liegenden Kapitalbeträge getauscht. Die wichtigste Anwendungsform ist der Festsatz-Währungswap (Fixed-to-Fixed Cross Currency Swap).

Cross rate

Direkte Kursnotierung zweier Währungen gegeneinander.

Delta

Das Delta einer Optionsposition zeigt den Einfluß von Kursveränderungen des Basispapiers auf den Optionspreis auf. Das Delta gibt an, um wieviel sich der Optionspreis ändert, wenn sich das Basispapier um eine Mark ändert. Ein Beispiel: Hat ein Call ein Delta von 0,5, so bedeutet dies, daß eine Veränderung des Basispapiers um eine Mark (beispielsweise von 96 auf 97) eine Veränderung des Optionspreises um 0,5 Mark (beispielsweise von 2 auf 2,5) mit sich bringt. Das Delta von Call-Optionen schwankt zwischen 0 und 1.

Delta Hedging

Standard Hedging Strategie bei Optionen, bei der eine bestimmte Anzahl im Basispapier gekauft oder verkauft wird, sodaß das Delta der Gesamtposition bestehend aus dem Basispapier und der gegenläufigen Option Null ist. Häufig bezeichnet man eine solche Position auch als Delta Neutral.

DTB-Bund-Future (Bund-Future I)

Der langfristige DTB-Bund-Futures-Kontrakt an der Deutschen Terminbörse (DTB) beinhaltet die vertragliche Vereinbarung, eine synthetische 10-jährige Bundesanleihe mit einem Nominalzins von 6 Prozent zu einem im voraus ausgehandelten Kurs an einem späteren, standardisierten Fälligkeitstag zu kaufen bzw. zu verkaufen. Für die Lieferung am Fälligkeitstag können umlaufende Bundesanleihen, Treuhandanleihen und Fonds Deutsche Einheit mit einer Restlaufzeit von 8,5 Jahren bis 10 Jahre verwendet werden.

DTB-Obl-Future (Bund-Future II)

Seit 4. Oktober 1991 bietet die Deutsche Terminbörse (DTB) einen neuen Zins-Futures an. Der neue Zins-Futures (Bund-Future II) ist dem langfristigen Zins-Futures (Bund-Future I) sehr ähnlich. Der DTB-Bund-Futures II beinhaltet die vertragliche Vereinbarung, eine synthetische 5-jährige idealtypische Schuldverschreibung des Bundes mit einem Nominalzins von 6 Prozent zu einem im voraus ausgehandelten Kurs an einem späteren, standardisierten Fälligkeitstag zu kaufen bzw. zu verkaufen. Der Wert eines Kontraktes beträgt 250.000 Mark. Für die Lieferung am Fälligkeitstag können umlaufende Bundesobligationen, Treuhandobligationen und Bundesschatzanweisungen mit einer Restlaufzeit von 3,5 bis 5 Jahren am Liefertag verwendet werden.

Dumbbell Portfolio

Portfolio aus festverzinslichen Papieren, das sowohl aus Papieren mit kurzen Laufzeiten als auch aus Papieren mit langen Laufzeiten besteht. Wird oftmals auch als Sattelportfolio oder Barbell Portfolio bezeichnet. Dumbbell Portfolios haben ein hohes Yield-Curve-Risk. Gegensatz: Bullet Portfolio.

Duration nach Macaulay

Die Duration nach Macaulay mißt die durchschnittliche Fälligkeit der Cash Flows eines festverzinslichen Papiers. Wird auch als Duration bezeichnet. Die Duration nach Macaulay wird zur Immunisierung von Rentenanlagen gegen Zinsänderungen eingesetzt. Es wird damit das Ziel verfolgt, die beim Kauf des Papiers gültige Rendite auch tatsächlich zu realisieren. Nach diesem Prinzip arbeiten teilweise Laufzeitenfonds.

ECU

European Currency Unit = Europäische Währungseinheit, die sich zu bestimmten Anteilen aus den Währungen der EG-Mitglieder zusammensetzt. Die erlaubten Kursschwankungen innerhalb des EWS werden gegenüber dem ECU definiert.

EWS

Europäisches Währungssystem mit festgelegten Schwankungsbreiten von i. d. R. +/–2,25 %, seit 02.08.1993 auf +/– 15 % erweitert.

EWWU

Europäische Wirtschafts- und Währungsunion, die auf eine Harmonisierung der nationalen Wirtschafts-, Steuer- und Geldpolitik als Vorbedingung für den Ersatz der nationalen Währungen durch eine einheitliche europäische Währung ab 1999 abzielt.

Fixing

Feststellung der amtlichen Devisenkurse an den Devisenbörsen.

Floor

Ein Floor ist eine Vereinbarung zwischen dem Verkäufer des Floors und dem Käufer, daß bei Fallen eines festgelegten Marktzinssatzes (z. B. LIBOR) unter eine vereinbarte Zinsuntergrenze (Strike Price) der Verkäufer (Stillhalter) dem Käufer den Differenzbetrag bezogen auf einen vereinbarten Nennwert erstattet. Analytisch gesehen, handelt es sich bei einem Floor um eine Serie (Portfolio) von europäischen Call-Optionen mit verschiedenen Fälligkeiten. Der Käufer eines Floors (Long Floor) profitiert somit aus seiner Position von fallenden Zinsen. Floors werden vor allem zum Hedging von Zinsänderungsrisiken eingesetzt, die sich aus variablen Anlagen (z. B. Floatern) ergeben. Ein Floor ist ein asymmetrisches Risikoinstrument.

Forward cover

Absicherung eines Wechselkursrisikos auf Termin.

Forward-Geschäfte, Forwards

Forward-Geschäfte, auch als Terminkäufe bzw. Terminverkäufe oder als Geschäfte mit späterer Valuta bezeichnet, können als Vorgänger der standardisierten Futureskontrakte angesehen werden. Bei einem Forward-Geschäft verpflichten sich die Kontrahenten, entsprechend den individuell ausgehandelten Vertragsbedingungen, das spezifizierte Handelsgut zu einem fest vereinbarten Preis an einem zukünftigen Termin zu liefern bzw. abzunehmen. Der Preis wird bereits bei Abschluß des Geschäftes kalkuliert und ändert sich während der Laufzeit des Vertrages nicht. Damit haben sowohl Käufer auch als Verkäufer des Geschäftes eine feste Kalkulationsbasis. Der zukünftige Kurs wird auch als Terminkurs bezeichnet. Am Tag der Terminvaluta wird der Vertrag ausgeführt. Bei Fälligkeit des Geschäftes erfolgt eine physische Erfüllung, d. h. die effektive Lieferung bzw. Abnahme des Papiers an der Terminvaluta. Das Handelsgut sind in der Regel festverzinsliche Inhaber- und Namenspapiere. Forward-Geschäfte werden vor allem abgeschlossen, um das beim Abschluß vorhandene Renditeniveau sichern zu können, obwohl die Refinanzierungsmittel erst später zur Verfügung stehen (z. B. in drei Monaten).

Forward Rate Agreement (FRA)

Ein Forward Rate Agreement (FRA) ist eine vertragliche Vereinbarung, durch die Banken bzw. Industrieadressen feste Zinssätze für Einlagen oder Ausleihungen vereinbaren, die erst in einigen Monaten vorgenommen werden. Bei Forward Rate Agreements handelt es sich um einen reinen Terminkauf bzw. Terminverkauf von Termingeldern, jedoch ohne Kapitalbewegungen und damit ohne Liquiditätseffekte. Forward Rate Agreements sind im Grunde genommen nichts anderes als nichtstandardisierte, individuell aushandelbare kurzfristige Zinsfutures. Deshalb werden FRA häufig auch als Future Rate Agreements oder Over-The-Counter-Interest-Rate-Futures bezeichnet. Gegenüber Zinsfutures haben FRAs den Vorteil, daß bei Vertragsabschluß keine Einschußzahlungen zu leisten sind. somit entfallen auch die tägliche Neubewertung der Position und die gegebenenfalls zu entrichtenden Nachschußzahlungen.

Forward-Swap (Termin-Swap)

Unter einem Forward-Swap versteht man einen Swap, der nicht sofort in Kraft tritt, sondern erst zu einem späteren Termin. Mit Forward-Swaps kann ein Finanzierungs- oder Anlagebedarf schon vorab gegen das Zinsänderungsrisiko abgesichert (gehedgt) werden. Ein Beispiel: Möchte ein Unternehmen am Kapitalmarkt Geld aufnehmen und rechnet mit steigenden Zinsen, so kann das aktuelle Renditeniveau mittels eines Forward-Swaps festgeschrieben werden. Forward-Swaps bezeichnet man auch als Delayed-Start-Swaps oder Termin-Swaps.

Forward Yield Curve

Zukünftige Yield Curve von Straight Bonds oder Zerobonds, abgeleitet aus der aktuellen Rendite- bzw. Zinsstrukturkurve. Forward Yield Curves dienen beispielsweise zur Bestimmung des Fair Values von Forward Swaps, Forward Rate Agreements oder Swaptions.

Futures contract

Standardisierter börsengehandelter Kontakt zum Abschluß von Terminsicherungen.

Gamma

Das Gamma einer Optionsposition zeigt den Einfluß von Deltaveränderungen auf den Optionspreis auf. Das Gamma gibt an, um wieviel sich das Delta ändert, wenn sich das Basispapier um eine Mark ändert. Ein Beispiel: Hat ein Call ein Gamma von 0,05, so bedeutet dies, daß eine Veränderung des Basispapiers um eine Mark (beispielsweise von 96 auf 97) eine Veränderung des Deltas 0,05 Mark (beispielsweise von 0,5 auf 0,55) mit sich bringt. Je höher das Gamma einer Option ist, desto geringer ist der lineare Zusammenhang zwischen dem Kurs des Basispapiers und dem Optionspreis. Das Gamma mißt somit die Convexity (Krümmung) von Optionspositionen.

Generic Swap

Normaler endfälliger Kuponswap ohne Besonderheiten wie beispielsweise ein Callrecht oder abnehmende Tilgung. Wird auch Plain Vanilla Swap oder Straight Swap genannt.

Grundposition

Unter einer Grundposition versteht man eine Long Call- (Kauf einer Kaufoption), Long Put- (Kauf einer Verkaufsoption), Short Call- (Verkauf einer Kaufoption) oder Short Put- (Verkauf einer Verkaufsoption) Position. Mit diesen Grundpositionen können auch kombinierte Positionen wie beispielsweise ein Bull-Call-Spread oder ein Straddle gebildet werden.

Hedging

Hedging ist eine Form der Risikobegrenzung, bei der zu einer vorhandenen (Cash Hedge) oder antizipierten Position (Anticipatory Hedge) temporär eine entgegengesetzte Position mit Substitutionscharakter so eingegangen wird, daß sich die absoluten Verluste durch Gewinne aus beiden bei Marktveränderungen annähernd kompensieren. Hedging beschränkt somit sowohl Risiken als auch Chancen. Grundsätzlich können folgende Methoden zur Bestimmung des Hedge Ratios herangezogen werden: Nominalwertmethode, Preisfaktorenmethode und schließlich die Relative Volatilitätsmethode. Bei der letztgenannten Methode wird in der Praxis oftmals die Duration nach Macaulay, Modified Duration oder Price Value of a Basis Point verwendet. Siehe auch Short Hedge und Long Hedge.

Historische Volatilität

Die historische Volatilität gibt Auskunft für die Beweglichkeit (Schwankungsbreite) von Kursen oder Renditen eines Papiers in der Vergangenheit. Die Volatilität wird durch die annualisierte Standardabweichung der Kurs- oder Renditeveränderungen gemessen. Die Standardabweichung mißt nur die Schwankungsbreite der Bewegungen, macht aber keine Aussage über die Richtung der Bewegungen. Je höher die Volatilität eines Papiers ist, desto größer ist das mit dem Papier verbundene Risiko. Die Volatilität hat einen sehr großen Einfluß auf den Zeitwert einer Option. Siehe auch Implizierte Volatilität.

Implied Repo Rate (IRR)

Annualisierter prozentualer Ertrag einer Cash & Carry Arbitrage bezogen auf das eingesetzte Kapital. Liegt die Implied Repo Rate höher als die Zinsen für eine Anlage bis zur Fälligkeit des Future-Kontraktes, lohnt sich die Cash & Carry Arbitrage. Unter den lieferbaren Anleihen wird diejenige Cheapest-to-Delivery, die die höchste Implied Repo Rate hat.

Implizierte Volatilität

Volatilität, die sich ergibt, wenn man den am Markt gehandelten Optionskurs in ein Optionsbewertungsmodell (z. B. Black & Scholes) eingibt und dann die Volatilität ermittelt. Die implizierte Volatilität basiert auf den Markterwartungen der Teilnehmer am Optionshandel. Siehe auch Historische Volatilität.

Innerer Wert

Wertkomponente einer Devisenoption, die sich aus der Differenz zwischen dem Ausübungskurs und dem aktuellen Kassakurs ergibt.

Insider

Als Insider werden Personen verstanden, die aufgrund ihrer Position oder Tätigkeit einen Informationsvorsprung gegenüber anderen haben. Diese wirtschaftlich bedeutsamen Informationen lassen sich durch entsprechende Aktivitäten an den Finanzmärkten zu Geld machen. In den USA untersucht die Börsenaufsicht SEC (Securities Exchange Commission) seit Jahren auffällige Geschäfte auf die mögliche Beteiligung von Insidern. Falls sich der Verdacht erhärtet, wird die Staatsanwaltschaft eingeschaltet. Im Fall einer Verurteilung drohen harte Geld- und Haftstrafen. Seit 1993 ist auch in Deutschland eine Diskussion über dieses Thema in Gang gekommen. Bisher gibt es allerdings nur einen von den Börsen verabschiedeten Verhaltenskodex, gesetzliche Regelungen stehen noch aus. Allgemein werden mit dem Begriff auch Personen bezeichnet, die auf einem Gebiet über besonderes Fachwissen verfügen.

In-the-money (Im Geld)

Call Option, bei der der Basispreis geringer als der aktuelle Kurs des Basispapiers ist. Bei einer Put Option ist der Basispreis höher als der aktuelle Kurs. Optionen, die In-the-money sind, haben vor Fälligkeit immer einen Inneren Wert und Zeitwert. Bei Fälligkeit haben In-the-money-Optionen nur einen Inneren Wert. Siehe auch Out-of-the-money.

Intrinsic value

Innerer Wert.

Klassische Immunisierung

Methode der Zusammenstellung von Bond Portfolios, durch die eine annähernd feste Rendite für einen gegebenen Planungshorizont unabhängig von Zinsänderungen erreicht werden soll. Bei der klassischen Immunisierung handelt es sich um eine passive Anlagestrategie. Ziel dieser Strategie ist, das sogenannte Endvermögensrisiko zu minimieren. Die klassische Immunisierung wird mit Hilfe der Duration nach Macaulay realisiert. Um das

Durationskonzept besser zu verstehen, muß man wissen, daß bei der Ermittlung eines zukünftigen Kapitals unterstellt wird, daß die Kuponzahlungen mit der aktuellen Rendite bis zur Fälligkeit des Papiers angelegt werden. Dies ist aber in der Praxis nicht möglich, da man in einer Hochzinsphase damit rechnen muß, daß die Kuponzahlungen nur zu geringeren Zinsen wiederangelegt wreden können, da die Zinsen tendenziell fallen werden. Man nennt diesen Effekt Wiederanlagerisiko. Dieses Wiederanlagerisiko kann bei durationsgemanagten Rentenportfolios durch Kursgewinne ausgeglichen werden. Denn: Bei diesen Portfolios sind die Laufzeiten der Papiere länger als der Planungshorizont. Damit ist es aber möglich, Kursgewinne zu realisieren, wenn die Zinsen langfristig fallen werden. Im Endeffekt versuchen Portfolio-Manager bei einer Immunisierungsstrategie die geringeren Wiederanlagebedingungen durch Kursgewinne auszugleichen. Dieses relativ neue Konzept hat in Deutschland erst in den letzten Jahren verstärkte Aufmerksamkeit erfahren. Auch einige Laufzeitenfonds arbeiten nach dem Durationskonzept. Siehe auch Contingent Immunization.

Kontrahentenrisiko

Risiko, daß die Gegenpartei bei einer Terminsicherung ausfällt und die ursprünglich abgesicherte Position zum aktuellen Marktkurs abgewickelt werden muß.

Konvertierbarkeit

Möglichkeit, eine Währung jederzeit und zu marktüblichen Kursen in andere Währungen umzutauschen.

Lagging

Verschieben fälliger Fremdwährungszahlungen aufgrund ungünstiger Wechselkurse.

Leading

Vorauszahlung von Währungsverbindlichkeiten aufgrund günstiger Wechselkurse.

Liability Swap

Einsatz von Swaps, um aus einer zinsgünstigen Refinanzierungswährung eine synthetische DM-Finanzierung ohne Kursrisiko zu schaffen.

LIFFE

London International Financial Futures Exchange, Londoner Options und Futures-Börse.

Long Hedge

Unter einem Long Hedge versteht man die Absicherung von festverzinslichen Papieren gegen fallende Zinsen (steigende Kurse) durch den Kauf von Futures (Long Futures). Siehe auch Short Hedge.

Macro Hedge

Hedging Strategie, bei der eine Gesamtposition, bestehend aus mehreren Risikopositionen, abgesichert wird, ohne daß dabei eine Zuordnung zu einzelnen Papieren erfolgt. Siehe auch Micro Hedge.

Micro Hedge

Hedging Strategie, bei der nur eine bestimmte Position (z. B. eine Bundesobligation mit Futures) abgesichert wird. Siehe auch Macro Hedge.

Modified Duration

Relativer Risikomaßstab zur Analyse des zinsinduzierten Kursrisikos festverzinslicher Papiere. Wird häufig auch als Adjusted Duration oder als Volatilität bezeichnet. Die Modified Duration ist eine geringfügige Erweiterung der Duration nach Macaulay. Die Modified Duration erhält man, indem man die Duration nach Macaulay mit dem Faktor (1/(1+r/100) multipliziert. Im Grunde genommen handelt es sich bei der Modified Duration um die erste Ableitung der Kurs-Rendite-Kurve dividiert durch den Dirty Price (Kurs + aufgelaufene Stückzinsen). Die Modified Duration wird in der Einheit Prozent gemessen. Siehe auch Price Value of a Basis Point.

Netting

Kompensation von Forderungen und Verbindlichkeiten in gleicher Währung zur Reduzierung des Währungsrisikos.

Opportunitätsgewinn

Mögliche Gewinnchance eines Instruments oder einer Strategie gegenüber einer Alternative.

Option auf Bobl-Future an der DTB

Seit dem 15. Januar 1993 bietet die Deutsche Terminbörse (DTB) Optionen auf den Bobl-Future an. Mit der neuen Option auf den Bobl-Future wird nun die zweite Option auf einen Zinsterminkontrakt (Future) in Frankfurt gehandelt. Der Basiswert dieser DTB-Option ist der Future auf eine idealtypische mittelfristige Emission des Bundes oder der Treuhandanstalt mit einer Nominalverzinsung von 6 % und Restlaufzeit von 5 Jahren (Bobl-Future). Der Nominalwert eines Future-Kontraktes beträgt DM 250.000. Mit der DTB-Option auf den Bobl-Future können bestehende oder geplante Engagements im mittelfristigen Laufzeitenbereich des deutschen Kapitalmarktes abgesichert werden, ohne auf Gewinnchancen aus günstigen Marktentwicklungen verzichten zu müssen. Bei einem stagnierenden Markt können Anleger die DTB-Option nutzen, um mit Stillhaltergeschäften zusätzliche Erträge erzielen zu können. Die Optionskontrakte stehen für jeden Future-Kontraktmonat zur Verfügung. Die Bobl-Future-Kontraktmonate sind März, Juni, September und Dezember. Es werden Optionen für die jeweils nächsten drei aufeinanderfolgenden Future-Liefermonate gehandelt. Die Ausübung der Optionen kann an jedem Geschäftstag während der Börsenzeit erfolgen (Amerikanische Art). Erfüllungstag ist der Börsentag nach dem Ausübungstag. Der letzte Handelstag der DTB-Option liegt sechs Börsentage vor dem ersten Kalendertag im Liefermonat des Bobl-Futures. So ist beispielsweise der letzte Handelstag für die Optionen der März-Serie der 19. 2. 1993, für die Juni-Serie der 21. Mai bzw. für die September-Serie der 24. August 1993. Der Verfalltag einer Optionsserie ist der auf den letzten Handelstag folgende Börsentag. Die Prämienabrechnung erfolgt ähnlich wie bei der Option auf den Bund-Future nach dem sogenannten „Future-Style"-Verfahren. Die Prämienzahlung erfolgt nicht durch eine einmalige Zahlung nach dem Erwerb der Option, sondern im Rahmen der täglichen Abrechnung während des Bestehens der Optionsposition, die täglich bewertet wird. Die Bewertung erfolgt am Tag des Geschäftsabschlusses auf Grundlage des Optionspreises und des täglichen Abrechnungspreises, in der Folgezeit basierend auf den täglichen Abrechungspreisen vom Börsentag und vom Börsenvortag. Eine Prämienschlußzahlung in Höhe des täglichen Abrechnungspreises des Optionskontraktes ist fällig bei Ausübung bzw. Verfall. Der tägliche Abrechnungspreis ist der Preis, der während der letzten Handelsstunde eines Börsentages in einer Optionsserie zustande kommt. Die Handelszeit der Option auf den Bobl-Future liegt börsentäglich zwischen 8 und 17.30. Die Basispreise haben feste Preisabstufungen von 0,25, d. h. 97,00, 97,25, 97,50. Neun Basispreise werden für jeden Verfallmonat eingeführt. Ein neuer Basispreis wird eingeführt am Börsentag, nachdem der tägliche Abrechnungspreis des Bobl-Futures mit der kürzesten Restlaufzeit bestimmte Grenzen überschritten hat. Eine neue Optionsserie wird nicht eingeführt, wenn die Restlaufzeit weniger als zehn Börsentage beträgt. Im ersten Schritt sieht die DTB keine Begrenzung von täglichen Preisschwankungen vor. Allerdings hat die DTB jederzeit das Recht, maximale tägliche Preisschwankungen einzuführen, wenn dies aufgrund extremer Marktbedingungen notwendig erscheint.

Option auf Bund-Future an der DTB

Optionen auf den Bund-Future an der DTB beinhalten das Recht, nicht aber die Pflicht, den zugrundeliegenden langfrsitigen Bund-Future während der Laufzeit der Option zu dem im voraus festgelegten Basispreis zu kaufen (Long Zins-Future-Call) oder zu verkaufen (Long Zins-Future-Put). Die DTB-Option auf den Bund-Futures ist American Style, das heißt, der Käufer der Option kann sein Recht an jedem Börsentag während der Laufzeit ausüben. Während bei DTB-Optionen auf Kassapapiere der Optionspreis dem Käufer in der Regel einen Tag nach dem Geschäftsabschluß berechnet wird, wird bei der DTB-Option auf den Bund-Future der Optionspreis in voller Höhe erst einen Tag nach Ausübung bzw. bei Verfall eingezogen. Deshalb findet eine tägliche Verrechnung von Gewinnen und Verlusten statt. Diese werden auf dem sogenannten Prämienkonto verbucht. Bei Ausübung bzw. Verfall wird vom Käufer dann noch eine Prämienschlußzahlung geleistet. Somit ist gewährleistet, daß der Käufer niemals mehr als den Optionspreis verlieren kann.

Optionspreis

Der Preis bzw. Wert einer Option setzt sich aus zwei Komponenten zusammen. Zum einen aus dem laufzeitunabhängigen Inneren Wert (Intrinsic Value) und dem laufzeitabhängigen Äußeren Wert (Zeitwert, Extrinsic Value). Der Innere Wert ist die Differenz zwischen dem Basispreis und dem Kassakurs. Optionen, die Out-of-the-money oder At-the-money sind, haben keinen inneren Wert. Der Zeitwert wird aus der Differenz zwischen dem gesamten Optionspreis und dem Inneren Wert bezeichnet. Demnach haben Optionen, die Out-of-the-money oder At-the-money sind nur einen Zeitwert.

Out-of-the-money (Nicht im Geld)

Call Option, bei der der Basispreis höher als der aktuelle Kurs des Basispapiers ist. Bei einer Put Option ist der Basispreis geringer als der aktuelle Kurs. Optionen, die Out-of-the-money notieren, haben nur einen Zeitwert. Siehe auch In-the-money.

Over-the-counter-Option

Nach den Kundenwünschen hinsichtlich Währung, Betrag, Laufzeit und Ausübungskurs maßgeschneiderte Option (OTC).

Overnight order

Order an eine Bank, um eine offene Devisenposition über Ncht in den anderen Zeitzonen zu managen oder eine neue Position einzugehen.

Parallelverschiebung

Eine Parallelverschiebung der Renditestrukturkurve bedeutet, daß sich alle Renditen, unabhängig von der Laufzeit, um den gleichen Wert ändern. Diese Voraussetzung ist in der Praxis relativ selten anzutreffen.

Par Swap Yield Curve

Renditestrukturkurve für At-the-Market Swaps.

Participating forward

Absicherungsinstrument mit Elementen der Terminsicherung und der Option, wobei dem Kunden ein Mindest- bzw. Höchstkurs garantiert wird. Tritt bis zur Fälligkeit eine günstige Marktentwicklung ein, kann der Kunde hieran zum Teil partizipieren.

Plain Vanilla Swap

Siehe Generic Swap.

Point & Figure Chart

Chart zur Darstellung des Kursverlaufs, um mit Hilfe der technischen Analyse Trends erkennen zu können. Der P&F-Chart hat keine Zeitachse. Ein Kursanstieg um einen bestimmten Betrag wird durch ein Kreuz, ein Rückgang durch einen Kreis dargestellt.

Portfolio Insurance

Unter Portfolio Insurance versteht man das Vermeiden von Verlusten aufgrund einer ungünstigen Kursentwicklung ohne auf sich ergebende Kurschancen verzichten zu müssen. Zu einem Portfolio aus Papieren wird hierzu eine Long-Put-Position gekauft. Wenn die Kurse fallen, wird die Long-Put-Position ausgeübt und die Papiere können zum Basispreis verkauft werden. Alternativ kann der Anleger die Papiere im Portfolio lassen und die Kursverluste in der Kassaposition durch die Kursgewinne in der Long-Put-Position ausgleichen. In beiden Fällen hat der Anleger sein Verlustpotential bei fallenden Kursen begrenzt.

Portfolio-Optimierung

Auswahl von festverzinslichen Papieren und Integration dieser Papiere in ein Portfolio, um investorspezifische Kriterien, wie beispielsweise Rendite, Nominalzins, laufende Verzinsung, (Modified) Duration, Convexity, Total Return usw., zu minimieren oder maximieren.

Price Value of a Basis Point (PVBP)

Absoluter Risikomaßstab zur Analyse festverzinslicher Papiere. Der Price Value of a Basis Point wird ermittelt, indem man die Modified Duration mit dem Dirty Price multipliziert und durch 10.000 dividiert. Der Price Value of a Basis Point gibt an, um wieviel sich der Dirty Price eines Papiers ändert, wenn sich die Rendite um einen Basispunkt ändert. Diese Bondkennzahl wird beispielsweise beim Hedging von festverzinslichen Papieren gegen Zinsänderungen eingesetzt. Siehe auch Modified Duration.

Prolongieren

Verlegung der Fälligkeit einer Position auf einen späteren Termin.

Purchasing Power Parity

Kaufkraft-Parität, ermittelt den ökonomisch „richtigen" Wechselkurs durch Vergleich der Kosten eines bestimmten Warenkorbes in den jeweiligen Ländern.

Put-Call Parity

Unter der Put-Call Parity wird eine feste Preisrelation zwischen identischen Kauf- und Verkaufsoptionen verstanden. So kann beispielsweise eine synthetische Long Position im Basispapier gebildet werden, indem man eine Long-Call-Position und eine Short-Put-Position eingeht.

Put-Option

Gibt dem Inhaber das Recht, dem Stillhalter den festgelegten Währungsbetrag zum Ausübungskurs anzudienen.

Range forward

Flexible Terminsicherung, bei der der Absicherungskurs in einer festgelegten Bandbreite A–B liegt. Notiert der Kurs bei Fälligkeit unter A, erhält (bzw. bezahlt) der Kunde A, liegt er über B, erhält er B. Bei Notierungen zwischen A und B wird zum Kassakurs abgerechnet.

Realignment

Offizielle Änderung der Wechselkursparitäten im EWS.

Reuters

Elektronisches Nachrichtensystem zur weltweiten Übertragung von aktuellen Finanzinformationen.

Reverse Cash & Carry-Arbitrage

Arbitragestrategie zwischen Kassa- und Futuresmärkten, bei der die Future-Position gekauft wird (Long Future) und die Kassaposition verkauft wird (Short Anleihe). Befindet sich die Kassaposition nicht im Bestand des Arbitrageurs, so müssen diese Papiere über die Wertpapierleihe entliehen werden. Diese zusätzlichen Kosten sind in der Gewinn- und Verlustrechnung der Reverse Cash & Carry-Arbitrage zu berücksichtigen. Siehe auch Cash & Carry-Arbitrage.

Semiannually Compounded Yield

Renditeberechnungsmethode, die man vor allem in Großbritannien, den Vereinigten Staaten und Australien findet. Die Semiannually Compounded Yield wird bei festverzinslichen Papieren gerechnet, die zweimal jährlich die Zinsen zahlen. Bei dieser Methode wird der Effekt aus der Wiederanlage der halbjährlich gezahlten Zinsen bei der Ermittlung der Rendite nicht berücksichtigt. Das bedeutet: Im Vergleich zur ISMA-Rendite, die diesen Effekt bei Halbjahrespapieren berücksichtigt, weist die Seminannually Compounded Yield immer eine niedrigere Rendite aus.

Sensitivitätsanalyse

Verfahren, um zu bestimmen, wie empfindlich eine mathematische Lösung auf veränderte Nebenbedingungen reagiert.

Short-dated Swap

Swaps im US-Markt mit einer Laufzeit bis zu drei Jahren. Gegensatz: Intermediate- und Long-dated Swaps.

Short Hedge

Unter einem Short Hedge versteht man die Absicherung von festverzinslichen Papieren gegen steigende Zinsen (fallende Kurse) durch den Verkauf von Futures (Short Future). Siehe auch Long Hedge.

Spot Swap Yield Curve

Implied Spot Yield Curve von Zero-Coupon-Swaps (Nullkupon-Swaps). Die Spot Swap Yield Curve wird durch Bootstrapping aus der Par Swap Yield Curve gewonnen.

Spread

Differenz zwischen An- und Verkaufskursen.

Standardabweichung

Statistisches Streuungsmaß. Bei einer Normalverteilung liegen 99,7 % aller Werte im Bereich Mittelwert +/- drei Standardabweichungen.

Stillhalter

Erstverkäufer einer Option gegen Zahlung einer Prämie.

Stop loss order

Order an eine Bank, um den maximalen Verlust auf eine offene Position zu limitieren.

Straddle

Kombinierte Optionsstrategie, bei der eine gleiche Anzahl von Calls und Puts mit gleichem Basispreis und Verfalldatum gekauft (Long Straddle) oder verkauft (Short Straddle) werden. Bei dieser Strategie ist das Gewinnpotential unbegrenzt, während das Verlustpotential begrenzt ist. Siehe auch Strangle.

Straight Bond

Ein Straight Bond ist ein Zinsinstrument mit einem festen Kupon, der in regelmäßigen Abständen gezahlt wird. Die Tilgung erfolgt einmalig bei Fälligkeit zum Nennwert. Optionsrechte (z. B. vorzeitige Kündigung, Wandel- und Optionsrechte) sind mit Straight Bonds nicht verbunden. Bundesobligationen und Bundesanleihen werden beispielsweise zu Straight Bonds gezählt.

Strangle

Kombinierte Optionsstrategie, bei der eine gleiche Anzahl von Calls und Puts mit unterschiedlichem Basispreis und gleichem Verfalldatum gekauft (Long Strangle) oder verkauft (Short Strangle) werden. Bei dieser Strategie ist das Gewinnpotential unbegrenzt, während das Verlustpotential begrenzt ist. Siehe auch Straddle.

Strike Price

Ausübungspreis.

Swapsatz

Aus der Zinsdifferenz berechneter Terminauf- oder -abschlag.

Symmetrische Risikoinstrumente

Unter symmetrischen Risikoinstrumenten versteht man Finanzinnovationen, bei denen das Risiko symmetrisch verteilt ist. Das bedeutet, daß weder Risiken noch Chancen begrenzt sind. Hierunter zählen alle Positionen in Zinsfutures (Interest Rate Futures) und futuresähnlichen Instrumenten wie Forward Rate Agreements (FRAs) oder Forward-Geschäfte. Siehe auch Asymmetrische Risikoinstrumente.

Sub-LIBOR Finanzierung

Möglichkeit der Finanzierung einer variabel verzinslichen Verbindlichkeit unter LIBOR. Wird beispielsweise durch Swapfinanzierung ermöglicht.

Synthetische Papiere

Ein synthetisches Papier ist ein Portfolio aus Wertpapieren und Optionen, das ein bereits existierendes Papier dupliziert. Kostet das synthetische Papier weniger als das bereits am Markt existierende, so wird das synthetische Papier gekauft. Unter Duplizieren versteht man entweder das Nachbilden der Cash-Flow-Struktur oder des Kursverhaltens eines bereits existierenden Papiers.

Synthetischer Swap

Duplizieren der Cash-Flow-Struktur eines Financial Swaps durch andere Instrumente wie beispielsweise Eurodollar Strips oder Swap Futures (CBoT). Eine Long-Swap-Position kann auch synthetisch durch eine Long-Cap-Position und eine Short-Floor-Position mit gleichem Basispreis hergestellt werden.

Telerate

Nachrichtensystem, vgl. Reuters.

Termingeschäfte

Termingeschäfte lassen sich dadurch kennzeichnen, daß, im Gegensatz zu den Kassageschäften, die Zeitpunkte des Vertragsabschlusses und der Vertragserfüllung auseinanderfallen. Man unterscheidet zwischen bedingten Termingeschäften (Optionen) und unbedingten Termingeschäften. Die letztgenannten kann man in Forward-Geschäfte (Termingeschäfte i. e. Sinn) und Terminkontrakte (Futures) einteilen Siehe auch Forward-Geschäfte.

Terms of trade

Reale Austauschpreise zwischen Volkswirtschaften.

Time value

Zeitwert einer Option.

Total Return

Gesamtertrag eines festverzinslichen Wertpapiers ins Verhältnis gesetzt zum eingesetzten Kapital und umgerechnet auf eine jährliche prozentuale Verzinsung. Der Total Return eines festverzinslichen Papiers setzt sich aus dem Nominalzins, den Zinseszinserträgen und Kursverlusten bzw. Kursgewinnen zusammen. Der Total Return wird oftmals auch als Horizon Return bezeichnet.

Value Basis

Die Value Basis wird ermittelt, indem man vom Fair Value des Future den tatsächlichen Future Kurs subtrahiert. Die Value Basis wird vor allem durch Angebot und Nachfrage bestimmt. Die Value Basis zeigt dem Basis Trader, ob der Futures im Vergleich zum Fair Value billig oder teuer ist. Die Value Basis dient unter anderem als Grundlage für Arbitragestrategien.

Vega

Das Vega einer Optionsposition zeigt den Einfluß von Volatilitätsveränderungen auf den Optionspreis auf. Das Vega gibt an, um wieviel sich der Optionspreis ändert, wenn sich die Volatilität um 100 Basispunkte ändert. Ein Beispiel: Hat ein Call bei einer Volatilität von 6 % ein Vega von 0,2, so bedeutet dies, daß eine Veränderung der Volatilität von 6 % auf 7 % eine Veränderung des Optionspreises um 0,2 Mark (beispielsweise von 2 auf 2,2) mit sich bringt. Die Volatilität besitzt einen starken Einfluß auf den Zeitwert einer Option. Das Vega ist sowohl für Calls als auch für Puts immer positiv, da beide bei einem Anstieg der Volatilität an Wert gewinnen.

Verfalltag

Der Tag, an dem eine Option verfällt, wenn sie nicht bis zu einer bestimmten Uhrzeit ausgeübt wird.

Volatilität

Maß für die Stärke der Kursschwankung.

Windfall profits

Zusätzliche Gewinne für Importeure bzw. Exporteure aufgrund zufallsbedingter günstiger Kursentwicklungen.

Yield-to-Maturity

Zinssatz, mit dem zukünftige Cash Flows eines Finanzinstruments diskontiert werden, damit die Summe der diskontierten Cash Flows (Barwerte) dem Dirty Price entspricht. Wird auch als Yield oder Rendite bezeichnet.

Zeitwert

Wertkomponente einer Option, die von der Restlaufzeit abhängt. Der Zeitwert einer Option ergibt sich aus der Differenz zwischen dem gesamten Optionspreis und dem Inneren Wert. Je länger die Laufzeit einer Option ist, desto höher ist der Zeitwert. Bei Fälligkeit der Option ist der Zeitwert Null. Der Zeitwert einer Option wird beeinflußt von der Volatilität, Restlaufzeit, dem Risikolosen Zinssatz und dem Optionstyp (europäisch oder amerikanisch).

Zero-Cost-Cap

Sonderform eines Collars. Bei einem Zero-Cost-Cap muß bei Vertragsabschluß keine Prämie gezahlt werden, da die Erlöse aus dem Verkauf des Floors (Short Floor) identisch sind mit den Kosten aus dem Kauf des Caps (Long Cap).

Zero Coupon Rate (Zero-Zinssätze)

Unter einer Zero Coupon Rate versteht man die Rendite (Yield-to-Maturity) von Zerobonds. Zero Coupon Rates werden errechnet, um Forward Rates zu bestimmen. Zero-Zinssätze haben den Vorteil, daß der errechnete Ertrag auch tatsächlich erwirtschaftet werden kann, da das Wiederanlagerisiko entfällt.

Zinssicherung einer geplanten Kapitalaufnahme

Finanzinnovationen eignen sich beispielsweise im Liability-Management zur Zinssicherung von geplanten Kreditaufnahmen. Durch entsprechende Hedging-Aktivitäten können die Zinsänderungsrisiken, die sich aus steigenden Zinsen ergeben, verringert oder neutralisiert werden. Welches Hedging-Instrument im Einzelfall gewählt wird, hängt von einer Vielzahl von Einflußgrößen ab. Zu nennen sind: Emissionsvolumen, Emissionszeitpunkt, Zinserwartung, Hedgingkosten und Risikofreudigkeit des Unternehmens. Man unterscheidet im allgemeinen drei Arten von Hedging-Strategien. Eine Hedging-Strategie sieht vor, das aktuelle Zinsniveau vor der Emission zu sichern bzw. zu fixieren. Diese Strategie ist dann sinnvoll, wenn davon ausgegangen wird, daß die Renditen bis zum Emissionszeitpunkt einer Anleihe weiter steigen werden. Instrumente, die hierfür in Frage kommen können, sind beispielsweise Future oder Forward Swaps. Eine andere Alternative können Finanzinnovationen (z. B. Caps, Collars) sein, die einen bestimmten Maximalzinssatz bei variabel verzinslichen Anleihen sichern, über den die Finanzierungskosten nicht steigen können. Die dritte Alternative besteht darin, überhaupt keine Hedging-Instrumente einzusetzen. Diese Strategie ist dann sinnvoll, wenn ein Unternehmen davon ausgeht, daß das Zinsniveau konstant bleibt oder fallen wird.

Zinsstrukturkurve

Eine Zinskurve bringt die Fristigkeitsstruktur der Zinssätze von Zerobonds am Kapitalmarkt zum Ausdruck. Man unterscheidet zwischen

- inversen Zinsstrukturkurven, d. h. mit zunehmender Restlaufzeit nehmen die Renditen ab
- flachen Zinsstrukturkurven, d. h. die Renditen sind in allen Laufzeitbereichen identisch
- normalen Zinsstrukturkurven, d. h. die Renditen wachsen mit steigender Restlaufzeit.

Zinsswap

Ein Zinsswap ist ein Austausch von Zinszahlungen in einer Währung zwischen zwei Partnern. Beispiele hierfür sind der Austausch Festsatz-Zinsen gegen variable Zinsen (Fixed-to-Floating Interest Rate Swap) oder – aus Sicht der Gegenpartei – der Austausch von variablen Zinsen gegen Festsatz-Zinsen (Floating-to-Fixed Interest Rate Swap). Man nennt diesen Swap auch als Coupon Swap. Daneben gibt es noch den sogenannten Basisswap, bei dem verschiedene Arten von variablen Sätzen getauscht werden (Floating-to-Floating Interest Rate Swap). Hier wird beispielsweise der 6-Monats-LIBOR gegen 1-Monats-LIBOR getauscht.

Literaturverzeichnis

Bank for International Settlements. Recent Innovations in International Banking. April 1986.

Beau, C. L., Lucas D. Börsenanalyse mit dem Computer, Technical Traders Guide to Computer Analyses of the Futures Market. Hoppenstedt 1992.

Beck, Matthias S. Devisenmanagement. Wiesbaden 1989.

Dattatreya, R. E., Fabozzi F. J. Active Total Return Management of Fixed Income Portfolios. Probus Publishing Company 1989.

Edelmann, E., Eller R. Wertpapierleihe und Wertpapierpensionsgeschäfte, Finanzinnovation für Wertpapierhandel und Portfolio-Management. Economica Verlag 1994.

Eller, R., in: Bihr, Gerlach, Knapp, Pabst. Vorteilhafte Geldanlagen (VG), Anlage in internationalen Geldmarktpapieren, Gruppe 10 S. 781–800. Freiburg i. Br. 1978.

Eller, R. Einsatz moderner Finanzkennzahlen bei der Anlageberatung in festverzinslichen Wertpapieren, in: Handbuch für Anlageberatung, S. H157–H203. Deutscher Sparkassenverlag, Stuttgart 1990.

Eller, R. Modified Duration und Convexity – Analyse des Zinsrisikos, in: Die Bank, Juni 1991, S. 322–326.

Eller, R. u. a. Modernes Bondmanagement. Gabler Verlag 1993.

Eller, R. Risikomanagement von Zinsinstrumenten, Identifikation, Quantifizierung und Kontrolle der Risikokomponenten von Zinsinstrumenten. Erschienen im Selbstverlag, Meitingen 1993.

Eller, R. Bond Research und Risikomanagement. Vereinigung für Bankberufsbildung (vbb), 1994. Lernsoftware.

Hauck, W. Optionspreise, Märkte, Preisfaktoren, Kennzahlen. Gabler Verlag 1991.

Hull, John. Options, Futures and other Derivative Securities. Englewood Cliffs 1989

Kopprasch, Robert W., u. a. Effective Duration of Callable Bonds. Salomon Brothers, April 1987.

Mason, R. Innovations in the struktures of international securities. CSFB Research.

Natenberg, S. Option Volatility and Pricing Strategies. Probus Publishing Company 1988.

Rodriguez, Rita M., Carter, Eugene E. International Financial Management. Englewood Cliffs 1979.

Schierenbeck, H. Bank- und Versicherungslexikon. Oldenbourg Verlag 1990.

Smith, C. W., Smithson C. W. The Handbook of Financial Engineering, New Financial Product Innovations, Applications, and Analyses. Harper Business Books 1990.

Verband öffentlicher Banken. Methoden und Instrumente der Zins- und Wechselkursprognose. Bonn 1989.

Walmsley, J. The New Financial Instruments. Wiley John & Sons 1988.

Weisensee, U. Festverzinsliche Wertpapiere. 2. Auflage. Haufe Verlag 1993.

Wermuth, Dieter, Ochynski, Walter. Strategien an den Devisenmärkten. Wiesbaden 1983.

Wondrak, B. Management von Zinsänderungschancen und -risiken. Heidelberg, Wien 1986.